DEFESA da CONCORRÊNCIA

estudos e votos

DEFESA da CONCORRÊNCIA
estudos e votos

Vinicius Marques de Carvalho
Amanda Athayde Linhares Martins
Bernardo Becker Fontana
Marcos Paulo Verissimo
Paulo Burnier da Silveira
Ricardo Medeiros de Castro
Ticiana Nogueira da Cruz Lima

EDITORA SINGULAR
2015

D313 Carvalho, Vinicius Marques de

Defesa da concorrência: estudos e votos. / Vinicius Marques de Carvalho et al. São Paulo: Singular, 2015.

344 p.

ISBN: 978-85-86626-75-3

Colaboradores: Vinicius Marques de Carvalho, Amanda Athayde Linhares Martins, Bernardo Becker Fontana, Marcos Paulo Verissimo, Paulo Burnier da Silveira, Ricardo Medeiros de Castro, Ticiana Nogueira da Cruz Lima.

Conteúdo: Apresenta também os Processos administrativos nº 08012.004283/2000-40, nº 08012.001271/2001-44 e o Procedimento administrativo nº 08000.009354/1997-82.

1. Direito da Concorrência, Brasil. 2. Concorrência, Brasil. 3. Truste, Brasil. 4. Cartel, Brasil. 5. Política antitruste. 6. Sistema Brasileiro de Defesa da Concorrência (Brasil) (SBDC). 7. Conselho Administrativo de Defesa Econômica (Brasil) (Cade). 8. Processo administrativo, Brasil. 9. Concentração, Regulação. I. Carvalho, Vinicius Marques de. II. Martins, Amanda Athayde Linhares. III. Fontana, Bernardo Becker. IV. Verissimo, Marcos Paulo. V. Silveira, Paulo Burnier da. VI. Castro, Ricardo Medeiros de. VII. Lima, Ticiana Nogueira da Cruz.

CDU: 339.137.2(81)

Revisão: *Paola Morsello*
Capa e Diagramação: *Brandão Design*

Tel/Fax: (11) 3862-1242
www.editorasingular.com.br
singular@editorasingular.com.br

SUMÁRIO

Parte III

SETORES REGULADOS, POLÍTICA INDUSTRIAL E DEFESA DA CONCORRÊNCIA

APRESENTAÇÃO

Este livro reúne parte da contribuição teórica e profissional que ao longo dos últimos anos pude desenvolver em conjunto com alguns colegas, a quem agradeço imensamente pela convivência e pelo comprometimento com a construção da política de defesa da concorrência no Brasil. Trata-se, em sua maioria, de artigos já publicados, mas que organizados em uma única obra e visualizados em conjunto talvez sinalizem alguma coesão e coerência.

Admito que boa parte dos artigos aqui presentes brotou de provocações suscitadas a partir de problemas práticos com que me deparei ao longo da minha atuação no Sistema Brasileiro de Defesa da Concorrência. Digo isso não para desculpar-me pela possível ausência de rigor acadêmico na sua elaboração. Pelo contrário, se há algo que é não só recomendável, mas também factível no mundo da defesa da concorrência, é se aproximar dos fatos do mundo real e interpretá-los sem concessões a visões idílicas baseadas em um suposto "dever-ser" enraizado no campo dos princípios ou em um suposto positivismo de conveniência. Nesse sentido, resolver um problema concorrencial significa, na grande maioria das vezes, delimitar um problema teórico também. Por isso, o aprendizado nesse campo não tem fim.

Mas tem um começo, inescapável ao menos para mim. Ele consiste em tentar compreender o fenômeno do poder econômico, suas formas de manifestação privadas e, talvez tão importante quanto isso no caso brasileiro, seu enraizamento nas estruturas públicas. Trata-se de um enredo pouco acalentador e, no entanto, honrosamente desafiador. Tentei (re)construir parte dele nos dois primeiros textos do livro, de modo a tentar tornar menos rarefeita a paisagem em que no horizonte se encontram os esforços para combater o abuso do poder econômico como algo que não se resume à atuação do órgão de defesa da concorrência – com suas medidas eventuais, reativas e residuais.

Esse pano de fundo assinala obviamente os limites dos instrumentos de intervenção do Estado na economia, entretanto essa não é a meu ver a faceta mais interessante decorrente de se visualizar o poder econômico como centro das preocupações. O mais instigante é realçar que raramente o antitruste está sozinho e, desse modo, avançar na política concorrencial significa deflagrar ações de contato, jogar luz sobre as contradições e convergências entre políticas afins, como a industrial e a regulatória, sem contar as questões relativas à cooperação internacional. O isolamento seria a receita do fracasso em um cenário em que não são raros os casos concorrenciais que exigem alguma reflexão mais ampla ou mesmo "fora da caixa". Tentei explorar a dimensão substancial dessas interações nos outros textos do livro em um primeiro momento abordando temas de condutas anticompetitivas e, em seguida, lidando com questões institucionais que aparecem em casos concretos, às vezes de maneira sinuosa, mas não menos reveladora da necessidade de se encontrar o espaço da defesa da concorrência em um contexto recheado de regras regulatórias.

Já se vão mais de sete anos de reflexão cotidiana sobre as funções da política de defesa da concorrência na sociedade brasileira e sobre os padrões de evolução institucional que devem emergir para assegurar sua execução. Mesmo com meu envolvimento mais do que intenso com tudo que cerca esse tema no Brasil e, talvez até por isso, ainda falta muito para decantar e transformar em texto. Este livro é um início. Espero que gostem.

Brasília, maio de 2015.

PREFÁCIO

O antitruste é um instrumento de implementação de políticas públicas. Em meados dos anos 1990, essa simples afirmação causava reações de espanto. Primeiro, porque não se sabia direito o que seria o tal "antitruste", e o CADE, espremido no Anexo ao Ministério da Justiça, não assumia expressão alguma nem jurídica, nem política, tampouco econômica ou midiática. Nada. Mesmo para os professores mais esclarecidos, a disciplina da concorrência entre agentes econômicos era algo que só interessava às empresas, mais ou menos como a defesa das "marcas e patentes" e a concorrência desleal[1]. O direito econômico estava sempre à procura de seu objeto. De sua parte, o direito comercial gravitava em torno de uma "irritante" discussão[2] sobre a natureza jurídica da empresa, debatendo-se no lodo do pós-guerra e – pior – acreditando construir grande e utilíssima novidade. Até hoje, se olharmos em volta, o estudo da parte geral do direito comercial interessa muito mais aos profissionais da contabilidade (na linha "das obrigações dos comerciantes") do que aos juristas. O cenário é

1 Esse talvez seja um dos principais e mais tendenciosos erros cometidos por parte dos comercialistas: considerar a disciplina dos exclusivos atinente ao direito privado, como se interessasse apenas aos agentes econômicos – e não à sociedade em geral. A esse respeito, v. Paula A. Forgioni, "Acesso ao conhecimento. Que direito nos reserva o futuro?" In: NUNES, Avelãs; COUTINHO, Jacinto (coord.). *O direito e o futuro. O Futuro do direito.* Coimbra: Almedina, 2008, p. 355 e s.

2 A expressão é de Fabio Konder Comparato. *Aspectos jurídicos da macroempresa*. São Paulo: Revista dos Tribunais, 1970, p. 3).

desolador e segue alimentado por cursinhos e exames da OAB que, no fundo, obrigam os candidatos a decorarem o Código Civil italiano de 1942.

A partir de 2004, o Brasil começou a perseguir os cartéis de forma sistemática, e o antitruste, finalmente, alcançou expressão. Não é exagero afirmar que um trabalho excepcional foi e tem sido feito pelo CADE e, também, pela extinta SDE. Em espaço de tempo surpreendentemente breve, aquilo que era corriqueiro e "normal" passou a ser socialmente repudiado. Agora, quem participa de um cartel sabe bem que comete um crime e teme as punições. As multas impostas pelo CADE e o Ministério Público são impiedosos.

Do ponto de vista teórico, a ideia de que o antitruste é um instrumento de implementação de políticas públicas passou a ser corrente, dita e repetida como um *slogan* de fácil assimilação. Nesse cenário, o eixo do problema deslocou-se e passou a ser "*de qual política pública estamos falando?*" Afinal, a não intervenção é uma intervenção, assim como não ter uma política pública equivale à implementação de uma política pública[3].

A situação do antitruste nos Estados Unidos não contribui para seu desenvolvimento. Excetuando a perseguição aos cartéis e os acadêmicos que precisam publicar a qualquer custo *publish or perish*, pouco restou do antitruste naquele que foi o berço da matéria. Sempre há acordos bastante convenientes para as empresas. A partir do final da década de 1970, a Suprema Corte derrubou, uma a uma, as proibições *per se* às restrições verticais, culminando com a revogação da vedação à centenária regra da proibição da imposição de preços de revenda à rede de distribuição, em 2007. *Isso não é acaso. Isso é política pública.*

No Brasil, a decisão sobre o caminho a seguir não pode ser fossilizada, embasada no esquerdismo superado dos anos 1970. Tampouco há de encontrar sustentação na onda liberalizante que veio a partir dos anos 1980. Ninguém suporta mais esses posicionamentos radicais e a verdadeira histeria dos fanáticos de ambos os lados. Há muitos deles na Academia. Até estudam, mas pouco absorvem. Repetem-se e repetem-se. Apavora-me ver que parecem seguir à risca o conselho de um dos piores seres humanos que já existiu, e que arrastava as massas consigo: "nunca dê razão a seu adversário, mesmo que ele esteja certo"[4].

---

3 Sobre "As normas antitruste como instrumento de implementação de políticas públicas" e sobre a política antitruste ser atuada pela não aplicação da lei antitruste, discorri em *Os fundamentos do antitruste*, 7ª ed. (São Paulo: Revista dos Tribunais, 2014, p. 189 e s.).

4 "The broad masses of a nation are not made up of diplomats or professors of public law, nor even of persons capable of making a reasoned judgment, but only of grown-up children

Em meio a essa mediania, encontramos estudiosos que possuem "olhos para ver". Aqui, começo a abordar o livro que tenho a honra de prefaciar, da lavra de Vinicius Marques de Carvalho, jovem e brilhante professor do Departamento de Direito Comercial da Faculdade de Direito da Universidade de São Paulo e, atualmente, presidente de nossa autoridade antitruste.

Lendo a produção do professor Vinicius, identifico a influência de grandes mestres da Faculdade. Contudo, ele vai além e se constrói sobre uma nova visão de direito comercial, que supera a imbecilidade da imitação dos anos 1950 e o excessivo privatismo marcado em sua historiografia. O direito comercial moderno tem a ver com a ordem jurídica do mercado, com o estudo do Direito que formata a atuação dos agentes econômicos. Ao mesmo tempo, a produção do professor Vinicius não apenas enxerga o antitruste como instrumento de implementação de políticas públicas, na linha do Direito Econômico de Fábio Comparato e de Eros Grau, como, corajosamente, mostra-nos qual a política pública a seguir no Brasil, sem radicalismos estéreis.

Chamo a atenção do leitor para a estrutura do trabalho. Na primeira parte, sobre a política de defesa da concorrência, o autor descortina seu entendimento sobre o antitruste: "no controle e na (de)limitação do poder econômico" reside "uma tarefa central do Estado. O direito da concorrência é uma das formas pelas quais esse controle se expressa e está diretamente relacionada à capacidade do Estado de intervir na economia".

Na segunda parte, são abordadas as condutas anticompetitivas. A leitura entusiasma. Como resultado do absoluto predomínio da ideologia da Escola de Chicago e da econometria, as publicações costumam trazer a sensação de "mais do mesmo" e de que todos os artigos já foram lidos, mesmo antes de serem escritos. Como em novelas do horário nobre, os finais repetem-se e contribuições originais são raríssimas. Não é esse o caso das abordagens de Vinicius Marques de Carvalho. Impressiona, também, a profundidade da pesquisa. Nada é por acaso.

Na terceira parte, temos textos sobre a tormentosa relação entre regulação e concorrência. A conclusão do professor Vinicius dá indício da profundidade de sua abordagem nada ortodoxa: "A complexidade aumenta, quanto maior a convivência de políticas e estruturas advindas de sobreposição

---

constantly wavering between one idea and another. If our propaganda even once accords the glimmer of truth to the other side, a basis for doubt is laid concerning our own cause. The masses cannot distinguish where the error of the other side ends and our own begins. In such a case they become hesitant and suspicious, especially if the enemy does not make the same mistake but heaps all the blame on his adversary" (HITLER, Adolf. *Mein Kampf*, 1924).

histórica de padrões de intervenção pública, maior a interdependência entre as políticas desenhadas e, portanto, maior a necessidade de coordenação para se alcançar os resultados pretendidos. Enfim, não é possível garantir efetividade a uma estratégia de regulação sem interagir com a política antitruste, com a política industrial e, às vezes, até com políticas sociais. Todas elas podem e devem compor um mesmo espaço regulatório".

Em suma: esta obra é um trabalho destemido, embasado em pesquisas e em cuidadosas reflexões. Sem pudores nem rancores, escancara ao leitor que, por mais técnico que se pretenda ser, inexiste somente uma resposta correta para cada caso concreto, porque o momento histórico e a política pública adotada assumem papel crucial. Melhor encarar essa realidade do que ignorá-la. Vinícius mostra que o antitruste é a sepultura do positivismo tradicional. *Doa a quem doer.*

Paula Forgioni

São Paulo, Carnaval de 2015.

SOBRE OS AUTORES

Vinicius Marques de Carvalho

Presidente do Conselho Administrativo de Defesa Econômica e Professor do Departamento de Direito Comercial da Faculdade de Direito da Universidade de São Paulo, Doutor em Direito Comercial pela mesma instituição e em Direito Comparado pela Universidade Paris I.

Amanda Athayde Linhares Martins

Doutoranda em Direito Comercial pela USP-SP. Graduada em Direito pela Universidade Federal de Minas Gerais – UFMG e em Administração de Empresas com habilitação em Comércio Exterior pelo Centro Universitário UNA. Chefe de Gabinete da Superintendência-Geral do CADE, foi Coordenadora na Secretaria de Direito Econômico (SDE) do Ministério da Justiça (2010-2012).

Bernardo Becker Fontana

Advogado associado ao escritório Debevoise & Plimpton LLP, em Nova York. Foi Coordenador de Assuntos Jurídicos na SDE (2010-2012) e Coordenador de Análise Antitruste no CADE (2012). Bacharel em Direito pela UFRGS (2008), possui LL.M. pela Harvard Law School (2013).

Marcos Paulo Verissimo

Professor do Departamento de Direito do Estado da Faculdade de Direito da Universidade de São Paulo, Doutor e Mestre pela mesma instituição, Conselheiro do CADE de 2011 a 2013 e Chefe de Gabinete da Presidência do BNDES de 2009 a 2011.

Paulo Burnier da Silveira

Doutor em Direito Internacional pelas Universidades Panthéon-Assas (Paris II) e de São Paulo (USP). Mestre em Direito Privado pela Universidade Panthéon-Assas (Paris II). Mestre em Direito Europeu pela Universidade Católica Portuguesa (UCP). Foi Chefe da Assessoria Internacional do CADE (2011-2015). Atualmente é Professor-Adjunto da Faculdade de Direito da Universidade de Brasilia (UnB).

Ricardo Medeiros de Castro

Doutorando em Direito pela Universidade de Brasília (UnB), possui mestrado em Relações Internacionais pela Universidade Federal do Rio Grande do Sul (UFRGS), e especialização em Direito Internacional pela mesma instituição e em Direito da Concorrência pela Fundação Getulio Vargas (FGV). Atualmente é Especialista em Políticas Públicas e Gestão Governamental e atua no Sistema Brasileiro de Defesa da Concorrência desde 2006.

Ticiana Nogueira da Cruz Lima

Mestre em Direito pela Universidade de São Paulo (2009), possui LL.M pela Harvard Law School (2010).

PARTE I

Política de Defesa da Concorrência

PRINCÍPIOS E FINALIDADE DA DEFESA DA CONCORRÊNCIA[1]

Vinicius Marques de Carvalho

A Lei 12.529/11 estabelece no art. 1° como sua finalidade a prevenção e a repressão às infrações contra a ordem econômica orientada pelos princípios constitucionais de liberdade de iniciativa, livre concorrência, função social da propriedade, defesa dos consumidores e repressão ao abuso do poder econômico.

Logo de início cumpre ressaltar certa confusão entre meios e fins que já existia na Lei 8.884/94 e que persistiu na nova lei. Referimo-nos à expressão "repressão ao abuso do poder econômico". A Constituição Federal, ao dispor que a lei reprimirá o abuso do poder econômico que vise à dominação dos mercados, à eliminação da concorrência e ao aumento arbitrário dos lucros (art. 173, § 4º), estabelece claramente que o controle das práticas anticompetitivas é um dos meios escolhidos para garantir os princípios constitucionais da ordem econômica arrolados no art. 170, entre eles os destacados no artigo primeiro referido acima. Desse modo, combater o abuso do poder econômico, que se caracteriza como um desvio de finalidade no uso desse poder, é o "meio", e garantir a livre concorrência e a defesa dos consumidores é a "finalidade" pre-

1 Publicado originalmente em: CARVALHO, Vinícius Marques de; CORDOVIL, Leonor; BAGNOLI, Vicente; ANDERS, Eduardo Caminati. *A Nova Lei de Defesa da Concorrência Comentada – Lei 12.529, de 30 de novembro de 2011*. São Paulo: Revista dos Tribunais, 2012, p. 13-54.

cípua da lei de defesa da concorrência. Por isso, no parágrafo único do artigo primeiro, a Lei 12.529/11 afirma ser a coletividade a titular dos bens jurídicos protegidos por esse diploma legal.

A distinção entre meios e fins não se apresenta aqui como mero recurso estilístico, possui fundamento metodológico e visa evitar constantes mal-entendidos com referência aos princípios de liberdade de iniciativa e de concorrência, associando-os a uma suposta ausência de intervenção estatal na organização dos mercados. Nesse sentido, revela-se a inadequação da noção de "mercado livre". Aliás, todos os países têm regulamentações estatais definindo quem pode participar de quais mercados e em que termos. Como aponta Chang[2], é unicamente porque certas regulamentações estatais (e os direitos e obrigações que elas apoiam ou até mesmo criam) são totalmente aceitas (pelos que fazem a observação, assim como por quem participa do mercado), que alguns mercados parecem não ter "intervenção" nenhuma e, portanto, ser "livres".

Como aponta Fábio Konder Comparato,

> "a supressão da liberdade empresarial, porém, não se confunde, de modo algum, com as restrições de natureza pública ao exercício dessa liberdade, as quais visem à realização dos valores ou finalidades superiores, igualmente expressos como mandamentos constitucionais. A Constituição, com efeito, declara que a ordem econômica deva assentar-se, conjuntamente, na livre-iniciativa e na valorização do trabalho humano. E assinala que o objetivo global e último dessa ordenação consiste em 'assegurar a todos existência digna, conforme os ditames da justiça social' (art. 170, caput). É em função desse objetivo último de realização da justiça social que devem ser compreendidos e harmonizados os demais princípios expressos no art. 170, a par da livre concorrência, a saber, especificamente, a função social da propriedade, a defesa do consumidor, a redução das desigualdades regionais e sociais, a busca do pleno emprego e o tratamento favorecido para as empresas brasileiras de capital nacional de pequeno porte"[3].

São esses os princípios que fundamentam as regras de repressão ao abuso do poder econômico contidas na Lei 12.529/11 e que serão discutidas ao

---

2 "Rompendo o Modelo. Uma economia política institucionalista alternativa à teoria neoliberal do mercado e do Estado". In: ARBIX, Glauco *et al.* (org.). *Brasil, México, África do Sul, Índia e China: diálogo entre os que chegaram depois.* São Paulo: Unesp/Edusp, 2002, p. 107.

3 "Regime Constitucional de Controle de Preços no Mercado". *Revista de Direito Público*, v. 97, 1991, p. 19.

longo do livro[4]. Nesse momento, nos cabe discutir como alguns deles interagem e permitem conceber um sistema concorrencial razoavelmente integrado.

O princípio que organiza todo esse sistema é o da liberdade de concorrência. De um lado, liberdade pode ser associada à possibilidade de autodeterminação, ou, como sugere Eros Grau, trata-se da sensibilidade e acessibilidade a alternativas de conduta e de resultado. Pois não se pode entender como livre aquele que nem ao menos sabe de sua possibilidade de reivindicar alternativas de conduta e de comportamento; e não se pode chamar livre, tampouco, aquele ao qual tal acesso é sonegado[5]. Por sua vez, a noção de concorrência abriga a ideia de luta, de competição em busca de vantagens, geralmente econômicas. Como sugere Pontes de Miranda:

> "concorrer é tentar abrir caminho, ou alargá-lo; quem o alarga demais, crescentemente, tira espaço a quem concorria, ou poderia concorrer. A luta conta os monopólios inspira-se na necessidade de evitar ou de desfazer resultados da intensificação da concorrência, que pode negar o princípio de livre concorrência, ou da própria atividade pré-eliminadora da concorrência. Na área econômica, representa a disputa entre todas as empresas para obter maior e melhor espaço no mercado"[6].

No entanto, é importante ressaltar que a concorrência não é um fenômeno uniforme e a-histórico. A sua intensidade depende de uma série de fatores culturais, econômicos, políticos e sociais.

---

4 Joaquim José Gomes Canotilho difere princípios de regras com base em algumas características, como: (i) *grau de abstração* – os *princípios* são regras com um grau de abstração relativamente elevado; de modo diverso, as *regras* possuem uma abstração relativamente reduzida; (ii) *grau de determinabilidade na aplicação do caso concreto* – os *princípios*, por serem vagos e indeterminados, carecem de mediações concretizadoras, enquanto as *regras* são suscetíveis de aplicação direta; (iii) *caráter de fundamentalidade no sistema das fontes de direito* – os *princípios* são normas de natureza ou com um papel fundamental no ordenamento jurídico devido à sua posição hierárquica no sistema das fontes ou à sua importância estruturante dentro do sistema jurídico; (iv) *proximidade de ideia de direito* – os *princípios* são *standards* juridicamente vinculantes radicados nas exigências de justiça ou na ideia de direito; as *regras* podem ser normativas vinculativas com um conteúdo meramente funcional; (v) *natureza normogenética* – os *princípios* são fundamento das regras, isto é, são normas que estão na base ou constituem *ratio* de regras jurídicas, desempenhando, por isso, uma função normogenética fundamentante (*Direito constitucional e teoria da Constituição*. 6ª ed. Lisboa: Almedina, 2002, p. 1146-1147).

5 *Ordem Econômica na Constituição de 1988*. São Paulo: Malheiros, 9ª ed., 2004, p. 185.

6 *Tratado de direito privado*. 4ª ed. São Paulo: Revista dos Tribunais, 1983, Tomo XVII (Parte Especial). p. 179-180.

"A livre concorrência de que fala a atual Constituição como um dos princípios da ordem econômica (art. 170, IV) não é a do mercado concorrencial do século XIX de estrutura atomística e fluida. Trata-se, modernamente, de um processo comportamental competitivo que admite gradações tanto de pluralidade quanto de fluidez. É este elemento comportamental – a competitividade – que define a livre concorrência. A competitividade exige, por sua vez, descentralização de coordenação como base da formação dos preços, o que supõe livre-iniciativa e apropriação privada dos bens de produção. Neste sentido, a livre concorrência é forma de tutela do consumidor, na medida em que competitividade induz a uma distribuição de recursos a mais baixo preço. De um ponto de vista político, a livre concorrência é garantia de oportunidades iguais a todos os agentes, ou seja, é uma forma de desconcentração de poder. Por fim, de um ângulo social, a competitividade deve gerar extratos intermediários entre grandes e pequenos agentes econômicos, como garantia de uma sociedade mais equilibrada"[7].

Tem-se, assim, que a liberdade de concorrência, indiretamente, favorece o interesse do consumidor, que pode ter acesso a bens e serviços diversos com melhor qualidade e preço; o interesse das empresas concorrentes, que podem exercer sua liberdade negocial e crescer com base em seus méritos e ganhos de eficiência produtiva; e o interesse da nação, pelo desenvolvimento do país.

Com essa perspectiva, o princípio concorrencial afeta os consumidores, pelo lado da demanda, que passam a conhecer: os seus próprios gostos, as suas possibilidades de compras, a existência de condutas ou de estruturas que deles retirem bem-estar e os seus direitos e garantias a respeito do processo competitivo, incluindo o acesso às estruturas institucionais protetivas da concorrência. Já os concorrentes/produtores, pelo lado da oferta, conseguem ter informação a respeito: de quanto e como devem produzir para ganhar mais lucros; de quais são os bens necessários à competição; se há ou não condutas exclusionárias praticadas contra a sua empresa; além, obviamente, de como acessar o poder político institucional para se defender deste tipo de ameaça.

A relação entre liberdade de concorrência e desenvolvimento nacional pressupõe, por sua vez, garantir que todos os cidadãos sejam capazes de expressar suas preferências econômicas. É, portanto, imprescindível eliminar a exclusão do processo econômico. Em segundo lugar, é necessário garantir os meios para a transmissão dessas preferências econômicas, eliminando valores ou instituições que a impeçam. Trata-se aqui de associar, claramente, o

7 FERRAZ JÚNIOR, Tercio Sampaio. "A economia e o controle do Estado". *O Estado de S. Paulo*, edição de 04/06/1989.

conceito de desenvolvimento econômico com um processo de conhecimento que acarreta inclusão social, vinculando-se à ideia de democracia econômica.

Além disso, a efetividade da associação entre concorrência e desenvolvimento depende também do acoplamento entre as diversas políticas públicas que lidam com o tema do poder econômico e com a construção de instituições capazes de aplicar com vigor e rapidez a lei concorrencial, como veremos mais à frente.

É claro que tais finalidades dependem também da articulação da liberdade de concorrência com outros princípios da ordem econômica na sua aplicação em casos concretos. No caso, por exemplo, da livre-iniciativa, nota-se que se trata de um conceito complementar ao de livre concorrência, mas essencialmente distintos. Como aponta Miguel Reale:

> "a primeira não é senão a projeção da liberdade individual no plano da produção, circulação e distribuição das riquezas, assegurando não apenas a livre escolha das profissões e das atividades econômicas, mas também a autônoma eleição dos processos ou meios julgados mais adequados à consecução dos fins visados. Liberdade de fins e de meios informa o princípio de livre-iniciativa, conferindo-lhe um valor primordial, como resulta da interpretação conjugada dos citados artigos 1º e 170. Já o conceito de livre concorrência tem caráter instrumental, significando o princípio econômico segundo o qual a fixação dos preços das mercadorias e serviços não deve resultar de atos cogentes da autoridade administrativa, mas, sim, do livre jogo das forças em disputa de clientela na economia de mercado"[8].

Nesse contexto, os princípios se limitam mutuamente, muito embora a liberdade de iniciativa econômica privada, no contexto de uma Constituição preocupada com a realização da justiça social (o fim condiciona os meios), não possa significar mais do que liberdade de desenvolvimento da empresa no quadro estabelecido pelo Poder Público e, portanto, possibilidade de gozar das facilidades e necessidade de submeter-se às limitações postas pelo mesmo[9].

Do mesmo modo, em relação à função social da propriedade na disciplina concorrencial, devemos ter em conta que

> "ela ganha substancialidade precisamente quando aplicada à propriedade dos bens de produção, ou seja, na disciplina jurídica da propriedade de tais bens,

---

8 "O plano Collor II e a intervenção do Estado na ordem econômica". In: REALE, Miguel. *Temas de direito positivo.* São Paulo: Revista dos Tribunais, 1992, p. 249-262.

9 SILVA, José Afonso da. *Comentário Contextual à Constituição*. São Paulo: Malheiros, 2005, p. 711.

implementada sob compromisso com a sua destinação. A propriedade sobre a qual em maior intensidade refletem os efeitos do princípio é justamente a propriedade dinâmica, dos bens de produção. Na verdade, ao nos referirmos à função social dos bens de produção em dinamismo, estamos a aludir à função social da empresa"[10].

Após algumas referências aos princípios e finalidades constitucionais da defesa da concorrência, trataremos agora do principal fenômeno social com o qual a Lei 12.529/11 interage, buscando controlar os efeitos nocivos do seu abuso. Trata-se do poder econômico.

Quando o Estado interfere nos padrões institucionais da alocação de recursos econômicos, de algum modo ele está intervindo no processo de transformação da liberdade formal de iniciativa em liberdade material que caracteriza o poder na esfera econômica. Como aponta Celso Furtado[11], o poder econômico revela-se pela capacidade do agente de influenciar e modificar o meio em que atua, apresentando no seu comportamento um fator volitivo criador de novo contexto. O comportamento de quem não tem poder é meramente adaptativo, já a faculdade de transformar o meio em que atua eleva o agente à posição de elemento motor do sistema econômico. A empresa com elevado poder econômico planifica setorialmente uma parte da atividade de um sistema econômico.

Tal abordagem converge com as observações de Comparato, para quem

> "a importância do poder, como fenômeno social, ainda não foi inteiramente compreendida. O seu estudo vem sendo confinado, quase que exclusivamente no campo da política, onde, aliás, é mais analisado sob a forma de dominação hierárquica do que de influência determinante, malgrado a antiga advertência de um espírito pioneiro. No campo econômico, a concentração do poder acentuou-se, sobremaneira, a partir da revolução industrial, acarretando transformações sociais de que ainda não nos demos conta, integralmente. A moral tradicional sempre se preocupou com a excessiva concentração da riqueza, numa perspectiva meramente distributivista, em que o usuário aparecia, indefectivelmente, como o vilão da história. A civilização industrial, no entanto, veio demonstrar que o importante não é a riqueza em si, mas a sua efetiva disposição no ciclo produtivo"[12].

---

10 GRAU, Eros Roberto. *Elementos de Direito Econômico*. São Paulo: Revista dos Tribunais, 1981, p. 128.

11 *Criatividade e Dependência na Civilização Industrial*. São Paulo: Companhia das Letras, 2008, p. 36 e s.

12 *Poder de Controle na Sociedade Anônima*. 4ª ed., São Paulo: Forense, 2005, p. XVI.

Em tese, quanto mais atomizado o poder econômico, mais espaço para uma ação coordenada macroeconômica, na medida em que maior poder se confere ao centro decisório nacional e mais distante essa racionalidade fica da soma das racionalidades individuais. Por outro lado, quanto maior a concentração de poder econômico, maior o espaço de influência dos agentes na racionalidade macroeconômica, e mais próxima ela se torna da soma das racionalidades microeconômicas.

Enfim, o poder econômico concentrado pode limitar a capacidade de o Estado ordenar variáveis macroeconômicas e de formular e implementar um conjunto coerente de diretrizes chamado política econômica.

Tomando como ponto de partida esse diagnóstico, o Estado pode dimensionar políticas públicas que tenham por objetivo: (i) regular os agentes detentores de poder econômico, controlando variáveis como preços, quantidades, entrada e saída do mercado; (ii) estabelecer a participação do Estado na produção econômica por meio de empresas estatais de modo a compensar ou equilibrar as relações de poder (poder compensatório) ou ainda criar novos mercados; e, por fim, (iii) atuar no controle do abuso do poder econômico, preservando a liberdade de concorrência, através do direito antitruste.

Nesse último caso, estamos diante de uma disciplina de controle, não se configurando como criadora de utilidade pública[13]. Por não estabelecer uma prestação positiva e se dedicar à imposição de uma restrição ou a determinar uma abstenção do particular, ela se assemelha à forma de ação do poder de polícia. Trata-se, assim, de uma intervenção corretiva e não tipicamente organizativa ou criativa/planejadora. Difere das chamadas políticas regulatórias, nas quais muitas vezes o Estado define níveis de qualidade, quantidade e preço. A flexibilidade está nas "válvulas de escape" em que se apoia o ordenamento jurídico, e que permitem um acoplamento das regras jurídicas às operações ou ações sujeitas ao controle concorrencial.

Essas válvulas de escape, em geral, dizem respeito a situações em que se pode justificar a diminuição da intensidade da concorrência em determinados mercados quando da realização de um ato de concentração ou na análise de uma conduta que pode ser vista a princípio como anticompetitiva. As principais justificativas estão associadas a conceitos econômicos como o de eficiência, por exemplo.

13 Sobre o tema, ver SALOMÃO FILHO, Calixto. *Direito Concorrencial: as estruturas*. São Paulo: Malheiros, 1998, p. 297.

Ocorre que "eficiência" não é um termo unívoco. Do ponto de vista alocativo, por exemplo, é possível adotar uma série de interpretações a respeito do que são eficiências necessárias à aprovação de uma operação de concentração econômica. Dentre os modelos que podem ser utilizados para justificar as eficiências alocativas, podemos citar: (i) modelo baseado em preços, em que estes não podem aumentar após a operação; (ii) modelo baseado na satisfação do consumidor, em que o excedente, ou bem-estar, do consumidor não deve diminuir após a operação, por mais que se admita o aumento de preço (sendo esta elevação compensada, por exemplo, com o aumento da qualidade dos produtos ofertados); (iii) modelo baseado na satisfação geral da sociedade, em que excedente, ou bem-estar, social total posterior à operação deve ser maior ou igual que o anterior. Por outro lado, neste modelo, admite-se a majoração de preços e a diminuição do bem-estar dos consumidores em prol do aumento do bem-estar dos produtores; e (iv) modelo de satisfação ponderada, em que se considera o bem-estar dos produtores e dos consumidores após a fusão, mas com pesos diferenciados, geralmente dando maior relevância à satisfação dos consumidores.

Se do ponto de vista alocativo há uma vasta gama de interpretações possíveis do termo eficiência, deve-se mencionar, também, que há diferentes espécies de eficiência, como as dinâmicas, transacionais e produtivas[14].

De acordo com Possas, Fagundes e Pondé, a análise de eficiências não deve ficar adstrita à avaliação do preço e ao viés estático. Além disto, eficiência dinâmica não seria apenas a eficiência alocativa intertemporal, como uma

14 "Os efeitos benignos de uma fusão e aquisição podem ser qualificados em quatro tipos de eficiências: eficiência alocativa, eficiência produtiva, eficiência dinâmica e eficiência transacional. A eficiência alocativa ocorre quando existe a combinação ótima de quantidades e preços que maximizam o bem-estar total. A eficiência produtiva se dá quando todos os bens são produzidos ao menor custo médio existente. Esse tipo de eficiência pode ser dividido em três: economias de escala, economias de escopo e sinergias. As economias de escala são obtidas quando as empresas estão operando na escala ótima. As economias de escopo são obtidas quando se torna mais barato produzir dois bens conjuntamente que separadamente. Classificam-se como sinergias aquelas eficiências produtivas que somente podem ser obtidas por intermédio da ocorrência de uma fusão e aquisição. A eficiência dinâmica está relacionada com os efeitos da competição atual e potencial sobre os custos e sobre a qualidade de produto ao longo do tempo. A eficiência transacional ocorre quando uma firma é capaz de reduzir os custos de transações via realização de negócios, contratos e formas organizacionais" (MENDONÇA, Elvino de Carvalho *et al.* "Fusões e aquisições, concentração industrial e a eficiência técnica: evidências empíricas para a indústria de transformação brasileira". In: XXXVI Encontro Nacional de Economia da ANPEC, 2008, Salvador. Disponível em: <www.anpec.org.br/encontro2008/artigos/200807211113060-.pdf>. Acesso em: 2 abr. 2009).

alocação Pareto-ótima de recursos entre presente e futuro, de modo que, "no enfoque schumpeteriano, a noção de eficiência dinâmica dos mercados deve ser redefinida pela ótica da visão dinâmica da própria concorrência, e não apenas de seus efeitos alocativos"[15].

Independentemente de adotar-se (ou não) um "enfoque schumpeteriano" de eficiências, de fato há uma grande dificuldade em mensurar e definir eficiências. Aliás, recorde-se aqui o Ato de Concentração 08012.005747/2006-21, em que a ALL - América Latina Logística S.A. adquiriu duas empresas, a Brasil Ferrovias S.A. e a Novoeste Brasil S.A. Nesse Ato de Concentração, cuja análise era baseada na concentração de modais logísticos, o então Conselheiro Luis Fernando Schuartz entendeu que, para aprovar a operação, seria necessária a celebração de um Termo de Compromisso de Desempenho (TCD), levando em conta, dentre diversos fatores, "eficiências não quantificáveis ao ato de concentração", tais como externalidades de rede. Para Schuartz:

> "a possibilidade de rotas envolvendo mais de uma empresa concessionária já existia antes da operação. Contudo, há custos de transação para que tal conectividade se torne efetiva – por exemplo, em razão da celebração de contratos operacionais etc. Além disso, a funcionalidade destes contratos poderá trazer benefícios não só em termos de novas rotas, mas também na forma de benefícios operacionais aos ofertantes do serviço, que utilizarão com maior eficiência a malha disponível. As requerentes indicam a existência da possibilidade de obtenção desses benefícios (por elas, porém, não quantificadas numericamente em termos de reduções esperadas de custos)"[16].

Todos os princípios jurídicos e econômicos mencionados aqui se entrelaçam na aplicação da lei concorrencial e conformam a política de defesa da concorrência de um país. Por isso, a busca por identificar as finalidades dessa política pública exige não apenas o exercício dogmático de interpretação de princípios e regras, mas também, senão essencialmente, o estudo das dimensões histórica e institucional que influenciam e compõem esse quadro normativo.

---

15 POSSAS, Mário; FAGUNDES, Jorge; PONDÉ, João. "Política Antitruste: Um Enfoque Schumpeteriano". *Estudos Econômicos da Construção*, n° 1, 1996, p. 1-23.

16 Ver A.C. 08012.005747/2006-21.

1. FINALIDADE DA DEFESA DA CONCORRÊNCIA: PERSPECTIVA HISTÓRICA

Se, para a economia clássica, o mercado apresentava-se como um processo de interação entre sujeitos privados regulado pelo pressuposto da concorrência perfeita, com o aperfeiçoamento dos mecanismos de intervenção do Estado, que caminhou *pari passu* com o movimento de concentração do capital, o mercado perde seu caráter de instituição livre. Tais mecanismos envolvem tanto medidas de cunho generalizante e global para o desenvolvimento do mercado como ações específicas de bem-estar social para a obtenção de determinados resultados.

O conjunto das técnicas e instituições de intervenção estatal se aperfeiçoou exatamente para responder às novas tarefas que se apresentavam ao Estado. No sistema de economia política clássico, reservavam-se ao Estado funções negativas em relação ao bem-estar social. O interesse público decorria da capacidade estatal para realizar a missão de garantir o sistema de "livre mercado", cuja prevalência asseguraria o equilíbrio econômico e social. Já no Estado pós-liberal, o principal objetivo da política econômica era a expansão da renda nacional e o desenvolvimento das forças produtivas por meio da ação propulsiva do Estado. Como afirma Fábio Konder Comparato, em estudo pioneiro sobre o direito econômico no Brasil,

> "a ação do Poder Público com vistas à expansão procura atingir as próprias estruturas do sistema econômico, no sentido do seu aperfeiçoamento, ou mesmo de sua transformação, como é o caso notadamente em países subdesenvolvidos"[17].

Nesse contexto, o mercado, enquanto instituição social, passou a ser entrecortado por uma série de objetivos de políticas públicas. Seus atores estariam subordinados a estratégias de ação pública que dificilmente consideravam os ditames da livre-iniciativa e da busca do equilíbrio. Ao contrário, a própria expansão da ideia de desenvolvimento foi absorvida no debate econômico pelo aperfeiçoamento de processos de desequilíbrio. Estes eram gerados pela inovação técnica promovida por setores econômicos estimulados por políticas

17 "O Indispensável Direito Econômico". In: COMPARATO, Fábio Konder. *Ensaios e Pareceres de Direito Empresarial*. São Paulo: Forense, 1978, p. 464.

industriais ou por choques de expansão na oferta de bens e serviços que desencadeavam uma onda de investimentos e direcionavam a expansão econômica.

Durante o auge da economia de mercado autorregulada, esta era tomada como sinônimo de uma luta "pacífica" em que a competição entre a multiplicidade de atores ensejaria ações cuja racionalidade conduziria ao equilíbrio, à eficácia e à felicidade coletiva. Segundo essa perspectiva, o sistema econômico se reproduziria de acordo com um movimento pendular, retornando sempre a um ponto ótimo, de equilíbrio, demarcando o início e o fim de uma duração reversível, perfeitamente reprodutível, por modelos extremamente formalizados[18].

Vê-se que o problema da atuação do Estado era visto como um não problema. O papel do Estado na constituição do bem-estar social era proporcional ao seu distanciamento das questões relacionadas à organização da vida econômica. Como afirma John Kenneth Galbraith[19], "suprimir a importância do exercício do poder privado e especialmente a possibilidade de seu abuso, era privar de quase toda justificação o exercício da autoridade do governo sobre a economia".

Embora se destinem quase exclusivamente a um estudo da economia americana, suas análises podem, em alguns aspectos, assumir um caráter generalizante. Para Galbraith, a causa das transformações na postura do Estado frente à organização econômica e ao mercado deriva da decadência de uma teoria do capitalismo. Tratava-se do sistema de economia clássica construído em fins do século XVIII e durante o século XIX, principalmente na Inglaterra. Na economia estruturada com base nesse sistema, todos os estímulos incitavam ao emprego de homens, capital e recursos naturais para produzir com a máxima eficiência o que a população mais desejava. O pressuposto básico para alcançar os melhores níveis de eficiência fundava-se na inexistência ou irrelevância do poder econômico privado. Restaria ao Estado o papel "insignificante" de garantir esse requisito. Diz-se insignificante porque, apesar de conter um componente normativo, o caráter pouco ameaçador do poder econômico era visto como regra geral, decorrência automática do ambiente concorrencial que prevalecia na vida econômica. Dessa forma, como havia uma coincidência, para a teoria clássica, entre o pressuposto fático e normativo, não eram exigidas maiores intervenções do Estado.

---

18 FIORI, José Luís. *Vôo da Coruja*. Rio de Janeiro: Record, 2003, p. 46-47.

19 GALBRAITH, John Kenneth. *Capitalismo*. Rio de Janeiro: Zahar, 1964, p. 38-39.

Esse movimento levou ao questionamento teórico da economia clássica, formulado principalmente por John Maynard Keynes. Para ele, a teoria econômica liberal (do *laissez-faire*) era de uma simplicidade e beleza tão grandes que frequentemente se desprezava o fato de ela não decorrer da realidade, mas de uma hipótese incompleta formulada com a finalidade de simplificação. Segundo Keynes, a ideia de que os indivíduos que agem de maneira independente para seu próprio bem produzem maior volume de riqueza estava assentada em pressupostos irreais. Isso ocorre porque os economistas geralmente postergam a discussão das complicações que surgem: (i) quando as unidades de produção eficientes são grandes em relação às unidades de consumo; (ii) quando ocorrem custos indiretos e conjuntos; (iii) quando as economias internas tendem à concentração da produção; (iv) quando o tempo necessário para os ajustamentos é longo; (v) quando a falta de informação impera; e (vi) quando os monopólios e os cartéis interferem no equilíbrio dos negócios. Enfim, os economistas guardam para um estágio posterior a sua análise dos fatos reais. Como afirma Keynes,

> "muitos dos que reconhecem que as hipóteses simplificadas não correspondem precisamente aos fatos concluem, apesar disso, que elas representam o que é 'natural' e, portanto, ideal. Eles consideram saudáveis as hipóteses simplificadas, e doentias as demais complicações"[20].

Todo o contexto descrito acima insinua que a intensificação da atuação do Estado na órbita econômica esteve associada ao questionamento não apenas teórico, mas acentuadamente prático, do que Galbraith convencionou chamar de modelo baseado na concorrência. No âmbito da economia real, observou-se um processo de concentração e internacionalização do capital que aumentou as formas assimétricas de desenvolvimento do capitalismo. Um número cada vez menor de grandes companhias passou a responder por uma parte substancial de toda a atividade industrial. A força desse processo era tanta que se verificou uma reviravolta na teoria econômica: a concentração de capital, que deveria ser exceção, virou regra ou, pelo menos, tendência do desenvolvimento capitalista. Como atesta José Luís Fiori:

> "o inquestionável movimento real do capital que, concentrando-se e centralizando as decisões por meio de movimentos cíclicos periódicos, oligopoliza

---

20 KEYNES, John Maynard. "O Fim do *Laissez-Faire*". In: SZMRECSÁNYI, Tamás (org.). *John Maynard Keynes*. São Paulo: Ática, 1984, Coleção Os Grandes Cientistas Sociais, v. 6, p. 117.

a estrutura produtiva de forma crescente, altera as regras de competição e amplia a intervenção estatal na economia"[21].

Como exemplo da criação de condições institucionais específicas tendentes a moldar o comportamento individual e de intervenção do Estado nos padrões de acumulação econômica, podemos citar a própria experiência norte-americana durante o surgimento da legislação concorrencial e, depois, na sua aplicação.

O Sherman Act foi produto de debates políticos intensos sobre as melhores formas de controlar a aceleração da concentração econômica, principalmente nos setores de telecomunicações e ferrovias, no final do século XIX, promovida pelas grandes corporações econômicas e disciplinadas por meio de um instrumento contratual chamado *trust*. Por meio desse instrumento viabilizava-se a dissociação, já aqui mencionada, entre detenção da riqueza e controle sobre ela. Tal processo era visto como ameaça ao desenvolvimento econômico e até político da nação, como o próprio Senador Sherman afirmou:

> "Nós temos falado apenas das razões econômicas que proíbem o monopólio; mas há outras, baseadas na crença de que grandes indústrias são inerentemente indesejáveis, à parte os resultados econômicos". Além disso, "a concentração excessiva de poder econômico gera pressões políticas antidemocráticas".

O Sherman Act proibia contratos e combinações que restringissem o comércio e também obstava as tentativas de monopolização de setores econômicos. Com base nessas regras, algumas decisões importantes foram tomadas pela Suprema Corte ainda nos primeiros anos de vigência da lei, entre elas, a divisão da Standard Oil em 34 empresas e o desmantelamento da American Tobacco. Sem contar a decisão no caso Dr. Miles v. Park & Sons, em 1911, que tornou a conduta de fixação de preço de revenda um ilícito condenável *per se*.

A aplicação da lei concorrencial nos Estados Unidos durante o século XX esteve sujeita às mudanças de orientação da atuação do Estado na economia. Após esse início, nota-se uma retração no período entre 1915 e 1936, decorrente de dois fatores: (i) o estímulo a uma cultura associativista entre Estado e setor privado reinante durante a Primeira Guerra, (ii) e a Crise de 1929, que gerou a promulgação do National Industry Recovery Act, instrumento francamente inibidor da concorrência.

---

21 FIORI, José Luís. *Op. cit.*, p. 48.

De 1936 a 1972, a política de defesa da concorrência atingiu seu auge em termos de intervenção econômica, usando como instrumental de análise a teoria estruturalista, fundada pela Escola de Harvard, que praticamente identificava a existência de poder de mercado como condicionante primordial para a presença de efeitos anticompetitivos. A Escola de Harvard encontra-va-se em sintonia com as primeiras intervenções do direito concorrencial norte-americano, que elegiam o poder econômico como empecilho para o desenvolvimento do próprio sistema capitalista. Conferia-se ênfase à análise estrutural do mercado. O comportamento das empresas era visto como uma resultante da estrutura do mercado em que elas estivessem inseridas. Ou seja, a existência de um poder econômico pronunciado exigia da autoridade antitruste uma atuação rigorosa em defesa da concorrência. Como afirma Calixto Salomão Filho, para a escola estruturalista,

> "em uma indústria concentrada, as firmas estão protegidas da competição por barreiras à entrada, consistentes em economias de escala, exigências maiores de capital, *know-how* escasso e diferenciação dos produtos"[22].

Nessa estrutura, em que há poucos vendedores no mercado, há uma diminuição dos custos e das dificuldades de atuação em conjunto, o que proporciona acordos tácitos ou explícitos entre as empresas com objetivos de redução da produção e aumento de preços.

De 1973 a 1991, o elevado nível de ativismo antitruste atraiu muitas críticas e fez emergir uma reação que, do ponto de vista teórico, lastreou-se na chamada Escola de Chicago, para quem a eficiência produtiva era o valor a ser buscado pelo sistema econômico, pois ela levaria ao interesse público, entendido como bem-estar do consumidor[23]. A concorrência transformava-se em valor subjacente e instrumental, facilmente colocado em segundo plano. Nas situações em que não havia coincidência entre os dois valores – eficiência e concorrência – o primeiro deveria prevalecer, pois causaria uma redução de custos a ser repassada aos preços. Para essa perspectiva, o processo competitivo é considerado como motor da eficiência, na medida em que o domínio

---

22 *Direito Concorrencial: as Estruturas*, cit., p. 18.

23 Essa associação entre eficiência produtiva e bem-estar do consumidor é considerada uma das maiores fragilidades da Escola de Chicago, na medida em que se parte do pressuposto de que há uma transferência automática aos preços da redução de custos proporcionada pelos ganhos de eficiência, como se ela fosse ínsita à racionalidade do monopolista. Para uma crítica detalhada ver SALOMÃO FILHO, Calixto. *Direito Concorrencial: as Estruturas, cit.*, p. 19 e s.

do mercado é um resultado da superioridade em eficiência, invertendo-se a causalidade estrutura-conduta-desempenho defendida pela Escola de Harvard.

Note-se que o período de ascensão dessa abordagem coincide com o momento em que os Estados Unidos se viam mais vulneráveis à concorrência de empresas internacionais, principalmente japonesas, que passavam a dominar o mercado interno americano. Tal circunstância foi decisiva para garantir vigor à estratégia de impulsionar grandes concentrações visando assegurar ganhos de escala e maior eficiência produtiva.

Cenário Brasileiro

A existência formal de uma legislação antitruste no Brasil desde, pelo menos, a década de 1960 não impediu que o desenvolvimento econômico brasileiro se constituísse em torno das seguintes características: (i) elevada concentração econômica e produção voltada para o exterior; (ii) dependência estrutural da economia em relação ao poder econômico; (iii) industrialização baseada no incentivo à grande empresa brasileira de capital nacional ou estrangeiro; (iv) surgimento do mercado interno apenas com a urbanização e industrialização; e (v) preponderância de estratégias de atuação concertada entre Estado e setor empresarial.

A intervenção do Estado na economia foi parte integrante de um padrão de desenvolvimento capitalista cujos constrangimentos mais importantes eram o caráter incipiente do setor privado nacional e os laços de dependência estrutural em relação ao centro capitalista mundial. Trata-se, portanto, de um elemento indissociável do conjunto de fatores que define o quadro histórico-estrutural específico no qual se dá o processo de desenvolvimento da sociedade nacional[24].

O desenvolvimento econômico dos países periféricos esbarrava em obstáculos específicos, originados na tremenda defasagem entre, de um lado, os caminhos mínimos requeridos para constituição da base técnica e produtiva do capital, continuamente ampliados no bojo da acumulação do capitalismo avançado e, de outro, a sua base social (burguesia) frágil e pulverizada, sem capacidade de mobilização financeira. Além disso, o desenvolvimento desses projetos, notadamente nos setores básicos de bens intermediários e de capital (siderurgia, energia, petróleo, metalurgia pesada, química pesada etc.), exigia

24 ABRANCHES, Sérgio Henrique. "Empresa Estatal e Capitalismo: uma Análise Comparada". In: MARTINS, Carlos Estevam. *Estado e Capitalismo no Brasil*. São Paulo: Hucitec/CEBRAP, 1977, p. 8.

a preexistência de infraestrutura e matérias-primas básicas. Como aponta Luciano Coutinho,

> "existe de fato uma determinada interdependência entre esses projetos (a viabilidade de cada um depende da sua efetivação planejada em conjunto). Esta interdependência, derivada da densidade de relações insumo-produto entre estes setores básicos, requer algo além da centralização financeira – isto é, requer uma coordenação superior que organize a implantação do bloco no tempo e no espaço, de modo viável. Esta função recai naturalmente na esfera de ação do Estado. Portanto, no capitalismo retardatário o Estado não pode limitar-se às funções clássicas de administração fiscal e monetária: as condições objetivas do desenvolvimento lhe impõem a tarefa de criar e acumular capital produtivo, centralizar e intermediar o capital financeiro, além de supervisionar, ordenadamente, a constituição da base pesada do sistema industrial"[25].

A partir dessas exigências, priorizou-se o desenvolvimento de alguns setores (energia elétrica, petróleo e siderurgia) diretamente ligados às estratégias de desenvolvimento da capacidade produtiva no Brasil. Surgiu, assim, a distinção entre setor produtivo estatal e o gasto ou investimento público[26]. A importância dessa distinção reside no fato de que as empresas do setor produtivo estatal, ao vincularem-se à produção de insumos fundamentais, participam diretamente da divisão da produção social entre setores, cumprindo um papel essencial à própria reprodução ampliada do capital. Portanto, nessa dimensão, as inversões do sistema produtivo estatal representam um impacto qualitativamente distinto daquele do gasto e do investimento público convencional no que se refere ao padrão de crescimento e à dinâmica cíclica do sistema econômico[27].

A descrição acima demonstra a importância de sediar a discussão sobre políticas de controle do poder econômico na realidade socioeconômica e institucional de cada país.

---

25 COUTINHO, Luciano; REICHSTUL, Henri-Philippe. "O Setor Produtivo Estatal e o Ciclo". In: MARTINS, Carlos Estevam (org.). *Estado e Capitalismo no Brasil*, cit., 1977, p. 58.

26 O investimento público corresponde aos gastos em custeio, serviços e obras públicas em todas as áreas classificadas como bens públicos (saúde, educação, segurança, sistema viário, administração governamental etc.). Os investimentos do setor produtivo estatal caracterizam-se por um tipo de inversão diretamente vinculado à base produtiva pesada do sistema industrial, isto é, à produção de insumos básicos (bens de capital circulante) para reprodução ampliada deste (*Ibid.*, p. 62).

27 *Ibid.*, p. 62.

No Brasil, a relação entre Estado e Mercado estruturou-se sob o signo da complementaridade, em que o poder econômico concentrado não significou um limite às políticas macroeconômicas. A engenharia das políticas, quando não ajudava a estruturar esse poder, tomava-o como um dado da realidade sobre o qual a atuação do Estado poderia incidir principalmente na forma de ação econômica direta, via empresas estatais. Era essa a principal política industrial, voltada para a dinâmica setorial das cadeias produtivas, ajudando a eliminar gargalos verticais. Nesse contexto, a intervenção microeconômica não visava, por meio da típica ação antitruste, fortalecer a racionalidade de livre mercado.

A virada nesse processo começou a ocorrer na década de 1990, com a reestruturação patrimonial do Estado Brasileiro, identificada com o processo de privatizações e surgimento das agências de regulação. O discurso da retirada do Estado dá espaço para o surgimento da defesa da concorrência como fonte de intervenção estatal.

Tendo como pressuposto que a lei antitruste é fundamentada por uma idealização constitucional do funcionamento do mercado, que é orientada pelos princípios constitucionais da livre concorrência, da função social da propriedade e da defesa do consumidor, garantir a livre concorrência deixa de ser um fim em si, mas um meio para se obter resultados benéficos que a ela se associam, e que são fundamentados por princípios constitucionais.

Surge um novo reequilíbrio entre as funções de poder compensatório, regulação e defesa da concorrência, que não passa desapercebida e sem provocar tensões institucionais.

O direito econômico – entre outras coisas – visa regular a ação econômica dos agentes na economia de mercado, em especial daqueles detentores de poder econômico capazes de utilizá-lo para extrair renda do consumidor, seja pelo aumento de preços, seja impedindo que parcelas da população tenham acesso aos bens. No entanto, há muitas situações em que está em jogo a realização de preceitos da Ordem Econômica constitucional, entre eles a livre concorrência, que estão vinculados estritamente à política de defesa da concorrência.

Assim como é certo que o controle do poder econômico não é a única atribuição do direito econômico, também é certo que o direito da concorrência, como subárea do direito econômico, não é a única forma de que o Estado dispõe para lidar com o processo de concentração das estruturas de produção econômica inerente ao desenvolvimento do capitalismo. A regulação direta e substantiva de alguns setores e a criação de poder compensatório por meio de arranjos contratuais ou pela atuação de empresas estatais têm se notabilizado como fontes complementares de limitação do poder econômico.

Como vimos acima, as diversas interpretações sobre o que causou o desenvolvimento do Brasil repousam, em geral, em uma discussão sobre o processo de industrialização e suas condicionantes. Quatro interpretações são as mais conhecidas: (i) teoria dos "choques adversos"; (ii) industrialização liderada pela expansão das exportações; (iii) teoria do capitalismo tardio; e (iv) industrialização intencionalmente promovida por políticas de governo. Não é nosso objetivo aqui descrever cada uma delas, muito menos pugnar pela exatidão de uma visão específica[28], mas apenas ressaltar um traço comum a todas, qual seja, o de que o processo de desenvolvimento brasileiro dependeu de como a sociedade (Estado e Mercado) reagiu aos sinais recebidos do exterior.

De maneira consciente ou não, pouco importa, os atores sociais conquistaram relativa autonomia na organização de um sistema econômico razoavelmente complexo, a partir da "digestão" de sinais externos e da acumulação de capital gerada pela atividade exportadora brasileira, notadamente de commodities como o café. Talvez a nossa realidade não tenha mudado tanto nos últimos anos no que se refere ao "caminho para o desenvolvimento". O desafio que se impõe a cada momento histórico singular é o mesmo e consiste em identificar e aproveitar, no contexto internacional, as brechas e transformá-las em verdadeiras oportunidades. Trata-se, de fato, de uma visão heterodoxa, baseada na ideia de "improviso"[29] (*bootstrapping*)[30] do crescimento. Ela pressupõe que economias em desenvolvimento possuem muitas das instituições e capacidades necessárias ao crescimento e que sua obstrução se deve, em geral, a uma combinação de dois obstáculos: (i) impedimentos diretos às trocas no mercado e (ii) ausência de bens públicos de apoio, necessários à exploração do potencial. A visão de "improviso" assume que, mesmo quando ausentes distorções de mercado, o desenvolvimento requer aprendizado social contínuo. O objetivo é, portanto, criar instituições que consigam aprender a identificar e mitigar obstáculos diversos ao crescimento. Ao invés de buscar instituições públicas perfeitas, o processo busca promover a autocorreção das mesmas.

---

28 Para um estudo aprofundado sobre o tema, ver: SUSIGAN, Wilson. *Indústria Brasileira, origem e desenvolvimento*. São Paulo: Hucitec, 2000, p. 25-46.

29 Não uma tradução direta. O sentido buscado é o desenvolvimento de uma solução não padrão e específica às circunstâncias.

30 SABEL, Charles. *Bootstrapping Development: Rethinking the Role of Public Intervention in Promoting Growth*. Disponível em: <http://law.wisc.edu/gls/documents/lands_canons/bootstrapping_development_sabel.pdf>.

O sistema de defesa da concorrência talvez seja o exemplo mais contumaz de uma política pública com incidência nas relações econômicas em que prevalece o caráter residual, reativo e eventual, típico de situações de estímulo ao processo adaptativo. Por meio dele é possível encontrar atalhos institucionais indutivos, menos custosos socialmente e adaptáveis a momentos históricos específicos.

Nosso aprendizado recente em termos de *enforcement* concorrencial já é suficiente para encontrarmos um espaço razoavelmente amplo para a defesa da concorrência, inclusive nos dias atuais, por vários motivos. Em primeiro lugar, porque é bastante conhecida a aliança entre abuso de poder econômico no Brasil e resiliência a políticas anti-inflacionárias. Quanto maior a concentração de poder, maior o poder de planejamento setorial nas mãos dos agentes privados; maior o poder de determinar os preços de produtos essenciais; maior a resistência a reduzi-los diante do combate à inflação. Em segundo lugar, por mais que se busquem alternativas para "blindar" o país dos efeitos de uma crise, não se considera como alternativa viável, ou mesmo desejável, abortar ou desestimular as relações comerciais internacionais, de modo que práticas anticompetitivas continuarão acontecendo em âmbito interno ou externo. Por fim, quando nos debruçamos sobre as recentes políticas industriais, percebemos que o almejado aumento de produtividade e competitividade da indústria nacional ancora-se em medidas de estímulo à inovação tecnológica, motor essencial da competição.

2. FINALIDADE DA DEFESA DA CONCORRÊNCIA: INTERAÇÃO COM A POLÍTICA INDUSTRIAL

Sempre que a agenda de uma política industrial vem à tona, configura-se um debate teórico e ideológico sobre a capacidade e a conveniência de o Estado implementar uma política pública dirigida ao fomento do setor produtivo. Os argumentos contrários a esse modo de intervenção estatal sustentam-se no receio de que esta venha a suprimir a suposta espontaneidade dos mercados, passando a determinar o vetor das operações privadas, os objetivos econômicos e os setores "vencedores". Diz-se ainda que esse processo causaria um efeito contrário ao desejado: ao invés de inovação e produtividade, seriam construídos setores privilegiados e blindados pelo Estado. Por esta razão, a intervenção pública na economia deveria limitar-se a operacionalizar a regulação antitruste, isto é, conter os eventuais abusos do poder econômico, garantindo um ambiente concorrencial.

Entretanto, há que se ter em conta que o livre jogo do mercado apresenta falhas relevantes, que podem comprometer uma bem-sucedida estratégia de desenvolvimento. Em muitos setores, em virtude da intensidade da escala de produção, dos custos elevados de investimento ou dos riscos e incertezas associados à atividade empresarial, os agentes privados são carentes de impulso governamental para empreenderem os seus planos de investimento. Na ausência destas medidas, a falta de incentivos pode cercear o desempenho de atividades que são essenciais para a sustentabilidade do crescimento econômico do país. É justamente desta premissa que deve partir o desenho de uma política industrial, que nada mais é que um mecanismo de correção e fomento dos mercados.

Até o presente contexto, defensores de uma visão mais interventiva do Estado (pró-políticas industriais) e entusiastas de uma abordagem mais liberalizante (pró-livre concorrência) puderam apostar na incompatibilidade da defesa da concorrência com as medidas de política industrial. Como visto acima, a história brasileira garantiu a ambos os campos uma alternância institucional. No período desenvolvimentista (1950-80), os planos estatais de desenvolvimento, dirigidos à criação da capacidade produtiva brasileira, significaram, na prática, a exclusão de alguns setores à lógica concorrencial. Já no período inaugurado pelas reformas liberalizantes da década de 1990, o Estado se retraiu e substituiu sua postura pró-ativa por uma intervenção prioritariamente defensiva. Este movimento foi sustentado por uma nova lei concorrencial (Lei 8.884/94), que impulsionou o controle das fusões e aquisições.

Uma vez que o parque produtivo brasileiro já está instalado, mas ainda carente de competitividade e capacidade de inovação, e que as reformas de mercado da década de 1990 produziram uma economia privada e de mercado, o desafio contemporâneo é o de fazer convergir estes dois mecanismos da intervenção pública: a política industrial e a defesa da concorrência.

O art. 174, *caput*, da Constituição de 1988 estabelece os limites da atuação do Estado brasileiro no estabelecimento da política industrial, sendo incumbido de ser o agente normativo e regulador da atividade econômica. De acordo com a Constituição, o Estado deve exercer funções de fiscalização, incentivo e planejamento (o último sendo determinante para o setor público e indicativo para o setor privado).

Dessa forma, a política industrial não pode ser direcionada para eliminar o sistema concorrencial. Esta ideia é fundamentada diante dos efeitos que a política industrial pode ter sobre os princípios e objetivos fundamentais da ordem econômica estabelecidos pela Constituição. A intervenção do Estado na economia, seja regulando ou exercendo atividade empresarial, não pode se dar no intuito de eliminar ou substituir o sistema concorrencial (a substituição é possível em casos restritos previstos pela Constituição). Assim, a atuação do Estado na economia deve se dar no sentido de corrigir as imperfeições do sistema concorrencial.

Até porque, se assim o fizesse, o objetivo central de qualquer política industrial moderna – garantir a competitividade da indústria – restaria comprometido. Como afirma Michel Porter:

> "when local rivalry is muted, a nation pays a double price. Not only will companies face less pressure to be productive, but the business environment for all local companies in the industry, their suppliers, and firms in related industries will become less productive. Unless a firm is forced to compete at home, it will usually quickly lose its competitiveness abroad. Local competition matters for productivity and productivity growth, even in industries whose geographic scope is global... These offer far greater potential for externalities than does competition from imports. Trade is not a full substitute for local competition"[31].

Nesse sentido, cabe a nós imaginar como seria viável o acoplamento entre essas duas políticas públicas, já que a sua coexistência é inevitável[32]. De uma perspectiva ampla, a política industrial pode ser definida como um conjunto de medidas organizadas pelo Estado para alcançar mudanças estruturais necessárias ao desenvolvimento econômico, por meio do fomento da indústria doméstica, ou, de maneira mais estrita, como

> "o conjunto de ações deliberadas de coordenação e orientação das atividades empresariais, visando melhorar o desempenho das firmas em seu con-

---

31 "Competition and Antitrust: A Productivity-Based Approach". *The Antitrust Bulletin*, 2001, p. 926.

32 Como afirma Dani Rodrik: "my purpose is to suggest that the discussion on industrial policy should be similarly 'normalized'. The market failures that provide a role for industrial policy are the bread-and-butter of development economists. They are widely perceived to be pervasive, even if systematic evidence is sketchy and hard to come by. Informational and political problems in administering industrial policy are legion – but in that respect too industrial policy is no different from many other areas of policy. Moreover, most governments do carry out various forms of industrial policy already, even if they call it by other names ('export facilitation', 'promotion of foreign investment', 'free-trade zones' etc.). Consequently, it is far more productive for the discussion to focus on how industrial policy should be carried out than on whether it should be carried out at all" (*Normalizing Industrial Policy*, Harvard University, set. 2007, p. 3. Disponível em: <http://www.hks.harvard.edu/fs/drodrik/Research%20papers/Industrial%20Policy%20_Growth%20Commission_.pdf>. Acesso em: 27 dez. 2011.

junto (competitividade privada). Tais ações procuram atenuar os efeitos de falhas de mercado do tipo bens públicos, externalidades, economias de rede ou falhas intertemporais, contribuindo, de um lado, para a competitividade sistêmica e, criando, de outro, um ambiente favorável à busca permanente da competitividade"[33].

Há basicamente três tipos de política industrial: (i) neoclássica, com foco na correção de falhas de mercado. Sua justificativa repousa nas mesmas razões do sistema antitruste, ou seja, atuaria quando as forças do livre mercado não permitissem o equilíbrio eficiente. Na medida em que a falha fosse corrigida, não seriam mais necessárias as medidas de incentivo. A política industrial apresenta-se como uma exceção nesse contexto e entende a atuação institucional do Estado como externa ao funcionamento do sistema capitalista. (ii) Desenvolvimentista, com foco na superação do subdesenvolvimento e na construção dos parques produtivos nacionais. Fundamenta-se na proteção à indústria nascente nos países periféricos. E (iii) ótica da inovação, que não visa a construção do parque produtivo, mas, sim, o estímulo às empresas já instaladas para que adquiram competência para inovar e assim disputem nichos de mercado mais rentáveis. É tipicamente microeconômica e baseada numa visão dinâmica do processo competitivo em que o progresso técnico é uma variável central na obtenção de lucros pelas empresas. Como a inovação se apresenta como um processo de resultado incerto, dispendioso e com diferenciada possibilidade de apropriação do investimento realizado, é preciso que a política industrial equacione, para os diversos setores produtivos envolvidos, os atributos de incerteza (não se assemelham ao risco econômico), cumulatividade e inflexibilidade dos ativos tecnológicos que limitam a capacidade de inovação das firmas.

Nesse cenário, a política industrial atua na mudança do contexto institucional para estimular as empresas a adotarem estratégias competitivas de alta qualidade, baseadas na busca de lucros via inovação tecnológica. Para isso é necessário estimular uma diversidade de firmas disputando o mercado e não um ambiente em que uma empresa pode adquirir lucros de monopólio decorrente do abuso do seu poder econômico. A concorrência estimula a criatividade e a experimentação de técnicas competitivas.

Nesse sentido, podemos sustentar que há possibilidade de uma convergência entre a política industrial e a defesa da concorrência se a primeira for

33 FARINA, Elizabeth; AZEVEDO, Paulo Furquim. "Política Industrial e Defesa da Concorrência: considerações sobre a experiência brasileira nos anos 90". *Economia*, Niterói, v. 2, n. 2, p. 513-547, 2001. p. 517.

concebida como um instrumento pró-competitividade e a segunda ampliar sua concepção do processo competitivo, reconhecendo que ações de cooperação podem ser vitais para o vigor concorrencial. Embora o objetivo principal da defesa da concorrência não seja a competitividade das empresas, essa relação certamente ocorre de modo indireto. Como consequência, uma política de defesa da concorrência pode fazer parte de um projeto de competitividade e

> "o estímulo à obtenção de vantagens competitivas dinâmicas em mercados crescentemente integrados pode representar o ponto de convergência entre política industrial e política de defesa da concorrência. Esta última tem como papel manter o vigor competitivo, quando esse vigor não é uma característica natural dos mercados. A política industrial, por sua vez, tem, entre outros, o papel de promover ações cooperativas que fomentem a competitividade privada. Nesses termos, esses dois conjuntos de instrumentos de ação encerram as forças de conflito e cooperação, ingredientes necessários para a busca incessante da inovação e da eficiência. Concorrência = competividade sistêmica. PI = competividade privada"[34].

Fica evidente aqui o caráter instrumental da defesa da concorrência para garantir a convergência desses objetivos e, de algum modo, ajudar a avaliar as situações em que o poder de mercado pode estimular ou retardar a inovação tecnológica[35].

---

34 *Ibid.*, p. 6.

35 Como apontam Furquim e Farina: "De um lado, o poder de monopólio (ausência de pressão concorrencial) permite a extensão da utilização da inovação de dois modos: a) através da manutenção de suas barreiras à entrada; e b) através da utilização da estrutura vigente da empresa monopolista (ou oligopolista) que já permite ganhos de monopólio, auferindo economias de escala. Assim, a atividade inovativa torna-se mais interessante a uma empresa que já possua um certo poder de monopólio porque os frutos da inovação poderão ser melhor aproveitados por ela. Essa correspondência somente não se verificaria no caso da existência de um sistema de patentes perfeito, que assegurasse a apropriação da totalidade dos benefícios da inovação por parte da empresa inovadora, mesmo estando ela inserida *ex-ante* em um mercado concorrencial. Na ausência desse sistema – o que é uma regra – é necessário possuir poder de monopólio para se apropriar plenamente dos benefícios da inovação. Como consequência desse argumento, as empresas que gozam de poder de monopólio são relativamente mais estimuladas à atividade tecnológica. Por outro lado, o poder de monopólio tenderia a apresentar um efeito negativo sobre o esforço tecnológico, na medida em que uma empresa, desfrutando de uma posição monopolista e, consequentemente, de lucros extraordinários, não se defrontaria com uma estrutura de incentivos que a induzisse a um esforço tecnológico a fim de incrementar a competitividade de seus produtos. As firmas que, atualmente, realizam lucros de monopólio podem estar menos motivadas a buscar lucros adicionais do que aquelas que recebem somente o lucro normal" (*Ibid.*, p. 10).

Cumpre notar que há outros objetivos legítimos e legais que podem nortear as políticas industriais. Dentre eles podemos citar o apoio às empresas em crise, principalmente se for uma crise estrutural, o apoio a pequenas e médias empresas – obrigação constitucional (art. 170, IX), podendo ser, desse modo, objeto de políticas industriais autônomas.

Também, aumentos de preços podem ser justificados se estiverem dentro de uma lógica redistributiva. Na Arguição de Descumprimento de Preceito Fundamental (ADPF) 46, o Supremo Tribunal Federal admitiu uma certa relativização da busca da concorrência a qualquer custo no que tange ao envio de cartas, permitindo que os Correios utilizem-se de uma estrutura monopolística como forma de garantir subsídios entre regiões ricas e pobres do Brasil. São os lucros de monopólios em regiões densas que permitem a universalização do envio de cartas a regiões isoladas e pobres. Trata-se aqui de uma concepção redistributiva, em que se admite que certos consumidores tenham prejuízos se outros forem beneficiados.

O fortalecimento de empresas estatais via fusões igualmente poderia ser alvo de análises diferenciadas, se estiverem corretas as teorias de que tais empresas nem sempre agem de forma egoística, como os modelos racionais fazem supor.

No âmbito internacional, há países como a França que possuem um tipo de análise flexibilizada de concentrações, considerando questões de Política Industrial. Um exemplo particularmente claro é o caso conhecido como SUEZ / ENEL / Gaz de France. Neste, o governo francês se opôs fortemente à aquisição anunciada da companhia nacional de eletricidade e gás SUEZ pela ENEL italiana, independentemente de ter ou não alguma questão antitruste clássica. Em vez disso, o governo francês favoreceu a fusão de Suez com GDF, a fim de criar um dos maiores fornecedores de gás do mundo, com sede na França[36].

Não há, desse modo, uma relação *a priori* de incompatibilidade entre política industrial e antitruste. Pelo contrário, muitos aspectos relevantes de uma política industrial são compatíveis com o sistema concorrencial, como pode ser observado ao se analisar instrumentos de política industrial como pesquisa tecnológica, auxílio a indústrias em crise e regulação de monopólios naturais.

É importante notar que tanto a Constituição de 1988, como a legislação concorrencial tornam realizável essa tarefa. De um lado, a ordem

---

36 Outros exemplos mais recentes que seguem um padrão mais ou menos similar são os seguintes: EON/Endesa/GasNatural, ABN-Ambro/Antonveneta, Arcelor/Mittal, Autostrade/Albertis e Danone/Pepsi.

constitucional garante a possibilidade de políticas industriais, mas limita a possibilidade de o Estado subjugar a livre-iniciativa. De outro, a legislação concorrencial tem como sua principal característica a flexibilidade de seus dispositivos. Fusões, aquisições e cooperações entre empresas podem ser aprovadas pelo CADE (Conselho Administrativo de Defesa Econômica), caso apresentem benefícios econômicos, como a possibilidade de gerarem aumento de produtividade ou desenvolvimento tecnológico - todos esses objetivos típicos de uma política industrial.

No ato de concentração envolvendo as empresas Totvs e Datasul, o CADE abordou esta questão de forma diferenciada, reconhecendo que o controle de concentração pode fazer parte de uma discussão industrial mais ampla, *in verbis*:

> "Na medida em que o Estado identifica determinado setor da economia como estratégico para o desenvolvimento nacional, e que essa escolha significa submeter esse setor a uma série de políticas de incentivo à competitividade privada, é preciso avaliar se o estímulo a fusões e aquisições de empresas presente na Política Industrial assegura uma relação de retroalimentação entre ganho de competitividade e ambiente concorrencial saudável. Enfim, a quem executa a lei de defesa da concorrência cabe essa tarefa de identificação *in concreto* de possíveis incompatibilidades entre defesa da concorrência e política industrial e, se possível, buscar a conciliação". (ver voto de relatoria do Conselheiro Vinícius M. Carvalho na fusão envolvendo as empresas Totvs e Datasul, AC 08012.008355/2008-85).

2.1. Defesa da Concorrência e do Consumidor

A defesa do consumidor no Brasil consolidou-se como uma verdadeira política pública nos últimos anos. Há um sistema de gestão dessa política bem constituído, com mecanismos de aferição das principais demandas do consumidor e de posterior transformação dessas demandas em soluções. Houve um esforço sintonizado entre a sociedade civil organizada e os governos para que se alcançasse o presente estágio de desenvolvimento institucional.

Dois movimentos históricos compõem o contexto que informa a política de defesa do consumidor e a própria aplicação do seu Código (CDC). O primeiro refere-se à subtração do papel do Estado de ofertante direto de serviços públicos à população. Esses serviços, componentes essenciais da realização do objetivo constitucional da dignidade da pessoa humana, compunham aquilo que pode ser chamado de salário indireto e permitiam à parcela da população atendida por eles um padrão de vida não totalmente vinculado aos ganhos advindos da renda do trabalho, na medida em que eram subsidiados ou, na prática, gratuitos. Com a privatização desses serviços, a garantia da sua prestação passa a ser mediada pela relação de consumo estabelecida, de modo que esta alcança um novo patamar na agenda da cidadania. O segundo movimento é uma consequência do primeiro. Nota-se que as políticas públicas de desenvolvimento social direcionaram-se para promover a mobilidade social da população mais pobre usando como estratégia a garantia de renda digna a essa parcela da sociedade. Ou seja, o Estado deixa de prestar os serviços de um lado e, de outro, garante recursos diretamente aos mais pobres. Essa segunda estratégia, aliada a outras políticas econômicas e de distribuição de renda, além de reduzir a pobreza e levar à classe média 30 milhões de brasileiros, permitiu que as pessoas identificassem nas relações de consumo o caminho para sua constituição como cidadãs. Enfim, de um lado relações de consumo pautam relações antes "quase estatais", de outro, políticas de renda permitem que o acesso à cidadania se estabeleça por meio do consumo.

O quadro acima aumenta também a interdependência da política de defesa do consumidor com a aplicação da lei concorrencial, na medida em que essas relações econômicas também passam a se organizar como relações de mercado, notadamente nos serviços de infraestrutura.

Trata-se de instrumentos de política econômica que se destinam a tornar os mercados mais eficientes. Ou seja, compartilham os mesmos objetivos, apesar de utilizarem instrumentos distintos para sua realização, sendo que é exatamente no momento da implementação dos instrumentos que podem aparecer possíveis tensões.

A política de concorrência muitas vezes analisa os mercados pelo prisma da oferta, com o objetivo de assegurar aos consumidores a maior variedade possível de bens e serviços com os preços mais baixos. Por sua vez, a defesa do consumidor enxerga o mercado pelo lado da demanda, garantindo que os consumidores sejam capazes de tirar proveito de uma escolha inteligente e eficaz. Por isso emerge a preocupação com as assimetrias de informação, com a publicidade enganosa, com as cláusulas contratuais abusivas e com a saúde e segurança do consumidor.

Outra diferença importante se refere ao *enforcement* das políticas. Enquanto a concorrencial direciona-se, normalmente, para o estudo de mercados, a do consumidor orienta-se para uma determinada prática adotada por uma única empresa.

Segundo estudo da OCDE[37], essas diferenças podem reforçar a eficácia das políticas reciprocamente. O desafio é assegurar a coordenação e garantir que os objetivos não se tornem conflitantes. A coordenação dessas políticas tem vantagens óbvias, mesmo em casos individuais e, mais do que isso, é imprescindível no contexto atual de desregulamentação de vários mercados e com cada vez mais áreas submetidas à lógica concorrencial, como: serviços profissionais, serviços financeiros, energia, e telefonia.

Além disso, quando o mercado está mais exposto à competição, os incentivos das empresas podem mudar, levantando preocupações sobre a defesa do consumidor, como por exemplo[38]:

(i) Se as operadoras enfrentam um consumidor mais inconstante, podem tentar retê-lo mediante a imposição de penalidades para rescisão do contrato. Se, em alguns casos, tais dispositivos podem ser bastante razoáveis, em outros podem ser problemáticos do ponto de vista da concorrência e da proteção dos consumidores.

(ii) Se uma empresa dominante percebe que corre o risco de perder participações de mercado, passa a ter menos incentivo para investir em ativos de longo prazo, tais como reputação, passando a tirar partido de cada cliente cativo.

(iii) Ao mesmo tempo, o livre mercado pode atrair operadores que "desaparecem durante a noite" com práticas inescrupulosas que podem minar a confiança dos consumidores no mercado como um todo e reduzir a sua propensão para confiar na informação. Nesse caso, as empresas serão forçadas a suportar os custos adicionais de tentar convencer os consumidores sobre a qualidade dos seus produtos, o que poderá resultar em preços mais elevados e reduzir o excedente do consumidor e do produtor.

37 OECD. Policy Roundtable. *The Interface between Competition and Consumer Policies*. Competition Comittee, 2008, p. 8 e s.

38 *Ibid.*, p. 10.

IMPLEMENTAÇÃO DA NOVA POLÍTICA BRASILEIRA DE DEFESA DA CONCORRÊNCIA

Vinicius Marques de Carvalho
Ticiana Nogueira da Cruz Lima

Olhar as instituições ou políticas de um país como resultado de um processo histórico de escolhas para um tipo específico de sociedade é a forma mais apropriada de discutir determinadas reformas, seja com o objetivo analítico de compreendê-las e extrair seu sentido, seja com o objetivo normativo de desenhá-las, diagnosticando os principais desafios. Essa ideia de evolução constante é a forma mais adequada de concebermos as transformações vividas nos últimos cinquenta anos da política de defesa da concorrência no Brasil.

Desde a Lei 4.137 que criou, em 1962, o Conselho Administrativo de Defesa da Concorrência, até a Lei 12.529, que entrou em vigor em maio de 2012 e reorganizou o Sistema Brasileiro de Defesa da Concorrência (SBDC), o aparato estatal antitruste foi se desenvolvendo por meio de ações incrementais. Os grandes marcos desse processo, como a edição da Lei 8.884/94 e, agora, da nova lei, não são propriamente uma ruptura com o que vinha sendo feito antes, mas, sim, o resultado de um processo de aprendizagem e de amadurecimento sedimentado em experiências passadas. O processo de aprimoramento da política de defesa da concorrência brasileira é contínuo e reflete o dinamismo do desenvolvimento industrial, os conflitos sociais e o sistema legal.

Isso porque a concorrência não é um fenômeno uniforme e a-histórico. A sua intensidade depende de uma série de fatores culturais, econômicos, políticos e sociais. A Constituição Federal Brasileira de 1988, ao dispor que a lei reprimirá o abuso do poder econômico que vise a dominação dos mercados, a eliminação da concorrência e o aumento arbitrário dos lucros (art. 173, §3º), estabeleceu claramente que o controle das práticas anticompetitivas é um dos meios para garantir os princípios constitucionais da ordem econômica, com o fim último de "assegurar a todos existência digna, conforme os ditames da justiça social" (art. 170).

"A livre concorrência", elencada na Constituição como um dos princípios da ordem econômica (art. 170, IV), não é aquela do mercado concorrencial do século XIX, de estrutura atomística e fluida. Trata-se, modernamente, de um processo comportamental competitivo que admite gradações tanto de pluralidade quanto de fluidez.

A liberdade de concorrência, indiretamente, favorece o interesse do consumidor, que pode ter acesso a bens e serviços diversos, com melhor qualidade e preço; o interesse das empresas concorrentes, que podem exercer sua liberdade negocial e crescer com base em seus méritos e ganhos de eficiência produtiva; e o interesse da nação pelo desenvolvimento do país.

Políticas de defesa do consumidor e defesa da concorrência têm objetivos comuns e são complementares em muitos aspectos. Na concorrência, trata-se do bom funcionamento dos mercados pelo lado da oferta; na defesa do consumidor, pelo lado da demanda.

Como direito de acesso, a regulação das relações de consumo se configura como uma espécie de direito econômico que, como tal, é instrumental para garantia de plena cidadania, principalmente em uma sociedade capitalista. O direito do consumidor é hoje, sem sombra de dúvida, um dos principais vértices das relações econômicas.

Nos últimos anos, a agenda governamental brasileira priorizou a geração de renda, a ampliação do acesso a bens e serviços e o fomento da competitividade. Como fruto e como parte dessa política, a nova lei de defesa da concorrência veio para estimular o desenvolvimento inclusivo e maximizar o bem-estar dos milhões de novos consumidores.

Nesse cenário – que tende a se expandir nos próximos anos no Brasil – a atuação do CADE também foi se reorientando.

Transparência, devido processo, fundamentação das decisões, aperfeiçoamento de mecanismos de avaliação e monitoramento da política, treinamento constante dos técnicos, busca de conhecimento próprio e profunda compreensão sobre como a ação de outras instituições governamentais afeta o processo competitivo são questões prioritárias para o CADE nos dias de hoje. Autonomia e independência não podem nunca significar isolamento e distanciamento. A ação estatal requer conexão com a sociedade e o mercado; coerência de diagnóstico e coesão.

1. O NOVO SBDC COMO UM DESENHO INSTITUCIONAL[1] MAIS EFICIENTE PARA A IMPLEMENTAÇÃO DA POLÍTICA BRASILEIRA DE DEFESA DA CONCORRÊNCIA

A Lei 12.529 é o resultado de um longo debate legislativo que se iniciou formalmente em 2004 com a apresentação do Projeto de Lei 3.937. A nova lei, que entra em vigor em 30 de maio de 2012, revogando assim a Lei 8.884/94, é um marco histórico e decisivo para o aprimoramento da política brasileira de defesa da concorrência.

São introduzidas profundas alterações no Sistema Brasileiro de Defesa da Concorrência tal como o conhecíamos. Tais alterações são abrangentes e envolvem não só a mudança no desenho institucional do SBDC, como também modificações substanciais nas suas principais áreas de atuação: a análise de estruturas, a análise de condutas e o exercício da advocacia da concorrência.

Conforme se pretende demonstrar, essas modificações inauguram uma nova fase na implementação da política de defesa da concorrência brasileira.

Primeiro, porque a Lei 12.529/11 consolida avanços no que tange à implementação dessa política no âmbito do SBDC propriamente dito. Aqui, trata-se tanto dos avanços que se deram na esfera institucional, como do que diz respeito a questões de direito material discutidas frequentemente no regime da Lei 8.884/94.

Segundo, mas não menos importante, porque a lei de 2011 abre novos caminhos para que a política brasileira de defesa da concorrência seja cada vez mais pensada para além da esfera exclusivamente administrativa, com uma maior coordenação entre a repressão às infrações contra a ordem econômica na esfera penal e, o que ainda é mais incipiente no Brasil, também na esfera civil. A esse tema dedicamos a parte final do texto.

---

1 Fala-se, aqui, em desenho institucional não apenas no seu aspecto estático, i.e. como a opção por uma determinada estrutura administrativa, mas também tendo em vista seu aspecto dinâmico, i.e. abarcando a escolha do regime processual que rege e disciplina sua atuação.

Não é difícil perceber que a nova lei introduz avanços institucionais relevantes no SBDC. As mudanças são claras e significativas. Contudo, também é preciso reconhecer que a tarefa de avaliar um novo desenho institucional não é fácil. Ela pressupõe, antes de tudo, alguma reflexão sobre as finalidades das instituições enquanto instrumentos para o exercício da função pública.

Nesse sentido, é útil ter em mente que a opção por um dado desenho institucional costuma ser o resultado de escolhas entre as diferentes formas de concretizar e harmonizar três grandes objetivos fundamentais: promover o adequado e eficiente cumprimento da função pública, controlar o exercício da atividade estatal em função do respeito aos direitos e garantias individuais e legitimar a atuação estatal face às necessidades de interferência dos indivíduos no desempenho da autoridade.

Embora tenham igual importância para a conformação de um bom desenho institucional, nem sempre é fácil harmonizar a consecução desses três objetivos. Como é de se esperar de um processo de escolha, por vezes a opção entre uma ou outra forma (e medida) de concretização desses objetivos envolve a tentativa de conciliação de interesses contrapostos. O novo desenho institucional do SBDC não foge a essa regra, como demonstram as várias modificações pelas quais passou ao longo do processo que culminou com a sua conformação.

O fato é, conforme se verá, que o desenho institucional do SBDC é um exemplo de resultado bem-sucedido desse processo de escolhas. Os debates em torno do projeto contaram com a participação de toda uma geração de advogados, economistas, agentes públicos, professores, pesquisadores e empresários, e o resultado, extremamente positivo, é um reflexo coeso dessa pluralidade de visões.

1.1. As mudanças estruturais

A) Consolidação das funções de investigação e decisão no Conselho Administrativo de Defesa Econômica

A nova lei promove uma completa alteração da estrutura dos órgãos do governo responsáveis pela proteção e defesa da concorrência no país. Pelo novo sistema, as funções de investigação de casos de conduta, instrução de atos de concentração e decisão final passam a ser unificadas em uma só autarquia independente, o CADE. Essa reestruturação procura sanar as deficiências do sistema atual em que há sobreposição de tarefas entre três agências distintas: a Secretaria de Direito Econômico (SDE) e a Secretaria de Acompanhamento Econômico (Seae) – ambas órgãos encarregados da instrução e da análise preliminar dos casos –, e o CADE, autarquia encarregada da decisão final.

Ainda que o SBDC tenha, nos últimos anos, conseguido avanços com uma melhor divisão de tarefas – a SDE, órgão do Ministério da Justiça, tem se encarregado principalmente da investigação de casos de conduta, e a Seae, do Ministério da Fazenda, atua principalmente na instrução de atos de concentração e advocacia da concorrência –, a consolidação de funções em uma só agência garante a tramitação mais ágil de processos, eliminação da sobreposição de tarefas e maior especialização de áreas técnicas.

Com a entrada em vigor da nova lei, a Seae passará a ser responsável primordialmente pelas ações de advocacia da concorrência, e o Departamento de Proteção e Defesa Econômica da SDE fará parte do corpo técnico do CADE. Nessa nova configuração, o Conselho se consolida como a única agência responsável pela análise de fusões e aquisições, pelas investigações nos casos de repressão às infrações contra a ordem econômica e pelo julgamento dos casos.

A tendência, com isso, é que o CADE passe a funcionar de forma mais eficiente[2], mas a nova estrutura também pode gerar alguma discussão.

Uma delas diz respeito à necessidade de garantir a separação do exercício das funções de instrução e julgamento no âmbito do próprio Conselho, de forma a não levantar questionamentos quanto ao respeito às garantias do devido processo legal. Embora não haja comprovação empírica de que o exercício de ambas as funções por um mesmo órgão traria de fato prejuízos à qualidade da decisão final[3], potenciais críticos do novo regime poderiam argumentar que, sendo também encarregado ativamente da apuração dos fatos, o CADE tenderia a assumir postura parcial na análise dos casos.

---

2 Para que essa tendência se concretize, contudo, fundamental será o aumento do quadro de pessoal do CADE. O primeiro passo para tanto já foi dado pela lei, com a previsão da criação de duzentos novos cargos de gestores a serem preenchidos de forma gradual, tendo em vista as previsões orçamentárias. Apenas como comparação, no atual desenho institucional do SBDC, considerados os três órgãos que o compõem – CADE, SDE e Seae –, atuam menos de sessenta técnicos. A ampliação de quadros, quando materializada, será possivelmente o maior salto evolutivo do SBDC propiciado pela nova lei.

3 Há inclusive, no âmbito do judiciário, corrente que defende a ideia de que os próprios magistrados assumam uma postura mais ativa na instrução dos processos da esfera jurisdicional (CINTRA, Antônio Carlos de Araújo; GRINOVER, Ada Pellegrini; DINAMARCO, Cândido Rangel. *Teoria Geral do Processo*. São Paulo: Malheiros, 2001, p. 64 e s.).

Pressupondo que o argumento procede, em princípio não há motivos para crer que essa parcialidade será um resultado da nova estrutura. O regime estabelecido pela nova lei já estabelece e favorece essa separação funcional.

A uma, porque a nova estrutura do CADE já traça as linhas gerais dessa separação funcional. Pela nova lei, ele passa a ser composto de um *Tribunal Administrativo de Defesa Econômica* (integrado por um presidente e seis conselheiros e encarregado de julgar os atos de concentração e processos administrativos para apuração de infração à ordem econômica), uma *Superintendência-Geral* (com atribuição para instruir os atos de concentração e os processos administrativos para apuração de condutas), e um *Departamento de Estudos Econômicos* (responsável pela elaboração de estudos e pareceres econômicos, zelando pelo rigor e atualização técnica e científica das decisões do CADE).

A duas, porque os procedimentos para análise dos casos, tanto em se tratando de atos de concentração como de condutas anticompetitivas, também estabelecem de forma clara a separação de funções entre o Tribunal e a Superintendência, inclusive com relação aos momentos em que cada um intervém no processo. A participação da Superintendência na aplicação de sanções pela prática de condutas anticompetitivas e na imposição de restrições/reprovação de atos de concentração se encerra com o oferecimento de impugnação a atos de concentração que entender nocivos à concorrência, e a elaboração de relatório circunstanciado opinando pela configuração da infração nos casos de investigação de condutas. Só então cabe ao Tribunal decidir, após analisar o caso e ouvir novamente as partes envolvidas[4].

Assim, ao contrário do que ocorre na Comissão Europeia (foco das críticas à combinação das funções investigativas e decisórias em uma mesma agência)[5], o exercício das funções de investigação e de decisão já foi desenhado de forma claramente separada pelo legislador brasileiro, ainda que tais funções sejam atribuídas a um só ente da administração pública.

---

4 Ainda com relação à imparcialidade das decisões, outro fator de destaque positivo é a consolidação da autonomia do CADE, fundamental para a adequada implementação da política brasileira de defesa da concorrência, com a ampliação do mandato dos Conselheiros do Tribunal dos atuais dois anos (renováveis) para quatro anos (não renováveis).

5 Na Europa, a mesma equipe do DG Competition que investiga os casos é encarregada da redação da decisão final, que será depois adotada por maioria de votos da Comissão por sugestão do Comissário da Concorrência (WILS, Wouter. "The combination of the investigative and prosecutorial function and the adjudicative function in the EC antitrust enforcement: a legal and economic analysis". *World Competition*, v. 27, Issue 2, Jun. 2004)

Cabe ao CADE, portanto, apenas adotar práticas que respeitem essa separação no dia a dia da aplicação da lei.

B) A importância do Departamento de Estudos Econômicos

No direito da concorrência, as normas jurídicas visam atingir objetivos econômicos, o que exige do julgador um zelo cada vez maior com a fundamentação econômica de suas decisões.

Como aponta Camila Pires Alves[6], a influência entre as dimensões jurídica e econômica certamente não se dá em uma direção unívoca. Se a aplicação dos conceitos e princípios econômicos ocorre num contexto jurídico-institucional, a seleção de quais desses princípios e quais métodos desta ciência serão incorporados na lei e na prática antitruste também será feita no âmbito da própria lei e da jurisprudência a esta associada, conforme os limites impostos pelas condições institucionais e pelos agentes que atuam na sua aplicação.

Como consequência desse fenômeno, o uso de evidência econômica na solução de casos antitruste tem se expandido de forma crescente nas principais jurisdições do mundo. Esse movimento é percebido no que concerne tanto à resolução de questões referentes a condutas anticompetitivas, quanto ao controle de fusões. O uso de evidência inclui a apresentação de fatos econômicos que substanciem alegações com respeito: (i) a demonstração e cálculo para ressarcimento de danos; (ii) à identificação de mercado relevante e poder de mercado; e (iii) à avaliação de efeitos competitivos de condutas e fusões; entre outros aspectos[7].

É nesse contexto que a estruturação de um Departamento de Estudos Econômicos apresenta-se como uma das inovações institucionais mais importantes da Lei 12.529/11. Além das tarefas citadas acima, o DEE poderá contribuir para que o CADE siga o exemplo de outras jurisdições e passe a se dedicar a estudar mercados específicos com o objetivo de identificar possíveis condutas anticompetitivas.

Além disso, os estudos de mercado são um bom mecanismo para aproximar a política concorrencial e do consumidor, na medida em que podem

---

6 *Métodos Quantitativos na Avaliação dos Efeitos de Fusões e Aquisições: uma análise econômica e jurídico-institucional.* Tese de Doutorado. Instituto de Economia da Universidade Federal do Rio de Janeiro, 2010, p. 59.

7 *Ibid.*, p. 71.

acomodar uma perspectiva mais ampla do que apenas organizar fundamentos para se iniciar uma investigação, viabilizando recomendações na área de defesa do consumidor.

Por fim, segundo estudo da OCDE[8], os estudos de mercado podem ainda ser vantajosos como estratégia da autoridade antitruste porque:

(i) desempenham uma função importante para a sociedade por refutar alegações de conduta anticompetitiva quando, por exemplo, os preços sobem como um resultado de rupturas de abastecimento e não por causa de uma estratégia empresarial ilícita. Sem essa avaliação mais pormenorizada, os governos podem estar inclinados a aplicar restrições no mercado que irão prejudicar os consumidores;

(ii) uma vez que um estudo de mercado é concluído e suas recomendações são aplicadas, maior é a probabilidade de aumento do bem-estar dos consumidores e da eficiência econômica;

(iii) sempre que práticas anticompetitivas ou ineficiências são substantivadas, profundamente enraizadas e apoiadas pelos beneficiários, pode levar muito tempo para sua identificação mas, mesmo assim, os estudos se justificam.

C) A consolidação do papel da Procuradoria do CADE (ProCADE)

A lei mantém uma Procuradoria Federal Especializada junto ao CADE com atribuição consultiva e de defesa judicial da autarquia. Contudo, diferentemente do sistema da Lei 8.884/94, o novo texto legal abre a possibilidade de participação mais ativa da ProCADE na instrução dos processos tendo em vista as necessidades agora não só do Tribunal, mas também da Superintendência Geral. Nesses termos, além da representação judicial e extrajudicial do CADE, da apuração da liquidez dos créditos para inscrição em dívida ativa, da promoção de acordos judiciais (competências já previstas na lei anterior), a ProCADE também passa a ter competência expressa para tomar medidas judiciais para a obtenção de documentos para a instrução de processos administrativos e de propor ação cautelar de busca e apreensão.

A função da ProCADE na consultoria e assessoria jurídica do Conselho também ganha contornos mais marcantes e, em consonância com essa função,

---

8 OECD. Policy Roundtables. *Market Studies*. Competition Comittee. 2008, p. 6 e s.

a competência para emitir pareceres nos processos de competência do CADE passa a ser exercida apenas mediante solicitação.

D) Seae

Como mencionamos acima, a Secretaria de Acompanhamento Econômico, do Ministério da Fazenda, permanece como órgão integrante do SBDC, passando a ser responsável pela coordenação das atividades relativas à intersecção entre regulação e defesa da concorrência, concentrando-se nas discussões de marcos regulatórios *ex ante* e podendo se manifestar em qualquer caso de concentração econômica ou conduta anticompetitiva. A Seae passará a opinar sobre as normas enviadas pelas agências reguladoras para consulta pública, elaborará estudos avaliando a situação concorrencial de setores específicos da atividade econômica, poderá propor a revisão de normativos que afetem a livre concorrência. Para o cumprimento de suas atribuições, poderá requisitar informações e documentos de quaisquer pessoas, órgãos, autoridades e entidades públicas ou privadas, mantendo o sigilo legal quando for o caso, e celebrar acordos e convênios com órgãos ou entidades públicas ou privadas, federais, estaduais, municipais, do Distrito Federal e dos Territórios para avaliar e/ou sugerir medidas relacionadas à promoção da concorrência.

1.2. As mudanças nos procedimentos[9] que embasam a atuação do SBDC

Sabe-se que o processo deve ser concebido de forma a prestar-se ao adequado cumprimento da função pública que deve instrumentalizar.

No Estado de Direito, a atuação dos agentes estatais, pautada pelo princípio da legalidade, está sempre vinculada à consecução de determinado(s) objetivo(s) de interesse público. A própria razão do agir estatal encontra-se na busca desses objetivos. Nesse contexto, os procedimentos administrativos são a expressão de um fenômeno complexo por meio do qual o direito procura instrumentalizar – e consequentemente legitimar – a formação dessa "vontade

9 Nesse texto, não se faz distinção entre os termos processo e procedimento. O procedimento e a relação jurídica a ele inerente são apenas duas facetas de um único e mesmo fenômeno: o processo.

estatal"[10] tendo em vista a consecução das finalidades legais atribuídas ao poder público e o respeito aos direitos e garantias individuais.

As alterações promovidas pela Lei 12.529/11 nessa seara revelam essa desejada preocupação com os resultados dos processos administrativos no âmbito do CADE e dão mais condições para o adequado e eficiente provimento da atuação estatal.

Essa preocupação com os resultados revela-se não apenas na busca direta da eficiência, pela racionalização e simplificação de algumas etapas dos procedimentos, mas também pelo cuidado em garantir a permeabilidade dos procedimentos do CADE a atores com visões não raro contrapostas acerca do mérito dos casos sendo analisados. Essa permeabilidade, que já faz parte da cultura do SBDC, além de contribuir para a qualidade do conteúdo da decisão é ínsita à noção de devido processo legal, que também permeia as ações do Conselho.

São vários os pontos que merecem destaque nesse sentido.

A) A modernização do sistema brasileiro de análise de atos de concentração

O primeiro deles é, sem dúvida, a modernização do sistema brasileiro de análise de atos de concentração.

Conforme foi destacado nas análises da nova lei, ela faz profundas alterações no controle de estruturas, com a introdução do sistema de análise prévia de atos de concentração, há muito recomendado pelas melhores práticas internacionais. O Brasil era um dos únicos países do mundo em que, somente após a realização da concentração econômica, as empresas estavam obrigadas a pedir a aprovação ao CADE. Tal procedimento, realizado *a posteriori*, era não só ineficiente do ponto de vista econômico como ineficaz na proteção e defesa do interesse público.

Com a entrada em vigor da nova lei, as operações só poderão ser consumadas após a aprovação do CADE, e o fechamento da operação antes de sua aprovação sujeitará as partes a multas que variam de 60 mil a 60

---

10 Como se sabe, os agentes estatais atuam no exercício de um poder-dever, isto é, exercem função pública. A ideia é resumida de forma bastante clara por Carlos Ari Sundfeld: "Pois bem, a soma dessas duas características das atividades estatais constituir função (exercício de dever-poder para atingimento de uma finalidade) e resultar em atos unilaterais que invadem a esfera jurídica dos indivíduos provoca a necessidade de uma regulação do processo formativo da vontade estatal". ("A importância do procedimento administrativo". *Revista de Direito Público*, n° 84, p. 66-67).

milhões de reais. Na ausência de manifestação do CADE dentro do prazo legalmente estipulado para tanto, as operações serão consideradas automaticamente aprovadas. Embora o veto ao art. 64 da lei – necessário para corrigir uma distorção que poderia levar o descumprimento de qualquer prazo processual intermediário a acarretar a aprovação automática de atos de concentração – tenha retirado a menção expressa a essa consequência, ela se mantém pela própria lógica do sistema de notificação prévia em que as possibilidades de prorrogação de prazo são expressamente limitadas e os prazos se suspendem apenas na situação de ausência de quórum no Tribunal.

Assim, de acordo com a nova lei, uma vez notificado o ato, o CADE terá um prazo de 240 dias para analisar a operação, prazo este que poderá ser prorrogado apenas por mais sessenta dias, a pedido das partes envolvidas, ou por noventa dias, mediante decisão fundamentada do Tribunal Administrativo. Findo esse prazo sem decisão final do CADE, a operação será tida como automaticamente aprovada. Para as operações simples, que são a grande maioria dos atos notificados, deverá ser regulamentado um procedimento sumário bem mais célere de análise, a exemplo do que já acontece hoje.

A combinação da atuação administrativa célere e de qualidade está na essência desse sistema. Obtém-se assim uma atuação estatal eficiente, que também se presta a assegurar o respeito aos direitos e garantias individuais ao contribuir para a aplicação correta do direito material e a satisfação dos legítimos interesses envolvidos na decisão estatal.

Nesse sentido, vale ressaltar que as ineficiências do sistema anterior são eliminadas sem prejuízo da manutenção de um sistema de *checks and balances*, que era um dos seus pontos fortes. É dizer, pela nova lei, a visão da administração pública sobre os casos é consolidada por meio de processos que sempre envolvem a avaliação de fatos e argumentos por instâncias e pessoas diferentes, na linha do que recomendam as melhores práticas internacionais.

Nos casos de aprovação de atos de concentração pela Superintendência Geral, essa característica geral dos procedimentos do novo CADE é ainda mais marcante. Diante da possibilidade de avocação pelo Tribunal ou impugnação de terceiros interessados, o que se criou de fato foi uma segunda instância administrativa para a revisão de decisões em casos de estruturas.

B) Avanços nos procedimentos para análises de condutas

A análise das condutas também foi objeto de avanços procedimentais significativos, sendo possível identificar um conjunto de medidas com impactos positivos na atuação do CADE.

Em primeiro lugar, merece destaque a criação do Procedimento Preparatório. Esse procedimento supre uma lacuna do regime anterior ao regulamentar a apuração de casos em que não é clara a competência do CADE. Resolve-se, assim, um problema de realidade de formas. Instada a se manifestar sobre determinada denúncia, a administração não mais precisará instaurar procedimento para apuração de infração à ordem econômica sem que esteja, de fato, estabelecido tratar-se o fato de matéria de sua competência.

O sistema de *checks and balances* destacado positivamente na análise de atos de concentração também funciona aqui, com a possibilidade de avocação pelo Tribunal dos procedimentos preparatórios e inquéritos administrativos arquivados pela Superintendência Geral.

No que tange ao processo administrativo para imposição de sanções por infração à ordem econômica propriamente dito, há também novas regras que aumentam a sua eficiência e celeridade. Um bom exemplo disso é a determinação da especificação de provas já quando da apresentação da defesa e não mais no prazo de 45 dias depois da apresentação.

Também é positiva a redução dos formalismos com relação à notificação, que passa a ser feita, na via postal, por qualquer meio que assegure a certeza da ciência do interessado e não exclusivamente com aviso de recebimento em nome próprio.

Outro ponto positivo, ainda com relação à análise das condutas, diz respeito ao papel do Ministério Público Federal (MPF). A nova lei abre espaço para uma maior racionalização dessa participação ao dar ênfase aos processos envolvendo a investigação de condutas anticoncorrenciais.

Ao invés da competência genérica para oficiar nos processos sujeitos à aprovação do CADE, caberá ao representante do MPF no Conselho emitir parecer, de ofício ou a requerimento do Conselheiro Relator, nos processos administrativos para a imposição de sanções administrativas por infração à concorrência.

1.3. O novo direito da concorrência brasileiro: avanços em matérias substanciais

Em termos materiais, a nova lei introduz inovações importantes tanto na análise de estruturas como no controle de condutas.

A) Análise de estruturas

Em primeiro lugar, nunca é demais realçar a importância do controle estrutural para a garantia de mercados competitivos e eficientes. De acordo com Michael Porter[11], podemos ressaltar pelo menos quatro motivos para a análise preventiva de fusões e aquisições:

(i) fusões levantam questões quase inevitáveis para a saúde da concorrência através da remoção de concorrentes independentes do mercado. A questão não é se existe um risco para a competição, mas o quanto. Este risco decorre da diminuição potencial de pressão competitiva entre as empresas na indústria, a redução potencial na escolha de produtos e variedade, e a redução na probabilidade de inovação, devido à diminuição no número de abordagens diferentes sobre o binômio produto/processo de desenvolvimento;

(ii) uma fusão não requer *skill, foresight, and industry*, apenas capacidade financeira. Ela não exige nova estratégia e não acarreta melhora automática na produtividade. Por outro lado, a introdução de um novo produto, mudando um modelo de distribuição, ou a construção de uma nova fábrica são muito mais propensas a aumentar a produtividade. A sociedade, então, deve preferir ações independentes das empresas (crescimento endógeno) e não fusões;

(iii) a evidência empírica é majoritária no sentido de que as fusões têm uma baixa taxa de sucesso. Uma ampla série de estudos revela que a maioria das fusões não atende às expectativas, e a maioria dos lucros é capturada pelo vendedor, e não pelo comprador;

(iv) a literatura sobre estratégia empresarial sugere que aquisições pequenas e focadas são mais suscetíveis a melhorar a produtividade do que as fusões entre os líderes. Quando uma grande empresa

11 *Op. cit.*, p. 939.

compra outra pequena e a integra à sua estratégia, grandes ganhos de produtividade são possíveis. Fusões entre as grandes empresas parecem raramente assegurar tais benefícios e ainda eliminam os principais concorrentes de um mercado.

a) Novos parâmetros de notificação

Os critérios para a notificação de atos de concentração ficam mais objetivos com a exclusão do critério de participação no mercado relevante, em linha com as melhores práticas internacionais. De acordo com os novos critérios, passam a ser de notificação obrigatória no Brasil os atos de concentração em que: (i) uma parte da operação tenha registrado faturamento bruto de pelo menos 400 milhões de reais no país no último ano fiscal; e (ii) a outra tenha faturamento mínimo de 30 milhões de reais no mesmo período.

Essa inclusão do critério de faturamento mínimo para o segundo participante da operação é um fator positivo que também merece destaque. Ela visa afastar a obrigação de notificação de operações irrelevantes do ponto de vista concorrencial que, na ausência desse segundo filtro, vinham sendo submetidas para aprovação do CADE em função apenas do faturamento de um dos grupos econômicos envolvidos.

Vale notar ainda que, nos termos da nova lei, os critérios de notificação podem ser adequados por portaria interministerial dos Ministros de Estado da Fazenda e da Justiça.

b) Definição de ato de concentração

A definição de ato de concentração na nova lei também é mais objetiva. Ao invés da linguagem aberta que tratava da notificação de "atos sob qualquer forma manifestados que possam prejudicar a livre concorrência" e determinava a notificação de "qualquer forma de concentração econômica", agora temos uma lista das hipóteses em que se considera realizado um ato de concentração. Essa opção aumenta a segurança jurídica em torno do tipo de ato a ser notificado, mas também cria desafios para a jurisprudência do novo CADE ao limitar, por exemplo, a margem de interpretação sobre a desnecessidade da notificação de operações que, embora a princípio se enquadrem na definição geral de ato de concentração da lei, dificilmente representam algum interesse para o direito da concorrência, como, por exemplo, as aquisições a título exclusivo de investimento, reorganizações societárias e aquisição de participação minoritária.

A única exceção à obrigação de notificar expressamente prevista na lei diz respeito aos contratos associativos, consórcios ou *joint ventures* criados com o propósito específico de participação em licitações públicas. Para os atos de concentração realizados com o objetivo preciso de participação em leilões, licitações (os demais atos de concentração) e operações de aquisição de ações por meio de oferta pública, há ainda a previsão de regulamentação posterior.

c) Mudanças nas exigências para autorização

A nova lei também introduz melhorias no dispositivo que autoriza a aprovação de atos de concentração que "impliquem eliminação da concorrência em parte substancial de mercado relevante, que possam criar ou reforçar uma posição dominante ou que possam resultar na dominação de mercado relevante de bens ou serviços" em determinadas circunstâncias. Pelo novo regime, a aprovação é possível se, cumulada ou alternativamente, tais atos acarretarem "aumento da produtividade, a melhoria da qualidade de bens ou serviços ou ainda o aumento da eficiência e do desenvolvimento econômico", *desde que parte dos benefícios seja repassada aos consumidores.* Elimina-se, assim, a exigência, de difícil aplicação prática, de que a distribuição dos benefícios fosse feita de forma equitativa com os consumidores.

Além disso, exclui-se a possibilidade de o CADE autorizar a realização de ato contrário à concorrência por motivo preponderante de economia nacional e do bem comum, alvo de críticas no sistema anterior[12].

B) O controle de condutas

a) Novos critérios para a aplicação de multas

As multas, que no sistema anterior variavam de 1% a 30% do valor do faturamento bruto da empresa, passam a ser de 0,1% a 20% do fatura-

---

12 O ponto é discutível, mas foge ao escopo desse texto. Sobre as críticas, ver, por exemplo: José Franceschini: "A finalidade da legislação de defesa da concorrência, portanto, é unívoca, qual seja, a defesa e viabilização do princípio maior da livre concorrência (art. 170, inciso IV), não podendo, portanto, ser utilizada pelo Estado para alcançar objetivos diversos" ("Introdução ao direito da concorrência". *Revista de Direito Econômico,* nº 21, 1988, p. 81). Calixto Salomão Filho, ao se referir especificamente à disposição do art. 54, § 2º, também critica: "Com essa fórmula atribui-se ao CADE competência para decidir sobre a política industrial brasileira...". O autor segue criticando: "competência essa muito pouco compatível com seus objetivos, sua composição e sua desejada independência do Poder Executivo" (*Direito concorrencial: as estruturas, cit.*, p. 44).

mento bruto registrado pela empresa, grupo ou conglomerado no ramo de atividade afetado pela conduta anticompetitiva no ano anterior ao início das investigações.

Embora a alteração do critério do faturamento bruto por outro que supostamente aproximasse o cálculo da multa do escopo da infração tenha vindo ao encontro de uma demanda dos próprios agentes econômicos e da comunidade jurídica (a crítica era a de que não fazia sentido aplicar a multa sobre o faturamento do grupo quando, por exemplo, apenas uma das suas empresas tinha cometido infração em dado mercado específico), a redação final da lei nesse ponto foi alvo de críticas. O motivo seria a insegurança jurídica gerada pela adoção do conceito de "ramo de atividade" como novo parâmetro para aferir o faturamento, tendo em vista não se tratar de um conceito técnico do ponto de vista concorrencial. Em resposta a essas críticas, o desafio do CADE é o de estabelecer uma rotina em torno da aplicação desse conceito, seja pela via da sua jurisprudência, seja por meio de uma resolução com definições sobre a matéria.

Para as pessoas físicas, os critérios também foram alterados: de 10% a 50% da multa aplicável à empresa, a multa passa a variar de 1% a 20% da multa aplicada. A mudança é grande, principalmente tendo em vista a alteração na base de cálculo, que fica muito mais razoável com a consideração da multa efetivamente aplicada à empresa. Já a multa aplicável a associações, consultorias e outras pessoas físicas envolvidas aumentou, e pode chegar até 2 bilhões de reais.

No caso das sanções não pecuniárias, merece destaque a inclusão da proibição de exercer o comércio em nome próprio ou representando pessoa jurídica pelo prazo de até cinco anos, e da previsão de recomendação aos órgãos competentes para que seja determinada licença compulsória de propriedade intelectual quando a infração estiver relacionada ao uso desse direito.

b) Avanços no programa de leniência

A nova lei também introduz alterações positivas no programa de leniência, com destaque para a ampliação das hipóteses de concessão de leniência aos crimes previstos em outros estatutos criminais, como é o caso das fraudes em licitações e a formação de quadrilha. A regra anterior, que proibia a concessão de leniência ao "líder" do cartel (de pouca aplicação, tendo em vista as dificuldades de caracterizar essa situação de liderança na prática), foi excluída.

c) Persecução civil e criminal de cartéis

O combate a cartéis no Brasil deve incrementar, cada vez mais, seus resultados, e sensibilizar um maior contingente da sociedade, e para isso é preciso garantir ações estruturantes em três eixos: administrativo, criminal e civil.

Para a persecução dos cartéis no eixo administrativo, o incremento de resultados é possível por meio da intensificação das investigações, da melhoria da gestão dos processos e da detecção dos setores mais propícios à prática do conluio.

No eixo criminal, cumpre pontuar que a Lei 12.529/11 alterou a tipificação dos crimes contra a ordem econômica previstos na Lei 8.137/90[13] e manteve a regra de competência vigente[14]. Até 2010, contabilizou-se que 250 pessoas, entre donos e diretores de empresas, respondiam a processos por formação de cartel, sendo que ao menos 29 executivos já haviam sido condenados em decisão final - de primeiro ou segundo grau - por crime de cartel a penas que superaram os cinco anos previstos na lei específica, em vista de aplicação de agravantes previstas no Código Penal.

Outros países também reconhecem a importância da persecução criminal para o combate efetivo a cartéis. Nos Estados Unidos, por exemplo, um administrador pode ser condenado a até dez anos de prisão e ao pagamento de multa de até 1 milhão de dólares. A pena média aplicada para cartéis nos Estados Unidos é de 31 meses de prisão, sendo que, desde 2000, mais de 150 executivos já cumpriram pena no país por prática de cartel, inclusive executivos estrangeiros.

Paralelamente, no eixo civil, aposta-se em um salto de qualidade que pode advir do estímulo à cultura da reparação de danos causados por cartéis. Essas ações privadas de ressarcimento permitem que pessoas prejudicadas por cartéis sejam ressarcidas pelos prejuízos sofridos, via ação reparatória de iniciativa do Ministério Público, de entidades de defesa do consumidor ou dos próprios consumidores (Lei 12.529/11, art. 47)[15].

---

13 Lei 8.137/90, art. 4º.

14 Veto ao art. 120 da Lei 12.529/11.

15 "Art. 47. Os prejudicados, por si ou pelos legitimados referidos no art. 82 da Lei 8.078, de 11 de setembro de 1990, poderão ingressar em juízo para, em defesa de seus interesses individuais ou individuais homogêneos, obter a cessação de práticas que constituam infração da ordem econômica, bem como o recebimento de indenização por perdas e danos sofridos, independentemente do inquérito ou processo administrativo, que não será suspenso em virtude do ajuizamento de ação".

Segundo John Connor[16], a presença de um esquema institucional e legal que propicie ações privadas de reparação de danos por prejuízos advindos de cartel é determinante como fator dissuasório da conduta. Além disso, citam-se como pontos favoráveis dessas ações o fato de a recuperação de danos ser um avanço em termos de justiça distributiva; de ser um sistema bem estruturado que pode aumentar o número dos casos de ilícitos detectados; e de tratar-se de mais uma forma de promoção da cultura da concorrência.

De outro lado, pode-se ponderar que as ações de reparação envolvem um aumento dos custos envolvidos nos processos (cálculo de danos) e alguns riscos, como o de conflitos entre decisões administrativas e judiciais, de impactos negativos no programa de leniência, de impactos negativos na concorrência causado por decisões erradas, de maior número de casos de *sham litigation* e, por fim, de maior judicialização das discussões antitruste.

Incentivos para buscar reparação variam em função da percepção dos riscos envolvidos, dos custos da ação e do valor do dano (expectativa de valor a ser reparado). De todo modo, para que surja efetivamente no Brasil um sistema de reparação de danos é necessário enfrentar várias questões como: qual o grau de vinculação entre as decisões na esfera pública e nas ações privadas? A decisão da autoridade antitruste inverte o ônus da prova no processo civil? Ações no judiciário devem ser suspensas enquanto se aguarda decisão da autoridade antitruste? Decisão final no judiciário sobre danos vincula decisão da autoridade antitruste? Em que circunstâncias decisão administrativa deve ser considerada? Apenas decisões versando sobre o mesmo caso podem ter efeitos na ação civil (mesmas partes e mesmos fatos), ou também é possível conferir efeitos vinculantes a decisões sobre casos similares? É possível assegurar ao leniente o estabelecimento de recompensas positivas explícitas (i.e., desconto na multa) e de recompensas negativas (i.e., afastamento da responsabilidade solidária)? O desconto deve ser fixado em lei ou deve ser estabelecido caso a caso? Qual é o método mais adequado para estimar o dano causado: cálculo do sobrepreço, cálculo dos lucros cessantes (acessa danos causados na cadeia produtiva) ou cálculo do *deadweight loss* (*overall output reduction* e prejuízo a potenciais negócios)?

16 "Global antitrust prosecutions of modern international cartels". *Journal of Industry, Competition and Trade*, 4:3, 239-267, 2004, p. 24-25.

2. A LEI 12.529/11 COMPLETA UM ANO: RESULTADOS

Transcorrido um ano de vigência da nova lei, certamente ainda é cedo para percebermos, de forma clara e prática, todos os benefícios que resultarão dessa reforma. Os primeiros efeitos em termos de eficiência e efetividade, porém, se fizeram notar já nos primeiros meses do novo CADE. Em meio à mudança de sede e do estabelecimento de um sistema de análise prévia inteiramente novo para o país, conseguimos analisar atos de concentração sumários em menos de trinta dias – média que se mantém até hoje.

Com o trabalho árduo de todos os dirigentes e servidores, o CADE já vinha, mesmo antes da nova lei, reduzindo o tempo de análise de atos de concentração e conquistando crescente reconhecimento a partir do julgamento de processos importantes.

No ano de 2012, o Brasil ganhou um órgão de defesa da concorrência com o desenho institucional necessário para ser ainda mais ágil, e o CADE o foi. Julgou um número recorde de processos, quase mil ao total. Sua atuação também permitiu reduzir o estoque de atos de concentração: 625 operações chegaram ao Sistema Brasileiro de Defesa da Concorrência, e o Conselho decidiu 825. Ou seja, duzentas além do que foi recebido para análise.

A redução do tempo processual, reflexo da unificação no CADE de competências antes dispersas nos diferentes órgãos do SBDC, traz não apenas eficiência administrativa, mas também economia de recursos públicos. Mas celeridade não é tudo. Nosso esforço contínuo é de que a agilidade venha acompanhada de respeito aos prazos e coerência nas decisões.

Sob a tutela da nova lei, avançamos no sentido de conferir mais segurança jurídica e previsibilidade às decisões do CADE. Foi com esse espírito que o Tribunal do Conselho definiu qual seria a lei aplicável em casos de condenação de condutas anticompetitivas e estabeleceu critérios para notificação de atos de concentração.

Também como parte desse esforço, o CADE tem se preocupado em passar mensagens ao mercado sobre o que considera nocivo à concorrência, quais práticas são passíveis de condenação e quais as gradações de penalidades. Foi o que fizemos ao estabelecer, no julgamento do caso de fixação de preços de revenda pela fornecedora de rolamentos SKF, que cabe às empresas o ônus de comprovar o ganho de eficiência econômica ao adotar uma prática como essa. Do contrário, o CADE tende à condenação da conduta, uma vez que restrições diretamente relacionadas a preço têm inerentes riscos anticompetitivos, derivados, por exemplo, de um estímulo a condutas paralelas entre as empresas.

O mesmo entendimento foi adotado pelo Conselho em julgamentos seguintes, na condenação de associações que tabelaram preços de produtos ou serviços. Os frágeis argumentos de que a tabela foi sugestiva, que durou pouco tempo ou que não foi aplicada foram insuficientes para afastar as preocupações concorrenciais.

Em verdade, a própria presença de um maior número de casos relacionados a condutas anticompetitivas nas sessões do CADE é resultado da nova lei. Ao olharmos para os casos julgados pela autarquia nos últimos anos, verificamos que mais de 80% de suas decisões eram sobre atos de concentração. A alteração dos filtros que determinam quais são as operações de notificação obrigatória com a Lei 12.529/11 foi um importante passo para reverter esse quadro. Igualmente, a nova sistemática que permite à Superintendência-Geral do CADE decidir casos sumários reforça a possibilidade de o Tribunal se dedicar aos atos de concentração de maior preocupação concorrencial, o que abre espaço para que o julgamento de condutas anticompetitivas seja cada vez mais frequente.

Foi justamente como resultado desse esforço que, em uma única sessão, o CADE condenou seis casos de cartel de combustíveis – setor de grande importância para produtores e consumidores, pois impacta a indústria, a inflação e outras variáveis relacionadas à renda. O julgamento evidenciou que, se houver um comportamento inadequado do ponto de vista competitivo, o CADE irá punir com o rigor necessário.

Contudo, certamente não queremos uma sociedade em que se puna mais essas condutas. Queremos uma sociedade sem essas práticas. Queremos uma economia sadia, em que as relações econômicas transcorram baseadas na lealdade e na liberdade de acesso e permanência nos mercados. Mas para que esse horizonte utópico se aproxime, precisamos caminhar muito ainda no âmbito repressivo.

Com essa preocupação, o "novo CADE" promoveu alterações na sua política de negociação de Termos de Cessação de Prática, os TCCs, ferramentas que contribuem para a elucidação de investigações de cartéis ao vincularem as partes à colaboração com a apuração do caso. Para incentivar a assinatura de tais acordos, o CADE analisou como isso é feito em mais de dez jurisdições e definiu alterações substanciais. Entre elas, a predefinição de faixas de redução no valor da contribuição pecuniária a ser paga pelos signatários, em um claro movimento de conferir previsibilidade e transparência aos critérios adotados na negociação de TCCs.

Falar dos recentes avanços na repressão a condutas anticompetitivas exige relembrarmos também o episódio em que o CADE firmou acordos com diversas Unimeds para encerrar mais de noventa casos de unimilitância. Acordos como esses têm o benefício de viabilizarem a contenção imediata do comportamento nocivo à concorrência. Mas nesse caso, houve ainda o bônus de cessar litígios históricos, discutidos no judiciário desde os anos 1990.

Em alguns sistemas, a autoridade de concorrência leva suas demandas diretamente às cortes, em outros, o judiciário tem papel revisor, sendo provocado pelas partes que são atingidas pelas decisões da autoridade. No Brasil, estamos neste segundo modelo, de modo que a revisão judicial é sempre uma variável importante que influencia a política de defesa da concorrência e impacta diretamente a política de negociação de acordos.

3. CONCLUSÃO: PRÓXIMOS PASSOS

O rearranjo institucional trazido pela nova lei permitiu que o CADE desse um grande salto de qualidade no último ano. Agora, com a análise de atos de concentração e de condutas anticompetitivas incorporadas à nossa rotina de maneira segura, o Conselho tem ainda desafios a enfrentar.

No eixo de integração com a política de defesa do consumidor, continua havendo longo caminho a avançar no incentivo à redução de assimetria de informação e no compartilhamento de *expertise* entre defesa da concorrência e tutela do consumidor. O diálogo entre as duas políticas é imprescindível no contexto atual, em que um número cada vez maior de mercados é submetido à lógica concorrencial.

Temos o consumidor como uma prioridade, como o usuário final da política de defesa da concorrência. Em uma sociedade com acesso crescente ao consumo, preocupa-nos que a dinâmica econômica seja permeada por valores como respeito e qualidade. E a defesa da concorrência tem muito a colaborar nesse processo.

Um segundo eixo no qual o CADE tende a investir nos próximos anos é a sistematização das informações acumuladas, transformando-se em um centro produtor de conhecimento por meio de estudos de mercado.

Isso já é realizado pela maioria das jurisdições; nos Estados Unidos desde o começo do século XX e no Japão há mais de quarenta anos. No Brasil, a nova lei pavimenta o caminho para avançarmos nesse sentido. A lei autoriza que o Tribunal contrate estudos (art. 9°, IX); que a Superintendência-Geral realize-os para orientar a política de prevenção de infrações à ordem econômica (art. 13, XIV); que ela determine também a realização de pesquisas e análises pelo Departamento de Estudos Econômicos (art. 14, IV); que este realize estudos de ofício, por solicitação do Plenário, do Presidente, do conselheiro Relator ou do Superintendente-Geral (art. 17); que a Secretaria de Acompanhamento Econômico do Ministério da Fazenda realize estudo avaliando a situação concorrencial de setores específicos de ofício ou por solicitação do CADE (art. 19, IV).

Por fim, o Conselho ainda precisa debruçar-se sobre aspectos do desenho normativo da política pública. Temos clareza de que o êxito dos primeiros resultados não exclui a necessidade de aperfeiçoamentos.

Nesse eixo, o CADE deve estabelecer *guidelines* consolidando práticas de negociações de atos de concentrações e de condutas. Outros debates, como os contratos associativos, venda de ativos, dosimetria das penas, harmonização e transparência nos procedimentos são temas que devemos trazer à luz e para os quais devemos definir contornos mais nítidos.

Acreditamos em um processo constante de aprendizado e descoberta, contando para isso com o diálogo com os diversos atores que interagem na implementação dessa agenda tão importante ao país.

PARTE II

Condutas Anticompetitivas

CARTÉIS INTERNACIONAIS E DEFESA DA CONCORRÊNCIA NO BRASIL

Vinicius Marques de Carvalho
Amanda Athayde Linhares Martins
Bernardo Becker Fontana

1. A ESTRATÉGIA DE COMBATE A CARTÉIS NO BRASIL

Cartel é um acordo entre concorrentes para, principalmente, fixar preços e/ou quotas de produção e dividir clientes e/ou mercados de atuação[1]. Trata-se, portanto, de qualquer ato que tenha por objeto ou efeito limitar, falsear ou de qualquer forma prejudicar a concorrência ou a livre-iniciativa. Essa conduta anticompetitiva pode envolver as seguintes práticas: (a) fixação de preços, por meio da qual as partes definem, direta ou indiretamente, os preços

1 Essa definição de cartel vem sendo usualmente utilizada pela Secretaria de Direito Econômico em suas Notas Técnicas e também nas cartilhas de difusão da cultura da concorrência. Nesse sentido também afirma HOVENKAMP, para quem "cartel é um acordo entre empresas concorrentes para reduzir sua produção aos níveis acordados ou vender a um preço acordado". (Tradução livre de "A cartel is an agreement among otherwise competing firms to reduce their output to agreed upon levels, or sell at an agreed upon price". HOVENKAMP, H. *Federal Antitrust Policy: the law of competition and its practice*. St. Paul: West Group, 1999. para. 4.1.)

a serem cobrados no mercado; (b) estabelecimento de restrições e/ou quotas na produção, que impacta na oferta ou na produção de bens ou serviços; (c) adoção de prática concertada com concorrente em licitações públicas – por exemplo, combinação quanto ao teor de cada uma das propostas; e (d) divisão e/ou alocação de mercados por áreas ou grupos de consumidores[2].

Considerado a mais grave lesão à concorrência dentre as condutas anticompetitivas, o cartel prejudica seriamente os consumidores ao aumentar preços e restringir a oferta, tornando os bens e serviços mais caros ou indisponíveis. Além disso, tal conduta limita artificialmente a concorrência e traz prejuízos à inovação, por impedir que outros concorrentes aprimorem seus processos produtivos e lancem novos e melhores produtos no mercado. O resultado é a perda de bem-estar do consumidor e, no longo prazo, a perda da competitividade da economia nacional. Os objetivos primordiais da persecução de cartéis são, assim, a cessação da conduta, a compensação das vítimas e a dissuasão de práticas similares no futuro.

Segundo a OCDE, os cartéis geram um sobrepreço estimado entre 10% e 20% comparado ao preço em um mercado competitivo[3], causando perdas anuais de centenas de bilhões de reais aos consumidores. A literatura econômica também é unânime em apontar que os efeitos líquidos do cartel à sociedade são sempre negativos. Ademais, a experiência em jurisdições com grande tradição antitruste é uníssona na constatação de que os prejuízos à economia são sempre significativos, e qualquer modelo teórico de livro-texto aponta como lição básica os prejuízos líquidos na alocação ineficiente dos recursos produzidos na sociedade pelos cartéis. O Sistema Brasileiro de Defesa da Concorrência (SBDC) também presume os efeitos negativos à sociedade decorrentes de acordos de cartéis[4].

No Brasil, a persecução aos cartéis encontra fundamentação legislativa no art. 1º, *caput*, da Lei 8.884/94 (art. 1º, *caput*, da recém-sancionada Lei 12.529/11), em linha com os preceitos contidos nos art. 170 e 173, § 4º, da Constituição Federal de 1988. Preceitua-se que constituem função estatal a prevenção e a repressão às infrações contra a ordem econômica, orientada

---

2 SDE. *Combate a cartéis e programa de leniência*. Coleção SDE/CADE, n. 01/2009. p. 25.

3 OCDE. *Fighting Hard Core Cartels*: Harm, Effective Sanctions and Leniency Programs. Paris: OCDE, 2002, p. 77. Disponível em: <http://www.oecd.org/dataoecd/49/16/2474442.pdf>. Acesso em: 2 dez. 2011. Tradução livre de "[...] estimatives that on average, cartels produce overcharges amounting to 10% of the affected commerce and cause overall harm amounting to 20% of affected commerce".

4 Vide, por exemplo, Processo Administrativo n° 08012.002127/2002-14 (Cartel das Britas).

pelos ditames de liberdade de iniciativa, livre concorrência, função social da propriedade, defesa dos consumidores e repressão ao abuso do poder econômico. Há, desta feita, um poder-dever do Estado de agir para investigar, com todos os recursos possíveis, práticas que possam representar utilização abusiva do poder de mercado, como é o caso dos cartéis.

O combate a cartéis no Brasil deve incrementar, cada vez mais, seus resultados, e sensibilizar um maior contingente da sociedade, e para isso é preciso garantir ações estruturantes em três eixos: administrativo, criminal e civil.

Para a persecução dos cartéis no eixo administrativo, o incremento de resultados é possível por meio da intensificação das investigações, da melhoria da gestão dos processos e da detecção dos setores mais propícios à prática do conluio. Considerando que em 30 de novembro de 2011 foi sancionada e publicada a nova lei que estrutura o Sistema Brasileiro de Defesa da Concorrência (Lei 12.529/11), mais vigor é dado à investigação administrativa das condutas anticompetitivas de cartel. Isso porque a estrutura do Conselho Administrativo de Defesa Econômica ("Novo CADE") é reformulada, e passa a ser composta pela Superintendência-Geral, pelo Departamento de Estudos Econômicos, pelo Tribunal Administrativo de Defesa Econômica e pela Procuradoria Federal. A Superintendência-Geral é o órgão responsável pela investigação dos casos de cartel, e incorpora as atividades de combate às condutas anticompetitivas anteriormente exercidas pela Secretaria de Direito Econômico do Ministério da Justiça (SDE). De acordo com dados de dezembro de 2011, a SDE conta com 509 processos administrativos em instrução (incluindo Procedimentos Administrativos, Averiguações Preliminares e Processos Administrativos *stricto sensu*), sendo que, destes, 209 são investigações de cartel e 31 tratam de influência de conduta uniforme entre concorrentes. Mais estrutura e maior corpo técnico possibilitarão um incremento da capacidade investigativa desses conluios pelo Novo CADE.

No eixo criminal, cumpre pontuar que a Lei 12.529/11 alterou a tipificação dos crimes contra a ordem econômica previstos na Lei 8.137/90[5] e manteve a regra de competência vigente[6]. Ademais, encontra-se em fase de consulta pública a proposta de alteração da Lei 8.137/90 que iguala a pena de cartel à de furto qualificado. Hoje, a pena é de dois a cinco anos de prisão ou pagamento de multa, e a proposta é de que a punição passe a ser de dois a oito anos de prisão, acrescida necessariamente de multa. Até 2010, contabilizou-se

---

5 Lei 8.137/90, art. 4º.

6 Veto ao art. 120 da Lei 12.529/11.

que 250 pessoas, entre donos e diretores de empresas, respondiam a processos por formação de cartel, sendo que ao menos 29 executivos já haviam sido condenados em decisão final – de primeiro ou segundo grau – por crime de cartel a penas que superaram os cinco anos previstos na lei específica, em vista de aplicação de agravantes previstas no Código Penal.

Outros países também reconhecem a importância da persecução criminal para o combate efetivo a cartéis. Nos Estados Unidos, por exemplo, um administrador pode ser condenado a até dez anos de prisão e ao pagamento de multa de até 1 milhão de dólares. A pena média aplicada para cartéis nos Estados Unidos é de 31 meses de prisão, sendo que, desde 2000, mais de 150 executivos já cumpriram pena no país por prática de cartel, *inclusive executivos estrangeiros*. Tanto é assim que, em outubro de 2011, a mídia[7] noticiou que o Departamento de Justiça norte-americano (DoJ) estava processando criminalmente dois executivos brasileiros (presidentes, no Brasil, da Whirlpool e da Tecumseh), por terem participado como gestores de empresas com participação no cartel internacional dos compressores[8].

Paralelamente, no eixo civil, aposta-se em um salto de qualidade que advirá do estímulo à cultura da reparação de danos causados por cartéis. Essas ações privadas de ressarcimento permitem que pessoas prejudicadas por cartéis sejam ressarcidas pelos prejuízos sofridos, via ação reparatória de iniciativa do Ministério Público, de entidades de defesa do consumidor ou dos próprios consumidores[9].

Esses três eixos de ação – administrativo, criminal e civil – têm um papel a desempenhar no âmbito do combate a cartéis internacionais. Segundo o art. 2º da Lei 8.884/94[10] (art. 2º da Lei 12.529/11), estão sujeitos à jurisdição da autoridade brasileira os atos que possam gerar efeitos reais ou potenciais no

---

7 DoJ. Disponível em: <http://www.justice.gov/atr/public/press_releases/2011/275408.htm>. Acesso em: 02/12/2011. Matéria também publicada no jornal *Valor Econômico*. Disponível em: <http://www.valor.com.br/brasil/1043438/eua-estao-processando-brasileiros--por-cartel>. Acesso: 2 dez. 2011.

8 No Brasil, o cartel dos compressores é investigado em sede do Processo Administrativo nº 08012.000820/2009-11.

9 Segundo John M. Connor, a presença de um esquema institucional e legal que propicie ações privadas de reparação de danos por prejuízos advindos de cartel é determinante como fator dissuasório da conduta ("Global antitrust prosecutions of modern international cartels". *Journal of Industry, Competition and Trade*, 4:3, 239-267, 2004, p. 24-25).

10 Lei 8.884/94: "Art. 2º Aplica-se esta lei, sem prejuízo de convenções e tratados de que seja signatário o Brasil, às práticas cometidas no todo ou em parte no território nacional ou que nele produzam ou possam produzir efeitos".

território nacional. Em se tratando, portanto, de um cartel que cause impactos negativos ao mercado interno, ainda que os atores não sejam brasileiros ou a prática não seja diretamente perpetrada no Brasil, com fundamento na "teoria dos efeitos", a SDE – e futuramente a Superintendência-Geral do Novo CADE – possui competência para, e dever de, perseguir os *cartéis internacionais* que causem danos à sociedade brasileira.

A preocupação com os cartéis internacionais não é exclusiva do Brasil. Nos últimos anos, organizações multilaterais e autoridades antitruste ao redor do mundo – como a OCDE, o DoJ e a Comissão Europeia – mostraram-se cada vez mais preocupados com as distorções no mercado internacional resultantes da manipulação dos preços e dos mercados perpetradas por cartéis privados de empresas localizadas em países industrializados, que reprimem a concorrência nos próprios países industrializados e também naqueles em desenvolvimento[11].

Para que um cartel seja tratado como internacional, a conduta deve envolver potenciais impactos competitivos no mercado interno do país ou nas suas relações de comércio exterior. Assim, apesar de os comportamentos anticompetitivos em um cartel internacional afetarem vários países, a persecução deve ser realizada por cada autoridade antitruste nacional, de acordo com o dano que a prática causa no mercado relevante doméstico.

Dessa forma, para fins do presente artigo, *define-se cartel internacional como a conspiração para restringir o comércio, implementada por participantes – indivíduos e/ou empresas – que têm ou supostamente têm sede, residência ou nacionalidade fora da jurisdição da autoridade antitruste investigadora.* Nesse sentido, o DoJ exige o preenchimento de pelo menos um dos seguintes critérios para que um dado cartel seja considerado internacional: (i) pelo menos uma das partes envolvidas não ser nacional do país; (ii) pelo menos uma das partes envolvidas não estar situada no país; (iii) a conduta considerada ilegal pela lei do país ter sido praticada fora de seu território; e (iv) para a análise ou investigação do caso se fazer necessária a cooperação de autoridades antitruste estrangeiras[12].

---

11 YU, Yinne. *The impact of private international cartels on developing countries.* Stanford University, 2003, p. 3. Disponível em: <http://economics.stanford.edu/files/Theses/Theses_2003/Yu.pdf>. Acesso em: 2 dez. 2011.

12 DoJ. Antitrust Division. *International Competition Policy Advisory Committee.* Final Report, 2000. Disponível em: <http://www.justice.gov/atr/icpac/finalreport.html>. Acesso em: 2 dez. 2002.

Os cartéis internacionais prejudicam os *consumidores*, que sofrem com o aumento do preço do produto e/ou do serviço, e também os *produtores nacionais* (especialmente de países em desenvolvimento como o Brasil), que são impedidos de exportar para os mercados em que atuam os membros do cartel[13]. Estudo publicado no ano de 2006 indica que 79% dos casos de cartel internacional são relativos a produtos manufaturados (químicos, minerais não metálicos, papéis, impressões e dispositivos eletrônicos, nesta ordem), sendo que os 21% restantes se referem a serviços (construção, sistema financeiro e comunicações, nesta ordem)[14].

2. CARTÉIS INTERNACIONAIS E POLÍTICA DE DEFESA DA CONCORRÊNCIA NO BRASIL

Quando o Estado interfere nos padrões institucionais da alocação de recursos econômicos, de algum modo ele está intervindo no processo de transformação da liberdade formal de iniciativa em liberdade material que caracteriza o poder na esfera econômica. Como aponta Celso Furtado[15], o poder econômico revela-se pela capacidade do agente de influenciar e modificar o meio em que atua, apresentando no seu comportamento um fator volitivo criador de novo contexto. O comportamento de quem não tem poder é meramente adaptativo, já a faculdade de transformar o contexto em que atua eleva o agente à posição de elemento motor do sistema econômico. A empresa com elevado poder econômico planifica setorialmente uma parte da atividade de um sistema econômico.

Em tese, quanto mais atomizado o poder econômico, mais espaço para uma ação coordenada macroeconômica, na medida em que maior poder se confere ao centro decisório nacional e mais distante essa racionalidade fica da soma das racionalidades individuais. Por outro lado, quanto maior a

13 YU, Yinne. *The impact of private international cartels on developing countries, cit.*, 2003, p. 6.

14 CONNOR, John. M. *Statistics on modern private international cartels, 1990-2005*. Purdue University, Department of Agricultural Economics. 2006, p. 17-18. Disponível em: <http://www.agecon.purdue.edu/working_papers/workingpaper.connor.11/10/06.pdf>. Acesso em: 2 dez. 2011.

15 *Criatividade e Dependência na Civilização Industrial*. São Paulo: Companhia das Letras, 2008, p. 36 e s.

concentração de poder econômico, maior o espaço de influência dos agentes na racionalidade macroeconômica, e mais próxima ela se torna da soma das racionalidades microeconômicas. Enfim, o poder econômico concentrado pode limitar a capacidade de o Estado ordenar variáveis macroeconômicas e de formular e implementar um conjunto coerente de diretrizes chamado política econômica.

Tomando como ponto de partida esse diagnóstico, o Estado pode dimensionar políticas públicas que tenham por objetivo: (i) regular os agentes detentores de poder econômico, controlando variáveis como preços, quantidades, entrada e saída do mercado; (ii) estabelecer a participação do Estado na produção econômica por meio de empresas estatais de modo a compensar ou equilibrar as relações de poder (poder compensatório) ou ainda criar novos mercados; e, por fim, (iii) atuar no controle do abuso do poder econômico, preservando a liberdade de concorrência, através do direito antitruste.

Por quaisquer desses caminhos revela-se a inadequação da noção de "mercado livre". Aliás, todos os países têm regulamentações estatais definindo quem pode participar de quais mercados e em que termos. Como aponta Chang[16], é unicamente porque certas regulamentações estatais (e os direitos e obrigações que elas apoiam ou até mesmo criam) são totalmente aceitas (pelos que fazem a observação, assim como pelos que participam do mercado), que alguns mercados parecem não ter "intervenção" nenhuma e, portanto, ser "livres".

Na história brasileira nem sempre houve coerência na organização desses vetores de ação pública. Até hoje convivemos com uma aparente sobreposição de instituições responsáveis pela implementação de políticas de intervenção do Estado que nem sempre conversam entre si e, por isso, muitas vezes atuam em sentidos opostos. Buscar essa interação e fazer da sobreposição e conflito um estímulo ao diálogo institucional e à complementaridade é um dos desafios da atual geração de gestores estatais. *Definir o combate a cartéis internacionais como uma prioridade da defesa da concorrência no Brasil é uma tentativa nessa direção*. Nos próximos parágrafos tentaremos explicar o porquê.

As diversas interpretações sobre o que causou o desenvolvimento do Brasil repousam, em geral, em uma discussão sobre o processo de industrialização e suas condicionantes. Quatro interpretações são as mais conhecidas: (i) teoria dos "choques adversos"; (ii) industrialização liderada pela expansão

---

16 "Rompendo o Modelo. Uma economia política institucionalista alternativa à teoria neoliberal do mercado e do Estado". In: ARBIX, Glauco *et al.* (org.). *Brasil, México, África do Sul, Índia e China: diálogo entre os que chegaram depois*. São Paulo: Unesp/Edusp, 2002, p. 107.

das exportações; (iii) teoria do capitalismo tardio; e (iv) industrialização intencionalmente promovida por políticas de governo. Não é nosso objetivo aqui descrever cada uma delas, muito menos pugnar pela exatidão de uma visão específica[17], mas apenas ressaltar um traço comum a todas, qual seja, o de que o processo de desenvolvimento brasileiro dependeu de como a sociedade (Estado e Mercado) reagiu aos sinais recebidos do exterior.

De maneira consciente ou não, pouco importa, os atores sociais conquistaram relativa autonomia na organização de um sistema econômico razoavelmente complexo, a partir da "digestão" de sinais externos e da acumulação de capital gerada pela atividade exportadora brasileira, notadamente de commodities como o café. Talvez a nossa realidade não tenha mudado tanto nos últimos anos no que se refere ao "caminho para o desenvolvimento". O desafio que se impõe a cada momento histórico singular é o mesmo e consiste em identificar e aproveitar, no contexto internacional, as brechas e transformá-las em verdadeiras oportunidades. Trata-se, de fato, de uma visão heterodoxa, baseada na ideia de "improviso"[18] (*bootstrapping*)[19] do crescimento. Ela pressupõe que economias em desenvolvimento possuem muitas das instituições e capacidades necessárias ao crescimento e que sua obstrução se deve, em geral, a uma combinação de dois obstáculos: (i) impedimentos diretos às trocas no mercado; e (ii) ausência de bens públicos de apoio, necessários à exploração do potencial. A visão de processo ou "improviso" assume que, mesmo quando ausentes distorções de mercado, o desenvolvimento requer aprendizado social contínuo. O objetivo é, portanto, criar instituições que consigam aprender a identificar e mitigar obstáculos diversos ao crescimento. Ao invés de buscar instituições públicas perfeitas, o processo busca promover a autocorreção das mesmas.

O sistema de defesa da concorrência talvez seja o exemplo mais contumaz de uma política pública com incidência nas relações econômicas em que prevalece o caráter residual, reativo e eventual. Por meio dela é possível encontrar atalhos institucionais indutivos, menos custosos socialmente e adaptáveis a momentos históricos específicos. Nesse sentido, explorar o papel da defesa da

---

17 Para um estudo aprofundado sobre o tema, ver: SUSIGAN, Wilson. *Indústria Brasileira, origem e desenvolvimento*. São Paulo: Hucitec, 2000, p. 25-46.

18 Não uma tradução direta. O sentido buscado é o desenvolvimento de uma solução não padrão e específica às circunstâncias.

19 SABEL, Charles. *Bootstrapping Development: Rethinking the Role of Public Intervention in Promoting Growth*. Disponível em: : <http://law.wisc.edu/gls/documents/lands_canons/bootstrapping_development_sabel.pdf>.

concorrência, no contexto atual, significa interagir com duas dinâmicas: (i) um contexto de crise econômica mundial; e (ii) a consequente busca de estratégias de proteção nacionais contra os seus efeitos. Uma interpretação talvez um pouco açodada dessas circunstâncias poderia realçar o papel do Estado na organização de uma estrutura regulatória mais interventiva e na intensificação direta da sua atuação na economia como reação natural à crise, constatando uma perda de protagonismo da defesa da concorrência.

No entanto, o nosso aprendizado recente em termos de *enforcement* concorrencial já é suficiente para encontrarmos um espaço razoavelmente amplo para a defesa da concorrência, inclusive nos dias atuais, por vários motivos. Em primeiro lugar, porque é bastante conhecida a aliança entre abuso de poder econômico no Brasil e resiliência a políticas anti-inflacionárias. Quanto maior a concentração de poder, maior o poder de planejamento setorial nas mãos dos agentes privados; maior o poder de determinar os preços de produtos essenciais; maior a resistência a reduzi-los diante do combate à inflação. Em segundo lugar, por mais que se busquem alternativas para "blindar" o país dos efeitos de uma crise, não se considera como alternativa viável, ou mesmo desejável, abortar ou desestimular as relações comerciais internacionais, de modo que práticas anticompetitivas continuarão acontecendo em âmbito interno ou externo. Por fim, quando nos debruçamos sobre a recente política industrial, chamada "Brasil Maior", percebemos que o almejado aumento de produtividade e competitividade da indústria nacional ancora-se em medidas de estímulo à inovação tecnológica, motor essencial da competição.

Há também, é claro, um esforço no aprimoramento das medidas de defesa comercial como instrumento de proteção do mercado interno. E é exatamente nesse aspecto que encontramos espaço para conjugar a política industrial com a defesa da concorrência, especificamente reforçando nossa capacidade de detecção e investigação de cartéis internacionais. Reafirmamos, assim, que a proteção do mercado interno não se faz apenas com a proteção da indústria vítima de prática predatória, mas também com a proteção do mercado interno de consumo. E isso deve ocorrer mesmo quando há um cartel internacional que, ao aumentar os preços para o consumidor brasileiro, torna o bem produzido aqui competitivo, ou torna substitutos produtos que não o eram, ampliando determinados mercados relevantes. Ainda que isso ocorresse, seria muito raro, na medida em que o cartel tende a elevar o preço até um nível em que não haja substitutos viáveis. Isso não significa que a conduta não extraia renda do consumidor e, que, portanto, não deva ser punida, simplesmente porque não houve uma alteração no mercado relevante. Explica-se.

De acordo com o Guia de Análise de Atos de Concentração da SEAE e da SDE, utiliza-se o teste do monopolista hipotético para definição do mercado relevante. Referido teste consiste na busca pela menor delimitação de mercado em que uma suposta estrutura monopolística – criada artificialmente no mercado – conseguiria impor um "pequeno porém significativo e não transitório aumento dos preços". Para implementá-lo, é possível proceder a análises formais envolvendo simulações, testes de perda crítica, testes de cointegração de preços, dentre outros.

No entanto, quando se analisam condutas anticompetitivas, é possível que os efeitos da prática já tenham ocorrido no mercado, não sendo razoável supor que a análise prognóstica utilizada em atos de concentração seja a mais adequada. Tal questão é conhecida como "falácia do celofane". Com efeito, esta falácia diz respeito à crítica a uma decisão da Suprema Corte Norte-americana no caso *United States v. E. I. du Pont de Nemours & Co.* (ou simplesmente caso *DuPont*)[20]. Na prática, isso quer dizer que *um cartel internacional pode, ao aumentar o preço de um produto, causar um impacto negativo não só ao consumidor, como à indústria nacional*, seja quando o produto passar a fazer parte de outro mercado relevante, seja quando se tratar de um insumo usado na cadeia produtiva. No último caso, a conduta pode implicar aumento de preço no produto final, tornando-o menos competitivo em relação ao produto final importado de um país em que o impacto do cartel internacional é inexistente ou menor.

Após definirmos cartéis, seu impacto na vida econômica, e fundamentarmos como opção de *policy* o fortalecimento das estratégias de combate a cartéis internacionais, passaremos a uma breve análise descritiva dos casos mais importantes de persecução administrativa desta conduta anticompetitiva pelas autoridades brasileiras.

20 No referido caso, a empresa DuPont havia sido acusada de tentar monopolizar o mercado de celofane. Por outro lado, defendeu-se argumentando que havia grande elasticidade cruzada da demanda entre o celofane e outros papéis para embrulhos. Assim, em razão disto, a DuPont passaria a ter apenas 17% do mercado, o que demonstrava a inexistência de poder de mercado e, portanto, a impossibilidade de ter monopolizado o mercado. De acordo com alguns doutrinadores, o erro da Suprema Corte foi ter utilizado o teste do monopolista hipotético em um caso de investigação de prática anticoncorrencial, já que antes da prática anticompetitiva não havia a referida elevada substitutibilidade entre celofane e outros papéis. Aliás, foi justamente o aumento do preço do celofane que teria possibilitado a reconceituação do próprio mercado relevante.

3. O BRASIL NA PERSECUÇÃO DOS CARTÉIS INTERNACIONAIS

Ao longo dos últimos anos, pôde-se verificar que a experiência brasileira relativa à persecução e à punição de cartéis internacionais perpassa, necessariamente, o julgamento do *Cartel Internacional das Vitaminas*, dado que este *foi o primeiro cartel internacional investigado e punido pelo SBDC*[21]. Entre 1990 e 1999, as nove maiores fabricantes mundiais de vitaminas (incluindo BASF AG, F. Hoffmann La Roche AG, Aventis S.A, Merck KgaA e Solvay Pharmaceuticals) dividiram o mundo em regiões de atuação e discutiram preços e volume de vendas das vitaminas A, E, B2, B5, C e betacaroteno.

Pelo teor dos documentos norte-americanos, verificou-se que a formação do cartel se deu por meio de participação em reuniões e conversas, realizadas tanto nos Estados Unidos quanto em outros países. Durante os encontros, pactuavam-se o aumento e a manutenção de preços das vitaminas; a divisão entre coautores corporativos dos respectivos volumes aproximados a serem comercializados; o intercâmbio de informações acerca das vendas e dos clientes com o objetivo de monitorar e reforçar a adesão dos participantes do cartel; a divulgação de preços e cotações segundo o acordado entre os participantes; e a venda dessas vitaminas pelos preços pactuados e de acordo com os volumes decididos em comum entre os participantes. Quanto aos complexos vitamínicos, pactuavam-se formas de fraudar licitações – como, por exemplo, por meio da abstenção de apresentação de propostas ou apresentação de propostas intencionalmente altas, tudo de forma a antecipar, entre os participantes, o vencedor selecionado para aquelas licitações[22].

O cartel foi descoberto porque um dos participantes, a empresa Rhone-Poulenc (atual Aventis), confessou a prática às autoridades norte-americanas e europeias e colaborou com as investigações em troca de imunidade. Como resultado da investigação, o DoJ fez acordos com as investigadas F. Hoffmann La Roche e BASF, que resultaram na confissão da prática por tais empresas e no pagamento de multas no valor de, respectivamente, 500 milhões de dólares e 225 milhões de dólares. Houve também prisão dos executivos envolvidos. Na mesma linha, em 2011, a Comissão Europeia

21 Processo Administrativo nº 08012.004599/1999-18.

22 Voto do então Conselheiro Relator Ricardo Villas Boas Cueva, Processo Administrativo n° 08012.004599/1999-18, p. 11.

multou participantes do cartel em mais de 850 milhões de euros, tendo a Rhone-Poulenc recebido imunidade administrativa por confessar a prática no âmbito do programa de leniência.

No Brasil, a SDE iniciou investigação do Cartel das Vitaminas em maio de 1999, após a veiculação de matérias em jornais informando acerca das ações do DoJ em face das empresas formadoras desse cartel internacional no mercado de vitaminas. No processo administrativo, figuraram como representadas as empresas que comercializavam vitaminas no Brasil pertencentes ao grupo econômico das empresas condenadas[23]. Em 2007, o CADE condenou as empresas BASF, F. Hoffmann La Roche e Aventis em mais de 15 milhões de reais pela prática de cartel com efeitos no mercado brasileiro. Segundo o Conselho, essas empresas teriam restringido a oferta e elevado preços de vitaminas na segunda metade da década de 1990 no Brasil, além de terem impedido a entrada no país de vitaminas chinesas a preços mais baixos.

Estudo publicado em 2003, realizado por pesquisadores estrangeiros, estimou que o impacto desse cartel no Brasil ao longo de toda a sua duração (1990 a 1999) teria levado a um prejuízo de mais de 183 milhões de dólares com o sobrepreço pago sobre as importações de numerosos tipos de vitaminas[24]. Essa diferença de valor entre a multa aplicada pelo CADE e os cálculos econômicos registram a dificuldade de se definir o montante exato do dano causado à sociedade brasileira como decorrência do cartel.

No âmbito do suposto cartel internacional no setor de *mangueiras marítimas*, a opção adotada pelo CADE em 2008 foi a celebração de Termo de Compromisso de Cessação (TCC)[25]. Por força desse acordo, a Administração Pública, por meio do CADE, com a intervenção do Ministério Público, abriu mão do prosseguimento do processo administrativo enquanto estivessem sendo cumpridos os termos do compromisso[26], ao passo que os administra-

---

23 Parecer da SDE no Processo Administrativo n° 08012.004599/1999-18, p. 11.

24 CLARKE, J. L. SIMON, J. E. "The deterrent effects of national anticartel laws: evidence from the international vitamins cartel". *Antitrust Bulletin*, 2003. p. 720-723. *Apud* Voto do então Conselheiro Relator Ricardo Villas Boas Cueva. Processo Administrativo n° 08012.004599/1999-18, p. 18.

25 Vide Requerimentos nº 08700.005321/2008-81, 08700.001882/2008-19 e 08700.002312/2009-19.

26 FORGIONI, Paula A. *Os Fundamentos do Antitruste.* 4ª ed. São Paulo: RT, 2010, p. 144-145.

dos se comprometeram às obrigações nele expressamente previstas[27]. Essa pode ser uma alternativa interessante tanto para a Administração Pública quanto para o administrado, e compõe um dos instrumentos utilizados pelo SBDC voltado a elevar o grau de eficácia material da legislação[28].

Atualmente está em análise do Conselho, sob a relatoria do Conselheiro Carlos Emmanuel Ragazzo, processo administrativo que busca avaliar se houve ou não colusão internacional com efeitos no Brasil no setor de *lisinas*, um aminoácido obtido da soja e utilizado em diversos aditivos de alimentos[29]. Segundo parecer da SEAE, o cartel – já condenado em países como Estados Unidos e México, e na União Europeia – teria ocorrido entre junho de 1992 e junho de 1995 com os objetivos de: acordar em nível mundial o patamar de preços da lisina para ração animal e seus incrementos; acordar o volume de vendas de cada participante no mercado mundial; acordar a forma e as datas para o anúncio dos preços; impedir a entrada de novas empresas no mercado; e participar de reuniões para vigiar e forçar a adesão aos acordos anteriores.

Também pendente de análise do CADE está o processo administrativo que investiga suposto cartel internacional no setor de *peróxidos*[30]. Neste, as empresas teriam participado de um cartel internacional entre os anos de 1992 e 2004 com o intuito de combinar o preço do peróxido de hidrogênio e dividir o mercado.

Outro caso que merece atenção é o suposto cartel dos *compressores* (Processo Administrativo 08012.000820/2009-11)[31]. Trata-se de um *case* de sucesso em sede de persecução de cartéis internacionais, dado que a obtenção de provas do conluio foi possível graças à realização de busca e

---

27 Eros Grau e Paula Forgioni sustentam que o administrado comprometer-se-ia a fazer cessar imediatamente a prática, sem confessar matéria de fato ou reconhecer eventual ilicitude ("Compromisso de Cessação e Compromisso de Desempenho na Lei Antitruste Brasileira". In: *O Estado, a Empresa e o Contrato*. São Paulo: Malheiros, 2005, p. 232-233).

28 GRAU e FORGIONI. "Compromisso de Cessação e Compromisso de Desempenho na Lei Antitruste Brasileira", *cit.*, 2005, p. 231.

29 Processo Administrativo nº 08012.004897/2000-23.

30 Processo Administrativo nº 08012.004702/2004-77.

31 SDE. Nota de instauração do Processo Administrativo 08012.000820/2009-11, versão pública. "Compressores herméticos para refrigeração são equipamentos concebidos para comprimir fluído refrigerante. Os compressores são utilizados para diversas aplicações da indústria de refrigeração, incluindo os produtos da chamada "linha branca" (refrigeradores e freezers, "R&F"), além de outros, tais quais, resfriadores de líquidos, *vending machines*, bebedouros, tanto para aplicação doméstica quanto comercial."

apreensão simultaneamente pelas autoridades antitruste do Brasil, pelo DoJ e pela Comissão Europeia. As buscas foram feitas em São Paulo, São Carlos e Joinville e em empresas nos Estados Unidos, na Itália e na Dinamarca. Até o presente momento foram firmados TCCs com dezoito representados - quinze pessoas físicas e três pessoas jurídicas - dentre os vinte investigados no total.

Havia 209 processos administrativos cuja conduta é o cartel em sede de instrução na SDE - dado de dezembro de 2011. Destes, 23 analisam supostos cartéis internacionais com efeitos no Brasil. A instauração de todos esses processos decorreu da celebração de acordos de leniência, o que confirma a importância desse programa institucional para a estratégia de combate a cartéis, conforme será salientado adiante. Algumas dessas principais investigações são as seguintes: Processo Administrativo nº 08012.003267/2008-97 sobre fertilizantes; Processo Administrativo nº 08012.010932/2007-18, sobre mangueiras marítimas; Processo Administrativo nº 08012.009264/2002-71, sobre *eletrodos de grafite*; e Processo Administrativo nº 08012.011980/2008-12, sobre painéis de TFT-LCD.

Observa-se, com base no exposto, que o SBDC vem acumulando experiência na persecução dos cartéis internacionais ao longo dos anos. A evolução recente do Brasil nessa seara é digna de nota, como bem ressaltado por autoridades internacionais[32] e também por advogados atuantes no sistema[33]. Ocorre que, pela sua própria natureza internacional, o combate a essas condutas demanda da autoridade antitruste brasileira instrumentos processuais e de investigação mais complexos. Além disso, a criação do Novo CADE apresenta perspectivas interessantes para essa tarefa, que pode contar com um fortalecimento dos instrumentos já existentes, como será demonstrado a seguir.

---

32 Durante a Conferência da Rede Internacional de Concorrência (*International Competition Network* - ICN) de 2008, o representante do DoJ, Scott Hammond, ressaltou que o programa brasileiro de leniência era um modelo a ser seguido. Esse posicionamento foi reafirmado em 2011, em palestra interna apresentada pelo mesmo representante ao corpo técnico da SDE. Ainda pontue-se que, em dezembro de 2010, em painel que discutia cartéis internacionais no Seminário do IBRAC, dois advogados estrangeiros afirmaram que seus clientes consideram a relevância do programa de leniência brasileiro em mesmo patamar daqueles realizados nos Estados Unidos e na União Europeia.

33 MEDRADO, René G. S. TORRE, Eduardo Felisoni. *Cooperação Internacional no Combate a Cartéis*, 2009. Disponível em: <http://www.pinheironeto.com.br/upload/tb_pinheironeto_artigo/pdf/130509155121anexo_bi2056.pdf>. Acesso em 2 dez. 2011.

4. A PERSECUÇÃO DE CARTÉIS INTERNACIONAIS NA PRÁTICA: DIFICULDADES E INSTRUMENTOS

Atualmente, o Brasil ocupa papel de destaque na comunidade internacional pelos resultados obtidos em seu programa de combate a cartéis, e qualquer observador atento reconhecerá que muito já foi feito em nosso país. Apesar disso, ainda há muito que ser aprimorado, especificamente no que se refere a cartéis internacionais. Nessa tarefa, a experiência das jurisdições estrangeiras com longa tradição antitruste é de extrema valia para nosso aprendizado.

Cientes disso, cumpre-nos pontuar, inicialmente, algumas das dificuldades enfrentadas pelas autoridades nacionais nessa tarefa de persecução à conduta anticompetitiva considerada a mais danosa para a sociedade (4.1). Em seguida, passar-se-á à exposição dos instrumentos considerados mais relevantes para a eficácia dessa estratégia (4.2).

4.1. Dificuldades inerentes à persecução de cartéis internacionais

Segundo o guia de melhores práticas de combate a cartéis da Rede Internacional de Concorrência (International Competition Network - ICN)[34], a cooperação internacional entre as autoridades de concorrência pode ocorrer em todas as fases do processo investigativo e persecutório[35]. Na fase prévia à efetiva investigação, o auxílio seria mais informal, relativo ao modo de coleta de informações, à definição dos mercados relevantes, à seleção de empresas-al-

34 A ICN tem por objetivo a troca de experiências e melhores práticas em defesa da concorrência, bem como fomentar a cultura de defesa da concorrência em países em desenvolvimento e prestar assistência às agências mais jovens, criadas recentemente. A rede promove estratégias de convergência referentes aos procedimentos e forma de tratamento dos casos, visando a geração de benefícios tanto para empresas nacionais e internacionais, quanto para as agências antitruste, por meio de uma política de concorrência internacional inequívoca. Site oficial da ICN: <http://www.internationalcompetitionnetwork.org/>.

35 International Competition Network: Cartel Working Group – Subgroup 1 – General framework: *Co-operation between Competition agencies in Cartel investigations. Sixth Annual ICN conference*, Moscow, Russia (30 mai. – 1º jun./2007). Disponível em: <http://en.fas.gov.ru/netcat_files/Analitical%20materials/MKS/Report%20on%20Co-operation%20between%20competition%20agencies%20in%20cartel%20investigations.pdf>. Acesso em: 2 dez. 2011.

vo e à indicação das medidas de preservação das provas. Durante o processo investigativo propriamente dito, os órgãos poderiam, por exemplo, realizar concomitantemente operações de busca e apreensão (o que aconteceu no caso do suposto cartel internacional dos compressores, supramencionado) ou mesmo realizar intimações e depoimentos de executivos que estejam localizados em outras jurisdições. Ainda, na fase pós-investigação, as autoridades poderiam colaborar por meio da discussão do caso entre membros do corpo técnico de cada órgão e também pelo *intercâmbio de documentos* obtidos durante a investigação.

Existe verdadeira celeuma, no entanto, a respeito da utilização desses documentos obtidos em sede de investigação do cartel em outra jurisdição, especialmente quando decorrentes de leniência em outro país. Levantam-se possíveis nulidades processuais, como a garantia de o acusado não ser obrigado a produzir provas contra si mesmo; a ilegalidade na utilização de provas que, mesmo importadas, tenham sido produzidas em condições não aceitas pelo ordenamento jurídico brasileiro; além da dificuldade de se coordenarem processos com graus diversos de complexidade entre agências com graus distintos de maturidade institucional[36]. A par dessas dificuldades, sugere-se a possibilidade de serem intercambiadas as seguintes informações[37]:

(i) *Informações públicas*: nesse caso, uma agência simplesmente auxilia a outra a otimizar seu tempo e repassa informações que já estão no domínio público, como, por exemplo, um relatório de marketing divulgado pela própria empresa, o qual seja de difícil obtenção;

(ii) *Informações da agência/órgão*: são informações que não estão necessariamente em domínio público, mas que são produzidas pela própria agência, como, por exemplo, o estágio da investigação, os próximos passos que foram planejados, uma orientação preliminar sobre o caso, ou as conclusões alcançadas sobre o mercado e sobre a natureza da conduta;

(iii) *Informações das partes envolvidas em domínio da agência investigadora*: essas informações podem ter sido fornecidas voluntariamente (em sede de acordo de leniência) ou compulsoriamente

---

36 MEDRADO, René G. S.; TORRE, Eduardo Felisoni. *Cooperação Internacional no Combate a Cartéis, cit.*, p. 3.

37 ICN. *Co-operation between Competition agencies in Cartel investigations, cit.*, p. 7.

(por exemplo, decorrentes de buscas e apreensões ou de respostas a ofícios encaminhados pela autoridade);

(iv) *Informações das partes obtidas por outra agência*: são aquelas obtidas quando duas agências investigativas possuem estreitos laços de cooperação e uma delas obtém a informação a pedido da outra.

Outra difícil tarefa na atividade de investigação e persecução de cartéis é a *quantificação dos ganhos ilícitos* obtidos pelas empresas em colusão, bem como o esforço de *mensuração dos danos provocados* pelo cartel internacional à economia nacional. Isso porque não se tem, de forma exata, a quantidade de produtos e/ou serviços que foram importados e/ou vendidos no país com sobrepreço, especialmente quando se trata de um produto intermediário ou um serviço. Como auferir, por exemplo, o impacto do sobrepreço decorrente de cartel internacional no mercado de borracha? Caso a produção seja apenas internacional e o Brasil obtenha a borracha apenas por meio de importações – o que já é uma simplificação da realidade – não se poderia utilizar simplesmente o montante total de produto importado e seu respectivo valor. Isso porque a borracha é utilizada como insumo de diversos produtos, que devem ser indiretamente considerados na análise, por também resultarem em sobrepreço.

A maneira simplificada de se quantificar o ganho ilícito decorrente do cartel é multiplicar o aumento do preço resultante do acordo cartelizante pelo montante de receita, em unidades, sujeita ao acordo. Ocorre que, para a quantificação da margem de lucro ilícita, é necessária a determinação do preço hipoteticamente competitivo, para ser comparado com o efetivamente cobrado e, assim, se obter o *overcharge*. Para tanto, pode-se fazer uma previsão de qual seria o preço de mercado ou utilizar um marco de preço (*benchmark price*), determinado a partir do exame de um ou mais mercados comparáveis àquele afetado pela colusão[38]. Ambas as simplificações podem resultar em erro de cálculo, o que dificulta a análise dos incentivos das empresas à perpetração da conduta.

Quanto à mensuração dos danos provocados pelo cartel no mercado, esta tampouco constitui tarefa fácil[39]. É nesse sentido que afirma a OCDE, *in verbis*:

---

38 OCDE, *Fighting hard core cartels*, 2002, p. 72. Disponível em: <http://www.oecd.org/dataoecd/49/16/2474442.pdf>. Acesso em: 2 dez. 2011.

39 Ainda que, na esteira da jurisprudência do CADE, não seja necessário provar a ocorrência desses prejuízos aos consumidores para condenar o cartel, já que seus efeitos deletérios são presumidos (Voto Vogal do então Conselheiro Luiz Delorme Prado no Processo Administrativo nº 08012.004599/1999-18).

"Não é, no entanto, fácil quantificar esses efeitos. Isso requer uma comparação da situação atual do mercado sob o cartel com a que existiria em um hipotético mercado competitivo. Autoridades de defesa da concorrência normalmente não tentam realizar tais cálculos, porque eles são igualmente difíceis e desnecessários na maioria das legislações"[40].

Particularmente no que diz respeito aos cartéis internacionais e os danos provocados aos *países em desenvolvimento*, o exercício de mensuração se mostra ainda mais árduo. A par da atuação secreta dos cartéis, fato é que a ausência de persecução antitruste em diversos países em desenvolvimento leva à falta de informação sobre as atividades dos cartéis nestes mercados e à falta geral de dados sobre transações individuais que possam ter sido influenciadas pela atuação do cartel em tais países[41]. Nesse contexto, uma das saídas apontadas pela doutrina é o aprimoramento dos mecanismos governamentais nacionais destinados à coleta de dados sobre o comércio ao nível dos produtos (*product level*)[42].

Não obstante a dificuldade da realização do cálculo econômico acerca de danos causados por um suposto cartel, potencializado pelo fato de ele ser internacional, constata-se uma notável perda social decorrente dessa prática. Sabe-se que uma elevação artificial de preços sustentável a longo prazo implica redução da quantidade comercializada, de forma que a magnitude dessa redução terá relação direta com os prejuízos impostos pela cartelização. Assim, considerando a Lei de Demanda – em que aumentos de preço são acompanhados por reduções na quantidade demandada –, esta se reduzirá em decorrência do aumento do preço do cartel internacional[43]. Disso, dois são os principais efeitos nocivos à sociedade: (i) a transferência de renda dos consumidores que continuam adquirindo o bem ou serviço, mas agora a um preço mais elevado; e (ii) a sonegação de oportunidades de negócios aos consumidores que deixaram de consumir o bem ou serviço por considerar o preço muito alto.

---

40 OCDE, *Hard Core Cartels: Recent Progress and Challenges*, Paris: 2003, p. 8.

41 LEVENSTEIN; SUSLOW; OSWALD. *Contemporary International Cartels and Developing Countries: Economic Effects and Implications for Competition Policy*, 2003, p. 40. Disponível em: <http://ageconsearch.umn.edu/bitstream/14590/1/wp03-10.pdf>. Acesso em: 2 dez. 2011.

42 LEVENSTEIN; SUSLOW; OSWALD. *Contemporary International Cartels and Developing Countries*, *cit.*, p. 50.

43 Essa afirmação tem como pressuposto a elasticidade preço-demanda do produto/serviço. A respeito da relação entre sobrepreço dos cartéis, multas previstas pela legislação e efeito dissuasório, ver CONNOR, John M. "Global antitrust prosecutions of modern international cartels". *Journal of Industry, Competition and Trade*, 4:3, 239-267, 2004, p. 1-2.

No caso dos países em desenvolvimento, há dados seguros que comprovam os prejuízos causados especialmente a essas nações pelos cartéis internacionais. Do ponto de vista dos ofertantes, companhias em colusão em países desenvolvidos podem fechar o mercado para empresas oriundas de países em desenvolvimento que queiram passar a comercializar em nível internacional. Do ponto de vista dos consumidores, há estudos que comprovam o sobrepreço suportado por consumidores de países em desenvolvimento na importação de produtos ou serviços objeto de cartelização nos países de origem[44].

Em que pesem esses obstáculos, e tendo em vista os comprovados prejuízos causados por esses acordos ilícitos, há razões convincentes para se empreender a tarefa de quantificação dos ganhos ilícitos e de mensuração dos danos ocasionados pela ação de cartéis internacionais no Brasil. No estágio atual de difusão da cultura da concorrência no país, a razão primordial é de cunho pedagógico e informativo, qual seja, informar aos consumidores e aos formuladores de políticas públicas sobre a importância da implementação de um programa governamental agressivo contra essa prática. Também, pode ser necessário calcular o dano para proporcionar reparação aos consumidores que sofrem os efeitos do cartel, por meio de ações de ressarcimento de iniciativa do Ministério Público, de entidades de defesa do consumidor ou dos próprios consumidores. Ainda, porque somente mediante a compreensão do incentivo econômico das empresas (ou seja, dos ganhos esperados pela empresa com a conduta anticompetitiva) é que se poderá aplicar sanções apropriadas que tenham um real efeito dissuasório[45].

4.2. Dos instrumentos de persecução aos cartéis internacionais

Vários são os instrumentos que vêm sendo utilizados pela SDE e que, futuramente, continuarão a ser empregados pela Superintendência-Geral do CADE na investigação de cartéis internacionais. O primeiro e mais notório deles é o *acordo de leniência*, por ser um dos mais efetivos instrumentos para prevenir e punir os cartéis. Introduzido na legislação brasileira no ano 2000, o

---

44 LEVENSTEIN; SUSLOW; OSWALD. "International price-fixing cartels and developing countries: A discussion of effects and policy remedies". Political Economy Research Institute, *Working Paper Series*, n. 53, 2003, p. 10 e s.

45 OCDE, *Fighting hard core cartels*, *cit.*, 2002, p. 72.

art. 35-B da Lei 8.884/94 (art. 86 da Lei 12.529/11) autoriza que a União, por intermédio da SDE, celebre acordo de leniência com pessoas físicas e jurídicas que forem autoras de infração à ordem econômica, em troca de confissão e colaboração na investigação da prática denunciada, com a consequente extinção da ação punitiva da administração pública ou a redução de um a dois terços da penalidade aplicável ao infrator.

O primeiro acordo de leniência no Brasil foi firmado em 2003, com um dos membros do cartel promovido por empresas de serviços de vigilância do Rio Grande do Sul[46]. Atualmente a SDE tem a experiência acumulada de 23 leniências firmadas, sendo que 100% delas tratam de cartel. Destas, dezoito referem-se a cartéis internacionais (ou seja, quase 80% dos casos), sejam eles decorrentes de conduta praticada efetivamente no Brasil ou apenas com efeitos no país. Observa-se, portanto, que o programa de leniência – calcado no reconhecimento de que é do interesse público conceder benefícios ao participante do cartel que queira pôr fim à conduta e de que o interesse no desmantelamento do cartel supera o interesse de sancionar uma única empresa ou indivíduo que trouxe a infração ao conhecimento das autoridades – é uma das ferramentas mais importantes para o incremento e para a eficácia condenatória dos processos administrativos investigando cartéis internacionais[47].

Além disso, cumpre trazer à tona o fato de que a SDE está viabilizando a contratação da *Private International Cartels data set*, uma ampla *base de dados* sobre cartéis internacionais, elaborada por John M. Connor[48]. O documento consiste em uma planilha com uma lista de mais de seiscentos cartéis ao redor do mundo, contabilizando cerca de 1,6 milhão de células que identificam, de forma atualizada, (i) quais foram as empresas condenadas por cartéis em outros países; (ii) qual sua participação de mercado; (iii) quais foram as punições que tais empresas receberam; (iv) se há líderes no cartel; (v) a duração do cartel; (vi) o sobrepreço estimado do cartel; e (vii) a nacionalidade de cada empresa. Com a aquisição desse estudo, haverá uma ferramenta capaz de auxiliar na identificação dos cartéis que já foram condenados em outras jurisdições e que requerem a abertura de processo administrativo no Brasil, pelos efeitos que

---

46 Cartel dos Vigilantes, Processo Administrativo n° 08012.001826/2003-10.

47 Maiores informações sobre o Programa de Leniência estão disponíveis em: <http://portal.mj.gov.br/sde/data/Pages/MJ9F537202ITEMIDA0C5C3163D834AB588C7651A10B74C32PTBRIE.htm>.

48 John M. Connor é Professor da Purdue University, EUA. Uma amostra de seu trabalho pode ser conferida em: <http://www.agecon.purdue.edu/staff/connor/papers/Zimmerman_Connor_Determinants_of_Cartel_Duration_04_04_05.pdf>. Acesso em: 2 dez. 2011.

causam em nosso território. Ademais, o documento poderá ser utilizado como um instrumento para a realização – internamente à SDE e ao Novo CADE – de estudos aprofundados sobre setores e mercados de amplitude internacional[49].

Existe, ainda, a perspectiva de fortalecimento da *articulação entre diferentes atores do Poder Público nacional*. A investigação e persecução de cartéis internacionais pode depender de variáveis como a obtenção de provas resultantes de interceptação telefônica e/ou de busca e apreensão autorizada pelo Judiciário (possivelmente realizadas em parceria com as polícias), da existência de dados sobre os produtos e serviços importados e/ou exportados pelo Brasil para a quantificação dos danos à sociedade (obtidos, por exemplo, no *ALICE-Web* do Ministério da Indústria, Desenvolvimento e Comércio Exterior[50]). Por isso se almeja firmar parcerias institucionais, ou mesmo informais, com outros atores do Poder Executivo Federal, como a Polícia Federal, a Advocacia-Geral da União e os Ministérios setoriais, e também com entes dos demais Poderes da União, além da coordenação de atividades com o Ministério Público (por exemplo, via MPCrim). O primeiro passo já foi dado em 2009, mediante a criação da Estratégia Nacional de Combate a Cartéis (ENACC). Na medida que a Estratégia ressalta o papel do combate a cartéis no contexto de uma política de Estado, ela possibilita uma mudança de rumo no tratamento da criminalidade organizada no Brasil, implicando atuação efetiva e articulada de todos os agentes públicos envolvidos com o tema.

Outro instrumento imprescindível para uma efetiva persecução internacional de cartéis diz respeito à *cooperação internacional*. Os processos de produção e comercialização de bens e serviços cada vez mais se baseiam em cadeias que se espalham pelos territórios de diferentes países, aumentando a interdependência econômica entre diversas regiões do globo. Assim, a cooperação internacional permite que a autoridade concorrencial nacional melhor

---

49 Em meados de 2010, o CADE enviou à SDE a Nota Técnica 001/2010/GRI, na qual o recém-formado Grupo Técnico de Relações Internacionais (GTI/CADE) sugeriu algumas medidas a serem tomadas para fortalecer o combate a condutas colusivas transfronteiriças. Dentre as referidas medidas, o GTI sugeriu a aquisição pela SDE da base de dados elaborada por John M. Connor.

50 O Sistema de Análise das Informações de Comércio Exterior via Internet, denominado ALICE-Web, da Secretaria de Comércio Exterior (SECEX), do Ministério do Desenvolvimento, Indústria e Comércio Exterior (MDIC), foi desenvolvido com vistas a modernizar as formas de acesso e a sistemática de disseminação dos dados estatísticos das exportações e importações brasileiras. De acesso gratuito, o ALICE-Web é atualizado mensalmente, quando da divulgação da balança comercial, e tem por base os dados obtidos a partir do Sistema Integrado de Comércio Exterior (SISCOMEX), que administra o comércio exterior brasileiro. Disponível em: <http://aliceweb.mdic.gov.br/>. Acesso em: 2 dez. 2011.

compreenda a forma de estruturação das cadeias produtivas e o modo de atuação dos agentes econômicos pelo mundo. Para além disso – e também por isso –, a cooperação internacional vem a desempenhar papel fundamental, dado que a troca de informações de maneira bilateral ou em fóruns multilaterais permite que sejam identificadas aquelas condutas que transbordam os limites de um único Estado nacional e torna possível apurar as maneiras mais eficazes para a persecução dos responsáveis pelas práticas.

Assim, imbuída do intuito de incrementar a estratégia de combate aos cartéis internacionais, a SDE vem participando ativamente nos mais importantes fóruns internacionais de discussão de políticas de defesa da concorrência, como a UNCTAD (sigla em inglês da Conferência das Nações Unidas sobre Comércio e Desenvolvimento), a OCDE – em que o Brasil é membro observador do Grupo de Concorrência – e a ICN. Em tais fóruns, a SDE (i) apresenta suas experiências com a investigação de cartéis e outras práticas anticoncorrenciais que possam ser úteis a outros países, principalmente aqueles nos quais a política de concorrência está em fase inicial de implementação; (ii) identifica boas práticas de condução de investigações de ilícitos anticoncorrenciais e de análise de concentrações econômicas que possam ser incorporadas à realidade brasileira de forma a melhorar sua atuação; e (iii) dialoga com outras autoridades concorrenciais a fim de buscar formas de cooperação para lidar com problemas comuns, tais como a investigação de cartéis internacionais.

Além dos fóruns internacionais, a SDE também participa ativamente do Comitê Técnico de Trabalho nº 5 do Mercosul, que tem como objetivo a harmonização das regras de defesa da concorrência dos países membros, assim como a gradual integração e cooperação das autoridades. Em vista da atuação no Comitê, foi criado o Protocolo de Defesa da Concorrência[51], que prevê obrigações que devem ser assumidas por cada um dos Estados Membros, além de definir quais condutas constituem infrações à ordem econômica. Ademais, a participação no Comitê levou à realização de projetos de cooperação e estabeleceu canais para a troca de informações e experiências. Os projetos mais relevantes do Comitê incluem: (i) o levantamento de dados para avaliação dos setores julgados sensíveis para a concorrência regional; (ii) o acompanhamento da criação de órgãos de defesa da concorrência em países como Uruguai e Paraguai; e (iii) a apresentação de casos e a troca de informações. Essa experiência tem caminhado na direção de harmonizar as práticas das autoridades

51 Disponível em: <http://www.cade.gov.br/internacional/Protocolo_Defesa_Concorrencia_Mercosul.pdf>. Acesso em: 2 dez. 2011.

nos países-membros do Mercosul. Além disso, a participação da SDE nesse arranjo levou a um avanço significativo na área dos acordos bilaterais, qual seja, a inclusão de cláusulas de defesa da concorrência nos acordos bilaterais negociados pelo Mercosul. O primeiro acordo bilateral a conter tal previsão foi assinado em novembro de 2007 entre o Mercosul e Israel, e outros em fase de negociação deverão se atentar à política de defesa da concorrência.

Além da participação em fóruns multilaterais, a SDE também coopera mais de perto com autoridades concorrenciais de países com os quais o Brasil possui tratado bilateral ou protocolo específico na área de aplicação do direito da concorrência. Atualmente, há acordos bilaterais, memorandos de entendimento ou protocolos de cooperação técnica firmados entre, de um lado, os três órgãos do SBDC e, de outro, sete autoridades nacionais e supranacionais de defesa da concorrência[52]. Para o futuro, o desafio do SBDC é fazer com que os acordos já existentes permaneçam ativos e sejam renovados, além de buscar novas parcerias com nações que crescem em importância para o comércio bilateral brasileiro, ou ainda com aquelas cujos nacionais, historicamente, têm figurado em grande número como representados em processos administrativos do SBDC.

5. CONSIDERAÇÕES FINAIS: PERSPECTIVAS PARA A PERSECUÇÃO DE CARTÉIS INTERNACIONAIS NO "NOVO CADE"

No dia 30 de novembro de 2011 a Presidenta Dilma Rousseff sancionou a Lei 12.529, que reestrutura o Sistema Brasileiro de Defesa da Concorrência. Após anos de expectativa, é chegada a hora em que a arquitetura institucional do SBDC sofrerá as maiores mudanças desde a promulgação da Lei 8.884 de 1994. As atribuições que hoje pertencem à SDE serão exercidas por uma Superintendência-Geral que, juntamente com a Procuradoria Federal e o Departamento de Estudos Econômicos, somar-se-ão ao Tribunal Administrativo de Defesa Econômica para compor o Novo CADE. À Secretaria de Acompanhamento do Ministério da Fazenda caberá a promoção da concorrência em órgãos de governo e perante a sociedade civil.

52 Os órgãos do SBDC firmaram acordo conjunto, memorando de entendimentos ou protocolos de cooperação técnica com as seguintes autoridades: Comissão Europeia (2009); Argentina (2003); Canadá (2008); Chile (2008); Estados Unidos (1999); Portugal (2005; 2010); e Rússia (2001; 2006/2007; 2010/2011). Disponível em: <portal.mj.gov.br/sde>.

Nesse espírito de mudança e renovação, é preciso reforçar alguns ideais que já balizavam a atuação do SBDC e que são encampados pela nova estrutura. Esse é o caso do combate aos cartéis internacionais.

Como visto, o fenômeno da globalização econômica impõe uma forte vertente internacional à política de defesa da concorrência, e a doutrina especializada parece ser unânime no sentido de apontar como significativos os efeitos ocasionados pela atuação de cartéis internacionais sobre a economia de países em desenvolvimento – tanto do ponto de vista da perda de bem-estar do consumidor, quanto da diminuição da competitividade da economia nacional. No caso do Brasil, uma vez constatados os reais perigos à economia nacional representados por esses acordos ilícitos, levados a cabo em outras jurisdições, impõe-se a necessidade cada vez maior de preveni-los, persegui-los e puni-los.

A junção das estruturas de SDE e CADE, apoiados pela Seae, potencializa a experiência já adquirida pelos órgãos do SBDC com cartéis internacionais. Uma estrutura mais ampla e, sobretudo, um maior contingente humano são essenciais para dar ainda mais impulso às ações estruturantes nos eixos administrativo, criminal e civil.

O fortalecimento do programa de leniência, juntamente com o aumento dos esforços tendentes à maior cooperação com autoridades estrangeiras e organismos multilaterais, desempenhará papel essencial nesse esquema. A isso se somará um empreendimento inédito de maior articulação institucional do SBDC com outros órgãos do Poder Público. Acredita-se que um trabalho reforçado com os demais entes da Administração Pública – para sensibilizar tanto os órgãos persecutórios quanto aqueles que podem fornecer dados essenciais sobre o ambiente de negócios – será fundamental para tornar o combate aos cartéis internacionais pelo Brasil ainda mais exitoso.

VERTICAL RESTRAINTS: A LOOK AHEAD

Vinicius Marques de Carvalho
Marcos Paulo Verissimo
Paulo Burnier da Silveira

INTRODUCTION

Competition authorities worldwide are constantly facing the challenges involved in the design of an effective competition policy towards vertical restraints. This may be explained by two main reasons. First, vertical restraints are ambiguous by nature, since they may cause anticompetitive impacts and, at the same time, may generate important efficiencies. Secondly, vertical restraints may take a large variety of forms, such as resale price maintenance (RPM), exclusivity clauses, loyalty discounts and tie-in sales, which may all produce similar effects. In general, vertical restraints are simply viewed as competition restrictions in commercial agreements at different levels of the production and distribution chains, as opposed to horizontal restraints which are related to agreements between direct competitors.

In addition, one may ask if developing countries should take the opportunity to address particular problems in designing their competition policy towards vertical restraints. In a certain way, a possible lenient approach of certain developed countries towards some vertical restraints may be justified by their placement in a given economy, which may not be the same when analyzed through a different set of economic standards. Developing countries may need to contextualize their approach to vertical restraints considering particular elements, such as a recent introduction of competition in certain sectors, a history of economic concentration, the presence of state-owned enterprises and regulatory restraints in some markets, a weak capacity of innovation, as well as inequality in general and the need to foster mobility and access.

This paper will first analyze the current Brazilian framework for vertical restraints, including the new Brazilian legal provisions for vertical restraints control and a few past cases analyzed by the Brazilian Administrative Council for Economic Defense - CADE (I). Then, a look ahead of vertical restraints through the lens of resale price maintenance practices will be carried out, considering RPM practices just recently had its first case condemnation in Brazil - this should likely indicate a direction for future similar cases (II).

1. THE CURRENT BRAZILIAN FRAMEWORK FOR VERTICAL RESTRAINTS

The new Brazilian Competition Act (Law nº 12,529 of 30 November 2011) states which practices shall be deemed unlawful:

> Art. 36. The acts under any circumstance, which have as object or may have the following effects, shall be considered violations to the economic order, regardless of fault, even if not achieved:
>
> I – to limit, restrain or in any way injure free competition or free initiative;
>
> II – to control the relevant market of goods or services;
>
> III – to arbitrarily increase profits, and
>
> IV – to abusively exercise a dominant position.

The Brazilian legislation establishes that practices which have as object, or that may lead to effects indicated above, shall be considered illegal from a competitive point of view. This instantly raises the question of measuring the effects for the purpose above, which could possibly include the extension of costs and benefits to consumers, companies and competition. It also raises the question of the possibility of a *per se* condemnation by simple proof of an unlawful practice by its object. The *per se* approach has been applicable to certain cartel cases and it reduces or eliminates the ambiguity addressed in the introduction of this paper, since it does not open the possibility for compensation through possible efficiencies.

The Brazilian experience demonstrates that vertical restraints correspond to less than ten percent of CADE's total condemnations. Nevertheless, case law indicates a certain consistency for the general approach to vertical restraints, which is usually analyzed through a rule of reason approach based on three steps: (i) confirmation of the existence of market power; (ii) potential negative effects of anticompetitive conducts, such as the creation of barriers to entry; and (iii) efficiencies. The analysis is thus carried out by balancing the economic justifications of the conduct against its negative anticompetitive effects.

CADE's case law indicates that vertical restraints condemnations have been issued under the forms of exclusivity, refusal to sell, rebound discounts, price discrimination, and, just recently, resale price maintenance (RPM) practices.

For instance, in 2004, the former Secretariat of Economic Law (SDE for its acronym in Portuguese) initiated an Administrative Proceedings against AmBev, a company that owns the main brands of the commercialized beers in Brazil, to investigate if its loyalty program named "*Tô Contigo*" could produce anticompetitive effects in the market. The program basically established that the sale shops could earn points, depending on the amount and type of beers acquired, which could later be exchanged for gifts. Thus, from a formal point of view, the loyalty program would be a simple linear program of awarding. However, inspections and market inquiries showed that AmBev demanded exclusivity from the sale shops as a requisite to participate in the loyalty program. At the end of the investigation, SDE concluded that the loyalty program had an anticompetitive potential, as it reduced the degree of contestability in the market and artificially increased the barriers to entry. Thus, in March 2007, the process was sent to CADE with a suggestion of conviction for abuse of dominant position and, in July 2009, CADE imposed on AmBev, among other sanctions, a fine of around R$ 352 million (approximately USD 176 million), which was, at that time, recognized as the biggest fine in CADE's history[1].

Another important case concerns the exclusivity agreements between the construction company Odebrecht and suppliers of hydroelectric turbines (GE, Alstom, VA Tech and Voith Siemens). The agreements unduly foreclosed the participation of these companies in an important auction for the granting of a hydroelectric plant concession by the Madeira River in the Amazon re-

1 CADE's Administrative Proceding nº 08012.003805/2004-10.

gion. The investigations were undertaken by the former SDE and the case was settled by CADE in 2007. As a result, the price for energy was substantially lower than the reserve price, which resulted in savings of around R$ 16 billion (approximately USD 8 billion) for Brazilian consumers over the total 30-years concession contract granted to Odebrecht[2].

2. A LOOK AHEAD THROUGH THE LENS OF RPM PRACTICES

RPM practices are a controversial topic in the antitrust community. Traditionally, competition authorities have dealt with RPM either as a *per se* infringement, or by a "rule of reason" approach, since they differ on their assessment of their pro or anticompetitive effects. In fact, many economists claim that RPM practices may have positive impacts on distribution chains, for instance by reinforcing inter-brand competition. However, many competition authorities remain skeptical when it comes to the possible efficiencies generated by this kind of vertical restriction.

The Brazilian Administrative Council for Economic Defense (CADE) has recently issued an important decision that will likely guide its assessment of RPM practices. Its importance lies in the intense debate held amongst CADE's Commissioners who attempted to identify a cornerstone policy. CADE condemned a company under RPM practices and decided that the company must prove economic efficiency gains if the retail price fixing is to be lawful.

This article analyzes the potential Brazilian policy towards RPM practices. It will first analyze the general debate on the adequate approach towards RPM conduct – that is, to treat it as a *per se* infringement as opposed to a rule of reason approach (2.1). Then, it will focus on the aforementioned Brazilian case in an attempt at drawing a forecast and conclusions (2.2).

2.1. Debate between *per se* and rule of reason approaches

Academics have often argued that RPM can be typified under diametrically opposite, binary lenses: either the "rule of reason" or the *per se* approach. If a jurisdiction adopted the rule of reason approach in its "hardcore version,"

2 CADE's Administrative Proceding nº 08012.008678/2007-98.

following the definition given by the academic works of the Chicago School, then the Public Administration would have the integral burden of proving, on a case-by-case scenario, that a given conduct concretely produced negative economic effects to the general welfare. On the other hand, if the *per se* approach was adopted, and thus the illegality of the practice itself, there would be no consideration of the abstract potential of a given conduct to produce negative effects – or, even, the consideration of eventual counterproofs that demonstrated efficiencies capable of overcoming the potential negative effects.

Nevertheless, from a practical standpoint, this seems to be essentially an academic debate, and it would be inaccurate to build a jurisprudence based on this classical dichotomy. A comparative study seems to indicate that competition authorities analyze RPM cases as somewhere in between the *per se* illegality and the rule of reason approach for legality. In addition, most jurisdictions apply a rigorous approach to RPM practices, namely the minimum RPM where a minimum price is fixed for retailers, often with penalties to those who sell above the established price due to high anticompetitive risks that this kind of practice encompasses.

In order to sustain the argument that there is no clear dichotomy – as for practical grounds – between these two approaches, it is important to analyze the main jurisdictions worldwide to empirically perceive how the competition authorities analyze RPM cases. Thus, this section will analyze past decisions in the United States, European Union, Austria, Germany, France, and the United Kingdom, especially based on the recent OECD roundtable discussions published in 2009.

The American jurisprudence has sensitively changed through time. Regarding the first relevant case on RPM, the 1911's *Dr. Miles Medical Co. v. John D. Park & Sons Co.*, the U.S. Supreme Court understood that RPM should be presumed as illicit in every circumstance, because its own object is unreasonable – which many have considered as a *per se* rule, even though some may argue that this analysis is simplistic. The Court's decision was in accordance with the Sherman Act, which proscribes unreasonable restrictions to trade. More than fifty years later, 1977's *Continental T.V., Inc. v. GTE Sylvania, Inc.*, became a cornerstone case with a strong influence from the Chicago School, presenting, in this sense, a typical hardcore rule of reason-based decision. However, as it will be further analyzed, it imposes an expensive and hard-to-fulfill burden to the Public Administration.

Most recently, in 2007, the case of *Leegin Creative Leather Products, Inc. v. PSKS, Inc.*, adopted a particular rule of reason approach, sifting away from a *per se* analysis towards vertical restraints. This introduced a new problem: which form of rule of reason should be applied to RPM cases? Whilst the question remains unanswered, it is safe to state that the U.S. most recent jurisprudence stopped considering RPM, *iure et de iure*, as presumably illicit, and began to subject RPM conducts to reasonable standards that still need to be defined by the Supreme Court.

In regard to the European Union, RPM is generally considered to be a hard core restriction, which is presumed to be anticompetitive. However, the E.U. also follows the same intermediate standard between absolute presumption of illegality and the submission of the conduct to a case-by-case analysis of its negative effects, since it accepts taking into consideration the effects. For this reason, some consider the E.U.'s position as being rule of reason-based, but it is certainly much different from the one seen in American case-law: the case-by-case analysis only occurs in exceptional circumstances, where it is fundamentally the defendant's burden to be able to prove the efficiency of the particular RPM practice – which must be plausible and present, and unachievable through other means. The reason behind this exemption regime's existence is the highly suspicious character of RPM practices, especially minimum RPM ones, and its potentially anticompetitive aspects despite the market shares.

Austria follows the steps of the E.U. and presumes the illegality of minimum RPM conducts, and even of calculation guides to prices, margins, or discounts, unless it is proven that they are solely suggestive and that there was no intent of enforcement of those suggestions.

As for Germany, minimum RPM is expressly prohibited by competition law, requiring only a minimum level of "substantiality" for the conduct to be punished.

France also understands that minimum RPM is, practically speaking, presumed as hampering to competition and, for that, considers it illicit, and requires proof on the effective application of prices by distributors and on the implementation of control mechanisms by suppliers. No proof on the conduct's effective impact on competition is necessary, though.

On its behalf, the United Kingdom had multiple cases of condemnation for minimum RPM under the presumption of negative consequences to competition. In addition, 1998's U.K. Competition Act backs up such decisions, accepting exceptions only under very specific market conditions that would be able to remove, in its entirety, this presumption.

Other countries that present similar rules regarding minimum RPM include Belgium, Ireland, Italy, Spain, Czech Republic, Denmark, and Estonia.

For instance, in Australia, Canada, China, Greece, Israel, Bulgaria, Lithuania, Colombia, Japan, and Korea, confirmation of minimum RPM *per se* is sufficient for the condemnation of the indicted. Therefore, it is safe to affirm that an expressive number of antitrust authorities worldwide consider minimum RPM to be a "hard core" restriction, resorting to multiple presumptions of its illegality and distinguishing between the treatment of minimum RPM and maximum RPM and/or price suggestion.

2.2. A pragmatic approach to *per se* or rule of reason debate

As mentioned, CADE has recently issued an important decision on RPM practices that may serve as guidance for future analyses of this conduct (CADE's administrative proceeding nº 08012.001271/2001-44). The administrative judgment started in 2009 after a few years of investigations carried out by the former Secretariat of Economic Law (known as "SDE" for its Portuguese acronym) over a minimum RPM practice promoted by the Brazilian SKF company with its commercial retailers. The company confirmed that it "collaborated" for the adoption of the "proceeding," and that the initiative to implement the RPM came from its network of distributors. It also failed to demonstrate the inexistence of unilateral or coordinated market power, considering that SKF had more than twenty percent of market shares on two of the four analyzed markets, including bearing and monitoring equipment in which the company's economic group had already been condemned for anticompetitive practices in France.

Despite these elements, CADE's Commissioners differed on the determination of the illegality of the conduct, particularly due to the analysis of its anticompetitive effects. While two Commissioners, including the first Reporting Commissioner, sustained that the RPM practice did not generate any anticompetitive effect, the rest of the Board argued for the condemnation of the company stating that the latter failed to demonstrate the positive impacts, in particular, economic efficiency gain of the practice. For this reason, the Brazilian company SKF was fined to the amount of one percent of the company's revenues.

On economics grounds, it would not be adequate to simply prohibit the fixing of resale prices in all cases, as a classical *per se* approach, without admitting any kind of defense or exception. Yet, it would also be illogical to submit every RPM conduct case to a test of negative effects. This would be an unnecessary use of costly public resources, given the high probability that the conduct is anticompetitive. For this reason, the burden of efficiency gain should fall on the companies, and not the other way around in which the burden belongs to competition authorities to prove the anticompetitive effects of the RPM practice.

The decision enabled CADE to discuss and determine at which intermediate point the presumptions and standards of proof should be settled, rather than to focus on the academic debate of what category – *per se* or rule of reason – should be used to analyze the case, so that RPM practices could be clearly punished. Before this case, a careful and systematic analysis of how to deal with this kind of conduct had not been done in Brazil. The establishment of standards in this area is particularly necessary, especially at its most "suspect" angle, which is a minimum RPM practice carried out by an agent who holds significant market share (under Brazilian legislation, twenty percent of a given market). Given the circumstances above, it seems that neither a "rule of reason" nor a "*per se*" rule approach would be able to deal properly with the case. As mentioned, the two classical approaches do not seem to be technically in opposition, but instead seem to be extremes of the same spectrum of intensity; the simple application of either in a concrete case may lead to undesirable consequences.

One may label CADE's decision either as a rule of reason or an illicit *per se* approach. From an enforcer standpoint, this seems irrelevant. What is relevant is the consolidation of the understanding that CADE will consider minimum RPM practices as presumably illegal. Of course, this implies an *iuris tantum* presumption, where companies are entitled to prove the economic efficiencies of the conduct, knowing in advance that this must be clearly demonstrated since RPM practices continue to be considered with skepticism for their competition advantages.

3. CONCLUSION

Vertical restraints may take shape under different forms, such as exclusivity, refusal to sell, loyalty discounts, price discrimination, and RPM practices. Even though these practices should capture special attention of competition enforcers, the Brazilian experience demonstrates that they correspond to less than ten percent of CADE's total condemnations. Just recently, in 2013, CADE issued its first decision concerning RPM practices, and it is likely to serve as guidance for future cases in this field, namely for the methodology employed in the use of the rule of reason versus *per se* approaches.

> Indeed, the debate between a *per se* or a rule of reason approach is interesting and stimulating, particularly in academic circles. However, from an enforcer standpoint, it seems that it is a false dichotomy, since competition analyses will always make some sort of rule of reason approach. What may radically change is how to weigh the presumption of legality, or illegality, of a particular conduct.

CADE has recently issued an important decision on minimum RPM practices, which enables CADE to send an important message to companies, since any behavior that is a restriction directly related to price may be targeted by the regulator, given that there is certain skepticism on the efficiencies that outweigh the anticompetitive risks. This case indicates that its denouement would have been the same from both the *per se* and the rule of reason, in its *Sylvania* conception, approaches. By transferring the burden of proof from the Public Administration to the defendant, under economic and legal grounds, it was possible for CADE to not only condemn this anticompetitive practice, but also to define its own standards regarding minimum RPM for future cases.

PREÇOS EXCESSIVOS: UM DEBATE SOCIAL NA PERSPECTIVA DA DEFESA DA CONCORRÊNCIA

Vinicius Marques de Carvalho
Ricardo Medeiros de Castro

1. INTRODUÇÃO

A cobrança de "preços excessivos" por muito tempo foi prevista como infração punível, nos termos do art. 21, XXIV, da Lei 8.884/94, em que pese não ter ocorrido, desde a criação da Lei, nenhuma punição em relação a esta conduta. Tal disposição também estava presente nos dois projetos apresentados à Câmara de Deputados que versavam sobre a reestruturação do Sistema Brasileiro de Defesa da Concorrência. Todavia, a Comissão de Desenvolvimento Econômico, Indústria e Comércio (CDEIC) da Câmara, em 2004, entendeu que deveriam ser retiradas do texto legal as expressões "preço excessivo" e "aumento arbitrário dos lucros", por compreender que não caberia ao Conselho Administrativo de Defesa Econômica (CADE) ser o "xerife dos preços" no Brasil.

Por outro lado, o texto final do art. 36, III, da Lei 12.529/11 preservou como infração à ordem econômica o ato de "aumentar arbitrariamente os lucros".

Assim, o presente artigo sustenta que permanece a válida a conclusão a que o CADE chegou nas Averiguações Preliminares 08012.000295/1998-92 e 08012.003648/1998-05, cujo representante era o Sindicato da Indústria Mecânica, Metalúrgico e Material Elétrico de Ipatinga/MG e cujos representados eram as empresas White Martins S/A e Aga S/A. Nestes precedentes, o CADE preferiu adotar uma postura moderada entre, de um lado, o intervencionismo exagerado e, de outro, a corrente que prega a liberdade irrestrita nas estratégias de precificação empresarial frente a consumidores[1].

A posição que prega o absenteísmo do Estado na discussão de precificação em relação a consumidores (posição não intervencionista) pode, em determinadas situações, permitir o abuso do poder econômico. Da mesma forma, não parece correta a postura intervencionista exagerada, que serviu de base para recentes prisões de cidadãos brasileiros que conseguiram ter lucros superiores a 20%[2]. A Lei de Economia Popular que embasou as referidas prisões, todavia, possui inspiração arcaica, não sendo baseada na melhor doutrina econômica, por condenar indevidamente: (i) o equilíbrio entre oferta e demanda, na ausência de um preço teto; (ii) a busca por nichos mais atrativos de mercado; (iii) a diminuição de custos de produção; e/ou (iv) a prestação de bens ou serviços diferenciados e de qualidade que mereçam uma remunera-

1 O não intervencionismo considera que "preço excessivo" poderia apenas ser concebido se fosse derivado de outra conduta ilícita anticompetitiva (como o sobrepreço do cartel ou mesmo o aumento de preço que mascarasse uma recusa de vendas), não sendo uma conduta autônoma. Assim, se não houver uma distorção do processo competitivo horizontal ou mesmo um aumento indevido dos custos dos rivais, a decisão de precificar, em relação a consumidores, segundo tal posição, deve ser livre, irrestrita e ilimitada.

2 Conforme reportagem publicada em 07/03/2012, verificou-se que: "A Polícia Civil de São Paulo realiza desde a manhã desta quarta-feira (7) uma série de prisões de gerentes de postos de combustíveis na capital paulista suspeitos de praticar aumento abusivo de preços. Até o meio-dia, eram quatro as pessoas detidas. Equipes do departamento de polícia de proteção à cidadania (DPPC) fazem operação de combate ao crime de especulação contra a economia popular a partir de denúncias de consumidores feitas por telefone à delegacia do consumidor. De acordo com o delegado fernando schmidt, titular da unidade de inteligência do departamento, até o meio-dia foram recebidas quinze denúncias e realizadas quatro autuações de postos com as prisões de seus gerentes. São dez equipes, com mais de vinte policiais civis, alguns disfarçados de clientes. 'a ação deflagrada nesta manhã ocorre por conta da greve dos caminhoneiros que deixou postos sem combustíveis e carga reduzida. Alguns comerciantes decidiram então aumentar os preços dos combustíveis sem motivo razoável. Isso configura crime de especulação contra a economia popular. A lei 1.521/51 estipula que aquele que tentar obter ganhos ilícitos mediante especulação terá de ser preso. A pena para esse tipo de crime é de seis meses a dois anos de prisão e pagamento de multa', disse o delegado schmidt ao g1". (TOMAZ, Kleber; BONADIO, Luciana. *Polícia prende gerentes de postos por preço abusivo de combustível em SP. Portal G1*. Disponível em: <http://g1.globo.com/sao-paulo/noticia/2012/03/policia-prende-gerentes-de-postos-de-combustiveis-por-preco-abusivo-em-sp.html>. Acesso em: 23 mar. 2012.)

ção superior em relação aos demais setores da economia, dentre várias outras questões. Aliás, tal intervencionismo não é isonômico, posto que, segundo o entendimento de alguns tribunais, o setor bancário teria o privilégio de ter lucros superiores ao restante da população brasileira, já que a referida Lei de Economia Popular não seria aplicável a Instituições Financeiras.

Neste contexto dialético, o presente artigo busca defender que a postura moderada adotada pela Autoridade Antitruste brasileira nos precedentes acima mencionados foi e continua sendo a abordagem mais adequada para tratar desta questão.

Metodologicamente, o artigo, após uma breve explanação sobre a experiência europeia com este tema, irá comparar as diferentes posições relativas ao caráter infrativo da prática de "preço excessivo".

2. PREÇO EXCESSIVO: O BERÇO EUROPEU

A análise clássica sobre preço excessivo é proveniente da União Europeia, decorrente do art. 82 (a)-(d) da U.E., que pune o abuso de posição dominante. Este abuso pode ser oriundo de uma prática exclusionária (*exclusionary abuse*), gênero do qual a elevação de barreiras à entrada e/ou preço predatório são espécies, ou pode ser uma prática referente à exploração abusiva (*exploitative abuse*), da qual o preço excessivo ou abusivo é espécie.

Sobre preços injustos, abusivos ou excessivos, podem ser citados vários casos europeus.

No caso da *General Motors*[3], por exemplo, a Corte de Justiça adotou o teste da injustiça baseando-se no relacionamento entre o preço e o valor econômico das coisas ou serviços que são fornecidos pela empresa dominante. Neste precedente, as Autoridades belgas delegaram a representantes de todos os fabricantes de automóveis o dever de emitir certificados de conformidade para todos os veículos das respectivas marcas que entram no país. A General Motors (GM) cobrava uma taxa muito elevada para este serviço. Neste sentido, a Comissão concluiu que a GM tinha uma posição dominante na concessão de certificados de conformidade dos seus automóveis que atravessavam a fronteira belga e que a taxa elevada constituía um abuso de posição dominante. Em razão disto, a GM pediu a anulação de tal decisão. No âmbito do Judiciário,

3 *General Motors v. Commission* (26/75) [1975] ECR 1367, [1976] 1 CMLR 95.

embora o Tribunal não tenha encontrado qualquer abuso, considerou coerente a justificativa da GM sobre os fatos, bem como avaliou que a empresa fez restituição monetária imediata aos clientes após iniciado o inquérito. Todavia, o Tribunal reconheceu que, em princípio, uma queixa pode incluir "a imposição de um preço excessivo em relação ao valor econômico do serviço prestado".

Tal teste foi utilizado no caso *United Brands*, sobre venda de bananas, em que a referida empresa teria sido acusada de abusar de posição dominante ao praticar preços diferenciados na Irlanda, sem uma razão aparente, em comparação com o preço de outros lugares, que, às vezes, chegavam a ser 100% mais altos, como se verificou na Alemanha, na Dinamarca e na Holanda. Também, os preços das bananas da marca "Chiquita Bacana" da *United Brands* eram, em certos lugares, 20% a 40% mais altos que os preços de bananas sem marca. No âmbito da Corte de Justiça, todavia, compreendeu-se que a mera avaliação do diferencial de preço entre lugares não seria suficiente para comprovar o preço excessivo, devendo-se avaliar, também, os diferentes preços com os respectivos custos de produção. Assim, a Corte estava mais preocupada com diferenças no percentual da margem de lucro. De outra perspectiva, a Corte pontuou que a existência de altas margens de lucro não era suficiente para garantir uma condenação de preço abusivo, sendo necessário avaliar se esta elevada margem de lucro era injusta, levando-se em consideração, novamente, o conceito de "valor econômico" do produto.

No caso do *Porto de Helsingborg (Comp 36.568 e 36570 Scandlines v. Porto de Helsingborg; Sdunbusserne v Porto de Helsingborg)* houve uma tentativa, tanto pelas partes, como pela própria Comissão Europeia, de desenvolvimento do conceito de "valor econômico". As partes consideraram que este deveria ser um percentual dos custos de produção. A Comissão, por outro lado, considerou que tal procedimento era muito simplista. Como analisado no caso *United Brands*, a comparação das margens de lucro é o passo inicial da análise de preço excessivo. Por outro lado, após avaliar se há este diferencial, é necessário ponderar questões tanto da oferta, que incluem não apenas os custos auditados, mas também os custos afundados, os custos de oportunidade, além de avaliar questões sobre a demanda. De toda forma, no referido caso, a Comissão entendeu que não teria elementos suficientes para considerar o que seria um lucro razoável ou "valor econômico" do produto ou do serviço no caso concreto.

No caso *Bodson v. Pompes Funèbres*, a Corte também avaliou que era possível verificar se o preço praticado pelos serviços funerários de uma área em particular era comparável com o de outras áreas, fazendo clara menção de que muitas vezes este índice de comparação não captura as circunstâncias diferentes e específicas de cada mercado (ver também Caso 395/87 *Ministère Public v Tournier*; Caso 110/88 *Lucazeau v SACEM*).

No âmbito do caso *Valium* (ver Caso KVR 41/74 *Valium Librium*, julgado de Kammergericht de 5 de Janeiro de 1976; Caso KVR2/76 *Valium I*, julgamento de 16 de Dezembro de 1976; e Caso KVR 3/79, *Valium II*, julgamento de 12 de Fevereiro de 1980), as cortes alemãs consideraram que a Roche havia cobrado preços excessivos (em desobediência ao dispositivo do sistema alemão equivalente ao art. 82 do Tratado da União Europeia), calcando esta análise em uma comparação de preços por outro fornecedor de tranquilizantes, na Holanda, para o Valium e o Librium. Na Apelação contra a ordem da Autoridade Antitruste de baixar os preços para 35% e 40%, a Alta Corte Regional de Berlim determinou que as partes deveriam diminuir os seus preços apenas 28% (e não os 40% determinados pela Autoridade Antitruste). Tal redução se deu após incorporar uma série de variações na forma de comparação de preços, já que as estruturas de custo na Holanda e na Alemanha eram diferenciadas e o preço utilizado como *benchmark* era de um produtor de genéricos, tendo custos de pesquisa diferentes. A Suprema Corte da Alemanha, por outro lado, anulou integralmente as decisões anteriores, por considerar que a empresa fabricante de genéricos na Holanda, utilizada como *benchmark*, estava infringindo patentes e não poderia ser utilizada como parâmetro de preços razoáveis.

3. NÃO INTERVENCIONISMO

De fato, esta série de casos europeus espelha muito bem os dilemas e as questões postas pela posição sustentada pelo Conselheiro Carlos Emanuel Ragazzo nas Averiguações Preliminares 08012.000295/1998-92 e 08012.003648/1998-05 já referidas. O Conselheiro sustentou haver alto grau de dificuldade para mensurar o valor exato do preço que é razoável cobrar para configurar o que é e o que não é preço excessivo. Aliás, Ragazzo afirmou que tal indefinição é tão grande que mina a própria eficácia da norma, tanto prática, por não conseguir definir o que seja preço abusivo, quanto técnica, pois para que haja punição de um preço predatório, pelo princípio da legalidade, a parte deve saber qual é o preço permitido antes de realizar a conduta.

Além desta dificuldade analítica, há uma questão valorativa de fundo. Sobre este aspecto, ressalte-se o Voto do ex-Conselheiro Paulo Furquim (no Processo administrativo nº 08012.000912/2000-7), em que este comenta que se deve "reconhecer que, em condições de concorrência e na ausência de outras falhas de mercado, a precificação que faz uma empresa, orientada para obter o máximo lucro, é socialmente desejável".

Além disso, a Ex-Presidente Elizabeth Farina, no Processo administrativo n.º 08012.007514/2000-79, alega que:

> "o preço cobrado acima de seus custos marginais (para se comparar com a situação em que a firma opera em concorrência perfeita) representa a recompensa para o investimento bem-sucedido. Impedir que a firma realize seus lucros de monopólio, nesse caso, teria o efeito de desestimular que o empresário assuma riscos intrínsecos a qualquer investimento, o que é um resultado indesejável sob qualquer perspectiva".

Esta avaliação é semelhante à posição norte-americana sobre a matéria. Aliás, segundo a tão controversa decisão no caso *Verizon v Trinko*, considerou-se que a cobrança de preços de monopólio – por curtos períodos de tempo – é o fator principal que atrai os homens de negócio à vida comercial[4]. Sem mencionar os problemas intrínsecos ao caso mencionado, tal postura compreende que a oferta e a demanda tendem a resolver todos os problemas associados ao preço, sendo trabalho exclusivo da regulação e não do Direito Antitruste a resolução de falhas de mercado ou de questões alocativas em seu sentido amplo.

De acordo com Rubens Nunes, em artigo publicado no site do CADE[5], não há qualquer justificativa teórica para considerar um preço excessivo ou abusivo, levando em consideração a Teoria Econômica atual. Segundo esta

4 Naquele caso, a Suprema Corte alegou que a existência de poder de monopólio e da potencialidade de cobrar preços de monopólio não é ilícito, sendo um importante elemento em um mercado livre. A oportunidade de cobrar preços de monopólio, ao menos em períodos curtos de tempo, é o que atrai os homens de negócio em primeiro lugar; tal fato induz ao risco de produção de inovações e de crescimento econômico. Ora, ninguém é contrário às inovações e ao crescimento econômico. Por outro lado, é importante comentar que, no caso *Verizon v Trinko*, houve severas críticas da comunidade sobre se, de fato, por trás do livre estabelecimento de preços, não havia alguma conduta que elevou, realmente, os custos dos concorrentes diretos, que não possuíam isonomia na aquisição dos insumos essenciais.

5 NUNES, Rubem. "Lucro arbitrário e preço excessivo". *CADE Informa*, n. 4, 2007. Disponível em: <http://www.cade.gov.br/news/n004/artigo.htm>. Acesso em: 23 mar. 2012.

ótica, o preço seria uma medida de equilíbrio, não podendo, por definição, existir um "equilíbrio excessivo":

> "Para o economista, o agente aceita ou recusa uma transação comparando o custo total da transação (por simplicidade, o preço pago) com o custo de não realizar a transação. Tomando como exemplo um consumidor, o custo de não realizar a transação seria o custo de ficar sem o bem ou serviço desejado, ou de se contentar com um substituto, ou ainda o custo de seguir procurando outro ofertante. O padrão empregado para a avaliação de uma transação é a situação do agente, avaliada por ele próprio, caso a transação não se efetivasse. O agente do outro lado da transação faz uma conta semelhante e decide fazer ou não fazer a transação. O vendedor, por exemplo, compararia duas situações: ter mais dinheiro em caixa e menos estoque, ou menos dinheiro e mais estoque. A transação só ocorreria se, para os dois, comprador e vendedor, transacionar fosse preferível a não transacionar. Se o preço pedido pelo vendedor for "excessivo", no sentido de que o consumidor prefira reter seu dinheiro, a transação não se dá. Da mesma forma, se o vendedor entender que o preço oferecido pelo bem é "aviltante", não haverá transação, nem preço. Não se trata da troca de "equivalentes". Assim, preço excessivo soa, para o ouvido do economista, quase como uma contradição nos termos. O senso comum, no entanto, parece assumir um padrão distinto para avaliar as transações. (...) Preços de monopólio não são "excessivos", no sentido de que o consumidor pode deixar de consumir, e, de fato, isso ocorre. Caso contrário, o monopólio teria apenas efeitos distributivos, sendo neutro do ponto de vista da eficiência. Da mesma forma, os lucros do monopolista não são arbitrários, porque ele (ou ela) pode determinar unilateralmente o preço ou a quantidade, mas não as duas coisas ao mesmo tempo. Mesmo o monopolista está submetido a uma regra, expressa pela curva de demanda. Esvaziado seu sentido positivo, as expressões discutidas poderiam ganhar um sentido normativo: preços excessivos são aqueles que resultam de infrações à ordem econômica, como a cartelização, ou da obtenção de monopólio por meios espúrios, como a influência junto ao legislador, ou ao ente regulador em setores regulados. No primeiro caso, a infração caracterizada no art. 21, XXIV sempre viria acompanhada de condutas que dessem condições materiais para a imposição de "preços excessivos". O segundo caso está fora do escopo da defesa da concorrência."

Feitos estes comentários e expostas as considerações teóricas e valorativas, de caráter mais liberal, passa-se a analisar o segundo viés dos preços abusivos, qual seja, do intervencionismo.

4. INTERVENCIONISMO

Ao contrário da visão exposta anteriormente, que nega qualquer possibilidade de intervenção concorrencial nos preços, há o extremo oposto, ou seja, há uma visão que é bastante interventiva no que diz respeito a estratégias de precificação.

Com efeito, nossa história recente é imbuída de diversos planos econômicos que previam o tabelamento de preços e a intervenção direta dos mais variados tipos, como mecanismos muito planificados e estáticos para dar conta de equilíbrios que são, por definição, fenômenos dinâmicos, cujo descompasso com a realidade pode causar sérios problemas de desabastecimento, em razão de sinalizações equivocadas. As feridas e os traumas nacionais ainda são recentes tanto da doença hiperinflação, como do remédio SUNAB. Todavia, considerar que o intervencionismo faz parte do passado não parece ser condizente com diversos institutos atuais, dado que, ao menos em termos culturais, há ainda uma espécie de dependência do caminho já trilhado, ao menos em algumas searas jurídicas.

Sobre o sistema financeiro, não há dúvidas de que este deva ser regulado. Porém, há algumas idiossincrasias na forma com que o preço ou juros são controlados que lembram uma postura intervencionista. Com efeito, o controle e a proibição de cobrança de juros já estão expressos desde o art. 253 do Código Comercial de 1850, sendo complementados pelo art. 1.062 c/c 1.262 do Código Civil de 1916. Em 7 de abril de 1933, considerando a quebra da bolsa de 1929, tem-se editado aqui no Brasil o Decreto 22.626/33, que atualmente está em vigor (é bom esclarecer que foi revogado pelo Decreto de 25 de abril de 1991, mas logo revigorado por outro Decreto de 29 de novembro de 1991). Tais disposições têm caráter regulatório de parte da atividade financeira, mas que geram algumas distorções, como se verá a seguir.

Em que pese a revogação do § 3º do art. 192 da Constituição Federal, que limitava os juros a 12%, e independentemente da discussão a respeito da aplicabilidade ou inaplicabilidade imediata do mesmo, houve uma grande problematização sobre a dúvida se a legislação infraconstitucional poderia ou não limitar juros abusivos. Atualmente, parte da jurisprudência concorda que, em determinadas situações, os juros devem ser limitados, por critérios de abusividade, em especial se eles são cobrados acima da taxa média do mercado. Sobre estes aspectos, no que tange aos juros remuneratórios, a Segunda Seção do Superior Tribunal de Justiça decidiu, no julgamento do REsp 407.097/RS, publicado no Diário de Justiça de 29/09/03, que o fato de as taxas de juros excederem o limite de 12% ao ano, por si só, não implica abusividade; *impõe-*

se sua redução tão somente quando comprovado que discrepantes em relação à taxa de mercado para operações da mesma espécie[6]. A este respeito, dentre muitos, tem-se os seguintes julgados: REsp 537.113/RS, Rel. Min. Carlos Alberto Menezes Direito, DJ 20/09/04; AGREsp 565.262/RS, Rel. Min. Fernando Gonçalves, DJ 13/09/04. Ou seja, há não só a possibilidade fática e técnica de interpretar o que seja abusivo, como o judiciário de fato considera um preço abusivo ou um juro abusivo se este estiver acima das "taxas médias do mercado".

De forma bem caricata, veja-se o exemplo do caso abaixo transcrito, sobre a análise e a comparação de juros no âmbito concreto:

> "a taxa de juros mensal contratada é de 3,87% e a anual, de 57,75%. Em pesquisa ao sítio do Bacen (http://www.bcb.gov.br/?TAXACREDMES), constata-se que *a taxa média de juros nas operações de financiamento para aquisição de veículos* (tabela XVII), à época do pacto (abril de 2003), foi de 3,45% ao mês e de 50,31% ao ano. Como se vê, as taxas de juros mensal e anual estipuladas estão acima da taxa média de mercado, configurando onerosidade excessiva" (grifo nosso – AgRg no Agravo de Instrumento 1.125.621/SC julgado pelo STJ).

Qual seria a consequência lógica se todos estabelecimentos comerciais fossem obrigados a usar a média do mercado para estipular seus preços? Ora, na referida hipótese, haveria, inevitavelmente, um único preço no mercado, não havendo incentivo algum para diferenciação de serviços ou produtos.

Claro que é preciso analisar se houve ou não pactuação expressa da taxa de juros, posto que – se houve pactuação expressa e não mero contrato de adesão – talvez este fator faça o judiciário repensar os critérios de abusividade. Por outro lado, mesmo que não exista uma negociação expressa sobre juros, certamente este é um exemplo de como o judiciário pode decidir o que é ou não um preço abusivo, a partir de critérios e fórmulas matemáticas um tanto quanto arbitrárias, em que pese o fervor daquela visão mais liberal mencionada anteriormente. Por outro lado, se a oferta e a demanda funcionassem, sempre e em todos os casos, os consumidores estariam sempre plenamente informados de suas decisões e não precisariam recorrer a ações revisionais de juros (nem haveria a teoria da imprevisão). Segundo o atual Código Civil:

---

6 *"Contrato bancário. Taxa de juros remuneratórios. Abusividade. Discrepância em relação à taxa média de mercado para a operação não demonstrada. Aplicação da súmula 83/STJ. –* A jurisprudência desta Corte orienta que somente *é possível a redução das taxas de juros remuneratórios por abusividade quando comprovado que discrepantes em relação à taxa de mercado específica para a operação efetuada* (REsp 407.097/RS, Rel. para o acórdão Min. Ari Pargendler, DJ 29/09/03), o que não ocorreu no presente caso. Agravo Regimental improvido" (grifo nosso – AgRg no Ag 1073312/RS, desta Relatoria, DJe 11/02/2009).

"Art. 317. Quando, por motivos imprevisíveis, sobrevier desproporção manifesta entre o valor da prestação devida e o do momento de sua execução, poderá o juiz corrigi-lo, a pedido da parte, de modo que assegure, quanto possível, o valor real da prestação".

Da mesma forma, se a regulação pudesse prever e solucionar estes problemas, não seria necessário recorrer ao judiciário para implementar uma ou outra fórmula matemática, escolhida de forma aleatória (como a média do setor).

Além disso, tal postura interventiva, a partir de fórmulas, não significa, necessariamente, que existam coerência e isonomia em nosso sistema jurídico no que tange à regulação da abusividade de juros ou preços bancários.

De fato, instituições financeiras têm tratamento diferenciado e estão sujeitas à legislação própria (ver Medida Provisória nº 2.172/32 e Lei Federal 4.595, de 31 de dezembro de 1964). Assim, se por um lado a Súmula 596 do STF explicita que as disposições do Decreto 22.626/33 não se aplicam às taxas de juros e aos outros encargos cobrados nas operações realizadas por instituições públicas ou privadas que integram o sistema financeiro nacional, por outro lado, os particulares que cobram taxas de juros livremente estão sujeitos a sofrer as chagas de um processo, no âmbito penal.

Para exemplificar a diferença de tratamento, cita-se o caso do Habeas Corpus 17.943/SP, em que o Superior Tribunal de Justiça denegou a ordem solicitada. Considerou o Egrégio Tribunal que estava correta a punição de seis meses de detenção, em regime aberto, e de dez dias-multa, por ter o réu praticado o crime de usura (art. 4º, a, da Lei 1.521/51). Considerou que "o crime de usura é instantâneo e formal, consumando-se com a mera exigência de juros exorbitantes, acima do permitido legalmente" (ver também REsp 566.644/MG e RHC 15.410/SP). É interessante analisar também o CC 36.011/RS, julgado pelo STJ, em que a autora tomou emprestados quinhentos reais do réu, sendo que a dívida seria paga em quatro parcelas com acréscimo de 20% ao mês. Neste caso (embora não se tenha decidido o mérito) entendeu-se tratar de denúncia de "agiotagem", ou seja, de usura pecuniária ou real. Se tal empréstimo fosse feito por instituição financeira, com cláusula expressa neste sentido, muito provavelmente não se estaria discutindo o mérito da questão, em especial tratando-se de um empréstimo de valor pequeno[7].

7 A doutrina de Rui Stoco define crime de usura "como resultante da percepção de juros exorbitantes e lucros excessivos" (STOCO, Rui. *Leis Penais Especiais e Sua Interpretação Jurisprudencial*, 6ª ed. São Paulo: Editora dos Tribunais, p. 786).

Aliás, as implicações da Lei de Economia Popular não estão adstritas apenas a juros, mas também limitam os lucros de maneira ampla. Sobre este aspecto, de acordo o previsto no art. 4º da Lei 1.521, de 26 de dezembro de 1951:

> "Constitui crime da mesma natureza a usura pecuniária ou real, assim se considerando: [...]; b) obter, ou estipular, em qualquer contrato, abusando da premente necessidade, inexperiência ou leviandade de outra parte, *lucro patrimonial que exceda o quinto do valor corrente ou justo da prestação feita ou prometida*. Pena – detenção, de 6 (seis) meses a 2 (dois) anos, e multa, de cinco mil a vinte mil cruzeiros" (grifo nosso).

Este artigo pode ter sua constitucionalidade questionada, posto que dependendo do que se entenda por necessidade, inexperiência ou leviandade, e considerando a forma indiscriminada com que é utilizado no ambiente social, pode conflitar com o princípio da livre-iniciativa (art. 170, *caput*, da Constituição); impedindo que as pessoas se aproveitem da liberdade individual de precificarem a sua propriedade (arts. 5º, XXII, e 170, II, da Constituição); bem como desincentivando a eficiência econômica, o que se traduz, também, na função social da propriedade (arts. 5º, XXIII, e 170, III, da Constituição).

Considerando a jurisprudência atual deste famigerado artigo, apenas os bancos podem ter lucro ou *markup* superior a 20%:

> "Sua redação [do art. 4º, b, da Lei 1.521/51], como visto, não é direta, inviabilizando conclusão simplista no sentido de que, a título de juros compensatórios, que genericamente costumam ser identificados como 'spread', não poderia ser cobrado mais que 20% do lucro bruto auferido pelo banco – ou 'um quinto da coisa envolvida'. A lei em estudo não tem caráter regulamentador, mas punitivo, na medida em que apenas prevê os chamados crimes de usura. Os bancos, como instituições financeiras, tem tratamento diferenciado na contratação, não se sujeitando às limitações existentes no regramento ordinário. Sendo assim, não existe a limitação afirmada pelo recorrente quanto ao 'custo do dinheiro' emprestado". (Autos de Apelação n° 991.05.028687-1, da 24ª Câmara de Direito Privado do Tribunal de Justiça de São Paulo, Comarca de São Paulo, em que é apelante IACOPINO FRULLANI, sendo apelado BANCO SUDAMERIS BRASIL S/A, julgado em out. 2009).

Ocorre que, se o setor financeiro não é afetado pelo referido diploma normativo, há outros setores que são afetados, segundo a ótica interventiva, com uma interpretação muito alargada do que seja "necessidade" premente, a partir de ações coletivas. Ora, como é possível estipular contratos levianos ou que explorem uma "necessidade" premente com toda a coletividade? E por que razão 20% é o teto admissível de lucros?

Para avaliar este ponto, basta considerar a prática do Poder Judiciário quando aplica a Lei da Economia Popular[8]. Conforme estabelecido em diversos julgados, se o lucro for acima de 20%, segundo esta posição interventiva, independentemente do setor, configurado está o lucro abusivo:

> *"AGRAVO DE INSTRUMENTO. Ação civil pública em defesa de interesses difusos e coletivos de consumidores. Abusividade na definição do preço de venda de álcool combustível. Percentual de lucro excessivo. Indeferimento da limitação liminar do lucro em patamar razoável de 20% até julgamento final da ação. Requisitos da aparência do bom direito e do perigo da demora presentes. Recurso provido.* 'Tratando-se de interesse coletivo sobreleva considerar os prejuízos decorrentes de eventual prática abusiva de preço' (José Francisco Pellegrini, TJRS) *não é indevida a intervenção do Poder Judiciário, dês que*

---

8 AGRAVO DE INSTRUMENTO. *Ação Coletiva de Consumo. Fornecimento de Combustível. Prática Abusiva Não Configurada.* [...] De ser indeferido, por ora, o pedido liminar, pretendendo o Ministério Público seja determinada ao posto demandado a prática de preço, no fornecimento de combustíveis aos consumidores, que não ultrapassasse a margem bruta de lucro de até 14,1%, pois que discutível a alegada abusividade e formação de cartel, tornando duvidoso o direito invocado. *Lei da Economia Popular (art. 4º, b) que admite margem de lucro de até 20%.* Liminar indeferida nesse momento processual. Agravo provido. (Agravo de Instrumento nº 70013609235, Décima Segunda Câmara Cível, Tribunal de Justiça do RS, Rel. Orlando Heemann Júnior, Julgado em 02/03/2006)

APELAÇÃO. Ação Civil Pública. Ordem Econômica. Venda de Combustíveis. Cartel. Não caracterizado cartel, demonstrando a prova que o lucro, aqui, é inferior ao de 20% previsto na Lei da Economia Popular (art. 4º). *Na caracterização do aumento abusivo do lucro, ademais, impositivo que ele seja injustificado, considerando o preço de produtos ou serviços similares em mercados competitivos comparáveis.* Recurso Desprovido. (Apelação Cível nº 70024333270, Vigésima Primeira Câmara Cível, Tribunal de Justiça do RS, Rel. Liselena Schifino Robles Ribeiro, Julgado em 09/07/2008)

AGRAVO DE INSTRUMENTO. Ação Coletiva de Consumo. Fornecimento de Combustível. Abusividade no Preço. Caso em que a alegação de abusividade no preço dos combustíveis, levando a uma margem de lucro, também abusiva, não encontra suficiente amparo nos autos. *Tal conclusão se reforça diante do princípio da livre concorrência, previsto no art. 170, IV, da Constituição Federal e reforçado no seu art. 173, § 4º. Quanto mais, diante do art. 4º, (b), da Lei da Economia Popular que admite margem de lucro de até 20%.* Assim, não havendo como estabelecer a margem bruta de lucro de 15,7% no fornecimento de combustíveis aos consumidores, tomando-se como base o preço de aquisição junto à distribuidora, como pretende o agravante. Tudo, à vista do disposto no art. 84, § 3º, do CDC e não havendo justificado receio de ineficácia do provimento final. Por outro lado, também não é de restar deferida a inversão do ônus da prova, à luz do art. 6º, VIII, do CDC. Agravo desprovido, por maioria (Agravo de Instrumento nº 70020531166, Quinta Câmara Cível, Tribunal de Justiça do RS, Rel. Umberto Guaspari Sudbrack, Julgado em 05/09/2007).

provocado, na defesa dos interesses difusos e coletivos, quando há fundada suspeita de fixação abusiva de lucros. Verificada a prática de preço abusivo, mantém-se liminar que coíbe margem de lucro bruto acima de 20% na venda de combustíveis ao consumidor, tomando-se como base o preço de aquisição junto à distribuidora. (Recurso de Agravo de Instrumento nº 41587/2007 – Classe II – 15 – Comarca Capital – Sexta Câmara Cível – Rel. Des. Juracy Persiani. Grifo nosso.)

AGRAVO DE INSTRUMENTO. Ação Civil Pública. Antecipação de Tutela. Consumidor. Preço Abusivo. Comercialização do Álcool. Margem de Lucro Bruto no Limite De 20% (Vinte Por Cento) Sobre o Preço de Aquisição. Recurso Improvido. O abuso do poder econômico se configura com a majoração dos preços sem justificativa aparente e deve ser coibido pelo Poder Judiciário por força do art. 173, § 4º da Constituição Federal e art. 39, X, da Lei 8.078/90. *Demonstrada a elevada margem de lucro aferida pela diferença entre o preço de aquisição do álcool etílico hidratado nas distribuidoras e o preço de venda ao consumidor, impõe-se a limitação do lucro bruto em 20%, seguindo padrão do setor terciário da economia.* Presentes os pressupostos necessários, a decisão que concedeu a antecipação de tutela deve ser mantida. (TJMT, RAI 8668/2007, Rel. Des. Marcio Vidal, j. 28-5-2007. Grifo nosso.)

AÇÃO COLETIVA DE CONSUMO. Ministério Público. Legitimidade. Tutela de interesses transindividuais. Posto de Combustível. Aumento injustificado da renda bruta. infração à ordem econômica. condenação genérica. Art. 95 do CDC. 1. Legitimidade Ativa. Descrevendo a inicial que o requerido teria aumentado os preços dos combustíveis, de forma absolutamente abusiva, atingindo, com tal conduta contrária à lei, uma coletividade de consumidores, quer aqueles que efetivamente abasteceram no posto réu, como também aqueles que simplesmente se viram expostos a uma prática abusiva de mercado, é o Ministério Público parte legítima para a propositura da ação. Tutela de interesses transindividuais. Inteligência do art. 81, c/c o art. 82, I, ambos do CDC. *2. LEGITIMIDADE PASSIVA.* Se o aumento no preço dos combustíveis, com o consequente aumento na margem de lucro, é fato imputado ao réu, então é o mesmo parte legítima a responder a presente ação. *3. PRÁTICA ABUSIVA. INFRAÇÃO À ORDEM ECONÔMICA. Tendo o requerido procedido ao aumento do preço da gasolina no feriado da Páscoa de 2004, sem que nenhum fator econômico assim justificasse, motivado unicamente pelo aumento arbitrário na margem de lucro, resta caracterizada a conduta abusiva do posto de combustíveis demandado, além de infração à ordem econômica, nos termos do art. 20, inciso III, e do art. 21, inciso XXIV e parágrafo único, ambos da Lei 8.884/94. 4. CONDENAÇÃO GENÉRICA.* Caracterizado o ilícito, possui o réu o dever de reparar os danos acarretados aos consumidores que, no período noticiado nos autos, pagaram pela gasolina o preço praticado em desacordo com as normas de mercado. As vítimas, embora não nominadas nesta ação, já que assim faculta a lei, serão individualizadas em sede de liquidação. Apelo improvido (Apelação Cível nº 70016701831, Décima Câmara Cível, Tribunal de Justiça do RS, Rel. Paulo Antônio Kretzmann, Julgado em 21/12/2006)"

(Deve-se ver também as apelações cíveis 70015095847 e 7004399210 do Tribunal de Justiça do Rio Grande do Sul e o e Recurso 71000567768, da Segunda Turma Recursal Cível do Rio Grande do Sul.)

Ocorre que estabelecer um lucro único máximo de 20%, de forma linear, para toda sociedade, é uma atitude exageradamente interventiva, podendo gerar uma discussão sobre a constitucionalidade desta abordagem. De todo modo, esconder este fenômeno jurídico, afirmando que não há eficácia de normas já postas, em vigor e plenamente aplicadas, pode não resolver o problema social. O Judiciário frequentemente recebe ações revisionais de contratos, estando mais próximo da população que a Autoridade Antitruste, sendo que muitas vezes, nestas diversas e variadas ações individuais, é que o debate sobre o preço abusivo vem à tona. Trata-se aqui de um aspecto com o qual a Autoridade Antitruste não está acostumada a lidar, ou seja, trata-se de casos que utilizam argumentos de exploração, sendo que alguns deles usam inclusive a lógica do abuso de posição dominante.

Aqui, o CADE parece ter um papel muito importante para sinalizar para a sociedade qual o resultado da aplicação deste tipo de normas. Como já mencionado pelo Conselheiro Ragazzo, utilizar uma taxa aleatória de lucro, de forma linear, *erga omnes*, tende a desincentivar inovações e prejudicar concorrentes que possam vir a ser os mais eficientes. Igualar a margem de lucro de todos os setores, como uma taxa mandatória, sem que exista uma avaliação mais criteriosa a respeito das estruturas básicas do sistema de trocas, do sistema de custos e da importância do preço como sinalizador de um equilíbrio saudável entre oferta e demanda, pode ser muito perigoso. Não por outro motivo que planos de congelamento de preços no Brasil geraram desabastecimento no país. Aliás, mesmo a Europa, vendo que havia diferenças grandes de preço (acima de 100%) de produtos comparáveis, não chegou a aplicar multas por preços abusivos (Caso *United Brands*).

E é neste ponto que o Brasil parece ter uma lição a aprender com a prática internacional, considerando a sua posição intervencionista, que é mais forte inclusive que em países europeus tidos como rígidos, a exemplo da Holanda, no que diz respeito à definição normativa de preço abusivo. A diferença é que a Holanda utiliza o Direito Concorrencial para delimitar o que é ou não aceitável como preço, a partir de um modelo normativo-flexível. Isto se dá porque esse país europeu não utiliza uma única taxa de lucro percentual para todos os setores, independentemente do risco ou do retorno esperado do investimento.

No caso *KLM*[9], por exemplo, a Autoridade Antitruste Holandesa introduziu uma estrutura normativa a respeito do que deve ser o nível de preços aceitável: Entendeu-se que o retorno esperado do capital deveria se dar a partir de uma média ponderada dos custos de capital (*weighted average costs of capital* - WACC) para a empresa KLM. A formulação do WACC precisa de uma avaliação dos riscos do negócio. Para calcular a aplicação do WACC para capital interno, a autoridade usou o modelo chamado *capital asset pricing model* (CAPM), que quantifica os riscos que podem ser relevantes ao acionista. Para o propósito de investigação, a taxa normativa de retorno foi calculada, impondo um prêmio pelo risco e uma taxa não sistemática por indústria. A abordagem foi posteriormente desenvolvida no caso *Schiphol*[10], onde foi mencionado que os princípios tarifários deveriam englobar os custos econômicos totais que uma abordagem eficiente possa atribuir à provisão dos serviços. Custos econômicos foram definidos como a soma dos custos de capital, depreciação, custos operacionais e impostos. Isto significa que a taxa razoável de retorno do capital investido é uma função dos custos. A taxa razoável de retorno consistia em uma taxa básica mais um *mark-up* pelo risco. Esta fórmula de cálculo foi proposta em diversos outros casos holandeses[11].

Em suma, no Brasil e na Holanda há, ainda, uma forte tendência intervencionista no âmbito das políticas de precificação do mercado, a partir de critérios normativos. A Suíça, por outro lado, talvez, tenha criado um desenho institucional que é muito menos intrusivo e mais interessante, a partir de um Conselho de Preços[12] que analisa, por exemplo, os preços impostos por cartéis

---

9 Casos 273 e 906, *Vereniging Vrije Vogel v. KLM* e *Stewart v. KLM* (8 nov. 2000).

10 GAL, Michal S. "Monopoly Pricing as an Antitrust Offense in the U.S. and the EC: Two Systems of Belief About Monopoly?" *Antitrust Bulletin*, v. 49, p. 343-384, 2004. Disponível em: <http://ssrn.com/abstract=700863>. Acesso em: 28 abr. 2015. OCDE – Mesa redonda sobre Preço Excessivo. Disponível em <http://www.oecd.org/competition/abuse/49604207.pdf> Acesso em 28 abr. 2015.

11 "Segundo GAL (2004, p. 48), podem ser citados os seguintes casos: *Caso 130 - Essers/NV Telekabel* (13 de abril de 1999) Caso 13 - *PTT Post* (11 de novembro de 1998); Caso 1793 - *Gemeente Voorburg en Gemeente Wassenaar/Casema* (12 de junho de 2003)".

12 "O Conselho de Preço em sua forma atual foi criado por uma lei sobre a fiscalização de preços adotada em 20 de dezembro de 1985, com mandato para proteger os consumidores *contra preços excessivos resultantes de posição dominante no mercado*. O Conselho de

ou empresas que detenham posição dominante. Para fazer maiores ilações sobre a forma de trabalho do referido Conselho, seria necessário conhecê-lo melhor.

Também sobre padrões normativos, a título informativo, é relevante destacar que, recentemente, mesmo os Estados Unidos discutem medidas intervencionistas nas políticas de precificação. Independentemente da discussão a respeito da conveniência de um *anti-price gouging act* em âmbito federal, há mais de 28 instrumentos estaduais deste tipo, que proíbem preços excessivos em casos de desastres naturais[13]. A título exemplificativo, o poder legislativo de Nova Jersey entendeu que

> "durante emergências e catástrofes, incluindo mas não limitados a terremotos, incêndios, inundações ou distúrbios civis, alguns comerciantes fizeram uso de vantagem injusta aos consumidores, aumentando os preços de certas mercadorias. [...] Quando há uma declaração de estado de emergência em caso de ruptura e resultados anormais do mercado, o interesse público exige que os aumentos de preços excessivos e injustificados na venda de mercadorias sejam proibidos".

Assim, limitou-se a elevação de preços, por padrão normativo rígido, em estado de emergência. Salvo melhor juízo, parece ser esta uma legislação bem interventiva na política de precificação. Frise-se, também, que o anti-price

---

Preço está a cargo da fiscalização de preços para todos os bens e serviços produzidos por cartéis ou empresas em posição de monopólio (privadas ou públicas), bem como bens e serviços sujeitos a regulação governamental. O Conselho tem o direito de tomar medidas para impedir preços excessivos ou aumento excessivo dos preços e para emitir recomendações de políticas para setores regulados. Ele tem o dever de informar os consumidores sobre os níveis de preços, nomeadamente através de relatórios anuais. Não existe uma definição oficial de "preços abusivos", mas a lei sobre a fiscalização de preços dá uma lista de elementos que devem ser levados em conta na análise dos níveis de preços pelo Conselho de Preço: 'A tendência dos preços nos mercados comparáveis, a necessidade de lucros equitativos; a evolução dos custos, os serviços específicos prestados pelas empresas; e situações peculiares inerentes ao mercado'. Os preços dos produtos e serviços de saúde são regularmente examinados pelo Conselho de Preço, que publica periodicamente as comparações de preços de medicamentos suíços com os alemães e regularmente emite recomendações sobre instrumentos de política dos preços na Suíça que considerou excessiva. Além disso, o Conselho de Preço acompanha a implementação e impacto da reforma de pagamento de serviços farmacêuticos. O Conselho de Preço também pode reagir a preços abusivos de remédios em busca de conciliação com o fabricante." PARIS, Valérie; DOCTEUR, Elizabeth. OCDE – Health working paper n. 27 Pharmaceutical pricing and reimbursement policies in Switzerland - DELSA/HEA/WD/HWP(2007). De acordo com o site http://www.oecd.org/switzerland/38868953.pdf, verificado em 28/04/2015.

13 PELOSI, Nancy. "The Federal Price Gouging Prevention Act". Disponível em: <http://www.speaker.gov/legislation?id=0224>. Acesso em: 9 fev. 2010.

gouging act não possui semelhança com as prisões que ocorreram em São Paulo (que considerou ilícito o aumento de gasolina em razão da greve de caminhoneiros), pois este tipo de legislação serve como um congelamento de preços temporário após a declaração de um "estado de emergência", não podendo, salvo melhor juízo e a depender do estado norte-americano, ser responsabilizada a pessoa que elevar seus preços sem a devida declaração pública prévia.

De toda forma, entende-se que a criação de padrões normativos inflexíveis e utilizados de forma perene, como analisado no caso brasileiro, não é uma boa alternativa social para incentivar inovações e eficiências, além de existir um debate sobre a constitucionalidade da aplicação destas normas da forma atual.

5. BUSCANDO A MODERAÇÃO ENTRE AS ABORDAGENS

Se, de um lado, a proposta intervencionista - por possuir crença no estabelecimento de critérios de precificação inflexíveis - aparentemente pode descuidar das especificidades de cada setor e do funcionamento do preço como fator de equilíbrio, por outro, a proposta de banir o preço abusivo também não parece ser a mais adequada.

Caso a figura do preço abusivo seja banida da competência da Autoridade Antitruste, haverá grande dificuldade de compreender o sistema jurídico como um todo coeso, que possui lógica e que pode servir aos interesses sociais. Veja que a hipótese defendida aqui é a de que preço abusivo pode ser uma prática, analisada pelo CADE, não apenas contra concorrentes (a exemplo da recusa de venda disfarçada), mas também endereçada exclusivamente contra os consumidores, tanto por associação desta conduta com outras (como a de açambarcamento de direitos de propriedade intelectual; de discriminação de preços; ou de venda casada) ou como conduta exclusiva por motivos estruturais/comportamentais diversos. Estes pontos serão a seguir explorados.

5.1. Questões de propriedade intelectual

Sobre as práticas associadas, inicia-se por mencionar as questões de propriedade intelectual. Imagine-se que uma empresa possui um direito de um cultivar. Mais do que isto, imagine-se que este cultivar é essencial para a saúde de todos os brasileiros. A empresa que possui a propriedade do cultivar pode, simplesmente, deixar de produzir (incorrendo, talvez, na infração de açambarcamento de propriedade intelectual). Por outro lado, se a empresa não impede ou mesmo açambarca o referido cultivar, mas cobra um preço proibitivo para o governo e para a maioria da população brasileira, é possível que, em decorrência deste fato, as pessoas comecem a ter sérios problemas de saúde.

Nesta hipótese mais dramática, de acordo com a Lei 9.456/97, é possível que exista um pedido de licença compulsória do referido cultivar. Além disto, de acordo com o art. 31 desta Lei,

> "O requerimento de licença será dirigido ao Ministério da Agricultura e do Abastecimento e decidido pelo Conselho Administrativo de Defesa Econômica – CADE, criado pela Lei 8.884, de 11 de junho de 1994. § 1º Recebido o requerimento, o Ministério intimará o titular do direito de proteção a se manifestar, querendo, no prazo de dez dias. § 2º Com ou sem a manifestação de que trata o parágrafo anterior, o Ministério encaminhará o processo ao CADE, com parecer técnico do órgão competente e no prazo máximo de quinze dias, recomendando ou não a concessão da licença compulsória. § 3º Se não houver necessidade de diligências complementares, o CADE apreciará o requerimento no prazo máximo de trinta dias".

Qual será a resposta do CADE? Os defensores da postura mais liberalizante, certamente, terão um grande problema para dizer se o preço é ou não é justo, tendo em vista todas as considerações feitas acima, de que não existe "equilíbrio excessivo". Segundo o não intervencionismo, se alguém ganhou um direito de propriedade intelectual, pode muito bem cobrar o preço que entender correto e não deve prestar contas a ninguém, porque não há parâmetro objetivo para dizer o que é justo em relação a preços.

Ocorre que, mesmo na ausência de um parâmetro normativo para saber o que é um preço aceitável e um preço proibitivo, o CADE terá que se posicionar sobre o assunto, avaliando se há ou não abusividade na política de precificação. Pensar o contrário, seria admitir uma catástrofe nacional. Trata-se de um monopólio legal, ou seja, a empresa adquiriu o direito de cobrar estes preços altos, por meios lícitos. Contudo, nesta hipótese específica, não parece que seja necessário existir um cartel ou mesmo uma elevação de custos de rivais não integrados para que se verifique a abusividade contrária aos consumidores brasileiros. Tanto é verdade, que é possível não existir nenhuma empresa querendo entrar neste segmento, o que retira o aspecto concorrencial clássico da discussão. Se a vida dos consumidores estiver em risco e não existir uma razão para que o cultivar tenha preços proibitivos ou diferenciados de forma significativa de outras praças, parece ser possível e necessário que o CADE se manifeste. Entender de outra forma, seria permitir que a população brasileira ficasse refém do abuso de direito de propriedade intelectual e, ao mesmo tempo, seria admitir que a única instância administrativa com competência para julgar o caso ficasse silente.

Aliás, esta questão sobre os cultivares replica-se em outros direitos de propriedade intelectual, se formos analisar o escopo do art. 68 da Lei 9.279/96, *in verbis:* "Art. 68. O titular ficará sujeito a ter a patente licenciada compulsoriamente se exercer os direitos dela decorrentes de forma abusiva, ou por meio dela praticar *abuso de poder econômico*, comprovado nos termos da lei, por decisão administrativa ou judicial". Claro que, no caso dos direitos de propriedade previstos na Lei 9.279/96, é possível haver uma declaração do Ministro de Estado, sobre licença compulsória, sempre quando houver emergência nacional, mas tal dispositivo não se refere, ao menos explicitamente, à Lei dos Cultivares ou aos casos de abuso de poder econômico.

De todo modo, se o *caput* do art. 68 acima mencionado prevê a hipótese de abuso de poder econômico *lato sensu*, e aí incluindo o preço abusivo, o § 1º do art. 68 também prevê a hipótese de desabastecimento do mercado interno ou produção insuficiente (que diz respeito ao açambarcamento de propriedade intelectual, previsto também na Lei Antitruste). Em todas hipóteses, o CADE deve se pronunciar, sim, sobre licenças compulsórias de forma geral, seja no caso de preço abusivo ou de açambarcameno. Tal pronunciamento deve se dar a partir de um critério de abusividade/exploração da conduta, sopesando o *tradeoff* entre os benefícios da propriedade intelectual de longo prazo (como incentivos à inovação) e os malefícios imediatos (como desabastecimento – preço excessivo e/ou impeditivo)[14].

---

14 Como explicita Barbara Rosenberg, é possível utilizar a prática de preço abusivo como fundamento para concessão de licenças compulsórias. Citou, a referida autora, o caso em que a autoridade de defesa da concorrência da África do Sul, por contemplar tal previsão em sua lei, houve por bem entender que a GlaxoSmithKline South Africa (Pty) Ltd. (GSK) e a Boehringer Ingelheim (Pty) Ltda. (BI) estariam incidindo em conduta anticompetitiva, por terem abusado de suas posições dominantes nos seus respectivos mercados relevantes de medicamentos antirretrovirais. Especificamente, a Comissão entendeu que tais empresas teriam, dentre outros ilícitos, praticado preços abusivos no mercado (ROSENBERG, Bárbara. *Patentes de Medicamentos e Comércio Internacional:* os parâmetros do TRIPS e do Direito Concorrencial para a outorga de licenças compulsórias. Trabalho apresentado como requisito à obtenção do título de Doutor de Direito Econômico e Financeiro. São Paulo, Faculdade de Direito da Universidade de São Paulo, 2004).

5.2. Questões de discriminação de preços

Além das questões de propriedade intelectual, o art. 36, X, da Lei 12.529/11 e o art. 21, XII, da Lei 8.884/94 punem a discriminação de "adquirentes ou fornecedores de bens ou serviços por meio da fixação diferenciada de preços". Assim, talvez, fosse possível entender que esta é uma prática diferente da prática de "preço abusivo". Ocorre que a discriminação de preços faz parte da política de preços de forma ampla. Neste sentido, cabe questionar: as partes têm liberdade irrestrita para negociar preços ou não?

Sobre este aspecto é interessante analisar o caso *British Leyland*. Neste precedente, a empresa responsável por emitir certificados do bom funcionamento de veículos cobrava taxas de licenciamento de carros utilizados por motoristas que dirigiam do lado esquerdo do automóvel muito mais altas do que as taxas para aqueles que dirigiam do lado direito. Houve condenação em razão desta discriminação indevida e pela diferença de preços exagerada.

No âmbito do Direito Brasileiro, segundo a Constituição Federal, todos são iguais perante a lei, sem distinção de qualquer natureza (art. 5º, caput), sendo que a lei deve punir "qualquer discriminação atentatória dos direitos e liberdades fundamentais" (art. 5º, XLI). Assim, discriminar o preço aplicado a consumidores, sem um motivo econômico justo (ainda que seja lucrativo), baseando-se simplesmente no fato de o consumidor ser destro ou canhoto (ou em qualquer outra qualidade intrínseca do indivíduo), pode representar uma infração concorrencial quando houver um agente com elevado poder de mercado e posição dominante. Parece se tratar esta de uma norma de múltipla incidência, já que – assim como a venda casada – é possível haver, em certas situações, infração concorrencial e consumerista ao mesmo tempo. Aliás, aqui se trata de prática exploratória de preço em que se configura infração de preço excessivo, com base na comparação de "preço de produtos e serviços similares, ou sua evolução, em mercados competitivos comparáveis" (Lei 8.884/94, art. 22, III, c/c art. 7º do Código de Defesa do Consumidor). Por isto, justifica-se a proteção dupla, tanto dos consumidores como do direito da concorrência. O exemplo dado no caso *British Leyland* demonstra como uma empresa pode abusar do seu poder de precificação, de forma evidente, contra a parte mais fraca (consumidor). Veja-se que, do ponto de vista do empresário, pode ser racional adotar tal discriminação, em especial se os destros e os canhotos tiverem uma elasticidade da demanda diferenciada pelo produto. Assim, embora exista a liberdade de as partes precificarem seus produtos, não há porque penalizar uma classe de consumidores sem considerar critérios de justiça neste exercício.

Do ponto de vista teórico, inclusive, a discriminação de preços entre consumidores permite que o monopolista se aproprie do excedente do consumidor. Claro que aqui é preciso utilizar critérios de bom senso para avaliar quando se admite ou não uma discriminação entre consumidores. No âmbito de passagens aéreas, por exemplo, as empresas comumente utilizam preços diferenciados para consumidores que compram muito tempo antes e outros que compram próximo da hora da viagem. Tal discriminação de consumidores é aceita pela sociedade, já que há uma discriminação em razão de critérios isonômicos. Ocorre que há outras discriminações de consumidores que não se aceitam, em razão de critérios morais e individuais.

Nesse sentido, é interessante avaliar o julgamento do Agravo de Instrumento 70033960964 do Tribunal de Justiça do Rio Grande do Sul. Neste caso, a Ford Motor Company Brasil Ltda., para não repassar ao consumidor a isenção do IPI, criada pela Lei 8.989/95, na aquisição de veículos para pessoas com deficiências, passou a adotar e sugerir discriminação de preços destes veículos. Veja-se que se trata de um caso muito semelhante ao *British Leyland*, com uma discriminação de preços arbitrária e sem uma justificativa razoável, feita por um agente com participação expressiva do mercado. Em razão disto, o judiciário considerou tratar de discriminação de preço indevida, não podendo ser admitida[15].

---

15 "Da análise dos autos constata-se que o Ministério Público Estadual ajuizou ação coletiva de consumo contra *Ford Motor Company Brasil Ltda.*, em razão da prática comercial abusiva apurada, uma vez que utilizado o 'preço público', e não o 'preço do fabricante', para comercialização dos veículos aos portadores de necessidade especiais, sendo requerida medida de antecipação de tutela para: a) seja determinado à *Ford Motor Company Brasil Ltda.* a obrigação de utilizar como base de cálculo, para o abatimento dos impostos determinados na Lei 8.989/95, valor que reflita o preço equivalente ao preço do fabricante para as concessionárias, deixando de adotar o denominado 'preço público' ou 'preço sugerido', observando, inclusive, os períodos de preços promocionais por ela praticados; b) a fixação da pena de multa de R$ 20.000,00 (vinte mil reais) por hipótese de descumprimento do item 'a', atualizado monetariamente quando do seu efetivo pagamento, a ser revertido ao Fundo de Reparação dos Interesses Difusos Lesados, de que trata o art. 13 da Lei 7.347/85. isso sem prejuízo da sanção penal por eventual descumprimento da ordem judicial. (...) A ação coletiva de consumo aforada pelo Ministério Público denuncia prática de comercialização abusiva de veículos a portadores de necessidades especiais, por se valer o requerido de mais de uma tabela de preços. A ação tem origem no Inquérito Civil nº 082/2007, onde restou demonstrado o uso de tabelas diferentes para comercialização dos veículos, através da prova documental e de testemunhal (fl. 58/135). *A medida determinada pelo juízo a quo não representa ofensa ao livre comércio como pretende demonstrar a parte agravante, pelo contrário, resguarda o direito do consumidor portador de necessidades especiais contra as práticas comerciais abusivas.* (...) Deste modo, verifica-se que há prova suficiente, verossimilhança e

É bem verdade que há casos nos quais não existe uma diferenciação muito clara a respeito se há ou não possibilidade de discriminação, sendo necessário um aprofundamento maior da análise. Cite-se, como exemplo, a Apelação 684.481.4/8, que reconheceu existir discriminação nos reajustes dos planos de saúde por faixa etária se fundamentados no aumento da sinistralidade em razão da idade do segurado. Segundo o Tribunal, "pelo critério da proporcionalidade sobre as planilhas de custo, o reajuste se dá em prol da viabilidade financeira das seguradoras". Por outro lado, de acordo com o § 3º do art. 15 da Lei 10.741/03, "é vedada a discriminação do idoso nos planos de saúde pela cobrança de valores diferenciados em razão da idade". Ocorre que, segundo o Tribunal, tal norma não pode "ser aplicada retroativamente a contratos a ela precedentemente firmados e ainda em curso, sob pena de ofensa ao ato jurídico perfeito e violação do art. 5º, XXXVI, da Constituição Federal". Não obstante tal fato, o Tribunal acabou limitando o aumento por considerar a hipossuficiência dos consumidores idosos. A respeito deste tipo de discriminação talvez seja melhor uma análise mais aprofundada.

No âmbito da Comissão Europeia, entendeu-se, no caso *Deutsche Post – Interception of cross-border mail*, que a discriminação dos consumidores de serviços postais constitui ilícito antitruste. Em outros dois casos, no entanto, a Comissão considerou que a discriminação era justificada (ver *Attheraces Ltd v. British Horseracing Board* [2007] – Case T-306/05 e *Horserace transmission* – Caso KZR 14/02 & 13/02, BGH, Julgamento de 10 fev. 2004), o que demonstra a necessidade de uma abordagem casuística, mas nem por isto desprovida de sentido.

---

perigo de dano de difícil reparação, caracterizado pelo enriquecimento ilícito da ré e pelos prejuízos financeiros suportados pelos consumidores que se beneficiam da isenção tributária consoante previsão do art. 1º, IV, da Lei 8.989/95. Observo, pois, que já decidiu o Superior Tribunal de Justiça, no julgamento do Recurso Especial nº 144656, que 'a exigência da irreversibilidade inserta no § 2º do art. 273 do CPC não pode ser levada ao extremo, sob pena de o novel instituto da tutela antecipatória não cumprir a excelsa missão a que se destina'. Assim, como se verifica, o risco maior é dos consumidores que ficam à mercê dos atos comerciais das grandes empresas, que se valem de todos tipos de mecanismos para o convencimento do consumidor, muitas vezes, sonegando informações e/ou utilizando-se da fragilidade de seu público-alvo. A manutenção da medida antecipatória da tutela, diante da prática comercial abusiva retratada, revela-se impositiva, pois assegura o direito do consumidor, que é a parte hipossuficiente, sem que possa ser considerada afronta à honra objetiva da agravante ou afronta ao livre comércio." (Agravo de Instrumento Nº 70033960964, Vigésima Câmara Cível, Tribunal de Justiça do RS, Rel. Angela Maria Silveira, Julgado em 18/12/2009).

5.3. Questão da venda casada

No âmbito das vendas casadas, é possível também existirem práticas em que a empresa dominante utiliza-se de seu poder de monopólio para forçar os consumidores a adquirirem determinados produtos. Tal estratégia pode ser motivada pelo interesse que um agente com elevado poder de mercado tenha em aumentar seu poder em outro mercado, assim como é possível que se trate de mera estratégia de exploração dos consumidores. Sobre a última hipótese, citam-se diversos casos julgados no Rio Grande do Sul, como, por exemplo, o da Apelação Cível Nº 70002644185, julgado pela Décima Primeira Câmara Cível do Tribunal de Justiça do RS, em 05/09/2001. Neste caso, a Companhia Telefônica – CRT, monopolista à época e com uma demanda inelástica, vendia de forma casada com a linha telefônica ações supervalorizadas. Enquanto o valor real da ação era de Cr$ 3,17, por um artifício do direito societário, as ações foram vendidas a Cr$ 38,29.

Sobre as condições de mercado o Tribunal entendeu que:

> "'milhares de consumidores desejosos de obter linha telefônica, escassa por demasia à época, sendo que apenas no mercado paralelo era possível adquirir um terminal, praticamente inviável junto à Companhia, tanto no que se refere à ausência de ofertas, quanto com relação à demora de instalação. A demanda, portanto, sabia-o a Companhia, era enorme, garantindo a operação. Vinculadas as ações à aquisição do terminal, nenhuma opção havia, pois a compra delas era cogente a quem pretendesse conseguir um telefone. Assim, a bem da verdade, desimportavam aos compradores, mesmo porque não havia margem de negociação, os detalhes da operação: qualquer que fosse obteria sucesso, pois que era condição para a obtenção de bem pretendido'. (...) A CRT, ciente da segurança do negócio, pois os destinatários não se constituem em apostadores da bolsa de valores, mas de consumidores carentes do bem às ações vinculadas, e que não atentariam para um detalhe de tão pouca relevância, tomando-se como referência a perspectiva do consumidor, *supervalorizou as ações, estipulando preço irreal, dez vezes superior ao do valor econômico das mesmas*. Com esta estratégia, a cada ação vendida, a Companhia obtinha um acréscimo patrimonial à razão de nove vezes o valor real das suas ações, tendo-se em vista que o preço do dia correspondia a Cr$ 3,17 e o definido pelos Acionistas era de Cr$ 38,29. A venda das ações tornou-se possível à custa da desinformação, da ingenuidade até, do cidadão normal, que não conhece as regras do mercado de ações e que apenas desejava ter um terminal telefônico. Jamais teria a Companhia obtido êxito na venda de uma só ação sequer se as tivesse lançado na bolsa de valores com o preço de Cr$ 38,29, dada a evidente desvantagem econômica da aquisição."

Nesse sentido, considerou-se que o preço cobrado pelo monopolista CRT por suas ações era excessivo. Tal perspectiva diferencia-se da venda casada simples (rotineiramente analisada por autoridades antitruste) em que o monopolista, ou agente com elevado poder em um mercado busca "alavancar" a sua influência em outro mercado. Aqui, as pessoas não só foram obrigadas a comprar ações, mas tiveram que adquirir estas ações por preços excessivos, cuja aquisição se deu em razão de seu desconhecimento a respeito das regras de mercado. Assim, em teoria, é possível existir, ao mesmo tempo, uma conduta de venda casada com outra de preço excessivo.

5.4. Problemas estruturais e comportamentais

Mesmo sem avaliar a conexão direta da prática de preço abusivo com condutas específicas, é possível que esta discussão sobre preços possa estar relacionada tanto a questões atinentes à conformação da estrutura de oferta como em razão de desobediência a padrões comportamentais esperados (por exemplo, *price caps* estabelecidos pela Autoridade Reguladora).

Antes de adentrar no ponto específico sobre preço abusivo, verifica-se que, mesmo nos Estados Unidos, país que é tido como liberal, e que teoricamente pauta sua estratégia pela intervenção mínima, já se verificou grande interferência na estrutura de oferta de alguns setores, como a separação da petrolífera Standard Oil nas "sete irmãs" (Esso, Atlantic, Mobil, Texaco, dentre outras)[16], e da AT&T em empresas de telecomunicações menores, as chamadas *Baby Bells*. Nestes casos, os Estados Unidos não determinaram o que era um preço abusivo em razão do suposto monopólio, mas compreenderam que era possível adotar uma intervenção estrutural nestes setores que possuem elevadas barreiras à entrada e possivelmente acarretam um sobrepreço ao consumidor em razão da estrutura monopolista verificada, mesmo que tal análise tenha se

16 A Standard Oil Co. foi fundada por John Davison Rockefeller e mais quatro sócios em 1870. Em razão da instabilidade do mercado do óleo, a empresa utilizou-se de uma estratégia chamada Guerra do Petróleo, a partir de uma operação que buscava concentrar várias empresas. Assim, diminuiu-se sensivelmente o número de produtores de petróleo, sendo que o conglomerado de Rockfeller passou a concentrar um número grande de corporações. Em razão desta concentração, foi proposta uma ação, patrocinada por Roosevelt contra Rockfeller, que, em 1911, redundou na posição da Suprema Corte Federal pelo desmembramento da Standard Oil. A Standard Oil de Nova Jersey passou a denominar-se Esso (depois Exxon), outra chamou-se de Móbil Oil, outra Chevron (as demais foram batizadas de Sohio; BP; Amoco; Continental Oil; e ainda a Atlantic).

dado *a posteriori*. (É verdade que no caso específico da Standard Oil sequer existia análise prévia.)

Por outro lado, imagine-se o caso de não existir pronunciamento do CADE por um período de tempo razoável após a fusão, não sendo esta submetida à autoridade antitruste. Pode, depois de tanto tempo, haver uma intervenção na estrutura? No AC 08012.003315/2004-13 (caso *DuPont*) mesmo passado mais de cinco anos sem sua apresentação ao CADE, houve a aprovação do Ato de Concentração, embora tenha ocorrido grande discussão sobre a possibilidade de imposição de multa de intempestividade. Já segundo a Lei 12.529/11, que estipula em seu art. 88, § 7º, que o CADE terá um tempo restrito a um ano para analisar se há ou não outros casos não previstos pelo critério de faturamento que possam limitar a concorrência. Vamos supor que este lapso temporal de um ano passe e se verifique um setor específico em que há problemas de elevação de preço em razão da estrutura concentrada, não tendo sido esta analisada pela autoridade. Nesta hipótese, não seria melhor investigar se há ou não preço abusivo, determinando a separação das referidas empresas caso a concentração tenha prejudicado a sociedade? Ou, uma vez passado o tempo, mesmo com claros prejuízos ao consumidor, o CADE não poderá fazer nada?

Veja-se que estas questões sobre fenômenos estruturais atinentes ao preço abusivo podem ocorrer também independentemente de qualquer ato concentracionista. De acordo com o questionamento proposto pelo ex-Conselheiro Ruy Santacruz, verifica-se tal hipótese mais claramente:

> "caso semelhante é o da firma que detém poder de mercado conquistado através de uma maior eficiência, que produz e comercializa um bem final de consumo contínuo, sem substituto perfeito, sem patentes, mas que opera num subsegmento de mercado que conta com barreiras à entrada derivadas de distribuição, propaganda etc. Diante de uma reduzida concorrência efetiva, reduzida concorrência potencial e baixa elasticidade-preço da demanda, essa firma, a partir de certo momento, passa a aumentar sistematicamente seus preços, sem contrapartida em custos ou pressões de mercado, aumentando seus lucros de forma significativa através da transferência compulsória de parte da renda dos seus demandantes – possivelmente, mas não necessariamente, bons e gentis velhinhos. A pergunta que se faz, então, é a seguinte: trata-se de um problema antitruste? Se a resposta for não, que este não é um problema antitruste, elimina-se um enorme problema para o investigador. Se aumentos de preços (leia-se sempre aumento de lucros, supondo custos e demais variáveis de mercado constantes) em hipótese alguma for um problema antitruste, resta ao investigador lamentar-se pela perda de bem-estar

econômico, nos casos em que o controle da estrutura não for possível – o que sempre ocorre quando o poder de mercado é alcançado através de uma maior eficiência da firma. Já se a resposta for sim, que o caso apresentado é objeto de preocupação antitruste, então a questão do preço abusivo (ou, mais precisamente, do aumento arbitrário de lucros, previsto no art. 20 da Lei 8.884/94) precisa ser examinada e coibida pelo investigador"[17].

É exatamente esta questão que se pretende discutir do ponto de vista estrutural. Ruy Santacruz pondera que há uma diferença entre aumento abusivo de preços (visto sob ângulo histórico como variação de preços) e preços abusivos (vistos de forma estática). No primeiro caso, Santacruz sugere que, em casos onde há empresas com elevado poder de mercado e elevadas barreiras à entrada, se avalie uma série histórica da rentabilidade da empresa e, se for verificada alguma variação não explicada pelos custos ou por outras variáveis mercadológicas, possa haver alguma espécie de punição, via multas, por exemplo. Já no caso dos preços abusivos em si, Santacruz entende ser mais difícil utilizar a rentabilidade como variável suficiente para análise, já que há diferenças de eficiências entre empresas, podendo justificar que alguns setores sejam mais rentáveis que outros.

Ocorre que, se formos recorrer a este tipo de metodologia para definir se há ou não emprego de preço abusivo, talvez exista alguma dificuldade metodológica, sim, para definir o que seria rentabilidade média histórica normal e o que é rentabilidade anormal. Parece, todavia, que o problema levantado por Santacruz é sério e pode relacionar-se a uma preocupação concorrencial, mas isto não significa que a Autoridade Antitruste deva, desde logo, se comprometer, de forma apriorística, com um ou outro parâmetro de mensuração sobre o que se entende como abusivo ou não abusivo. Pelo contrário, a análise deve se dar sempre de forma casuística, podendo dar liberdade ao CADE avaliar quais são os setores problemáticos da economia. Ao analisar estes setores, a Autoridade Concorrencial poderá avaliar que há, de fato, problemas de falta de competição pelas elevadas barreiras à entrada. Caso isto se verifique, é possível que o CADE defenda via advocacia da concorrência mudanças das regras do setor, auxiliando no debate sobre necessidade de normas regulatórias. Também é possível que se busque algum compromisso para modificações estruturais, como analisado recentemente, no Termo de Compromisso de Cessação de Prática (TCC) com operadoras

---

17 SANTACRUZ, Ruy. "Preço abusivo e cabeça de bacalhau". *Revista do IBRAC*, v. 5, nº 2. São Paulo, 1998.

de cartão de crédito (TCC-Cielo e Redecard). Certamente, este TCC trata de uma modificação estrutural baseada em uma alegada conduta de contratação única e não de abuso na precificação, simplesmente. Por outro lado, trata de uma intervenção estrutural acordada.

Assim, ao avaliar que um setor é problemático (concentrado e com elevadas barreiras), não havendo modificação da legislação, criação de regulação ou modificação estrutural/comportamental negociada, ainda é possível que o CADE interfira na estrutura da oferta, à semelhança do que ocorreu no caso da Standard Oil e AT&T. Sobre este aspecto, o art. 24, V, da Lei 8.884/94 e o art. 38, V, da Lei 12.529/11 reconhecem como possível pena a uma infração à ordem econômica a possibilidade de cisão de sociedade, transferência de controle societário, venda de ativos e ou cessação parcial de atividade. Trata-se de uma medida extrema, mas de que o legislador facultou ao CADE lançar mão. Veja que o Poder Público pode alienar bens privados, para fins de desapropriação, se quiser alcançar um objetivo maior. Neste sentido, se ficar comprovado que não há outra solução para um determinado setor em que se utiliza preços abusivos, o CADE não precisa milimetrar - como remédio ao abuso - qual deverá ser o preço que a empresa cobrará ou não no futuro, fazendo às vezes da própria empresa e utilizando esta medida de preço como punição. Se as pressões que elevam o preço do consumidor final são decorrentes de um abuso de poder de mercado de tal ordem que não se consiga resolver por outra via, talvez a imposição de concorrência pela modificação estrutural auxilie neste processo. E é exatamente por isto que parece ser interessante que o CADE possa continuar avaliando o que é preço abusivo e como reagir de forma estrutural a estes conflitos.

E se este é um remédio confortante do ponto de vista estrutural, também há questões comportamentais que não são menos relevantes na discussão. Segundo a posição não interventiva, não é fácil definir o que seja o preço justo, devendo ser este um papel da regulação setorial. Ocorre que há casos em que a regulação do setor de fato define o preço, mas este não é obedecido pelo ente regulado. Trata-se de uma desobediência a um *price cap* ou a uma fórmula de reajuste, conhecida pelos regulados. É possível que o descumprimento das regras regulatórias se dê de forma proposital. Além disso, é possível que a regulação não atue contra estes abusos e sequer tenha previsão normativa que puna os infratores que desrespeitem o preço que foi estabelecido pela regulação.

Neste caso, os parâmetros foram definidos pelo Estado de forma objetiva e particular ao setor, não sendo uma margem de lucro normativa linear, imposta de forma indiscriminada. Trata-se de um desrespeito às normas particularizadas do Estado Brasileiro. Esta hipótese deve ser conceituada como abuso de preços. Veja-se que o Tribunal de Justiça de São Paulo considerou infrativa a prática feita por um agente que possui poder de mercado e abusa deste poder cobrando preços acima do que é permitido pela regulação, posto que isto "constitui *Abuso do Poder Econômico*", conforme se analisa na Apelação 876139700, cuja ementa está abaixo transcrita.

> "Apelação Com Revisão 876139700 Relator(a): Willian Campos Comarca: Cabreúva Órgão julgador: 31ª Câmara do D.SEXTO Grupo (Ext. 2º TAC) Data do julgamento: 21/03/2006 Data de registro: 25/03/2006. Ementa: *Locação de Bens Imóveis. Postes. Ação de Revisão Contratual. Preço Justo e Razoável. Compartilhamento de Infraestrutura. Abusividade. Reconhecimento.* Constitui abuso do poder econômico a cobrança de valores excessivos do aluguel de postes, destinado ao compartilhamento de infraestrutura, quando praticado preço acima do mercado pela detentora de monopólio, com prejuízo ao acesso aos serviços públicos essenciais. Exegese do art. 73 da Lei 9.472/97, Resolução Conjunta n° 001/99 da ANEEL, Anatel, ANP; Lei 8.884/94".

Feitos estes comentários, é difícil conceber que a prática de desobediência à política de precificação imposta pela regulação não seja uma desobediência concomitante à Lei 8.884/94, expressamente citada pelo Egrégio Tribunal Paulista. Tal conduta pode muito bem ser considerada como "preço abusivo", podendo acarretar alguma espécie de consequência no âmbito concorrencial, se não houver uma explicação plausível para a mesma e se a Agência Reguladora não conseguir investigar e punir a desobediência ao *price cap*. Assim, há questões tanto estruturais como comportamentais que podem acarretar preocupações de ordem prática à Autoridade de Defesa da Concorrência por preços artificialmente altos, que prejudicam os consumidores. Não bastassem todas as questões acima levantadas, as denúncias de preço abusivo possuem um forte estímulo como função indiciária de obtenção de acervo probatório no que diz respeito a outras condutas. Aliás, em um caso hipotético e teórico, o público não sabe se existe ou não cartel, mas sente seus efeitos a partir de aumentos de preços. Dessa forma, inibir denúncias de aumentos abusivos de preços pode ter o efeito de retirar da Autoridade Antitruste importante evidência a respeito de como o mercado está se comportando e se há elevada probabilidade de que uma conduta concertada esteja sendo praticada.

6. CONCLUSÃO

O presente artigo não teve a pretensão de esgotar o assunto, mas simplesmente de argumentar no sentido de que não é tão simples e, talvez, não seja conveniente riscar para sempre a infração de preço abusivo do rol de infrações concorrenciais. Tal conclusão se dá em razão da potencialidade de um agente que possui elevado poder de mercado impingir dano aos consumidores. Tais danos podem ocorrer de várias formas. Como se viu, é possível que exista a desobediência a critérios existentes na própria regulação setorial, sem uma atitude da autoridade regulatória a respeito, ou mesmo punição; assim como é possível que existam setores problemáticos na economia que, em razão das elevadas barreiras à entrada e pela eliminação de todos os concorrentes do mercado, representem prejuízos aos consumidores. É nesta direção que se deve deixar aberta a janela de oportunidade para o CADE negociar regras, acordos bilaterais com as partes ou, em último caso, sugerir uma intervenção estrutural, quando todo o resto falhar. Tal janela de oportunidade pode ficar mais estreita se retirarmos a conduta de preço abusivo da pauta de condutas anticompetitivas. A tais discussões, adicione-se, também, a relação problemática entre propriedade intelectual e direito da concorrência, que pode dar poderes para uma parte elevar, sem justo motivo, o preço de produtos essenciais aos brasileiros, ocasionando possíveis desabastecimentos, pelo simples motivo de ter um monopólio legal. No caso de cultivares, inclusive, não há sequer recurso a ministros de Estado para delimitar o que seja interesse nacional, sendo papel do CADE avaliar quando o preço põe em risco a Segurança Nacional. É em razão disto que o CADE não pode abandonar o seu posto de guardião destes interesses econômicos sociais. Também se deve considerar as questões atinentes à discriminação de preços e às vendas casadas que não buscam a eliminação de concorrentes ou mesmo o efeito de alavancagem em outro mercado, mas tão somente exploram consumidores mais fracos. Neste cenário, é possível que o Brasil venha a se beneficiar das valiosas contribuições internacionais que podem servir de base para estudos mais aprofundados sobre o tema.

PROCESSO ADMINISTRATIVO Nº 08012.004283/2000-40

Representante: Comissão de Defesa do Consumidor, Meio Ambiente e Minorias da Câmara de Deputados

Representados: Box 3 Vídeo e Publicidade Ltda. e Léo Produções e Publicidade

Advogados: Marcos Alberto Sant'Anna Bitelli; Ieda Maria Monteiro; Thiago Mendes Ladeira; e outros

Relator: Conselheiro Vinicius Marques de Carvalho.

EMENTA: Processo Administrativo. Denúncia de abuso do direito de petição com reflexos na concorrência. Despacho instaurador para averiguar conduta tipificada no art. 20, I, II e IV c/c o art. 21, IV, V e VI da Lei 8.884/94. Conduta unilateral. Empresas Box 3 Vídeo e Publicidade (produtora do programa "Shop Tour" São Paulo) e Léo Produções Publicidade Ltda. (Produtora do programa "Shop Tour" Campinas), no segmento de programas de vendas e promoções veiculados nas emissoras de televisão. Mercado de veiculação de programas de venda pela TV em âmbito nacional. Pareceres da SDE, ProCADE, MPF pela não condenação. Entendimento do relator contrário aos pareceres, pela configuração de infração contra a ordem econômica, em razão do abuso do direito de petição. Voto pela condenação das representadas ao pagamento de multa e publicação da decisão em jornal de grande circulação.

PALAVRAS-CHAVES: *sham litigation*, abuso do direito de petição, programas de televisão, propriedade intelectual, direito autoral

VOTO

1. RELATÓRIO

1.1. Da representação

Trata-se de Processo Administrativo, instaurado em 22 de novembro de 2000, com fundamento na Nota Técnica do DPDE de fls. 228-232 e no Despacho do Secretário de Direito Econômico de fl. 232, em desfavor de Box 3 Vídeo e Publicidade Ltda. e Léo Produções e Publicidade, para que fosse apurada a existência de conduta infringente à ordem econômica, passível de enquadramento no art. 20, I, II e IV, c/c o art. 21, IV, V e VI, da Lei 8.884/94, consistentes em (i) limitar ou impedir o acesso de novas empresas no mercado; (ii) criar dificuldades à constituição, ao funcionamento ou ao desenvolvimento de empresa concorrente e (iii) impedir o acesso de concorrente às fontes de insumo, matérias primas, equipamentos ou tecnologia, bem como aos canais de distribuição.

Inicialmente, a SDE recebeu Representação encaminhada pela Comissão de Defesa dos Consumidores, Meio Ambiente e Minorias da Câmara dos Deputados, solicitando que fosse investigada uma possível tentativa de conformação de monopólio e dominação de mercado pelas empresas Box 3 Vídeo e Publicidade (produtora do programa "Shop Tour" São Paulo) e Léo Produções Publicidade Ltda. (Produtora do programa "Shop Tour" Campinas), no segmento de programas de vendas e promoções veiculados nas emissoras de televisão (fl. 225 dos autos).

A representação apresentada foi motivada por denúncias encaminhadas pelas empresas 3 A Negócios Publicitários e Marketing Ltda. (produtora do programa "Telemídia Ofertas"), General Marketing do Brasil (produtora do programa "Shop & Lazer") e Fundação Cásper Líbero – TV Gazeta e Vídeo In Comunicações Ltda. (produtoras do programa "Liquida Mix") (fls. 2-3, 107-113). As denúncias apresentadas pelas empresas indicariam que a Box 3 Vídeo e Publicidade e a Léo Produções e Publicidade, que seriam de propriedade do Sr. Luiz Antônio Cury Galebe, estariam praticando atos restritivos à concorrência de forma a retirar do mercado de vendas por meio de programas de televisão as empresas denunciantes, tentando, via ações judiciais descabidas, dominar o citado mercado. Especificamente, as denunciantes entendem que as empresas Representadas intentaram uma série de ações judiciais com pedidos de liminares visando tirar do ar os programas de vendas das denunciantes, com base em um direito autoral inexistente ou em justificativas pífias.

Em 21 de dezembro de 2000, o Deputado Salatiel Carvalho, presidente da Comissão de Defesa dos Consumidores enviou ofício à SDE solicitando que fossem adotadas medidas para o arquivamento do procedimento em análise, uma vez que, segundo seu entendimento, a controvérsia envolvendo todas as mencionadas empresas limitar-se-ia a discussões no Judiciário e não representariam qualquer tentativa de obtenção de monopólio.

1.2. Da defesa

A representada apresentou defesa em 28 de dezembro de 2000. Informou, inicialmente, que a citação feita em nome da Box 3 Vídeo e Publicidade endereçada ao sócio-gerente Luiz Cury Galebe poderia apenas se referir a esta empresa e não à empresa intitulada Léo Produções e Publicidade Ltda., já que se trata de outra pessoa jurídica, com outros sócios. A relação existente entre as empresas Box 3 e Leo Produções se limita aos termos do contrato de franquia cuja cópia foi devidamente juntada a estes autos. Afirmou-se que o sócio da Léo Produções é o Sr. José Henrique Troncon Cury.

No que diz respeito à parte formal, solicitou a extinção do processo, já que houve pedido de desistência da representação por parte da Câmara de Deputados.

Quanto ao mérito, alegou que possui registro de Direito Autoral sobre o formato do programa de vendas pela televisão, registrado junto ao arquivo da Biblioteca Nacional da Cultura (fls. 306-314). Com efeito, há um registro na Biblioteca Nacional, de um "roteiro" do Shop Tour, de propriedade de Luiz Galebe, informando que na mencionada série televisiva há apresentadores que promovem televendas, esclarecendo as características de uma série de produtos, suas formas de pagamento, em um ambiente informal. Especificamente, de acordo com o roteiro registrado, "os apresentadores (ou apresentador) têm um comportamento descontraído, franco, e com um ritmo de linguagem característico dos vendedores de oportunidades, isto é, uma abordagem direta ao consumidor rápida e livre, quase intimista".

De acordo com a representada, há uma série de empresas que buscam copiar o programa desenvolvido, havendo diversas decisões judiciais que deram ganho de causa à Box 3. Fez-se aqui menção ao Processo 99.898045-5, em que o Juiz Dr. Paulo Alcides Amaral compreendeu – em liminar – que havia infração a direitos autorais da representada, motivo pelo qual o programa "Liquida Mix" deveria ser impedido de ser veiculado, sendo deferida a busca e apreensão de *videotapes*, além de uma multa de R$ 10.000,00 por programa exibido em contrariedade à referida decisão. Também, a Decisão do Dr. Fernando Sebastião Gomes, da 2ª Vara Cível do Foro Central da Capital de São Paulo, ao examinar a liminar do caso 579552-4, teria deferido o pedido para impedir o programa Telemídia de exibir um programa muito similar ao Shop Tour.

Portanto, para a representada

> "o teor das referidas decisões demonstra com clareza o direito tutelado pela BOX3, cuja garantia do seu cumprimento somente está sendo possível graças à interferência do Poder Judiciário, único meio de socorro para proteção contra as ilegalidades perpetradas pelas denunciantes. Ao requererem a instauração do presente incidente administrativo, as denunciantes intencionam tão somente fazer letra morta as decisões favoráveis obtidas pela Box 3 na esfera judicial, e também intimidar os ilustres representantes do Poder Judiciário. Acatar a tese pretendida pelas denunciantes seria o mesmo que insinuar que a Justiça Brasileira está sendo responsável, ou até cúmplice, pela implantação da dita tentativa de monopólio por parte da empresa Box 3. O fato é um só: a adoção das citadas providências judiciais nada mais é do que o exercício do Direito Constitucional de Ação, previsto na alínea 'a', do inciso XXXIV e no inciso XXXV, ambos do art. 5º da Constituição Federal" (p. 266).

Alegou-se também que a representada jamais impediu qualquer cliente de veicular anúncios em programas concorrentes. Solicitou-se a improcedência do pedido da representante e o consequente arquivamento deste processo.

1.3. Dos pareceres

Para a SDE,

> "há que se verificar se o fato suscitado pela Representante, independentemente de culpa tem por objeto ou é apto a produzir quaisquer efeitos previstos pelo ordenamento antitruste brasileiro, quais sejam: lesão à livre concorrência ou à livre-iniciativa, dominação de mercado relevante de bens ou serviços, exercício abusivo de posição dominante e/ou aumento arbitrário de lucros. A denúncia objeto da presente representação insere-se no mercado de veiculação de programas de venda e propagandas em televisão, sendo que as práticas atribuídas às Representadas caracterizariam infrações à ordem econômica definidas no art. 20, incisos I, II e III da Lei 8.884/94. [...] Contudo,

ao se analisar os elementos trazidos aos autos, não é possível descartar a justificativa da empresa Box 3 Vídeo de que se limitou a adotar as medidas judiciais que entendia cabíveis para defender um direito que ela julgava ser legítimo, conforme o exercício do direito constitucional de ação, constante na alínea "a", do inciso XXXIV, do art. 5º c/c inciso XXXV, do art. 5º da Constituição Federal. Observa-se ainda que, em algumas ações movidas junto ao Judiciário, a empresa obteve êxito, tendo obtido provimento jurisdicional positivo. Apenas no ano de 2002, o Superior Tribunal de Justiça negou a existência desse direito à Box 3 Vídeo".

A SDE também entendeu não haver provas da existência de cláusulas de exclusividade que impedissem clientes de contratarem outros canais de propaganda.

A Procuradoria do CADE, por meio do Parecer 358/2009 e o Ministério Público Federal, via parecer 03/2010 – GAB/AARAS/CADE, acataram a tese da SDE. Assim, para os órgãos pareceristas não há que se falar em infração concorrencial em uma situação como esta, em que a parte busca garantir um direito, de forma legítima, que julga possuir.

1.4. Instrução complementar

O gabinete, por meio de diversos ofícios, buscou avaliar o histórico das ações judiciais e seu fundamento. Descobriu-se que a representada chegou a apresentar nove ações, que serão explicadas, de forma mais pormenorizada, ao longo deste voto. De todo modo, adianta-se que todas as decisões favoráveis que a Box 3 mencionou em sua defesa foram revertidas pelo Poder Judiciário, quando da análise do mérito das referidas ações.

2. VOTO

Inicialmente, afasta-se a alegação preliminar de que a desistência da representação feita pela Câmara dos Deputados tem o condão de extinguir o processo administrativo antitruste. O art. 30, § 2º, da Lei afirma que "a representação de Comissão do Congresso Nacional, ou de qualquer de suas Casas, independe de averiguações preliminares, instaurando-se desde logo o processo administrativo". Todavia, isto não significa que a Comissão do Congresso Nacional seja o *dominus litis* e em razão disto tenha à sua disposição a possibilidade de desistir do Processo Administrativo. Aliás, mesmo a SDE, uma vez aberto o Processo Administrativo, não pode arquivá-lo sem antes ocorrer o reexame necessário por parte deste Conselho. Deste modo, não prospera a alegação preliminar.

No que toca ao mérito, passo a discorrer sobre a antinomia entre Direito de Petição e Proteção à Concorrência.

O Direito de Petição, tão caro à Ciência Jurídica, perseguido desde os tempos da Magna Carta inglesa, na Idade Média, e solidificado no Bill of Rights de 1689 e em tantas outras Declarações e instrumentos que se seguiram, está insculpido em nossa Constituição Federal, no art. 5º, XXXIV e XXXV.

As representantes, neste caso, sustentam que a Box 3 e a Léo Vídeo fizeram mau uso deste Direito, buscando obter uma absurda reserva de mercado. Sustentam, assim, que, por meio de provimentos liminares, com incabíveis pretensões, as representadas almejavam exterminar a Concorrência, passando a usar, exclusivamente, de determinado gênero de programa, lesando, com tal procedimento, os concorrentes, anunciantes e consumidores.

Cabe, assim, indagar se há ou não possibilidade de utilização do Poder Judiciário para fins anticompetitivos ou se há um Direito de Petição absoluto, que é justificado independente de qualquer outro valor e que não pode ser, de forma alguma, analisado por este Tribunal Administrativo.

Nos Estados Unidos, país que mais cedo desenvolveu jurisprudência sobre esta matéria, verificou-se a emergência da doutrina *Noerr-Pennington*, na qual as partes devem ter pleno acesso e Direito de Petição aos órgãos governamentais, não podendo haver punição Antitruste por petições com finalidades anticompetitivas, mormente quando direcionadas ao Poder Legislativo e sob determinadas condições, aprioristicamente. Tal doutrina é derivada de dois casos famosos, a saber, o *Eastern R Presidents Conferece V. Noerr Motor Freight Inc.* (Noerr) e o caso *United Mine Workers of America v. Pennington* (Pennington).

Não obstante tal compreensão e sem entrar nas minúcias dos referidos precedentes, a prática de *sham litigation* passou a ser vista nos Estados Unidos como uma exceção à doutrina *Noerr-Pennington.* Com efeito, a Suprema Corte norte-americana passou a punir *sham litigation*, ou seja, a punir partes que deduziam pretensões que, na realidade, objetivavam retardar a livre concorrência criando empecilhos e situações meramente protelatórias sem base legal. Assim, entende-se, portanto, *sham litigation* como litigância predatória ou fraudulenta com efeitos anticompetitivos.

O repúdio a este tipo de prática está consolidado em diversos precedentes norte-americanos. Por exemplo, no caso *Professional Real Estate Investor (PRE), Inc., et al. v. Columbia Pictures Industries, Inc., et al.*, a Suprema Corte Norte-Americana compreendeu haver *sham litigation* sempre quando estiverem presentes dois requisitos – um objetivo e outro subjetivo. Assim, a interposição de ações no judiciário que são desprovidas de base objetiva [critério objetivo] e que representem uma "tentativa de interferir diretamente nos negócios de um concorrente" ao invés de almejar resultado de tal processo [critério subjetivo] podem ser punidas pela Legislação Concorrencial.

Também no caso *USS-POSCO Industries v. Costa Building & Construction Trade Council* (*USS-POSCO*) de 1994 entendeu-se que, se um agente instaura uma série de litígios tendo como objetivo obter vantagens concorrenciais no sentido de que tais "disputas legais seriam aventadas de acordo com uma política de instauração de litígios sem preocupação com a razoabilidade ou não de seu mérito e com o propósito de prejudicar seu concorrente", em tal hipótese, pode-se verificar uma conduta punível como prática anticompetitiva, nos Estados Unidos.

Tem-se notícia, também, de que no caso *In the Matter of Bristol-Myers Squibb Company*, FTC Docket No. C-4076, 135 F.T.C. 444 (2003), o FTC denunciou a BMS por entrar em acordos judiciais para restringir a comercialização de determinados medicamentos (buspirona e drogas à base de paclitaxel e platinol nos Estados Unidos). Assim, não seria justificável o acordo judicial em que a empresa de genéricos Schein Pharmaceuticals, Inc. ("Schein") concordou em abandonar a ação que questionava a patente da BMS, em troca de 72 milhões de dólares. Tal acordo foi considerado lesivo à concorrência pelo referido órgão.

Na União Europeia, no caso da *AstraZeneca* (2005), a empresa mencionada foi multada pela Comissão Europeia em 60 milhões de euros por estender, de forma fraudulenta, a propriedade intelectual de seu medicamento Losec, entre 1993 e 2000, retardando a entrada de genéricos no mercado.

No Brasil, tanto a "*sham litigation*" norte-americana como o "abuso de direito de petição", de forma genérica, já foram extensamente discutidos em âmbito administrativo como condutas que podem gerar algum dano anticompetitivo.

Na análise da Averiguação Preliminar de nº 08012.005610/2000-81, o CADE defrontou-se com a acusação de que a Representada teria manejado indevidamente procedimentos administrativos e judiciais a fim de prejudicar uma concorrente no mercado de transporte coletivo de ônibus na região de Governador Valadares. Apesar do parecer da SDE pelo arquivamento, o Plenário do CADE deu provimento ao recurso de ofício e determinou a instauração de processo para aprofundamento das investigações. De acordo com a compreensão do ex-Conselheiro Paulo Furquim de Azevedo, em seu voto-vista:

> "mesmo havendo direito indiscutível de petição assegurado à representada, seu uso indiscriminado e com fundamentos inconsistentes, como transparece em algumas passagens dos autos, pode configurar abuso de direito e infração à ordem econômica, se restar configurado ser seu propósito primeiro obstruir a concorrência".

Outro caso importante neste aspecto foi o das "Baterias Moura", em que se fez menção explícita à teoria da *sham litigation* norte-americana. A Averiguação Preliminar de nº 08012.006076/2003-72, instaurada em setembro de 2007, foi oferecida pelo Grupo Moura. No referido precedente, grandes empresas no mercado de baterias questionaram à Anatel se o Grupo Moura, entrante no mercado, estava vendendo produtos em conformidade com as normas técnicas. O CADE compreendeu que tal consulta à Anatel era lícita e não representava *sham litigation*. Por outro lado, o voto do ex-Conselheiro Cueva compreendeu que seria possível condenar práticas abusivas do direito de petição, levando em consideração alguns critérios, como a plausibilidade do direito invocado, a veracidade das informações, a adequação e a razoabilidade dos meios utilizados e a probabilidade de sucesso da postulação.

No rol de precedentes do CADE também consta a Averiguação Preliminar 08012.005727/2006-50, em que se discutiu a relação do Direito Patentário dos perfis de alumínio, sendo que, no referido caso, entendeu-se não haver *sham litigation*. De outro lado, no âmbito do Processo 08012.004484/2005-51, envolvendo as empresas Seva e Siemens, houve uma intensa discussão a respeito se, e em que medida, seria possível condenar uma prática de abuso de direito de petição via legislação antitruste.

O Conselheiro Furlan não fez menção ao termo *sham litigation*, talvez com a preocupação de não importar um instituto estrangeiro sem as devidas adaptações ao ordenamento pátrio. De todo modo, compreendeu que

> "o recurso ao Judiciário pode ser empregado como instrumento para a realização de infração contra a ordem econômica. Surge daí a necessidade de ação estatal voltada a evitar que o direito de acesso ao Judiciário seja empregado para a consecução de fim ilícito, capaz de prejudicar o mercado como um todo. Também surge daí a competência do CADE para a matéria. Não se sustenta a tese da representada de que o Poder Judiciário seria a instância responsável por apontar e punir ações judiciais que visassem a restringir ilicitamente a concorrência. Este argumento se sustenta em bases que

disfarçam a real natureza do ilícito e a adequada análise de sua ocorrência. O ponto fulcral para a caracterização da conduta ilícita em questão pode ser entendido como a promoção de fim anticompetitivo espúrio com base em ação desnecessária para a proteção de direito legítimo da parte".

Ou seja, é sim possível que a utilização abusiva do Poder Judiciário se configure em uma infração antitruste.

No mesmo sentido, o Conselheiro Olavo Chinaglia compreendeu que

"inexiste, de fato, qualquer óbice no ordenamento jurídico brasileiro ao reconhecimento de que o abuso do direito de ação ou petição possa configurar infração à ordem econômica. O direito da concorrência volta-se à prevenção e ao controle de condutas prejudiciais ao bom funcionamento do mercado, combatendo em particular aquelas voltadas à exclusão predatória de concorrentes. A fim de cumprir com tal objetivo, a Lei Antitruste indicou de forma muito clara que podem constituir infração à ordem econômica 'os atos sob qualquer forma manifestados' (Lei 8.884/94, art. 20), expressão que engloba propositalmente todo e qualquer tipo de conduta que tenha por objeto ou possa produzir efeitos anticoncorrenciais. Dado seu claro potencial anticompetitivo, o abuso de procedimentos judiciais não pode escapar à aplicação das normas da concorrência. Com efeito, o uso fraudulento do direito de ação por uma empresa dominante constitui instrumento capaz de afetar de diferentes formas a operação de um agente no mercado, podendo impactar, por consequência, a ordem concorrencial no setor".

O ex-Conselheiro Cesar Mattos já preferiu enquadrar a conduta punível pelo antitruste como o tipo específico de *sham litigation*. Para Mattos, "abuso de direito não é condição suficiente para a caracterização de *sham litigation*", mas concluiu que é possível que empresas utilizem-se indevidamente do Judiciário para elevar os custos de rivais e, assim, configurar a infração prevista tanto no art. 187 do Código Civil, como nos art. 20 e 21, IV e V, da Lei 8.884/94.

Portanto, parece ser algo muito tranquilo e pacífico que as partes não podem se proteger da sua responsabilidade concorrencial, utilizando como justificativa o seu Direito de Petição, visto que este não é absoluto ou mesmo imune à avaliação desta Autarquia. Sem entrar na celeuma se se deve ou não importar o instituto de *sham litigation*, nas exatas proporções, nos restritos moldes norte-americanos ou se é possível ter uma visão mais ampla a respeito deste instituto, cumpre avaliar, no caso concreto, se há alguma razoabilidade na causa de pedir das requerentes no presente, ao buscar proteger um suposto direito de propriedade intelectual.

Existência de direito de monopólio ou falsa premissa jurídica?

Sobre este aspecto, é relevante notar que, embora as requerentes tenham construído, de forma muito engenhosa, inteligente e perspicaz uma argumentação que aparenta lhes dar o direito de reservar para si uma parte do mercado televisivo, trata-se, sem sombra de dúvida, de uma premissa jurídica equivocada. A presente causa, do ponto de vista objetivo, assemelha-se à *objective baseless claim*, já que, nem mesmo sob o prisma teórico, pode-se esperar que este tipo de contenda prospere.

Explica-se.

Para embasar sua pretensão, as demandantes utilizam-se de um registro na Biblioteca Nacional,

> "como se isso fosse formalidade essencial à sua defesa. Ocorre que registro em direito autoral, diferentemente da propriedade industrial, é providência meramente facultativa e não constitutiva de direito. A certidão de registro da Biblioteca Nacional não se reveste das características de título aquisitivo de direito, como o certificado de marca emitido pelo INPI [...], com efeitos *erga omnes*. Obra passível de registro é toda criação intelectual, literária, artística ou científica original – pressuposto básico da proteção – expressa por qualquer meio ou fixada em suporte mecânico. Podem, ainda, ser registradas as adaptações, traduções ou outras transformações da obra original, desde que apresentadas como criação intelectual nova, assim como título da obra. Equivale dizer que tanto o roteiro (obra literária) que os demandantes registraram na Biblioteca Nacional, como a obra audiovisual, como um todo, igualmente se registrada, apenas garantiriam anterioridade àquele escrito depositado ou àquele vídeo depositado e a nenhum outro mais que se lhe seguissem. O registro alcança tão somente o texto ou o audiovisual individualmente depositado. E a prova de anterioridade funciona apenas contra reproduções comerciais daquele escrito ou daquele audiovisual depositado. A presunção não se irradia a nenhum outro roteiro – de outro programa – ou de nenhuma outra obra. A regra vale tanto para obras protegidas como para as não protegidas, posto que a Biblioteca Nacional funciona apenas como um receptáculo para quem desejar, no futuro, alegar a anterioridade. A anterioridade sem originalidade, como se verá, nenhum significado possui. Entretanto, o registro, por sinal também exibido pelas demandadas, não tem senão o condão de declarar o direito que cada parte possui àquele roteiro depositado na fundação Federal. Querer com isso pretender que demais roteiros não depositados funcionem como garantia de monopólio é abusar do direito que possuem, como previsto na Lei 8.884 de 11/06/1994, a lei do abuso de poder econômico [...] O que, na verdade, pretendem os demandantes é, baseados numa formalidade não

essencial, meramente facultativa e declaratória, transformar o direito particular e estreito que possuem às suas produções de caráter comercial, em direito monopolista de caráter cultural [...] impedindo que quaisquer outros concorrentes tenham acesso à mídia eletrônica para seus serviços"[1].

Claro que um registro dá a aparência de lastro em um direito subjetivo. Mas, para quem tem mais traquejo na área de Direito Autoral, sabe que apenas haveria infração ao direito das requerentes se houvesse reprodução *ipsis litteris* do programa arquivado na Biblioteca Nacional. Além disto, a tutela ao direito do autor, preconizada no art. 5º, XXVIII, da Constituição Federal, foi regulamentada pela Lei 9.610/98 que, em seu art. 7º, confere proteção às obras intelectuais ou "criações do espírito, expressas por qualquer meio ou fixadas em qualquer suporte, tangível ou intangível, conhecido ou que se invente no futuro". Segundo Antônio Chaves, Direito Autoral é

> "o conjunto de prerrogativas que a lei reconhece a todo criador intelectual sobre suas produções literárias, artísticas ou científicas, de alguma originalidade, de ordem extrapecuniária, sem limitação de tempo, e de ordem patrimonial, ao autor, durante toda a sua vida, com o acréscimo, para os sucessores indicados na lei, do prazo por ela fixado" (Direito de Autor, v. I, Editora Forense, p. 17).

No mesmo sentido, Henry Jessen, no livro *Direitos Intelectuais*, Ed. Itaipu, Rio de Janeiro, 1967, p.53, ensina que, para merecer a tutela legal, a obra deve:

a) "Pertencer ao domínio das letras das artes ou das ciências;
b) Ter originalidade;
c) Achar-se ao período de proteção fixado pela lei"

Todavia, o roteiro do Shop Tour, por ser um programa destinado a vendas, não possui relação com artes ou ciências. E, mesmo se assim não fosse e se tivesse uma compreensão mais alargada do significado artístico, e deixando de lado, também, o propósito específico do registro na Biblioteca Nacional, deve-se considerar que o roteiro depositado não apresenta originalidade. Comerciais e vendas de produtos em programas existem desde os primórdios da televisão, sendo que o jeito descontraído de falar não pode ser uma propriedade de alguém. Como exemplo de programas anteriores (e específicos deste gênero) exibidos no Brasil, as representantes citaram um que

1 Ver parecer de Eliane Y. Abrão, fls. 123-124 dos autos.

teria sido transmitido em 1983 e 1984, por Celso Russomano. Aliás, mesmo este programa teria sido inspirado nos padrões de TV a cabo do mundo todo, especialmente dos Estados Unidos.

Quanto à possibilidade de se monopolizar um gênero televisivo, já existe uma série de decisões demonstrando quão frágil é tal pretensão. Por exemplo, a TV Globo alegou plágio do programa "Você Decide" em relação ao programa "O Povo é o Juiz" e o Judiciário considerou não ser possível reclamar a propriedade de ideias a respeito de um gênero televisivo, em 1996[2]. Também, no caso de *reality shows*, os donos do programa "Big Brother" acusaram de plágio os responsáveis pelo programa "a Casa dos Artistas", solicitando medida cautelar para retirar tal programa, sendo que a decisão foi muito clara no sentido de que um método de programação não goza da proteção da lei 9.610/98 por não se tratar de assunto ou argumento literário[3].

Assim, há um claro posicionamento no sentido de que um gênero televisivo não pode ser apropriado, em razão da própria legislação autoral. Com efeito, de acordo com o art. 8º da Lei 9.610/98, *não* podem ser objeto de proteção como direitos autorais "I – as ideias, procedimentos normativos, sistemas, métodos, projetos ou conceitos matemáticos como tais; e II – os esquemas, planos ou regras para realizar atos mentais, jogos ou negócios", dentre outros. Assim, não pode uma empresa chamar para si, com base na referida lei e no registro específico na biblioteca nacional, a propriedade de um gênero de programa, já que este representa uma ideia ou mesmo um esquema mental.

Este tipo de conduta representa má-fé em vários aspectos. Inicialmente, a representada atua de má-fé por deduzir pretensão contra texto expresso de Lei 9.601/98, conforme art. 17, I, do CPC. (Ver, também, Recurso Especial 739.064/MA.) Tem-se aqui o chamado abuso macroscópico do processo ou abuso relativo à tutela jurisdicional globalmente considerada (STJ, 5ª T, REsp 314.479/RJ, Rel. Min. Edson Vidigal, j. 19.0602001, v.u., DJ 20/08/2001)[4].

No Agravo Regimental na Medida Cautelar 3.295 de São Paulo, a Douta Ministra Nancy Andrighi considerou que é "litigante de má-fé aquele

2 Ver Apelação Cível 5731/95 de 04/06/96 – 6ª Câmara Cível do TJRJ – unânime – Des. Rel. Itamar Barballo.

3 Conforme 5ª Câmara de Direito privado do TJSP, no Agravo Regimental nº 225.882.4/1-01, da Comarca de Osasco/SP, com julgamento em 08/11/2001, tendo como Relator o Desembargador Marcus Vinícius dos Santos Andrade, e publicado in RT, v. 798, p. 131, na parte 'Jurisprudência Selecionada', do Cap. 'Tendências Jurisprudenciais Civis' – Ver também a respeito deste provimento cautelar a decisão do REsp 425.276.

4 ABDO, Helena Najjar. *O abuso do processo*. São Paulo: Revista dos Tribunais, 2007. p. 157-158.

que requer o provimento judicial contra texto expresso de lei e procede de modo temerário, tendo como objetivo a suspensão desarrazoada de processo de execução e renovação de lide já exaustivamente apreciada".

Veja que a conduta da representada não se ateve apenas a oferecer uma ou outra ação esporádica, mas uma série de ações, muitas delas seguidas, repetidas vezes, renovando lides, contra texto expresso de lei e com o mesmo argumento. Não bastasse isto, todas as ações tiveram (e algumas ainda têm) solicitações cautelares, com pretensões que a parte sabia de antemão serem precárias, dadas as diversas manifestações do Judiciário no sentido oposto. Assim, ao agir deste modo, ocultando e omitindo todos os precedentes contrários à sua pretensão, a parte procedeu de modo temerário, sabendo que estava provocando incidentes manifestamente infundados (consoante art. 17, V e VI, do CPC).

Além disso, a retirada precoce de concorrentes do mercado, com base em liminares, sem ao menos discutir o mérito da questão fundada em um suposto registro que em nada assegura o direito reclamado, acaba por confundir os magistrados, que confiam na boa-fé daquele que pleiteou a referida medida liminar.

No caso de uma patente lícita, o que se pode observar é que existe uma troca, do ponto de vista social. Considerando uma patente ou um cultivar, tem-se, por um lado, a existência de um "monopólio" por um período de tempo razoável, capaz de remunerar o capital investido no invento, mas, por outro, há um ganho social relativo à própria inovação. Todavia, no presente caso, o autor não apresenta nenhuma invenção, não produz nada à sociedade com originalidade capaz de merecer amparo jurídico e, ao mesmo tempo, não só acaba por simular um direito que não tem, na busca de ludibriar o Poder Judiciário, mas também assume uma conduta de risco que pode levar ao monopólio, considerando os custos processuais existentes.

Do ponto de vista dos incentivos, as ações que possuem este tipo de fundamentação desrespeitam o Princípio Concorrencial em diversos âmbitos, em variadas esferas.

No *nível mais externo*, há o risco da eliminação de concorrentes no mercado televisivo, sem qualquer contrapartida oferecida socialmente.

No *nível intermediário*, haverá menos concorrência no que diz respeito à negociação com anunciantes, o que pode acarretar um preço maior aos consumidores.

Ademais, o presente tipo de ação não busca atingir uma ideia de um programa qualquer, como programas de auditório ou de entrevistas, mas, sim, um programa de propagandas. Assim, tal prática, no *nível mais profundo*, acaba por atingir a própria ideia de concorrência, já que o que a parte solicita acaba tendo um efeito semelhante a uma patente sobre a "ideia" de compra e venda pela televisão. Qualquer canal que coloque uma pessoa falando, de forma descontraída, as características dos produtos a serem oferecidos está buscando fazer nada mais nada menos do que uma oferta de compra e venda. Assim, chamar para si o direito de realizar este tipo de oferta, de forma monopolística, significa acabar com a possibilidade de os consumidores perceberem a diferença de preço e de qualidade dos produtos existentes e disponíveis no mercado[5].

Neste sentido, a proteção buscada aqui, por meio das referidas liminares, é contrária à própria noção de concorrência. Veja-se que o representante juntou um parecer bem contundente, que passo a transcrevê-lo textualmente, e que parece resumir este ponto de vista:

> "os semitas e seus descendentes, mercadores e negociantes, espalhados por todo o mundo, devem ficar apreensivos. Afinal, alguém quer lhes tirar a característica histórica que os tornou famosos mercantilistas, querendo exclusividade sobre métodos de vendas pelo simples fato do surgimento de um meio eletrônico de exposição de mercadorias, a televisão. [...] As ideias de um lado são patrimônio comum de todos, não podendo ser de nenhuma forma apropriadas por qualquer pessoa, sob pena de censura e da regressão do próprio conhecimento, mola propulsora de todo o desenvolvimento social, tecnológico e cultural da humanidade. Sua transformação em obra ("*res*") é que poderia ter proteção, dependendo de seu conteúdo e finalidade. Qual a finalidade do programa Shop Tour? Informação e vendas. Ora, informação não é monopólio de ninguém, o que vale dizer que, se reconhecido fosse o direito das demandantes à proteção autoral, somente elas ou pessoas por elas autorizadas poderiam expor mercadorias ou serviços à venda pela televisão. O que é um verdadeiro absurdo, porque isso incluiria todos os anúncios produzidos por agências de publicidade *house-organs*, produções independentes etc! (...) O programa 'Shop Tour' não passa de um conjunto de métodos ou regras de comercialização, tão antigas quanto a história – a venda em balcão. Nem novidade é fazê-lo através da televisão – balcão eletrônico – usando o balconista desta feita, terno e grava e passando gomalina nos cabelos. Isso garante o monopólio das vendas por meio de televisão a alguém? Em nenhum lugar do mundo oriental ou ocidental, civilizado" (Parecer de Eliane Y. Abrão, fls. 119-123 dos autos).

---

5 Segundo Calixto Salomão, a concorrência deve ser concebida como um processo de informação, como uma avaliação formal, que permite a disseminação da informação perante todas as pessoas. Tal processo, que permite a construção das curvas de oferta e demanda de forma natural e espontânea, trata do autoconhecimento da sociedade.

Tem-se aqui, portanto, uma espécie de ação que é, em teoria, contrária à concorrência em vários aspectos e não possui fundamento jurídico mínimo. Daí, pode-se questionar se a tese dos órgãos pareceristas está certa, de que a parte buscava defender no Judiciário, de boa-fé, um direito que julgava possuir.

Ora, cometer um erro tão grande, tão grosseiro, repetidas vezes, e insistir no erro, buscando induzir a erro o julgamento dos magistrados, com base em uma prova pré-constituída (registro público), em uma situação na qual há elevados custos de transação para reverter liminares ou decisões de primeira instância que retiram concorrentes do mercado, é sem sombra de dúvida uma atitude extremamente arriscada do ponto de vista concorrencial. No Direito Concorrencial, o art. 20 da Lei 8.884/94 está assim escrito:

> Art. 20. Constituem infração da ordem econômica, independentemente de culpa, os atos sob qualquer forma manifestados, que tenham por objeto ou *possam produzir* os seguintes efeitos, ainda que não sejam alcançados: I – limitar, falsear ou de qualquer forma prejudicar a livre concorrência ou a livre-iniciativa; II – dominar mercado relevante de bens ou serviços; III – aumentar arbitrariamente os lucros; IV – exercer de forma abusiva posição dominante.

Tem-se assim, sob o prisma do *standard* de provas, uma estrutura dual nas lides concorrenciais, para que exista uma infração: (i) ou se prova, independentemente de culpa ou dolo, que existe um risco objetivamente determinado de produção de um dos efeitos previstos nos incisos do art. 20 ou (ii) se prova que a parte tinha por objeto, ou seja, tinha vontade de, causar os referidos efeitos.

Assim, ao se avaliar que a parte preferiu agir de forma extremamente arriscada, tendo o potencial de retirar concorrentes do mercado com base neste tipo de alegação frívola, tem-se que, por este tipo de comportamento, houve, sim, infração ao art. 20 da Lei 8.884/94. Mas, além disto, é possível considerar que a parte tinha plena noção do que estava fazendo, considerando a sua má-fé, e que estava pleiteando no Judiciário causas sem qualquer tipo de suporte jurídico.

Sobre este aspecto, basta olhar a grande quantidade de ações que foram impetradas contra grandes e relevantes concorrentes do mercado. Mesmo tendo uma série de decisões contrárias à sua pretensão transitadas em julgado e que explicitamente mencionavam a falta de originalidade, a precariedade do título registrado na Biblioteca Nacional e a impossibilidade de se patentear um gênero televisivo, mesmo assim, a Box 3 continua, ainda hoje, a litigar no Judiciário, via novas ações, contra seus concorrentes, com o mesmo fundamento, como se verá a seguir. Portanto, neste cenário, é muito difícil argumentar que a Box 3 está de boa-fé, que não sabe o que está fazendo ou mesmo que apenas busca defender direitos que julga piamente ter.

Sobre a história das ações judiciais, há uma grande gama de ações que foram propostas no Judiciário e que passo a expor.

Antes, no entanto, de comentar todas estas ações, é relevante afirmar que a empresa representada (Box 3) é de propriedade de Luiz Galebe, que veicula anúncios da Shop Tour. Assim, algumas ações propostas no Judiciário foram apresentadas em nome da Shop Tour, outras em nome de Luiz Galebe e outras em nome especificamente da Box 3. Também, algumas destas ações foram apresentadas após o despacho de instauração do presente processo administrativo (sexta, oitava e nona ação abaixo mencionadas). Por outro lado, ter noção de todas estas lides judiciais possibilita ao intérprete avaliar com maior cuidado, qual foi e qual está sendo a conduta da representada ao longo do tempo.

Primeira ação

Em 18 de fevereiro de 1991, Luiz Antonio Cury Galebe e MC – 3 Vídeo Produções Ltda. apresentaram ação cautelar alegando que o programa TV Shopping do SBT possuiria a mesma linguagem, roteiro, forma de apresentação, postura dos apresentadores, dentre outras questões semelhantes ao programa Shop Tour. Tal processo recebeu numeração 583.00.1991.719296-6. A referida ação, juntamente com a ação de indenização, foi proposta contra Arnaldo Farina Júnior, JPO Produções Ltda., SBT Sistema Brasileiro de Televisão, Osvaldo Luiz Carneiro de Castro, Rádio e Televisão Bandeirantes Ltda., Fundação Cásper Líbero – TV Gazeta, utilizando a argumentação de que estes estariam infringindo o seu direito autoral, devidamente registrado na Biblioteca Nacional, acima mencionado. Neste caso, a sentença julgou parcialmente procedente a ação para manter a proibição liminarmente concedida na cautelar e determinar que os réus se abstivessem de exibir os programas "TV Shopping" e "Ponto de Venda", sob pena de multa diária de Cr$ 100.000,00. Condenaram-se os réus a custas de ambas as demandas, bem como honorários advocatícios de 15%. Com a referida decisão, foi possível retirar – efetivamente – os concorrentes da empresa Box 3 do mercado, ao menos por um período de tempo, com base no registro existente na Biblioteca Nacional.

Após, foram opostos embargos de declaração por JPO Produções Ltda., os quais restaram rejeitados. Arnaldo Farina Júnior, Osvaldo Luiz Carneiro de Castro (reiterando agravo retido), JPO produções, Rádio e Televisão Bandeirantes e SBT apelaram pleiteando reforma integral da sentença. Tal apelação recebeu numeração 224.654-1/1. Luiz Galebe e MC – 3 também apelaram pedindo alteração da sentença para que fosse dada indenização integral e reconhecido o direito autoral ao roteiro do seu programa e ao direito de marca extensivo ao nome TV Shopping. O TJ/SP não conheceu dos agravos retidos e deu provimento às apelações dos réus, considerando prejudicada a apelação dos autores (conforme p. 936 deste processo). O Tribunal de Justiça de São Paulo, em 25 de abril de 1996, considerou que não havia imitação de programas *in casu*. O que existia era um método de vendas assemelhado, utilizado em ambos os programas. Assim, tal similitude, segundo o Tribunal de Justiça "não justifica a proteção do direito autoral, mormente na transmissão televisiva. A apresentação do programa, o modo de se ofertar o produto, a exteriorização publicitária não são apropriáveis, juridicamente" (p. 942 dos autos). Além disto, o TJ/SP também considerou que

> "são formas de expressão próprias desse meio de comunicação, como acontece com as telenovelas, com os jornais falados, com os programas de auditório, infantis ou para adultos, com os eventos esportivos. A concepção de um tipo de programa, especificamente para detalhar mercadorias e incentivar sua comercialização nada tem de original, tratando-se de assunto abordável a todos que se dedicam a esse tipo de atividade. Também não é tutelável, a maneira de exteriorização pessoal, manifestando-se nesse aspecto a capacidade e o talento do apresentador ou do locutor. São atributos pessoais, não abarcados pelo direito autoral".

Os autores ingressaram com recurso Especial. O recurso não foi conhecido, conforme decisão do Ministro Ruy Rosado, proferida em 10 de março de 1997, havendo, assim, trânsito em julgado.

O SBT estimou que as perdas decorrentes desta manobra judicial poderiam chegar a 10 milhões ou 12 milhões de dólares (ver p. 929 dos autos).

Não conformados com esta decisão, Luiz Galebe e MC – 3 apresentaram uma ação rescisória alegando que apenas foi analisado o Direito Autoral, mas não foi feita qualquer menção à infração sobre concorrência desleal. Tal processo foi autuado sob número 105.072.4/8 e, por meio de acórdão do Tribunal de Justiça de São Paulo em 9 de novembro de 2000, mais uma vez afirmou-se que não há como se deferir o monopólio de um gênero televisivo a uma parte, tendo em vista o alto grau de generalidade deste tipo de proteção intelectual. O C. Superior Tribunal de Justiça no Agravo de Instrumento 447595/SP manteve o decreto de improcedência da aludida Ação Rescisória, em r. decisão que também já transitou em julgado (p. 1694 dos autos).

Segunda ação

Em 02 de outubro de 1997, a Box 3 Vídeo Publicidade e Produções Ltda., representada por Luiz Antonio Cury Galebe, e por intermédio do Advogado Eduardo Pimenta, apresentou QUEIXA-CRIME, sob número 908/97, *contra* AC Assessoria de Comunicação e TV Mar. A referida Queixa-Crime foi distribuída na 5ª Vara Criminal de Santos, tendo como fundamento o mesmo registro na Biblioteca Nacional. Alegou-se que a imitação do referido "formato" do programa desrespeitava o art. 184 do Código Penal, bem como a legislação específica de Direitos Autorais. A queixa-crime oferecida, todavia, foi rejeitada.

No entanto, foi interposto recurso em sentido estrito (22 de dezembro de 1997) contra a decisão, sendo que o próprio Ministério Público do Estado de São Paulo pleiteou o não acolhimento do recurso e a responsabilização pessoal dos sócios das referidas empresas, já que não há "indício mínimo probatório que confirme a real ocorrência da violação de direito" (p. 546).

Terceira ação

Em 18 de março de 1999, a Box 3 protocolizou ação condenatória de não fazer com pedido de indenização em face de AC Assessoria de Comunicação e Comércio Ltda. (processo 545/99, p. 828 dos autos). De acordo com a petição inicial, a ré é produtora responsável pelo programa Mar Shopping Show, veiculado na cidade de Santos, pela TV Mar e também pelo Canal da Cidade e, portanto, em concorrência com o programa da autora, também transmitido para Santos e região, via TV a cabo. Por outro lado, segundo a Box 3, a concorrência praticada pela ré não se fundamenta nas regras "de boa-fé e, muito menos, de lealdade" (p. 831 dos autos). A base do seu pedido, novamente, foi o registro do formato do programa na Biblioteca Nacional. A empresa Box 3 solicitou liminar para retirar o seu concorrente do mercado, mas tal medida acabou indeferida, por inexistência de base jurídica para tanto. Também, o Juiz Guilherme Ferreira da Cruz considerou, em 20 de julho de 2000, que a ação deveria ser julgada improcedente, já que o registro da Biblioteca Nacional não conferia direito de uso exclusivo das práticas comerciais discutidas. Condenou-se a Box 3 ao pagamento de custas e despesas processuais e dos honorários advocatícios fixados em R$ 2000,00 (dois mil Reais).

Irresignada, porém, a Box 3 apresentou um recurso de apelação em 20 de setembro de 2000, que foi processado sob número 191.819-4/2-00. No mérito, alegou que há configuração de concorrência desleal, o que legitima o pleito de suspensão de vinculação do programa televisivo da AC Assessoria. Entendeu o Tribunal de São Paulo ser irretorquível a argumentação de que o direito autoral alegado não é tutelado pela Lei 9.610/98. Também considerou não haver, de forma alguma, possibilidade de os telespectadores incorrerem em erro, pelo simples fato de os programas apresentarem o mesmo gênero televisivo. Este acórdão foi publicado em 10/09/2008 (p. 1152 dos autos). Houve trânsito em julgado desta ação em 25/09/2008 (p. 1153).

Quarta ação

Em 09 de novembro de 1999, a Box 3 Vídeo e Publicidade Ltda. e Luiz Antônio Cury Galebe adentraram, no Judiciário, com pedido de Medida Cautelar preparatória de busca e apreensão, com suspensão de obra contrafeita (p. 154), via advogado Eduardo Ss Pimenta (OAB/SP 129.809-A), contra Vídeo In Comunicação Ltda. / Fundação Cásper Líbero - TV Gazeta, na 12ª Vara Cível de São Paulo – Capital. A ação principal e a cautelar foram autuadas como Processo n° 583.00.2000.545177-4 e n° 583.00.1999.898045-4 respectivamente. Foi solicitada liminar e inicialmente indeferida. Todavia, solicitou-se reapreciação da matéria, de modo que foi revisado o posicionamento inicial, acolhendo o pedido liminar que determinou a busca e apreensão dos *videotapes* do programa Liquida Mix (decisão em 5 de maio de 2000, p. 317). Também se proibiu a veiculação deste programa, sob pena de multa diária de R$ 50.000,00 por programa exibido. Retirou-se, *deste modo, um concorrente do mercado por um breve período de tempo, conforme decisão do Juiz Paulo Alcides Amaral Sales (ver p. 217 e p. 317-319)*. Todavia, em 30 de outubro de 2000, a referida liminar foi cassada em definitivo, sendo que em 23 de outubro de 2002 as referidas ações foram julgadas improcedentes. Considerou-se que a ideia, enquanto mera projeção psíquica das pessoas naturais, não recebe nenhuma proteção autoral, mas apenas a forma de expressão original, inovadora e singular merece guarida como obra intelectual a ser protegida. Assim, nos termos dos art. 7º e 8º da Lei de Direitos Autorais, considerou-se que o programa é mero sistema e método de veiculação de anúncios de televisão. Assim, a ideia de vender produtos e serviços pela televisão não poderia ser considerada, em si, como obra intelectual.

A Box 3 apresentou apelação cível n° 292.719-4/2, sendo que inicialmente o Voto n° 14 913, Rel. Des. Brevighen, de 29/09/2004, deu provimento à mesma e ganho de causa à Box 3. Todavia, em momento posterior, por meio dos Embargos Infringentes sob número 292.719-4/6-02, novamente o Tribunal de Justiça de São Paulo reconsiderou sua posição e compreendeu que a Lei de Direitos Autorais não protege ideias, formatos, esquemas e planos. O Tribunal mencionou que:

> "não se pode olvidar que a ideia e o formato de um programa não estão sob o pálio protecionista do direito autoral, assim como a configuração de um programa televisivo, visto que não há no seu feitio obra intelectual a ser protegida. Portanto, a Lei regente da matéria (Lei 9.610/98) não protege ideias, formatos, esquemas e planos (art. 8º). Ambos os programas visam vendas de produtos em redes televisivas e nisso são semelhantes, mas são diferentes nos respectivos roteiros e formatos. Ou seja, a semelhança subsiste na ideia de vendas de produtos e serviços pela televisão, mas não se pode inferir que a simples ideia seja uma obra intelectual, mormente em face da constatação da existência de outros programas do mesmo gênero que eram direcionados à venda de produtos pela televisão (cf. fl. 292). Programas existiam desde 1988 na comercialização em ofertar produtos, expor e detalhar mercadoria, a fim de incentivar sua venda. Pulverizada, portanto, a concepção da originalidade do programa do autor. [...] A semelhança quanto à destinação da venda de produtos e serviços pela rede televisiva não gera confusão entre eles, pois são distintos entre si, mormente levando-se em consideração que nenhum deles segue os respectivos roteiros, registrados na Biblioteca Nacional, não se podendo invocar a respeito qualquer prevalência de prioridade do registro. A semelhança, pelo que se infere da prova pericial instruída com as fotos em seus anexos, consiste no dinamismo dialético que todo programa de televisão deve ter, mas com diferentes sutilezas criadas de chamariz para persuadir o tevente a optar pela compra do produto em oferta do momento." (p. 2095-96 dos autos)

Também, "O resultado favorável na esteira dos requerimentos das Apelantes, traria [...] um perigoso precedente, afrontando o princípio da livre concorrência, abrigando o abuso do poder econômico".

Assim, o Tribunal de Justiça de São Paulo compreendeu que, se a presente pretensão fosse deferida, "dar-se-ia mão ao monopólio televisivo tão em contrário à realidade atual" e poderia gerar um "inusitado poder econômico". (p. 1312 dos autos). Assim se posicionou o Eminente Relator dos Embargos Infringentes, Alberto Zvirblis.

Veja que, para existir abuso de poder econômico, segundo o Tribunal, bastaria que a empresa apelada não entrasse com embargos infringentes, o que demonstra que o próprio Tribunal reconhece a alta probabilidade de risco competitivo decorrente desta única ação.

Também, neste caso, o Desembargador Álvaro Passos, voto vencedor, considerou que "em se tratando de programas de televisão, os exemplos de semelhança entre eles são muitos, e nem por isso aquele que primeiro leva ao ar um programa, com determinado formato, idealizado desta ou daquela forma, tem a exclusividade da ideia. Fosse assim, não se poderia levar ao ar programas de entrevistas no qual o entrevistador fica sentado atrás de uma mesa e o entrevistado num sofá ao seu lado, interagindo com uma plateia de convidados; ou programas de variedades, tendo o apresentador atrás de si vistosas dançarinas e à sua frente animada plateia; ou ainda programas humorísticos, com cenas cômicas que se sucedem, com quadros isolados uns dos outros. Podemos citar ainda programas de calouros, *reality shows*, mesas-redondas, com a participação de jogadores após as partidas de futebol, telejornais, e até mesmo as populares novelas" (p. 1696 dos autos).

Enfim, os Embargos Infringentes foram rejeitados. Interpostos Recurso Especial e Extraordinário quanto a este caso por parte da Box 3, foram eles inadmitidos, o que ensejou a apresentação de dois agravos de instrumento, providos no STJ e STF, tendo sido determinada a subida dos referidos Recursos às respectivas instâncias especiais (p. 1302 dos autos).

No STJ, processou-se o Agravo Regimental no Agravo de Instrumento sob número 1.029.958 – SP. O Eminente Relator Sidnei Beneti, em 19 de março de 2009, considerou que quando da interposição do Agravo de Instrumento, não foi impugnada a decisão que obstou a subida do Apelo Excepcional em toda a sua extensão, mormente quanto à afirmação de que o Acórdão, ao decidir da forma impugnada, assim o fez em decorrência de convicção formada pela Turma Julgadora analisando as provas e circunstâncias fáticas próprias do processo "*sub judice*", sendo certo, por esse prisma, aterem-se as razões do recurso a uma perspectiva de reexame desses elementos. Por este motivo, não haveria como contornar o óbice constante da Súmula 7 do Superior Tribunal de Justiça.

Verificou-se em 22 de abril de 2009 o trânsito em julgado da referida ação.

Quinta ação

Em 25 de novembro de 1997, a Shop Tour International Corporation protocolizou na 1ª Vara da Justiça Federal de São Paulo a Ação declaratória 97.55101-6 (*atualmente sob n.* 0055101-41.1997.4.03.6100) contra União Federal; AC Assessoria de Comunicação – General Marketing do Brasil; Shop & Lazer; Super Promoções Propaganda; e Agronauta Vídeo Produções e Eventos (p. 442). Nesta ação, a Shop Tour alega que tomou conhecimento que sua obra intelectual, devidamente registrada na Biblioteca Nacional, havia sido copiada por outras empresas. Assim, a União Federal não primou pelo respeito aos

Tratados Internacionais de Direito Autoral, permitindo que terceiros violassem estes normativos (Convenção de Berna, Trips, dentre outros). Assim, a Shop Tour requisitou liminarmente que as rés não mais utilizassem este tipo de programa, sob pena de mil salários mínimos por dia, além da condenação da ré nas cominações legais e nos honorários advocatícios.

Mesmo instada a se manifestar, a representada Box 3 não trouxe informação aos autos de qual teria sido o desenrolar desta ação, mas é no mínimo curioso que a própria União Federal tenha sido parte do referido processo. De acordo com informação do site da Justiça Federal, verifica-se que até hoje não houve julgamento da questão, sendo que apenas em 2010 os autos foram para perícia, com o objetivo de avaliar se há ou não direito das partes.

Sexta ação

Em 12 de julho de 2000, a empresa do Dr. Galebe, Box 3 Vídeo e Publicidade Ltda. e Outro propuseram ação cautelar de busca e apreensão, com pedido suspensão da divulgação de programa de televisão (p. 8) contra 3 A Negócios Publicitários e Marketing Ltda. e Outro, sendo processado com o número 583.00.2000.579552-2. O Juiz de Direito da 2ª Vara Cível deferiu pedido de liminar para apreensão de *tapes* de áudio e vídeo relativos ao programa Telemídia Ofertas, impondo multa por programa que fosse exibido em desacordo com a referida decisão. Todavia, a 3 A entrou com Agravo de Instrumento 168.921-4/4 com pedido liminar, objetivando cassar a referida decisão. Alertou ao Judiciário que se tratava de um engendrado e malicioso jogo de palavras e que a Box 3 já havia proposto outras ações similares sem êxito. Alegou que o que buscava a Box 3 era uma indevida reserva de mercado e que, de forma arrogante, os agravados buscavam ter para si um gênero de televisão.

De acordo com a argumentação da 3 A, às fls. 240 destes autos,

> "Os vinte e um dias em que foi obrigada a não exibir o programa *foram mais que suficientes para levá-la à bancarrota*. Desta forma, face aos inúmeros danos sofridos pela ora representante no interregno em que foi obrigada a tirar o programa do ar, a mesma perdeu todos os anunciantes, patrocinadores e demais investidores que acreditavam no potencial que sem sombra de dúvida possuía, assim como a credibilidade que jamais será recuperada, em função dos danos que foram ocasionados pela tentativa da ora representada de exercer um verdadeiro monopólio ilegal".

Em 08/11/2000, o Relator Cesar Faria inicialmente negou efeito suspensivo ao Agravo (fls. 322 dos autos e 1482 dos autos), mas, após, reviu sua decisão e deferiu o efeito, no entanto, no mérito do agravo, negou procedência, já que, no seu entendimento, à primeira vista, o registro do roteiro do programa junto à Biblioteca Nacional representava uma evidência preliminar de proteção da referida pretensão. Enfim, tal argumento foi suficiente para retirar um concorrente do mercado, enquanto a questão de mérito da ação principal era decidida pelo Judiciário, conforme se verifica às fls. 8 destes autos.

Mesmo instada a se manifestar, a representada Box 3 não trouxe informação aos autos de qual teria sido a decisão final desta ação, qual teria sido o inteiro teor da decisão final da ação ou se a concorrente Telemídia continua no mercado. De todo modo, analisando as informações que constam no site do Tribunal de Justiça de São Paulo, foi possível compreender o que aconteceu.

Com efeito, após esta discussão sobre a liminar, tem-se o relatório da Apelação Cível com revisão 329.457-4/9-00, feito pela Segunda Câmara de Direito Privado do Tribunal de Justiça do Estado de São Paulo, que demonstra que, após a referida liminar, sucederam-se os seguintes fatos:

> "em contestação (fls. 37/62), a corré Rede 21 Comunicações Ltda. sustentou que o programa "Shop Tour" não pode ser considerado obra intelectual e, portanto, não faz *jus* à proteção legal invocada pelos autores. Arguiu a inexistência de proteção autoral à ideia Sustentou que programas nos moldes do "Shop Tour" não são novidade e que os autores pretendem monopolizar o mercado de vendas pela televisão. Afirmou que esta tentativa de monopólio já foi objeto de representação protocolada junto ao Ministério da Justiça (fl. 79). Invocou o princípio da livre concorrência (CF, art. 170, IV). Sustentou que os programas "Shop Tour" e "Telemídia Ofertas" pertencem ao mesmo gênero e que as semelhanças apontadas no laudo pericial (fls. 179/199 dos autos em apenso) são insuficientes para a caracterização da propalada contrafação. Impugnou os danos materiais e morais suscitados A corré 3 A Negócios Publicitários e Marketing Ltda. apresentou contestação e reconvenção Em contestação (fls. 83/95), arguiu preliminar de falta de interesse processual e, no mérito, sustentou que o programa "Shop Tour" não pode ser considerado obra intelectual protegida pela Lei 9.610/98. Disse que as semelhanças na concepção e metodologia dos programas não afrontam os direitos do autor, pois são comuns no segmento de vendas em que as partes atuam. Sustentou que os autores litigam de má-fé e que a interrupção das transmissões do programa "Telemídia Ofertas" lhe trouxe sérios prejuízos. Afirmou inexistente o nexo causal entre sua conduta e os danos mencionados na inicial. Em reconvenção (fls. 107/124), sustentou que os autores pretendem monopolizar o comércio de produtos pela televisão. Invocou o princípio constitucional da igualdade (CF, art. 5º,

caput) e requereu a condenação dos autores ao pagamento de indenização por danos materiais e morais no valor de R$ 2 400.000,00. Ao final, requereu a concessão dos benefícios da Justiça Gratuita. Ainda, apresentou a corré 3 A Negócios Publicitários e Marketing Ltda. exceção de suspeição (fls. 142/144) relativa aos peritos do laudo apresentado nos autos da medida cautelar (fls. 179/199). Houve produção de prova pericial (fls. 356/393) e testemunhal (fls. 605/611). A r. sentença julgou prejudicada a exceção de suspeição ofertada às 142/144 e, com fulcro no parecer do assistente técnico da corré Rede 21 Comunicações Ltda. (fls. 473/489), na prova testemunhal (fls. 605/611) e nos documentos dos autos, julgou improcedentes a medida cautelar e a ação principal e parcialmente procedente a reconvenção. Entendeu que não comprovada a prática de contrafação, tampouco a concorrência desleal apontada pelos autores. Na fundamentação da decisão, reproduziu trechos de julgados envolvendo questões semelhantes às discutidas nos autos. *Condenou os autores no pagamento das perdas e danos decorrentes da suspensão da transmissão do programa "Telemídia Ofertas", com apuração em regular liquidação de sentença, bem como no pagamento de indenização por danos morais equivalente a 30% do valor das perdas e danos.* Impôs aos autores o pagamento das despesas processuais e dos honorários advocatícios, estes fixados em 10% sobre o valor da ação principal e da medida cautelar. Inconformados, os autores apelam. Em suas razões (fls. 691/697), sustentam que a magistrada valorou mal as provas dos autos. Alegam que o parecer técnico de fls. 473/489 é parcial e não reflete a realidade dos fatos. Sustentam que os laudos oficiais da medida cautelar (fls. 179/199) e da ação principal (fls. 356/393) comprovam a prática de contrafação e concorrência desleal pelas requeridas. Afirmam que o julgamento da r. sentença foi proferido por analogia, o que somente é permitido quando inexistentes outros elementos de convencimento, não sendo este o caso dos autos. Sustentam que a suspensão da exibição do programa 'Telemídia Ofertas' foi regularmente determinada e não causou qualquer dano à corré reconvinte. Pedem a reforma da r. sentença" (grifo nosso).

Mais uma vez, o Tribunal de Justiça de São Paulo rechaçou, veementemente, a tese das requerentes, porque o referido registro da Biblioteca Nacional não seria suficiente para dar guarida à tese da Box 3. Ademais, "as similitudes entre os programas 'Shop Tour' e 'Telemídia Ofertas' não os tornam idênticos" e não foi "comprovada a originalidade do programa 'Shop Tour', requisito essencial na aferição de eventual reprodução não autorizada da obra". Por isto, reconheceu-se o direito de perdas e danos que o canal Telemídia teve ao ficar fora do ar, durante o tempo em que perduraram os efeitos do pedido liminar.

A Box 3 opôs Embargos de Declaração 329.457.4/0-01, com o propósito de pré-questionar a decisão do Tribunal. Ocorre que, segundo o Tribunal, tais embargos de declaração não contêm assinatura e consoante jurisprudência do C. STJ, embargos de declaração sem assinatura do advogado, nas instâncias ordinárias, é "recurso" inexistente (STJ 6ª Turma, REsp 223.748-SP, Rel. Min Fernando Gonçalves, j 16/3/00, não conheceram, DJU 10 4.00, p 138). Também, o Tribunal entendeu não haver qualquer omissão que justificasse os embargos.

A Box 3 deve ter apresentado Recursos Especiais e Extraordinários, que resultaram no Agravo de Instrumento 1.173.513 – SP, mas conforme se verifica pela decisão do Ministro Cesar Rocha, o advogado não apresentou procuração e transitou em julgado a decisão em novembro de 2009. Novamente, tais informações foram obtidas na Internet e a parte não auxiliou a compreender exatamente o andamento processual, em especial a última parte do processo.

Sétima ação

A Box 3 Vídeo Publicidade e Produções Ltda. e a Léo Produções e Publicidade Ltda. apresentaram medida cautelar inominada preparatória de ação de indenização com pedido de liminar visando a suspensão dos programas "Super Shop" e "Shop & Lazer" (p. 331), proposta pelo Advogado Eduardo Ss Pimenta (OAB/SP 129.809-A) em face de General Marketing do Brasil Ltda.– Shop e Lazer e Super Shop. Tal ação foi apresentada na 5ª Vara Cível de Campinas/SP em 19 de março de 1998, sendo autuada como Processo nº 684/98 e com base no registro da Biblioteca Nacional, sob número 67570, Livro 078, Folha 227. Afirmou a Box 3 que "após o carnaval/98", foi "surpreendida com outro programa de mesmo roteiro, no mesmo gênero, com título similar, e Marca equivalente, sendo veiculado pelo Canal TV Brasil/ SBT/ Campinas, diariamente aos 12:00 hs, de segunda a sábado, com reprise às 1:30 da madrugada (...) e pela Net/Campinas, Canal 20 e Canal 25, também diariamente, respectivamente nos seguinte horários 13:00 e reprise às 21:00; e 20:00". Alegou ser um caso de concorrência desleal. Em sua defesa, a General Marketing do Brasil Ltda. alegou que "há muito tempo se pretende, principalmente a coautora Box 3 Vídeo e Publicidade, retirar do ar programas concorrentes sob o argumento da titularidade de direito autoral", sempre sendo rechaçado tal intento pelo judiciário. Também se afirmou que a Box 3 intentou ação de natureza criminal contra a empresa General Marketing, por infração ao direito autoral, sendo que a 2ª. Vara Criminal compreendeu não haver base jurídica para tal acusação. Em 24 de março de 1998, o pedido de liminar foi indeferido. Neste sentido, a Box 3 interpôs agravo de instrumento (AI nº 84.031-4/0) contra decisão que indeferiu o pedido de liminar. Foi negado provimento ao referido agravo em 25 de agosto de 1998. Após, foram opostos embargos de declaração (ED nº 84.031-4/2-01) (petição p. 75) contra acórdão que conheceu, mas negou provimento a agravo de instrumento. Em 24 de novembro de 1998, os embargos foram rejeitados.

Em 1º de abril de 1998, a Box adentrou com nova ação judicial (processo 832/98), de busca e apreensão e suspensão de programa da General Marketing, alegando ser diferente a causa de pedir. Na primeira ação, a causa de pedir seria o direito autoral e a segunda ação teria como causa de pedir o suposto crime de concorrência desleal. Todavia, a Juíza Mariella Ferraz de Arruda Nogueira reconheceu, em 17 de julho de 1998, que embora as ações tivessem diferentes fundamentos, havia identidade de causa de pedir e possibilidade de decisões contraditórias, motivo pelo qual considerou as demandas conexas.

Posteriormente, as partes enfim protocolizaram a ação de indenização, mas não se sabe qual teria sido o impacto da decisão, já que a Box 3, instada a se manifestar, não esclareceu a respeito da presente demanda.

Oitava ação

Em 18 de maio de 2005, a Box 3 Vídeo, representada por seu sócio gerente Luiz Antônio C. Galebe, apresentou Ação Ordinária cumulada com pedido de indenização e antecipação de tutela em face de Canal Brasileiro da Informação - CBI Ltda., sob número 583.00.2005.051334-6 (número de ordem 792/05). Alega a Box 3 que possuía parceria com o Canal CBI por diversos anos, sendo que o referido programa vinha sendo exibido diversas horas diárias na programação da requerida. Também se alegou que em 20 de dezembro de 2004, a Box 3 recebeu uma correspondência do canal CBI no sentido de que o programa Shop Tour iria ser transmitido apenas e exclusivamente até 31 de março de 2005 no referido canal. Alegou que a notificação foi unilateral e desmotivada. Mais do que isto, alegou que enviou uma correspondência ao canal CBI informando que o referido canal estria impedido de "veicular qualquer programação igual ou semelhante àquela do programa Shop Tour, sob pena de praticar ato de concorrência desleal" (p. 1377 dos autos).

Todavia, o referido canal passou a transmitir o Mix TV. De acordo com a representada, o Mix TV era "uma cópia do programa Shop Tour" que era exibido em seu lugar, com audiência garantida de antemão (conquistada mediante árduo trabalho) e, "como se não bastasse, tudo isto por um preço até 50% inferior ao cobrado pelo Shop Tour". A representada entendeu que a requerida estava pegando carona em dez anos de Shop Tour, captando seus clientes e com preços muito baixos, que - de acordo com a Box 3 - representavam "preços predatórios". Considerou que para veicular 28 inserções de um minuto e trinta segundos de propaganda, a Mix TV propôs o preço de R$ 13.440,00, abaixo da prática de mercado que deveria ser de R$ 32.624,00. Também, avaliou a oferta para um cliente de 224 inserções pelo valor de R$ 30.000,00, o que resultaria em preço equivalente a R$ 133,92 por inserção. Tal preço seria, na visão da Shop Tour, impraticável, e não conseguiria cobrir as despesas do negócio. Novamente, alegou-se que o Registro da Biblioteca Nacional impediria a cópia do gênero do programa por outro.

Em 17 de maio de 2005, o Juiz Nilson Wilfred Ivanhé Pinheiro, com base no registro da Biblioteca Nacional, concedeu a liminar para a suspensão da transmissão do programa Mix TV (p. 1608 dos autos). Ou seja, conseguiu-se retirar, novamente, um concorrente do mercado, utilizando-se, mais uma vez, deste tão controverso argumento.

Todavia, a sentença proferida pelo D. Juízo da 37ª Vara Cível do Fórum Central da Comarca da Capital, Dr. Guilherme Ferreira da Cruz, decidiu pela improcedência do pedido da Box 3, por considerar que não há a proteção alegada na Lei 9.610/98 e que o Roteiro da Biblioteca Nacional é insuficiente para amparar a referida pretensão.

Em razão disto, no dia 17 de fevereiro de 2009, a Bitelli Advogados, representando a Box 3, apresentou recurso de apelação ao Tribunal de Justiça de São Paulo. Todavia, a Apelação 994093257345, relatada por Natan Zelinschi de Arruda, em agosto de 2010, acabou por, mais uma vez, afastar a referida pretensão. De acordo com o Tribunal,

> "Os apelantes fazem referências reiteradas sobre o caso em exame se destacar por concorrência desleal em televisão, no entanto não trazem supedâneo que dê guarida às afirmações. Os programas em questão têm por aspecto teleológico anunciar produtos disponíveis à venda, o que envolve simples questão mercadológica, não se identificando nenhuma descoberta *sui generis* [...] não existe proteção da ideia na acepção do termo, prevalecendo, assim, o resultado, conforme disposto no art. 8º, inciso I, da Lei 9.610/98, portanto, não se caracteriza imitação ou mesmo plágio que se reportaria à atividade intelectual".

Esta ação, a princípio, ainda não transitou em julgado.

Nona ação

Em 11/11/2009, no Fórum da Comarca de Santo André/SP, Shop Tour TV Ltda., Box 3 e Luiz Antonio Cury Galebe ajuizaram Ação Cominatória c/c indenização por Ato ilícito pelo Rito Ordinário com pedido de antecipação dos efeitos da tutela (processo 554.01.2009.044051-7 em trâmite perante a

9ª Vara Cível) contra a Rede TV+ ABC Ltda., que, segundo informação da Box 3, refere-se, também, à prática de concorrência desleal e parasitária, com base no registro da Biblioteca Nacional. Para a Box 3, "a concorrência desleal mencionada consistia na tomada do canal 14 do *line up* da Net São Paulo, haja vista proposta hostil feita pela TV+ na Oferta Pública do referido canal, que há onze anos veiculava a programação Shop Tour, violando os direitos de autor da mesma".

O D. Juízo da 9ª Vara Cível de Santo André/SP deferiu a liminar, obstando a contratação dos corréus acerca do canal 14 do *line up* da corré Net São Paulo. Entretanto, posteriormente, o D. Juízo entendeu por bem se retratar, revogando, então a liminar, o que culminou com a saída da programação do Shop Tour do *line up* da Net São Paulo. Atualmente, o processo está em fase de instrução.

Outras ações

Além destas ações contra concorrentes, sabe-se que a Box 3 também entrou com ação contra a Shop Time, conforme Agravo de Instrumento 994.99.056391-5, da 5ª Câmara de Direito Privado, e da ação ordinária 943185/1999, da 22ª Vara Cível, que possivelmente alega haver similitude entre os programas, mas não se sabe qual o fundamento foi utilizado pela requerente (se houve ou não menção ao registro da Biblioteca Nacional). Também, a Shop Tour alegou, em outra ação, que a Shop Time não poderia utilizar em sua marca o vocábulo "*shop*"[6]. Todavia, como não se tem cópias destes pro-

---

6 APELAÇÃO CIVIL no MS Nº 2000.02.01.034430-1/RJ – PROCESSO ORIGINÁRIO N.º 99.00.63750-0/RJ BOX 3 VÍDEO PUBLICIDADE E PRODUÇÕES LTDA. E LUIZ ANTÔNIO CURY impetraram mandado de segurança contra o Presidente do INSTITUTO NACIONAL DE PROPRIEDADE INTELECTUAL – INPI visando a suspensão da concessão do registro SHOP TIME, na classe 38.10, pelo INPI. Como causa de pedir salientaram que o segundo impetrante seria titular e detentor de direitos autorais da obra audiovisual SHOP TOUR e a primeira impetrante tem o registro da marca SHOP TOUR na classe 38.10 (serviços de comunicação, publicidade e propaganda), com certificado expedido em 29/01/91; que a SKY SHOP obteve registro no INPI, na mesma classe, da marca SHOP TIME; que houve violação de direito autoral a causar prejuízo aos impetrantes. Sentença no sentido da extinção do processo sem exame do mérito, eis que seria imprescindível prova técnica incompatível com o *mandamus*. Apelação no sentido de que os impetrante são titulares de direito líquido e certo, razão pela qual cabível o provimento do apelo para que haja concessão de segurança (fls. 165/181). Contrarrazões do INPI, às fls. 185/188, no sentido da manutenção do julgado. O Ministério Público Federal opinou pelo improvimento do apelo (fls. 212/215). É o relatório. (...) "EMENTA:

cessos, entende-se não ser razoável fazer qualquer análise sobre os mesmos. Também se tem notícia de que há processos contra a Rede Brasil (Sociedade de Teleeducação Comunitária Cultural São Caetano Ltda.), mas, da mesma forma, prefere-se não fazer menção aos mesmos.

Avaliação do risco

No Direito Concorrencial, para se configurar uma prática infrativa, ou se prova o risco de um efeito anticompetitivo ou se prova o dolo da parte em querer um efeito anticompetitivo, por meio de uma ação propositiva.

No presente caso, não houve apenas risco de danos ao ambiente concorrencial, houve danos efetivos, com a eliminação de concorrentes, por diversos períodos e lapsos de tempo, por motivação esdrúxula e que várias e várias

---

PROCESSUAL CIVIL E ADMINISTRATIVO. MANDADO DE SEGURANÇA. ADEQUAÇÃO DA VIA PARA EXAME DE COLIDÊNCIA DE MARCAS. § 3º DO ART. 515 DO CPC. INEXISTÊNCIA DE IMITAÇÃO OU CONFLITO. DENEGAÇÃO. I – O mandado do segurança é instrumento hábil à verificação de eventual imitação e colidência entre as marcas "SHOP TOUR" e "SHOP TIME", inexistindo necessidade de exame pericial; II – Aplicabilidade do § 3º do art. 515 do CPC, na medida em que a causa encontra-se madura para julgamento de mérito; III – A expressão estrangeira "SHOP" é de uso genérico e insuscetível, individualmente, de registro; IV – A agregação das expressões "TOUR" e "TIME" nas aludidas marcas cria diferencial que, somado ao elemento figurativo, seria suficiente para afastar qualquer confusão por parte do consumidor; V – Apelo conhecido e provido parcialmente para, afastada a extinção sem exame do mérito, denegar a segurança." (...) A pretensão não merece acolhida. A marca mista SHOP TOUR não conflita com a marca SHOP TIME, inexistindo qualquer contrariedade à legislação, notadamente aos incisos XVII e XIX do art. 124 da Lei 9.279/96. As aludidas marcas, apesar de integrarem a mesma classe, têm suficiente distintividade a afastar qualquer risco de confusão por parte do consumidor. Vale observar que a única expressão comum às duas marcas envolve a palavra estrangeira "SHOP", termo genérico insuscetível de registro isoladamente. Esclareceu o INPI com precisão: "Depreende-se, ainda, que até mesmo na tradução as marcas são distintas. Como se vê a palavra "SHOP" desacompanhada de outra palavra significa loja ou como verbo significa comprar". Sozinha, inclusive, é um termo genérico, não sendo passível de registro para um único titular. E, estando acompanhada será verificado no seu conjunto para exame de sua registrabilidade". O público consumidor específico não será levado à confusão, na medida em que a agregação da expressão "TOUR" gera distinção suficiente da marca que anexou a palavra "TIME", notadamente diante do acréscimo do elemento figurativo. (...) Decidiu o Superior Tribunal de Justiça que é possível a coexistência de marcas no universo mercantil, mesmo que a mais recente contenha reprodução parcial de outra mais antiga, se destinando ambas ao um mesmo ramo de atividade, desde que não exista possibilidade de erro, confusão ou dúvida (REsp 37.646-RJ, reg. 93/0022090-0, 4ª Turma, Rel. Min. Sálvio de Figueiredo, DJU 13.06.94, p.15111, RSTJ 64/223). Ver também Medida Cautelar 4.271-SP do STJ.

vezes o Judiciário teve o trabalho de refutar os ardilosos argumentos utilizados pelas partes. O quadro abaixo demonstra que a Box 3, até o momento, não conseguiu ganhar nenhuma ação, apenas provimentos iniciais!

	Entrada	1ª Instância Cautelar	1ª Instância Mérito	2ª Instância Mérito final
Primeira Ação	18/02/91	Ganhou	Ganhou	Perdeu – Trânsito mar/97 – O SBT alegou que entraria com ação solicitando reparação de 10 milhões de dólares pelo tempo que ficou fora do mercado em razão da cautelar.
Segunda Ação	02/10/97	Perdeu	Perdeu	Perdeu – Não se sabe quando ocorreu o trânsito.
Terceira Ação	18/03/99	Perdeu	Perdeu	Perdeu – Trânsito set/08
Quarta Ação	09/11/99	Ganhou temporariamente, posteriormente revertida	Perdeu	Perdeu – Trânsito abr/09 – com explícita menção ao abuso do poder de mercado em razão da utilização abusiva do Judiciário.
Quinta Ação	25/11/97	Em instrução		
Sexta Ação	12/07/00	Ganhou	Perdeu	Perdeu – Trânsito nov/09 com ressarcimento das perdas da cautelar.
Sétima Ação	19/03/98	Perdeu e perdeu também a cautelar em segunda instância	Não se sabe	
Oitava Ação	18/05/05	Ganhou temporariamente, posteriormente revertida	Perdeu	Perdeu – ainda não transitou em julgado.
Nona Ação	11/11/09	Ganhou temporariamente, posteriormente revertida	Em instrução	

De acordo com *United States of America, U.S. Court of Appeals, Ninth Circuit. USS-POSCO Industries v. Costa Building & Construction Trade Council*, a Suprema Corte norte-americana compreendeu que mesmo que por sorte o impetrante obtenha algumas decisões favoráveis, tal fato não retira o caráter anticompetitivo de uma ampla estratégia de abusar do Direito de Petição.

Assim, mesmo que a Box 3 tenha ganho poucos provimentos iniciais, ouso discordar da SDE, da Procuradoria do CADE e do MPF. Não é possível concordar com todo este ambiente, injusto, criado por causas frívolas, que garantiram maior poder de mercado, com base exclusivamente em argumentos ardilosos que simularam um suposto direito inexistente. Direito este que as partes, após a decisão do Ministro Ruy Rosado, em 1997, já sabiam - de antemão - que não era sólido ou mesmo justificável.

Se já havia trânsito em julgado em abril de 1997 contra este tipo de fundamentação, continuar a deduzir pretensões liminares, contra texto expresso de lei - e sem fazer menção aos precedentes desta matéria -, para retirar rivais do mercado, é, certamente, uma conduta de risco proibitivo.

Não se está aqui pretendendo impedir o acesso ao Judiciário. Certamente, não existe uma súmula vinculante sobre esta matéria e não há óbice formal para pleitear a revisão da pacífica jurisprudência dos tribunais sobre a interpretação do art. 8º da Lei 9.601/98, por mais clara que seja a sua redação.

Todavia, como bem pontuou o Conselheiro Olavo Chinaglia, em seu voto no caso Seva/Siemens:

> "O que é juridicamente inaceitável, e aqui reside o sinal distintivo da predação judicial, é que os esforços do autor da ação estejam voltados não para vencer o concorrente no mérito do feito, mas para derrotá-lo ou prejudicá-lo na arena dos negócios por meio dos danos colaterais advindos da própria existência do processo".

A mera existência dos processos já beneficiou, ilicitamente, a Box 3, que não atuou com lealdade processual. Diz-se isto porque, já sabendo que o seu pleito havia sido várias vezes refutado pelo Poder Judiciário - e que sua interpretação destoa da literal interpretação da Lei de Direitos Autorais -, como conduta de lealdade processual, a representada *deveria* dizer que está solicitando a revisão de uma interpretação sólida sobre esta matéria. Também, a parte *não poderia* fazer a solicitação de exclusão de concorrentes via medida liminar, a respeito de um assunto como este, neste contexto específico e com base neste argumento. Um pedido liminar é um pedido precário, com análise perfunctória, no qual o juiz não está de posse de todos os elementos suficientes a construir sua convicção sobre o mérito da causa.

Nas palavras de Kazuo WATANABE,

> "numa sistematização mais ampla, a cognição pode ser vista em dois planos distintos: horizontal (extensão, amplitude) e vertical (profundidade). No plano horizontal, a cognição tem por limite os elementos objetivos do processo [...]. Nesse plano, a cognição pode ser plena ou limitada (ou parcial) segundo a extensão permitida. No plano vertical, a cognição pode ser classificada, segundo o grau de sua profundidade, em exauriente (completa) e sumária (incompleta). Há, ainda, a cognição em sua forma mais tênue e rarefeita, sendo mesmo eventual [...]. Ovídio Baptista da Silva, analisando o conceito de cognição sumária de Chiovenda, anota que a cognição do juiz é diferente da ordinária 'por ser incompleta em virtude de sua superficialidade, ou parcialidade, segundo a redução da área de cognição se faça em corte horizontal, permitindo ao juiz que conheça de todas as sugestões, porém apenas superficialmente; ou, ao contrário, eliminando a cognição de uma área toda de questões, cortando-se no sentido vertical a cognição'"[7].

De acordo com Helena Najjar Abdo[8],

> "não há dúvidas de que o uso indiscriminado das formas de tutela de urgência gera risco de abusos. E isso ocorre porque as tais tutelas de urgência são concedidas, em geral, mediante cognição sumária, com postecipação do contraditório. Assim, a atividade cognitiva do juiz é superficial. [...] Todos os provimentos proferidos com base em cognição sumária podem ser definidos como juízos de probabilidade ou de verossimilhança. [...] No afã de atingir o grau máximo da efetividade do processo, proporcionando o acesso à ordem jurídica justa, a ciência processual enfrentou – e ainda hoje enfrenta – uma crise de valores, com a proliferação de tutelas ditas diferenciadas ou especiais. Por conseguinte, é preciso cautela no delineamento legislativo e no deferimento judicial dessas modalidades de tutela, para evitar a ocorrência de desvios de finalidade. [...] O abuso, nesses casos, verifica-se pela deturpação da finalidade da medida liminar, seja ela de natureza cautelar ou antecipatória. Ocorre quando a parte pretende conseguir, com a medida requerida, outros efeitos que não aqueles intrínsecos a esse tipo de tutela de urgência, ou seja, assegurar a efetividade da tutela final, evitar a ocorrência de dano irreparável ou de difícil reparação".

---

7 WATANABE, Kazuo. *Da Cognição no Processo Civil*. São Paulo: Revista dos Tribunais, 1987, p.84.

8 *Op. cit.*, p. 211.

Assim, os pedidos liminares, nos moldes deste caso, acarretaram risco sobre o ambiente concorrencial, não compensado por qualquer espécie de eficiências. Aliás, o próprio Judiciário reconheceu textualmente que se a parte tivesse êxito em sua pretensão, tal decisão permitiria o abuso de Poder Econômico.

Para se ter uma noção a respeito dos efeitos anticompetitivos destas liminares, há estudos de opinião, solicitados por Shop Tour, juntados às fls. 1774 e 1775 dos autos, para saber se e em que sentido o público avaliava a Mix TV em relação à Shop Tour (lembrando-se que a Mix TV foi e continua sendo alvo de ações judiciais da Box 3). De acordo com a mencionada reportagem:

Propaganda da Box 3 – Fl. 1775 dos autos

"quando se fala em canal de vendas, o primeiro que vem à cabeça do telespectador é o Shop Tour. Shop Tour é o *Top of Mind* de canal de TV voltado exclusivamente para vendas. Com 43% de lembrança contra 16% do Shop Time e 10% da Mix TV. Em um estudo mais detalhado, pode-se dizer que o Shop Tour supera a Mix TV sendo percebido como canal que propicia melhores negócios, além de ser melhor para assistir. Veja a seguir gráfico que comprova como o Shop Tour é percebido em relação à concorrência:

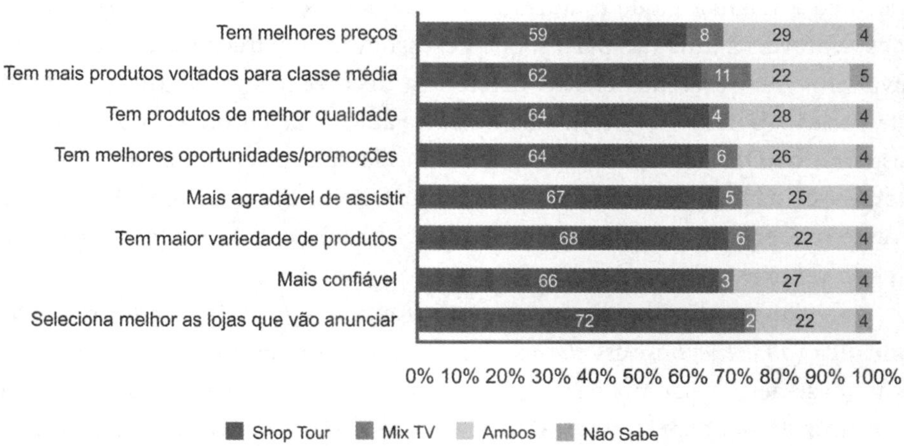

mesmo quem costuma assistir à MixTV avalia muito melhor o Shop Tour na maioria dos aspectos. Isso não é para qualquer canal de vendas. É só para o melhor."

A Fundação Cásper Líbero e Vídeo In Comunicações Ltda., em 06 de fevereiro de 2004, informou à SDE que a Box 3 Vídeo e Publicidade Ltda. (produtora do Programa Shop Tour) possuía 50% do mercado de anúncios televisivos transmitidos por esta modalidade de programa, enquanto que as mesmas, como produtoras do Liquida Mix, possuiriam 25% do mercado. Ao ser questionada a respeito de sua participação de mercado, entre os anos de 1999 e 2009, a representada, na página 8 do auto de infração 08700.003039/2010-83, alegou que não sabia qual era exatamente o seu *market share*, mas que os programas que possuem características semelhantes ao Shop Tour são: Mix TV (Canal Brasileiro de Informação), TV+ (Rede TV+ ABC Ltda.) e Rede Brasil (Sociedade de Teleeducação Comunitária Cultural São Caetano Ltda.). Informou que possui ações contra todos os seus concorrentes. Assim, independentemente de uma avaliação milimétrica das fronteiras do mercado relevante, é possível notar que ainda estão pendentes, na justiça, as ações propostas, direcionadas contra a Mix TV e a TV+, com base no referido argumento já tantas vezes afastado e tão pouco justificável. Estes concorrentes são tidos como os principais pela própria empresa e estão sob a mira dos processos sem base legal.

O Judiciário também reconheceu direito à indenização pelo fato de um programa específico ter ficado fora do ar durante a tramitação do processo. Reconheceu-se, assim, que a liberdade do sujeito processual específico é relativa e que o ajuizamento daquela ação trouxe consequências desfavoráveis a uma das partes, que necessitavam reparação. Ocorre que, ao avaliar e mensurar tais efeitos deletérios, decorrentes do abuso do direito de petição, o Tribunal de Justiça de São Paulo considerou, como era de se esperar, os Direitos de Primeira Geração, das partes envolvidas. Não obstante este aspecto, a Concorrência, como Direito Difuso, como Direito de Terceira Geração, foi e continua sendo aviltada, pelos referidos processos, tendo reflexos sobre toda a sociedade.

Não há dúvidas de que se está frente a ações sem a mínima base jurídica (*objective baseless claims*), que acarretaram danos concorrenciais. É com base nesta visão mais geral, que compreendo ser dever desta Autarquia reprimir e condenar a empresa Box 3, nos termos do art. 20 e 21, IV e V da Lei 8.884/94. Quanto à Leo Produções, a mesma não foi sequer citada no presente caso, motivo pelo qual não se analisará o processo em relação à referida empresa.

3. INDIVIDUALIZAÇÃO DA PENA

Uma vez verificada a existência de ilícito concorrencial, passa-se a analisar e individualizar a pena.

Da dosimetria da pena

Como não houve quantificação da vantagem auferida pela representada, em consonância com o art. 23, I, da Lei 8.884/94, a pena em abstrato deve ser a de "multa de um a trinta por cento do valor do faturamento bruto no seu último exercício, excluídos os impostos".

Quanto aos incisos do art. 27, da Lei 8.884/94, deve-se levar em consideração que a infração é de elevada gravidade e chegou a retirar concorrentes do mercado (conforme art. 27, I da Lei 8.884/94). Certamente que aqui temos uma prática unilateral, não se tratando esta conduta de uma *societa sceleris*, cartel, cuja reprovabilidade tende a ser maior. O infrator atuou de má-fé nos processos por litigar contra texto expresso de lei e patrocinou lides temerárias no Judiciário (art. 27, II, da Lei 8.884). Também, houve vantagem expressa pela eliminação efetiva, por algum lapso temporal, de determinados concorrentes (art. 27, III, da Lei Concorrencial). A infração foi consumada (art. 27, IV, da Lei Concorrencial). Houve um elevado grau de lesão concorrencial, considerando que os consumidores, os anunciantes e os concorrentes foram lesados com as condutas acima mencionadas (art. 27, V, da Lei Concorrencial). Foram verificados efeitos econômicos negativos no mercado (art. 27, VI, da Lei 8.884/94) e o infrator é empresa já estabelecida no mercado e de porte razoável (art. 27, VII, da Lei 8.884/94).

Como único fator atenuante, não se verificou nenhum tipo de reincidência.

Assim, compreendo que a representada deve ser multada em 5% do seu faturamento do ano anterior à abertura deste processo administrativo. O faturamento da Box 3 em 1999 foi de R$ 22.508.089,00. Para efeito de cálculo da multa, nos termos do art. 11 da Lei 9.021/95, será considerado o faturamento do estabelecimento no exercício anterior ao da instauração do processo administrativo, corrigido segundo os critérios de atualização dos tributos federais pagos em atraso, até a data do recolhimento da respectiva multa. Nestes termos, o valor atualizado do faturamento corresponde a R$ 35.486.253,12. Portanto, o valor da multa de 5% deste faturamento atualizado corresponde a R$ 1.774.312,66 (Um milhão setecentos e setenta e quatro mil trezentos e doze Reais e sessenta e seis centavos).

4. DA CONCLUSÃO

Por todo o exposto, considero a Representada como incursa do art. 20 e 21, IV e V, ambos da Lei 8.884/94, e determino:

1. O pagamento de multa, nos termos do art. 23, inciso I, da Lei 8.884/94, no valor acima mencionado, qual seja, R$ 1.774.312,66 (Um milhão setecentos e setenta e quatro mil trezentos e doze Reais e sessenta e seis centavos).

2. A publicação às expensas da Representada, no primeiro caderno do jornal diário de maior circulação do Brasil (considerando os dados do Instituto Verificador de Circulação – www.ivc.org.br) por um período de dois dias consecutivos de extrato descritivo da decisão condenatória, conforme item 2.1, cujo teor não constará qualquer opinião a respeito da presente decisão.

2.1 – O extrato da decisão a ser publicado é o seguinte:

> "O Conselho Administrativo de Defesa Econômica – CADE, na 482ª Sessão Ordinária de Julgamento, realizada em 15/12/2010, condenou a empresa Box 3 Vídeo e Publicidade Ltda., responsável por veicular o programa Shop Tour, no Processo Administrativo 08012.004283/2000-40, a pagar a multa de R$ 1.774.312,66 (Um milhão setecentos e setenta e quatro mil trezentos e doze Reais e sessenta e seis centavos), em razão da prática de litigância predatória ou fraudulenta com efeitos anticompetitivos, nos termos do art. 20 e 21, IV e V, ambos da Lei 8.884/94".

3. A Representada deverá comprovar o cumprimento da decisão no prazo de trinta dias a contar da publicação desta decisão.

Determino, também, que a SDE abra procedimento administrativo, para avaliar se outras pessoas físicas ou jurídicas (como Luiz Galebe, Leo Produções, Shop Tour Internacional etc.) também realizaram este tipo de prática, conforme demonstrado ao longo do processo.

Determino, também, que a Procuradoria do CADE diligencie junto ao Poder Judiciário, juntando a presente decisão nas causas que foram mencionadas acima, em que a Box 3 utilizou-se do argumento do registro da Biblioteca Nacional, mas que ainda estão pendentes de julgamento.

É como voto.

Brasília, 15 de dezembro de 2010.

Vinicius Marques de Carvalho
Conselheiro do CADE

PROCESSO ADMINISTRATIVO Nº 08012.001271/2001-44

Representada: SKF do Brasil Ltda.

Advogados: Marcelo Procópio Calliari; Rogério Domene; André Luiz Bündchen; e outros

Relator: Conselheiro Cesar Costa Alves Mattos

Voto-Vista: Conselheiro Vinícius Marques de Carvalho

EMENTA: Fixação de preços de revenda. Enquadramento no art. 20, I, e art. 21, XI, ambos da Lei 8.884/94. Prática que pode ter caráter tanto colusivo como unilateral. Mercados possivelmente afetados de rolamentos, retentores, graxas, lubrificantes e afins, ferramentas em geral, equipamentos de monitoramento, dentre outros. Embora não exista uma definição muito precisa do mercado relevante, verificaram-se diversos cenários sobre o mercado de rolamentos. Pareceres da SDE, da ProCADE, do MPF e voto do Conselheiro-Relator pela absolvição. Voto pela condenação da prática. Pagamento de multa e publicação da decisão em jornal de grande circulação.

PALAVRAS CHAVES: Fixação de Preço de Revenda; prática *per se*; regra da razão; prática vertical; rolamentos

VOTO-VISTA

1. VERSÃO PÚBLICA

Trata o presente Processo Administrativo da investigação a respeito de prática de fixação de preço de revenda feita pelas empresas "SKF e SKF do Brasil". Inicialmente, saliento que embora o Voto do Conselheiro Relator tenha feito menção a estas duas pessoas jurídicas, na realidade, apenas a SKF do Brasil foi citada, sendo que a matriz internacional não pertence ao polo passivo[1]. Assim, este voto fará menção a apenas uma representada (SKF do Brasil Ltda., ou, simplesmente, SKF).

Noto que, no presente caso, tem-se como fato incontroverso que houve fixação de preços de revenda. A representada, todavia, alega que tal fixação não decorreu de uma imposição unilateral, mas que o referido pleito se originou dos próprios distribuidores. Assim, a SKF teria simplesmente "cooperado", por um breve período de sete meses, entre 2000 e 2001, com os distribuidores de seus produtos, mediante solicitação dos mesmos, para fixar os referidos preços de revenda em patamar consensualmente estipulado.

Como documento específico da conduta, tem-se uma prova, juntada nos autos (fl. 3), a respeito da fixação de preços de revenda, que estaria escrita da seguinte forma:

> "Consensamos, nesta data, [...] após um debate entre todos os Distribuidores Autorizados SKF e SKF do Brasil Ltda. que necessitamos das seguintes MEDIDAS PREVENTIVAS [...]
>
> 2. DO MARK-UP A SER PRATICADO
>
> 2.1. Os produtos contemplados por essas MEDIDAS PREVENTIVAS englobam todos os da linha SKF, tais como rolamentos, retentores, graxas, lubrificantes e afins, ferramentas em geral, equipamentos de monitoramento etc.

---

1 Após ter sido questionada a respeito de possível envolvimento da matriz internacional na aludida prática, a representada alegou que a "AB SKF é a empresa controladora do Grupo SKF e uma empresa *holding* e, dessa forma, não está envolvida de qualquer forma com as atividades da SKF do Brasil Ltda. ou com quaisquer outras subsidiárias do Grupo SKF localizadas na Suécia ou em outras jurisdições. O Grupo SKF opera por meio de suas subsidiárias locais nos diversos países em que o Grupo SKF vende seus produtos. Desta forma, as atividades desenvolvidas no Brasil são de responsabilidade da SKF do Brasil Ltda., dessa forma não há qualquer motivo que embase o envolvimento da SKF AB nesta investigação".

2.2. Fica consensado que o Mark-up mínimo saudável, considerando vendas à vista, base VSM18 a ser praticado pela Rede de Distribuidores Autorizados Industriais da SKF do Brasil será de:

- DGBB: 1,45;

- Outros: 1,52;

- MAPRO: Lista SKF.

Único: Concordamos que os preços praticados NÃO poderão estar abaixo desse patamar em hipótese alguma.

3. DA FORMA DE MONITORAMENTO

3.1. O monitoramento dos Distribuidores Autorizados Industriais da SKF do Brasil será efetuado pela Própria Rede de Distribuidores e da seguinte maneira:

3.1.1 Formatar processos com documentos comprovando a denúncia;

3.1.2. Em casos especiais, havendo evidências ainda que não sustentadas por documentos, a SKF fará auditoria

3.1.3. SKF e "denunciantes" assumem a manutenção de sigilo total das informações.

4. DAS PENALIDADES

4.1. Fica consensado entre os Distribuidores SKF e a SKF do Brasil que, na constatação da violação das medidas aqui definidas, serão aplicadas as seguintes penalidades:

1ª. Ocorrência: advertência formal da SKF do Brasil;

2ª. Ocorrência: aumento de 5% no preço de venda SKF sobre todos os itens durante sessenta dias.

3ª. Ocorrência: aumento de 10% no preço de venda SKF sobre todos os itens durante sessenta dias. Havendo sobreposição de ocorrências, o aumento será cumulativo.

4ª. Ocorrência: aumento de 15% no preço de venda SKF sobre todos os itens durante sessenta dias. Havendo sobreposição de ocorrências, o aumento será cumulativo.

5ª. Ocorrência: perda da distribuição autorizada.

6.1. A SKF do Brasil reconhece a validade das regras acima e as tornará imperativas para toda sua Rede de Distribuição Industrial."

Em instrução complementar feita em meu gabinete, a SKF esclareceu que DGBB "é uma sigla para *Deep Groove Ball Bearings*, que é o tipo mais comum e simples de rolamento. Tendo em vista a simplicidade (natureza de quase commodity), o DGBB possui um percentual de *markup* menor que os outros tipos de rolamentos. Por ser o tipo mais comum de rolamentos, ele é fabricado por praticamente todos os participantes do mercado". Já MAPRO "refere-se a produtos de manutenção e esta categoria inclui aquecedores, lubrificantes, puxadores, entre outros". De acordo com a SKF "a lista que menciona MAPRO na fl. 3 dos autos corresponde à lista dos preços recomendados/sugeridos da SKF no momento da prática sob investigação" (p. 710 dos autos).

A instrução complementar também apurou a existência de catorze longas tabelas de preços, com validade em 16/11/00; 23/11/00; 07/12/00; 05/02/01; 12/02/01; 19/03/01; 26/03/01; 09/04/01; 02/05/01; 09/05/01; 21/05/01; 01/06/01; 13/06/01; e 25/06/01.

Existem várias teses defensivas que foram exploradas ao longo dos autos, sendo as principais (i) de que não foram impostas represálias contra desviantes; (ii) de que se trata de infração impossível, em razão do baixo poder de mercado; e (iii) de que existem ganhos de eficiência em razão da prática.

Com efeito, sobre as represálias, a SKF alegou que "nunca aplicou qualquer 'restrição comercial' ou 'penalidade', seja qual for o nome escolhido, que não a mera advertência formal" àqueles que se desviaram do *markup* combinado. Esclareceu-se, assim, que as poucas vezes que a SKF enviou comunicados para seus distribuidores que desviaram do combinado, "foram apenas alertas de descumprimento do que havia sido exigido e estabelecido pela rede de distribuidores, feitos por meio de cartas e sem qualquer implicação de outra natureza".

Quanto à impossibilidade da conduta, a SDE compreendeu que nos mercados de retentores, de ferramentas para manutenção e de equipamentos para monitoramento, a SKF não teria poder de mercado suficiente para impor qualquer tipo de prática vertical. Por outro lado, no mercado de rolamentos, considerando a ausência de informações mais precisas sobre a estrutura de mercado, a SDE optou por dar prosseguimento à análise. Concluiu que a prática de fixação de preços mínimos de revenda adotada pela SKF, "não obstante possa ter limitado a concorrência intramarca via preços, teve como efeito líquido o aumento de eficiência da rede de distribuição gerado pela ampliação da concorrência intramarca na dimensão qualidade de atendimento, pela eliminação do efeito carona e pelo consequente fortalecimento da concorrência intermarcas" (fl. 543 dos autos).

O Conselheiro Cesar Mattos, ao julgar este caso, teve um ponto de vista diferenciado sobre a questão. Para ele, "o parecer da Secretaria, embora aborde as eficiências que podem justificar a imposição de preços mínimos de revenda, não adentrou a discussão acerca da possibilidade de cobrar pela prestação dos serviços pré-venda de forma separada ou da assunção dos seus custos pelas próprias representadas". Não haveria, além disto, dados que comprovassem a "eficiência da restrição vertical que teria sido, eventualmente, imposta". Por outro lado, os pontos principais que levaram Cesar Mattos a decidir pela absolvição das representadas são os seguintes: (i) não há provas conclusivas no sentido de que a prática tenha sido efetivamente seguida – seja pelos distribuidores SKF, seja fora da própria rede e (ii) as representadas não teriam poder de mercado unilateral. Assim, no entendimento de Mattos, "embora não sejam precisos, os dados de market share que a SDE conseguiu angariar" [estes dados] "são suficientes para identificar que a SKF do Brasil não poderia, sem concertar-se com concorrentes, infligir qualquer ônus à concorrência". Quanto ao poder coordenado, Mattos avaliou existir elevada rivalidade intermarcas, o que tornava a presente prática "impossível" de ser perpetrada.

A Procuradoria do CADE, no mesmo sentido, avaliou que "a característica do mercado em que atua a referida empresa demonstra que, sendo deveras competitivo, impossibilita o efetivo domínio de um ou de mais de um produto – por mais alta que seja sua participação no mercado em um determinado tipo de segmento como rolamentos, retentores, graxas, lubrificantes, equipamentos de monitoramento e ferramentas em geral" (fl. 566 dos autos).

Tanto o MPF, como a ProCADE, a SDE e o Conselheiro Cesar Mattos entenderam que este tipo de infração não pode mais ser considerada como *per se* ilícita. Neste sentido, pedi vista dos presentes autos para conseguir avaliar, com mais vagar, como compreender os argumentos de defesa, em especial a existência das eficiências no caso concreto, e a visão do Relator que considerou a presente infração como "impossível".

Não bastassem estas duas questões, considero que este precedente representa um marco extremamente relevante e traz consigo um questionamento que ultrapassa as fronteiras específicas desta infração, nos levando a pensar, de forma generalizada, sobre a forma como o SBDC irá se posicionar a respeito da conduta de fixação de preços de revenda em situações futuras.

2. CONSIDERAÇÕES SOBRE FIXAÇÃO DE PREÇO (E *MARK-UP*) DE REVENDA

De acordo com o Conselheiro-Relator, o presente caso diz respeito à fixação de preço de revenda - FPR (ou, em inglês, *retail price maintenance* - RPM). Aliás, a própria SDE explicitou que FPR possui um caráter tríplice, abrangendo: (i) fixação de preço mínimo de revenda; (ii) fixação de preço máximo de revenda; e (iii) fixação de preço de revenda fixo.

Poder-se-ia argumentar que esta nomenclatura não é a mais adequada à presente discussão, já que, em realidade, não se está fixando, ao menos diretamente, os preços mínimos dos produtos transacionados. Todavia, ao se buscar fixar *mark-ups* (ou seja, margens de lucro) mínimas de revenda aplicados a uma tabela pré-determinada, indiretamente, está-se fixando o preço mínimo de revenda. De qualquer maneira, a Legislação pátria repudia tanto a fixação de preços como a fixação de margens de lucro de revenda. O art. 21, XI da Lei 8.884/94 dispõe que configura infração concorrencial a ação de: "impor, no comércio de bens ou serviços, a distribuidores, varejistas e representantes, preços de revenda, descontos, condições de pagamento, quantidades mínimas ou máximas, margem de lucro ou quaisquer outras condições de comercialização relativas a negócios destes com terceiros".

Sobre a jurisprudência brasileira, há vários casos de "sugestão" de preços de revenda[2], como o famoso caso Kibon (PA 148/94). Mesmo nesta espécie de casos, de mera sugestão de preços, é possível existir uma preocupação se tabelas apenas sugestivas de preços conseguem (ou não) criar mecanismos de coleta e disseminação de informações entre concorrentes que permitam ou induzam o paralelismo consciente ou colusão tácita (intra e intermarcas), sem que seja necessária a combinação expressa a respeito

---

[2] No Processo Administrativo 103/92, contra a representada Cimentos do Brasil S/A – Cibrasa, conclui-se que a mesma não estipulava quantidades mínimas e/ou máximas de compra de cimento e que não sugeria preços finais de venda. No âmbito do PA 91/92, cuja representada era Cia. de Cimento do São Francisco – CIFRASA; do PA 89/98 – Koerich S/A Comércio de Automóveis, Amauri Peças e Veículos Ltda. e Volkswagen – Autolatina do Brasil; do PA 148/94 – Kibon – Kraft Suchard Brasil S/A; do PA 08000.018299/96-86 (representados Livraria Eldorado Brasília Ltda. e Editora Ática S/A) é possível verificar uma série de casos que versaram sobre tabelas meramente sugestivas de preços, sendo que as condições do mercado impediam qualquer dano anticompetitivo. No caso do PA 89/98, ainda se verificou uma sugestão de preços máximos, permitindo-se que os revendedores pudessem dar descontos e não havendo sanção àqueles que ultrapassassem o limite máximo.

de preços, mesmo que tais tabelas sejam desprovidas de uma política de imposição de preços. Lembro, também, que esta Autarquia já julgou práticas de membros de uma associação, que, de comum acordo, estipularam preços, via tabela (que se intitulava sugestiva), mas mascarava um comportamento similar a cartel[3].

Todavia, situação diversa ocorre quando há "imposição" e não apenas "sugestão" de preços de revenda. A preocupação com este tipo de conduta é de longa data. Já, em 1938, o Decreto-lei 869, de 18 de novembro, passou a disciplinar a proteção da economia popular, tipificando como crimes os acordos para imposição de preços de revenda (art. 3º, I). Conforme explica Priscila Brólio Gonçalves, citando Benjamin Shieber, o Consultor Geral da República, Dr. Aníbal Freire elaborou parecer, aprovado por Getúlio Vargas, no sentido de que o contrato celebrado entre a Standard Oil Co. Of Brazil e

---

3 No âmbito do PA 08012.007238/2006-32 (representados Associação das Autoescolas e Centros de Formação de Condutores de Campinas e Oswaldo Redaelli Filho); do PA 08012.000099/2003-73 (representados Auto Moto Escola Detroit, Auto Moto Escola Manhattan, Autoescola Indaiá, Auto Moto Escola São Jorge, Auto Moto Escola São Judas Tadeu, Auto Moto Escola Gonzaga, Autoescola Martins, Auto Moto Escola União, Auto Moto Escola Rallye, Autoescola Orla, Autoescola Estoril, Autoescola Fátima, Pioneiro – Centro de Formação de Condutores Ltda. e Autotran – Centro de Formação de Condutores), PA 08000.011520/94-40 (representadas Sociedade de Medicina de Alagoas; Conselho Regional de Medicina do Estado de Alagoas; Sociedade Alagoana de Radiologia; Sindicato dos Estabelecimentos de Serviços de Saúde do Estado de Alagoas – Sindhospital). No âmbito do Processo Administrativo 53/92, julgado em 31 de junho de 1993, condenou-se a Associações dos Hospitais de Sergipe por ter elaborado uma tabela de preços de serviços hospitalares, induzindo seus associados à adoção de conduta uniforme. Compreendeu-se que "em matéria de concorrência, a própria existência de tabelas de preços constitui-se prova suficiente da ação coordenada e, para quem a organiza ou elabora, caracteriza conduta anticoncorrencial, que tem por objetivo o domínio do mercado e o prejuízo à concorrência". Em 14 de fevereiros de 1996, o Plenário do CADE julgou denúncia contra a Federação Nacional das Empresas de Seguros Privados e de Capitalização contra a Associação Médica Brasileira – AMB, à qual foi imputada a prática de influenciar a uniformização de conduta de entre concorrentes, através da elaboração, divulgação e recomendação de tabelas de honorários médicos, utilizada em âmbito nacional por médicos, hospitais e serviços ambulatoriais (PA 61/92). Para a relatora, Neide Terezinha Mallard, "não se requer seja impositiva a tabela. A conduta se materializa na medida em que, utilizando-se de sua indiscutível aptidão para influenciar seus afiliados, elabora tabela, divulgando-a e até recomendando-a, com o declarado objetivo de proteger a categoria dos médicos". Já no âmbito do Processo 62/92, contra a Associação dos Hospitais de São Paulo, verifica-se um repúdio do CADE em relação a uma Associação que impõe tabela com propósito de influenciar adoção de conduta uniforme entre seus associados. Naquele precedente, entendeu-se não haver qualquer eficiência que justificasse a conduta.

seus distribuidores (proprietários de postos de gasolina) continha cláusula ilícita de fixação impositiva de preços de revenda[4].

Também, conforme mencionado por Rodrigo Surcan dos Santos[5], em 1940, a sentença do Juiz Raul Machado puniu a aludida prática, *in verbis*:

> "para a consecução desse objetivo, se não havia uma coação legal decorrente do contrato ou ajuste, havia, sem dúvida, uma *coação de ordem moral* e outra de ordem comercial, pois, o negociante que infringisse a tabela organizada de preços de produtos odontológicos, vendendo-os por preço inferior, seria eliminando do quadro de sócios do Sindicato dos Comerciantes de Artigos Dentários do Rio de Janeiro, vendo-se, ainda, em sérias dificuldades para aquisição, com o fim de revenda, dos aludidos produtos, porquanto o Sindicato determinava aos seus associados 'a completa cessação de relações comerciais com as irmãs que não pertencessem ao quadro social dos sindicalizados'. A acusação, neste caso, era de infração ao art. 3º, I, do Decreto-lei 869, de 18/11/1938, 'por terem celebrado ajuste para impor determinado preço de revenda ou exigir do comprador que não compre de outro vendedor'" (grifo nosso).

Posteriormente, tem-se que este repúdio aos preços de revenda consta do art. 2º, VIII, da Lei 1.521, de 26 de dezembro de 1951. É verdade que, junto com esta proibição, também nasceu a exceção dos controles de preços (com a Comissão Federal de Abastecimento de Preços, que podia, de forma lícita, tabelar preços máximos de revenda de mercadorias e serviços ao consumidor, conforme Lei 1.521 de 26 de dezembro de 1951; sucedida pela Superintendência Nacional de Abastecimento - SUNAB, em 1962, e pelo Conselho Interministerial de Preços - CIP, em 1968). Após, houve uma certa dúvida a respeito da antinomia da proibição de preços de revenda *vis-à-vis* o advento da Lei 4.137/62, que, em seu art. 74 permitia que o CADE autorizasse acordos que tivessem por efeito "estabilizar preços".

Na década de 1990, com a desregulamentação dos preços, a Política de Defesa da Concorrência se reestrutura e passa a proibir a prática de fixação de preços de revenda de forma muito clara, por intermédio do antigo art. 3º, I, da Lei 8.158/91 e, posteriormente, pelo já citado art. 21, XI, da atual lei de Defesa da Concorrência.

---

[4] GONÇALVEZ, Priscila Brólio. *Fixação e Sugestão de Preços de Revenda em Contratos de Distribuição*. São Paulo: Singular, 2002. p. 273.

[5] SANTOS, Rodrigo Surcan dos. "*Resale Price Maintenance, suggested retail price* e o caso Kibon: uma análise crítica do ponto de vista da doutrina norte-americana e europeia". *Revista do Ibrac*, v. 13, n. 2, 2006, p. 127.

Além da análise legislativa, pode-se verificar, do ponto de vista jurisprudencial, que ainda há alguns pontos a serem lapidados. Cita-se aqui o Processo Administrativo 08000.017766/95-33, no qual a FIAT do Brasil S/A havia estabelecido que seriam "tabelados os preços de venda dos produtos" que os seus concessionários deveriam praticar, sendo-lhes, na época, vedado conceder qualquer abatimento ou desconto, conforme item XI do contrato de distribuição.

Naquele caso, Lúcia Helena compreendeu que se tratava de

> "fixação de preços mínimos de revenda e não mera sugestão de preços. [...] na sua acepção clássica, fixação de preços de revenda (FPR) é definida como uma restrição vertical estabelecida contratualmente entre dois agentes econômicos integrantes de uma mesma cadeia produtiva, digamos, fabricante e distribuidor, no intuito de controlar o preço final vendido ao consumidor. *A FPR pode ter diversos objetivos: sustentar cartéis de fabricantes, distribuidores ou comerciantes; evitar o problema da dupla marginalização resultante da existência de monopólios sucessivos; estimular a provisão de serviços especiais; manter a qualidade do produto; e promover maiores esforços de vendas".*

Portanto, a FPR, que implica uniformização de preços e consequentemente restrição no leque de escolhas do consumidor, pode oferecer compensações (por exemplo, aumentar a qualidade dos serviços) ou não (por exemplo, facilitar o cartel). No mesmo voto do PA 89/92, considerei que, a princípio, não existem eficiências ao consumidor decorrentes da conduta: "além de estar preso à marca tem necessidade periódica de realizar revisões e aquisições de determinadas peças de reposição" (grifo nosso).

Assim, em que pese o caráter dúbio deste voto (que às vezes reconhece e às vezes nega a possibilidade de existir eficiências sobre esta conduta), como não houve investigação específica sobre FPR, o CADE se absteve de julgar a prática.

Todavia, no âmbito do Processo Administrativo 08012.004086/2000-21, envolvendo as representadas Gerdau S/A, Companhia Siderúrgica Belgo-Mineira e Siderúrgica Barra Mansa S/A, conhecido como cartel dos vergalhões, o então relator, Luiz Alberto Esteves Scaloppe, não apenas julgou como condenou diversas empresas por esta conduta. O relator se pronunciou do seguinte modo:

> "quanto à fixação dos preços de revenda, esta foi comprovada através do depoimento dos proprietários de distribuidoras independentes. Essa prática possui o condão de eliminar do mercado as distribuidoras independentes, que poderiam oferecer preços menores aos clientes. Tal fixação vai ao encontro

dos interesses das representadas de criar suas próprias distribuidoras, com o crescente fechamento de distribuidoras independentes. Não se pode dizer que esta seja uma competição saudável e de interesse do mercado nacional".

Não obstante as referidas constatações, e ciente de que o referido caso dos vergalhões englobava uma série de outras questões mais complexas, deve-se reconhecer que, neste âmbito específico não se fez qualquer ponderação de efeitos decorrentes da FPR.

Se, em alguns casos, o CADE chegou a aceitar a fixação de preços de revenda no mercado de cerveja (ver Processo Administrativo 08000.000146/96-55 – cujas partes são Distribuidora de Bebidas Oásis de Cabo Frio Ltda. e Companhia Cervejaria Brahma), em outros casos, proibiu que as cervejarias estipulassem, na revenda, os preços das cervejas tidas como Premium em patamar superior aos preços das cervejas populares (ver AC 58/95, entre Brahma e Miller Brewing Company e AC 122/97 entre Cervejaria Reunidas Skol-Caracu S.A. e Carlsberb S.A.).

Todavia, não parece que exista uma discussão muito profunda sobre os requisitos para configurar ou não a ilicitude da FPR. Daí, entendo que há necessidade de discutir três questões principais: (a) o papel dos mecanismos de coação para configurar FPR; (b) a avaliação da eficiência desta conduta; e (c) a existência ou inexistência de risco anticompetitivo associado.

2.1. Mecanismos de coação

No presente caso, entendeu-se que FPR necessita de coação. Ocorre que, como visto acima, uma organização criminosa pode combinar preços (tanto na revenda como na produção de bens), sem que seja estabelecido unilateralmente um sistema de sanções aos desviantes do cartel. Lembre-se, também, que práticas verticais com tabelas sugestivas podem representar danos à sociedade (mesmo sem imposição de sanções).

De todo modo, para que exista FPR, no seu sentido eminentemente vertical, é necessário que exista um comando para que se observe a política de precificação estabelecida. Assim, para descaracterizar a presente conduta, a SDE entendeu não haver "mecanismos de coação" que caracterizassem uma indução do *mark-up* mínimo sugerido. O Conselheiro-Relator, de forma semelhante, sugeriu o arquivamento do processo, por considerar que inexistem "provas de que os *mark-ups* tenham sido, efetivamente, seguidos ou impostos". Para embasar seu ponto de vista, citou Areeda e Hovenkamp, no sentido de que "sugestões que não sejam acompanhadas de mecanismos de coerção têm baixa probabilidade de evitar a prática de preços mais baixos por varejistas que desejem aumentar os seus lucros desrespeitando os preços sugeridos" [AREEDA, Phillip E./HOVENKAMP, Herbert. *Antitrust Law - an Analysis of Antitrust Principles and Their Application*. Aspen, 2004, vol. VIII, p. 233-234].

Sem entrar no mérito sobre incentivos à colusão tácita advindos de tabelas eminentemente sugestivas, Areeda e Hovenkamp possivelmente estavam se referindo à permissão que existe num caso norte-americano, chamado caso *Colgate* [precedente extremamente formalista e controvertido], em que se admitiu, como lícita, a conduta de um distribuidor que simplesmente envia listas sugestivas, mas não combina, previamente, que se deva observar a referida lista como condição *sine qua non* para a existência da relação entre fabricante e revendedor.

No presente caso, ouso discordar da conclusão da SDE e do Relator a respeito da inexistência de mecanismos de coação. A coação moral existe sim por parte da SKF. Utilizando-se de analogia com o Direito Civil, de acordo com Nagib Slaibi Filho e Gláucia Carvalho[6], "coação moral (*vis compulsiva, vis metus*) é a que resulta da intimidação ou da ameaça, em virtude da qual a pessoa enfraquecida em sua vontade ou na espontaneidade de querer, termina por acordar-se com os desejos de outra pessoa, para que se formule o ato jurídico pretendido". Deste modo, o mero acordo ou a mera combinação entre fabricante e revendedores já previa uma série de ameaças aos desviantes do preço de revenda, com uma clara espécie de programa de estágios repressivos, que vão aumentando ao longo do tempo. Tais estágios se iniciam com uma correspondência formal sobre o descumprimento, podendo acarretar o aumento substancial do preço dos produtos da revenda. Caso tal prática se perpetue, há, ainda, a ameaça clara e explícita de desfiliação do revendedor da rede da SKF. Esta é, sem sombra de dúvida, uma coação existente, uma espada de Dâmocles sobre a cabeça dos revendedores, que - caso insistam em não observar a margem de revenda - poderão ser punidos pela sua conduta. Tal hipótese foge do escopo de proteção do caso *Colgate*, visto que se trata de um acordo *ex ante* sobre distribuição.

Também, estes estágios repressivos chegaram a ser iniciados, já que a SKF enviou advertências formais aos desviantes, lembrando-os do malfadado pacto e de suas inarredáveis consequências (ver fl. 137 dos autos em que a SKF

---

6 SLAIBI FILHO, Nagib; CARVALHO, Gláucia. *Vocabulário jurídico conciso*. Rio de Janeiro: Forense, 2008. p. 160.

reconhece ter enviado "alertas de descumprimento"). O fato de não ter se verificado o aprofundamento dos estágios repressivos, não significa que tais "alertas" não representassem coação ou mesmo não tenham tido qualquer efeito. Aliás, de acordo a interpretação da *Conseil de la concurrence*, na Décision 06-D-04 bis de 13 de março de 2006, relativa a práticas no setor de perfumaria de luxo, compreendeu-se que não há necessidade de estabelecimentos de represálias efetivas para configurar FPR como um ilícito:

> " la jurisprudence exige seulement que soit prouvée la mise en place d'une police des prix fondée sur un système de contrôle par le fournisseur, *les représailles ne constituant qu'une catégorie extrême dans les actes de cette police*, parmi un large éventail allant des simples contrôles de prix, aux pressions, menaces de rétorsions et représailles effectives" (grifo nosso).

É equivocado argumentar, portanto, que represálias (como a desfiliação da rede ou a efetiva elevação de preço para desviantes) sejam elementos essenciais da conduta de FPR. De todo modo, compreende-se, assim, que a presente prática refere-se à imposição (e não simples sugestão) de margens de lucros mínimas, em uma cadeia verticalmente integrada.

2.2. Discussão sobre as justificativas das condutas: regra da razão ou *per se*

Considerando o escasso desenvolvimento jurisprudencial pátrio sobre a matéria e a recente efervescência internacional sobre as eficiências de FPR, entende-se ser interessante olhar a experiência do Direito Comparado para compreender melhor como outras jurisdições estão refletindo sobre este tema.

FPR nos Estados Unidos

Para Victor Calvete, a regra sobre FPR modificou-se diversas vezes nos Estados Unidos, sendo este fator, segundo sua interpretação, algo muito ruim à sociedade norte-americana[7]:

---

7 CALVETE, Victor J. "Da Ilicitude como uma das Belas Artes". *Estudos em Homenagem ao Prof. Doutor Jorge de Figueiredo Dias*. Coimbra: Coimbra Editora, 2010, p. 67-121. Disponível em: <http://works.bepress.com/victor_calvete/2>. Acesso em: 17 dez. 2010.

> "pior do que uma regra má, é uma regra má que muda na pior altura: impedindo a FPR desde 1911 até 1937" [pelo precedente Dr. Miles] "numa altura em que os circuitos de distribuição eram muito atomizados, a Supreme Court criou um benefício para as empresas verticalmente integradas; permitindo a FPR" [por meio de Leis, como Miller-Tydings Act ou McGuire Act] "na medida em que os Estados o quisessem, desde 1937 até 1975, a lei federal permitiu o *lobbying* a nível estadual (e, nessa medida, beneficiou diferenciadamente quem a ele melhor podia recorrer); voltando a proibir a FPR a partir dessa data," [via Consumer Goods Pricing Act] "a lei federal permitiu potenciar a tendência para a concentração na distribuição; voltando a admitir a fixação de preços mínimos de revenda, com base num juízo *ad hoc*, a partir de 2007," [pelo precedente Leegin] "a Supreme Court favorece a defesa dos circuitos de distribuição instalados face à ameaça das novas formas de distribuição virtuais, que muito ganhavam com a possibilidade de reduzir o preço dos bens vendidos (o que estavam em condições de fazer por poderem trabalhar com custos mínimos) – e foi ao encontro das convicções (podemos admitir que também dos interesses) dos 9 000 filiados na ABA que se dedicam às questões do antitruste".

Independentemente das conclusões de caráter político, há de se concordar que houve grandes mudanças na forma como os Estados Unidos interpretam esta questão.

Tudo começou com o caso *Dr. Miles Medical Co. v. John D. Park & Sons Co.*, decidido em 1911 pela Suprema Corte norte-americana. Neste precedente, a empresa Dr. Miles Medical Company, estabelecida em Indiana, atuava na fabricação e venda de medicamentos, preparados por métodos e fórmulas secretas. A empresa vendia os seus medicamentos para intermediários farmacêuticos e atacadistas que, por sua vez, os revendiam aos farmacêuticos varejistas. Para revender estes produtos, era necessário observar os preços mínimos e, consequentemente, as margens de lucro estipuladas. A Dr. Miles fez contratos com mais de quatrocentos intermediários e atacadistas e com cerca de vinte e cinco mil varejistas nos Estados Unidos, utilizando estes termos específicos.

A empresa ré, John D. Park & Sons Co, de Kentucky, era uma atacadista que se recusou a celebrar o contrato exigido que impedia a prática de descontos nos remédios transacionados. Resolveu comprar de intermediários por preços abaixo do mínimo estabelecido. Ou seja, a ré induziu diversos atacadistas verticalmente integrados com Dr. Miles a violarem a referida cláusula de preço mínimo. Neste sentido, a John D. Park & Sons Co. passou a comprar e revender estes remédios a um preço mais barato do que aquele utilizado pela cadeia vertical idealizada por Dr. Miles.

Em razão disto, a Dr. Miles entrou com uma ação para impedir esta quebra indireta dos seus contratos. Todavia a Suprema Corte compreendeu que a referida cláusula de preço mínimo não era válida, já que permitia, indevidamente, uma espécie de colusão no varejo, e "os acordos ou combinações entre revendedores, tendo por único objetivo a destruição da concorrência" [na revenda] "e à fixação de preços, são prejudiciais ao interesse público e sem efeito".

No caso *United States v. Colgate & Co.*, julgado em 1919, todavia, a Suprema Corte interpreta o caso Dr. Miles de forma um tanto peculiar, abrindo uma brecha para permitir fixação de preços de revenda. Este precedente versa sobre uma acusação contra Colgate & Co., empresa envolvida na fabricação de sabonetes e artigos de higiene, no sentido que a mesma buscava obter a adesão por parte de sua rede a respeito de preços mínimos de revenda. Caso os revendedores não seguissem os preços indicados, a Colgate se recusava a continuar negociando com os mesmos. Nesta hipótese, a Suprema Corte considerou que a Colgate não forçava os revendedores a terem uma ou outra conduta. Ela apenas se recusava a continuar negociando com eles, estando tal prática de recusa em negociar dentro do escopo de sua liberdade empresarial. Assim, entendeu-se que o Sherman Act não impedia este tipo de conduta[8]. Já em *United States v. Parke, Davis & Co.*, a Suprema Corte esclareceu que existem duas situações distintas: a primeira, legítima, aconteceria em um ambiente no qual a empresa, após ter vendido seus produtos a um revendedor, verifica que este se recusa a seguir os preços por ela fixados. Nesta situação, a empresa do *upstream* pode, legitimamente, não vender mais para este sujeito que desrespeitou suas normas internas, conforme mencionado no caso *Colgate*. Todavia, há uma segunda situação, esta sim ilegítima, que ocorreria quando há uma combinação prévia, ou seja, de forma antecipada, na qual a empresa do *upstream* impõe uma cláusula contratual, afirmando que ela irá negociar com o revendedor se, e apenas se, o preço fixado for observado.

Outro caso interessante foi o *United States v. General Electric Co.*, julgado em 1926. Neste, a General Electric Company foi acusada de ter feito contrato com 21 mil agentes, para que estes vendessem suas lâmpadas elétricas com filamentos de tungstênio com preços fixados pela referida empresa. A Suprema Corte, por outro lado, considerou que a General Eletric tinha a patente deste invento e – no caso de agentes específicos contratados pela empresa – não

---

8 *United States v. Schrader's Son* – http://supreme.justia.com/us/252/85/case.html, e em 1922, *Federal Trade Commission v. Beech Nut Packing Company* – http://supreme.justia.com/us/257/441/case.html.

se poderia falar de fixação ilícita de preços. Os referidos agentes seriam uma espécie de *longa manus* da própria empresa. Por outro lado, no caso *Simpson v. Union Oil Co. of California*, julgado em 1964, entendeu-se que um posto de gasolina revendedor não era um simples *longa manus* da empresa distribuidora de gasolina. A diferença se verifica porque, no caso *General Electric Co.*, a empresa possuía uma patente legítima das lâmpadas com filamento de tungstênio e estava exercendo um monopólio legal sobre o referido produto, diretamente. Já no caso do mercado de distribuição de gasolina, não havia tal proteção legal. Mais do que isto, havia uma coação clara, no sentido de que caso a empresa revendedora de gasolina não observasse os preços impostos pela distribuição, o contrato entre as empresas era automaticamente rompido.

Após toda esta digressão jurisprudencial é que se chega no caso *Leegin Creative Leather Products, Inc. v. PSKS, Inc.* ("*Leegin*") de 2007. Este caso foi citado tanto pela SDE como pelo Conselheiro relator para demonstrar que a fixação de preços de revenda nos Estados Unidos não é mais considerada uma prática *per se* ilícita.

Com efeito, desde Dr. Miles, FPR mínimo era uma prática ilícita *PER SE* (ver, por exemplo, os casos *United States v. Trenton Potteries Co.*, 273 U. S. 392, 399.401 (1927); *NYNEX Corp. v. Discon, Inc.*, 525 U. S. 128, 133 (1998). Tal regra foi a que perdurou por quase um século. Todavia, em 2007, a Suprema Corte revisou *Dr. Miles* e preferiu analisar FPR de forma casuística, consoante a regra da razão. Aliás, muitas foram as vozes que se levantaram contra *Dr. Miles*. O integrante da Escola de Chicago, ROBERT BORK, em *The Antitrust Paradox - A Policy at War with Itself* (The Free Press, New York, 1993, p. 32-33), alegou que "raramente é possível identificar um decisivo passo em falso que controlou todo um ramo do Direito", tanto nos Estados Unidos como no resto do mundo. Também, RICHARD POSNER, em *Law - Second Edition* (The University of Chicago Press, Chicago, 2001, p. 189), considerou que tal decisão represtava "um triste erro". Outros doutrinadores, que não pertencem à Escola de Chicago, tiveram opinião semelhante. HANDLER MILTON considerou que a regra do caso Dr. Miles era "o erro mais gritante em todo o antitruste". HERBERT Hovenkamp, em *The Antitrust Enterprise - Principle and Execution* (Harvard University Press, Cambridge, 2005, p. 186), classificou a decisão de Dr. Miles como "o desenvolvimento mais infeliz na normativização da manutenção de preços de revenda"[9].

9 CALVETE, Victor J. *Op. cit.*

Ocorre que estes posicionamentos não são pacíficos e há também muitos que defendem que a decisão de Dr. Miles estava correta, incluindo alguns membros do FTC. Aliás, a decisão da Suprema Corte de 2007 não foi unânime e houve muitos Ministros que votaram contra a referida mudança de opinião. Há de se reconhecer, todavia, que este episódio foi um tanto quanto desconcertante. De acordo com Victor Calvete "o embaraço com a decisão do caso Leegin, equivale, aproximadamente, ao de ver o Papa excluir um dos mais venerados santos do altar"[10].

Eis o porquê da necessidade de compreender melhor este debate próprio do Direito Comparado, especificamente sobre este caso Leegin tão controverso, que está abaixo transcrito.

> "A Peticionária, Leegin Creative Leather Products, Inc. (Leegin), projeta, fabrica e distribui produtos de couro e acessórios. Em 1991, Leegin começou a vender cintos com a marca Brighton. A marca Brighton foi ampliada para uma variedade de acessórios de moda feminina. É vendida nos Estados Unidos em mais de 5 mil estabelecimentos de varejo, a maior parte independentes, pequenas boutiques e lojas especializadas. [...] Leegin afirma que, pelo menos para os seus produtos, os pequenos varejistas tratam melhor os clientes, prestam mais serviços e tornam a sua experiência de compra mais satisfatória do que os maiores varejistas impessoais. Kohl explicou: 'Nós queremos que os consumidores tenham uma experiência diferente do que entrar no Sams Club ou no Wal-Mart. E você não consegue obter esse tipo de experiência ou de apoio ou de serviço ao cliente em uma loja como a Wal-Mart'. O Reclamado, PSKS, Inc. (PSKS), opera a Kays Kloset, uma loja de vestuário feminino em Lewisville, Texas. A Kays Kloset comprava de aproximadamente 75 fabricantes diferentes e, ao mesmo tempo, vendia a marca Brighton. A PSKS começou a comprar bens de Leegin Brighton em 1995. [...] A Brighton foi a marca mais importante da PSKS, uma vez que esta respondia por 40% a 50% dos seus lucros. Em 1997, a Leegin Brighton instituiu uma política de promoção de preços de varejo. Seguindo a política, a Leegin se recusou a vender a varejistas que revendiam os produtos da Brighton abaixo dos preços sugeridos. A política continha uma exceção para os produtos que não vendiam bem e para que o vendedor não tinha planos de reordenamento. Na carta aos varejistas quanto à sua política de preços, Leegin declarou: 'Nesta época de mega lojas como Macy's, Bloomingdales, May Co. e outros, os consumidores estão perplexos com promessas de qualidade e suporte de produto que nós acreditamos que estão faltando nessas lojas grandes. Os consumidores estão mais confusos com a venda sempre popular, venda, venda etc... Na Leegin, optamos por

---

10 CALVETE, Victor J. *Op. cit.*

romper com este padrão através da venda nas lojas especializadas. Lojas especializadas podem oferecer ao cliente mercadorias de grande qualidade, um serviço excelente, além de suporte por 365 dias por ano, de forma consistente. Sabemos que metade da equação refere-se à produção da Leegin e a outra metade é você, nosso revendedor, criando grandes lojas à procura de vendas dos nossos produtos com qualidade'. A Leegin adotou a política de dar aos seus revendedores margens suficientes para fornecer aos clientes o serviço central de sua estratégia de distribuição. Ela também expressou preocupação de que o desconto prejudica a imagem da Brighton como marca de reputação. Um ano depois de instituída a política de preços Leegin, a mesma introduziu uma estratégia de marketing conhecida como "Heart Store Program" [...]. Ela oferecia incentivos para os varejistas para se tornarem "lojas coração" e, em troca, os varejistas se comprometiam, entre outras coisas, a vender pelos preços da Leegin. A Kay's Kloset tornou-se uma loja Coração logo após a Leegin ter criado o programa. Depois, um empregado da Leegin visitou a loja e não a achou atraente. As partes parecem ter concordado que a Kay's Kloset não seria uma loja de Coração para além de 1998. Apesar de perder esse status, a Kay's Kloset continuou a aumentar suas vendas de Brighton. Em dezembro de 2002, a Leegin descobriu que a Kay's Kloset tinha dado descontos da linha inteira da Brighton em até 20%. A Kay's Kloset alegou que os produtos colocados à venda da Brighton neste patamar se justificavam para competir com os varejistas próximos que também subcotavam os preços sugeridos da Leegin. A Leegin, no entanto, solicitou novamente que a Kay's Kloset cessasse o desconto. O seu pedido foi recusado, motivo pelo qual a Leegin parou de vender para a referida loja. A perda da marca Brighton teve um impacto negativo considerável na receita das vendas da Kay's Kloset. Por este motivo, a PSKS processou a Leegin na United States District Court do Distrito Leste do Texas. Alegou, entre outras questões, que a Leegin tinha violado as leis antitruste. Entrou em acordos com os varejistas para cobrar apenas os preços fixados pela Leegin. A Leegin introduziu testemunho de especialistas que descreveram os efeitos favoráveis à concorrência da sua política de preços. O Tribunal de Justiça do Distrito, invocou a regra *PER SE* criada pelo precedente de Dr. Miles. A PSKS, no julgamento, argumentou que o programa relativo à lojas Coração teria, entre outras coisas, demonstrado que a Leegin e os seus revendedores combinaram em fixar os preços de revenda. [...] O júri concordou com PSKS e concedeu indenização de US$ 1,2 milhões. Em conformidade com 15 USC § 15 (a), o Tribunal Distrital triplicou os danos e reembolsou PSKS pelos honorários advocatícios e pelas custas processuais. (...). O Tribunal de Apelações do Quinto Circuito afirmou a referida decisão. 171 Fed. Appx. 464 (2006) (*per curiam*). Em recurso, Leegin não contestou que havia entrado em fixação vertical de preços com seus revendedores. Em vez disso, sustentou que a regra da razão deveria ter sido aplicada a esses acordos. A Corte de Apelações rejeitou esse argumento, chegando a referida discussão à Suprema Corte Norte-Americana."

É apenas de posse destes dados históricos factuais que se consegue discutir, minimamente, o mérito da decisão da Suprema Corte Norte-Americana no caso Leegin. De um lado, a maioria dos Ministros da referida casa, capitaneados pelo Ministro Kennedy, compreenderam que a regra da razão deveria ser aplicada ao caso concreto[11]. Por outra perspectiva, os Ministros Breyer, Stevens, Souter e Ginsburg afirmaram claramente que tinham dúvidas sobre a revisão de Dr. Miles, conforme se verifica a seguir.

Neste sentido, abaixo serão simplesmente relatados os argumentos da posição da Suprema Corte, especificamente sobre o caráter pragmático da referida questão, sem adentrar no mérito formal, se há ou não *stare decisis* em relação à Dr. Miles, ou seja, se este precedente constitui uma regra de caráter irrevogável.

Teoria favorável à flexibilização de *Dr. Miles*

REGRA DA RAZÃO RÍGIDA

A maioria vencedora na Suprema Corte norte-americana, capitaneada pelo Ministro Kennedy, fez uma avaliação muito minuciosa sobre a questão das práticas de verticalização de mercado.

Inicialmente, argumentou-se que a Seção 1 do Sherman Act proíbe "todo contrato, combinação em forma de truste ou de outra forma, ou conspiração, em restrição ao comércio entre os Estados". Todavia, pela interpretação atual, apenas as restrições que não são razoáveis é que são proibidas pelo referido instituto, conforme *State Oil Co. v. Khan*, 522 U. S. 3, 10 (1997). Assim, a "regra da razão" é aceita como um *standard* para testar se uma prática restringe o comércio em violação à Lei Concorrencial. Por meio da referida regra, o analista pondera todas as circunstâncias do caso ao decidir se uma prática restritiva deve ser proibida ou não, não fazendo, deste modo, um juízo relativo à probabilidade de danos

[11] Verificou-se uma revisão da regra *per se*, no âmbito da fixação de preços mínimos de revenda, de forma muito parecida ao que se verificou com a revisão da regra *PER SE* no âmbito da fixação de preços máximos de revenda, com o caso *State Oil Company v. Bakat U. Khan Andkhan & Associates*.

concorrenciais - conforme *Continental T. V., Inc. v. GTE Sylvania Inc.*, 433 U. S. 36, 49 (1977). Vários são os fatores que devem ser considerados em tal ponderação, como as informações relevantes do negócio e o histórico da restrição, sua natureza e seus efeitos. Por exemplo, geralmente, avalia-se qual o poder de mercado das partes envolvidas em uma restrição (especialmente vertical), para fins de análise antitruste (conforme *Copperweld Corp. v. Independence Tube Corp.*, 467 U. S. 752, 768 - 1984). Por meio desta sistemática, distinguem-se as restrições com efeitos anticompetitivos, que retiram o bem-estar das pessoas, das restrições que estimulam a competição e são boas para os interesses dos consumidores e da sociedade em geral. Todavia, a Suprema Corte compreendeu que a regra da razão não deve ser aplicada em todo e qualquer tipo de restrição. Com efeito, há também restrições que por si só (*per se*) já podem ser consideradas como categorias ilícitas, ou seja, que prescindem da avaliação sobre a razoabilidade da conduta, já que tais práticas sempre ou na grande maioria das vezes restringem a Concorrência (como fixação horizontal de preços).

Sobre o caso Dr. Miles, a Corte entendeu que o mesmo estava baseado em regras formalísticas da *Common Law* e não na avaliação dos efeitos econômicos da conduta. A decisão de Dr. Miles teria sido baseada em uma regra estipulada em 1628, sobre Propriedade Real, que não levou em conta as discussões de caráter pragmático sobre restrição vertical de preços. Compreendeu-se, nesta linha argumentativa, que a restrição vertical de preços - FPR - pode ter vários efeitos positivos, dependendo das condições de mercado, conforme estabelecido em uma vasta literatura especializada (citou-se ABA Section of Antitrust Law, *Antitrust Law and Economics of Product Distribution* 76 - 2006; H. Hovenkamp, *The Antitrust Enterprise*: Principle and Execution 184.191 - 2005; R. Bork, *The Antitrust Paradox* 288.291 - 1978; F.M. Scherer & D. Ross, *Industrial Market Structure and Economic Performance* 558, 3rd ed. - 1990; T. Overstreet, *Resale Price Maintenance*: Economic Theories and Empirical Evidence 170 - 1983; Ippolito, *Resale Price Maintenance*: Empirical Evidence From Litigation, 34 J. Law & Econ. 263, 292.293 - 1991).

Kennedy entendeu que as justificativas para restrições verticais de preço são similares às justificativas das restrições verticais em sentido amplo. Para esta corrente, a prática restritiva vertical de preços pode estimular a competição intermarcas, ao reduzir a competição intramarca, dado que a mesma tem o potencial de encorajar distribuidores e varejistas a investir em serviços tangíveis ou intangíveis ou mesmo a auxiliar nos esforços promocionais do fabricante do *upstream*, posicionando o produto de forma diferenciada em relação aos seus rivais. Tal diferenciação de serviços daria aos consumidores mais opções, entre preços baixos e com atendimento de pouca qualidade ou preços elevados e com elevado grau de qualidade no atendimento ao consumidor. Para tanto, segundo a Suprema Corte, deveria ser enfrentado o problema dos *free-riders* (traduzindo-se, ainda que de forma imperfeita, como aproveitadores). Esta questão se verifica quando algumas lojas investem em *showrooms* muito caros, oferecendo demonstrações aos consumidores e/ou melhor treinamento de funcionários para demonstrar as qualidades do produto em questão, enquanto outras lojas atuariam apenas por descontos e se apropriariam, indevidamente, do investimento realizado na imagem ou na marca dos produtos ofertados, como ocorreu em Leegin (citou-se Posner, *Antitrust Law* 172.173 - 2nd ed. 2001).

Do ponto de vista da competição intermarcas, a restrição vertical de preços, de acordo com alguns doutrinadores, poderia encorajar o fornecimento de serviços que não existiriam sem a referida margem pré-estabelecida (citou-se Mathewson & Winter, *The Law and Economics of Resale Price Maintenance*, 13 Rev. Indus. Org. 57, 74.75 - 1998; Klein & Murphy, *Vertical Restraints as Contract Enforcement Mechanisms*, 31 J. Law & Econ. 265, 295 - 1988; Deneckere, Marvel, & Peck, *Demand Uncertainty, Inventories, and Resale Price Maintenance*, 111 Q. J. Econ. 885, 911 - 1996).

Reconheceu-se, por outro lado, que este tipo de restrição pode ter efeitos anticompetitivos, como o incentivo à cartelização de um setor competitivo varejista. Um grupo de distribuidores pode entrar em um conluio para fixar preços e, posteriormente, compelir o fabricante no *upstream* a auxiliar o acordo ilícito com a política de manutenção de preços de revenda. Não haveria, assim, um interesse em estimular serviços ou promover a marca, mas dar vantagens a varejistas ineficientes. Os varejistas com melhores sistemas de distribuição e estruturas de baixo custo podem não querer cobrar os preços mais baixos, em razão de um acordo de FPR (foi citado Marvel & McCafferty, *The Welfare Effects of Resale Price Maintenance*, 28 J. Law & Econ. 363, 373 - 1985). Mencionou-se que um cartel horizontal entre fabricantes ou entre os varejistas competidores que diminua a quantidade produzida para aumentar preços é, e deve ser, uma prática ilícita *per se* (citou-se *Texaco*, 547 U. S., *at* 5; *GTE Sylvania*, 433 U. S., *at* 58, n. 28). Fez-se menção à hipótese de que um produtor ou um varejista com elevado poder de mercado no *upstream* pode ter interesse em impedir inovação na distribuição e poderá se utilizar da fixação vertical de preços para tanto. Também, a Corte alegou ser possível que um produtor do *upstream* seja coagido pelos distribuidores para fixar preços de revenda, caso o mesmo queira ganhar espaço na rede de distribuição, podendo tal coação ter efeitos perversos sobre a Concorrência. Outro alegado efeito anticompetitivo mencionado pela Corte diz respeito à hipótese de um fabricante do *upstream*, com poder de mercado, usar a fixação de preços de revenda para dar aos varejistas um incentivo a não revender os produtos de outros fabricantes menores do *upstream* ou para entrantes no *upstream*, tendo, como consequência uma espécie de fechamento do mercado de distribuição e uma diminuição da rivalidade no *upstream*.

Considerando estes efeitos contraditórios e simultâneos entre potenciais resultados pró e anticompetitivos, a maioria da Suprema Corte entendeu que a estipulação de preços de revenda, em alguns cenários, pode ser justificada, motivo pelo qual a regra da razão deve ser utilizada na referida análise. Todavia, os referidos Ministros da Suprema Corte fizeram uma ressalva importante, qual seja, a de que – neste tipo de conduta – "as consequências potencialmente anticompetitivas da restrição vertical de preços não podem ser ignoradas ou mesmo subestimadas". Aliás, aparentemente, criou-se uma regra da razão diferenciada e mais rígida que a regra da razão comum, visto que se entendeu haver sérios perigos econômicos com a fixação de preço de revenda, devendo as cortes serem extremamente diligentes ao analisarem os impactos anticompetitivos da referida conduta. Assim, por meio deste entendimento, deve haver um "escrutínio mais cauteloso" se (i) houver outros produtores do *upstream* que adotem a prática de FPR ou (ii) que tendam à colusão. Ademais, a Suprema Corte expressamente afirmou que se a iniciativa da fixação de preços se originar dos revendedores e não do fabricante, há uma chance muito grande da mesma ser anticompetitiva:

> "The source of the restraint may also be an important consideration. If there is evidence retailers were the impetus for a vertical price restraint, there is a greater likelihood that the restraint facilitates a retailer cartel or supports a dominant, inefficient retailer. See Brief for William S. Comanor et al. as Amici Curiae 7.8. If, by contrast, a manufacturer adopted the policy independent of retailer pressure, the restraint is less likely to promote anticompetitive conduct. Cf. Posner 177 (It makes all the difference whether minimum retail prices are imposed by the manufacturer in order to evoke point-of-sale services or by the dealers in order to obtain monopoly profits.). A manufacturer also has an incentive to protest inefficient retailer-induced price restraints because they can harm its competitive position."

Considerando que, no presente caso, os revendedores sugeriram à SKF que fosse montado um sistema de fixação de margens de revenda, assim, mesmo pela aplicação da regra da razão rígida, ter-se-ia, de antemão, uma desconfiança expressa a respeito do caráter benéfico da aludida prática, caso o precedente Leegin seja utilizado, pelas autoridades brasileiras, como base analítica.

Teoria contrária à flexibilização de *Dr. Miles*

REGRA PER SE

Em que pese a posição majoritária anteriormente mencionada, a Conselheira do FTC Pamela Jones Harbour[12] fez uma carta aberta à Suprema Corte em defesa da regra *PER SE* para casos de FPR.

Para a referida Conselheira, o que se buscou em Leegin era permitir a troca de lucros extras por serviços adicionais na revenda, por meio da conduta mencionada, que seria chancelada pela regra da razão em alguns casos. Todavia, ao afirmar que em alguns casos o cliente prefere trocar os seus descontos por serviços mais caros, a Corte estaria declarando que as preferências dos consumidores são falhas de mercado. Também, não seria correto o argumento de que alguns revendedores seriam "*knaves*" ou "*free-riders*" (citou-se Frederic M. SCHERER & David ROSS, *Industrial Market Structure and Economic Performance*, 554 - 3rd ed. 1990). Tais revendedores podem ter melhores localizações para vendas, podem prestar serviços de boa qualidade e informações, se forem eficientes e oferecerem produtos a preços de mercado. A fixação de preços mínimos iria impedir o aumento deste tipo de eficiências.

Seguindo entendimento similar, o Ministro Breyer, juntamente com os Ministros Stevens, Souter e Ginsburg apresentaram uma decisão contrária à da maioria, ou seja, uma opinião dissidente, específica sobre o caso Leegin. Os Ministros citaram os potenciais perniciosos efeitos que podem decorrer deste tipo de prática, quando há revendedores que lidam tanto com uma marca ou com multimarcas. Ao ter este tipo de conduta, impede-se que os consumidores usufruam preços mais baixos, por descontos na revenda. (citou-se Areeda & Hovenkamp ¶1632c, *at* 319.321; Steiner, "The Evolution and Applications of Dual-Stage Thinking", 49 *The Antitrust Bulletin* 877, 899.900 - 2004; Comanor, *Vertical Price-Fixing, Vertical Market Restrictions, and the New Antitrust Policy*, 98 Harv. L. Rev. 983, 990.1000 - 1985). Além disto, há a possibilidade de que a fixação de preços reforce padrões de comportamento que inibem a concorrência, facilitando a colusão tácita entre os agentes do mercado. (citou-se Areeda

12 Tem-se notícia que esta foi uma iniciativa isolada, já que o FTC e o DoJ não apoiaram este ponto de vista, conforme se verifica na manifestação do Reino Unido na OCDE "*Both the Department of Justice (DoJ) and the Federal Trade Commission (FTC) filed* amicus briefs *supporting a rule of reason approach. The two agencies argued that* per se *treatment should be reserved for behaviour that always, or almost always, reduces competition and reduces output and consumer welfare. Since the effects of RPM may be pro- or anti-competitive (as discussed below), they argued that* per se *treatment is inappropriate*".

& Hovenkamp ¶1632d, *at* 321.323; P. Areeda & L. Kaplow, *Antitrust Analysis* ¶¶231.233, p. 276.283 (4th ed. 1988). Cf. *United States v. Container Corp. of America*, 393 U.S. 333 (1969); Areeda & Kaplow ¶¶247.253, *at* 327.348).

Breyer citou um estudo muito interessante sobre o tema, trazendo evidências empíricas de quão problemática pode ser a aceitação da fixação vertical de preços.

Do ponto de vista empírico, o FTC analisou dados antes e após o *Consumer Goods Pricing Act* de 1975. O referido instrumento legislativo revogou o *Miller-Tydings Fair Trade Act* e o *McGuire Act*, impedindo, de vez, a possibilidade de fixação de preços mínimos nos Estados. Antes de 1975, alguns Estados podiam escolher autorizar a fixação de preços mínimos de revenda. Todavia, os 36 Estados que tinham a referida autorização possuíam preços de 19% a 27% superiores em relação aos catorze Estados que consideravam a prática como um ilícito *PER SE* (citou-se o Bureau of Economics Staff Report to the FTC, T. *Overstreet, Resale Price Maintenance*: Economic Theories and Empirical Evidence, 160 – 1983).

Por outro lado, os supostos benefícios da referida conduta são: (i) a facilitação de novas entradas e (ii) a melhoria do problema dos *free-riders*. Quanto à facilitação de entrada, a mesma diz respeito ao fato de que um fabricante pode contar com a rede de distribuição para criar novos produtos (repartindo o risco) e posteriormente dividirá parte do lucro do novo produto, permitindo a recuperação do investimento. O resultado pode ser um aumento da competição entre marcas, trazendo mais benefícios ao consumidor. Quanto aos *free-riders*, argumentou-se que é possível haver casos em que o fabricante apenas consegue sucesso se os varejistas de sua rede também investirem em lojas de qualidade, boa apresentação, criação de imagem etc. Assim, alguns varejistas podem tomar carona nestes investimentos, poupando dinheiro e conseguindo mais lucros com isto.

Os economistas sugerem que há casos em que os preços de venda podem ser maléficos e outras vezes podem ser benéficos. Neste diapasão, os referidos Ministros questionam: "antes de concluir pela aplicação da regra da razão, eu perguntaria tais questões da seguinte forma, quão frequente são os prejuízos e os malefícios de tal ocorrência? A discussão econômica, como estudos apresentados à Corte, podem auxiliar a prover respostas a tais questões, e ao fazer isto, a Ciência Econômica pode, e deve, contribuir com o Direito Antitruste. Porém, o Direito Antitruste não pode, e não deve, replicar, nos precisos termos, as visões ('algumas vezes' conflitantes) dos economistas. Isto ocorre porque o Direito, ao contrário da Economia, é um sistema administrativo cujos efeitos dependem de regras e precedentes apenas, considerando que são aplicados por juízes e júris nas cortes ou por advogados que advertem seus clientes. E este fato significa que as cortes irão julgar, do ponto de vista administrativo, utilizando-se, algumas vezes, de regras *per se* sobre a ilicitude de prática, mesmo quando estas produzam benefícios" (citou-se F. M. Scherer & D. Ross, *Industrial Market Structure and Economic Performance* – 3rd ed. 1990, no qual os autores alegam que alguns acordos de fixação de preços horizontais podem ser mais benéficos à sociedade do que maléficos à Concorrência, mas que considerando os potenciais custos de se modificar uma proibição *per se* pela regra da razão, tal prejuízo pode ser socialmente aceitável).

Em consonância com Breyer, a FPR causa males com frequência e regularidade, mas não há certeza de quão comuns são os benefícios encontrados na referida prática. Aliás, Breyer entende que o argumento de *free-rider* não é um problema sério em muitas ocasiões. As pessoas, ao viajarem para uma certa cidade, podem se aproveitar (ou pegar carona), muitas vezes gratuitamente, das paisagens dos lugares onde passam ou mesmo da própria avenida que as leva ao destino final. Também, a comunidade inteira se beneficia livremente, por exemplo, de uma ampla gama de ideias, como a ideia da pessoa que criou o primeiro supermercado. Este efeito carona é indesejável?, questiona o Ministro da Suprema Corte norte-americana. De forma mais específica, Breyer afirma que alguém pode até imaginar um negociante que se recusa a prover serviços pré-vendas, não informando como o produto funciona ou não apresentando uma atmosfera própria para a venda (com lojas perfumadas, por exemplo), mas, nesta situação, o Ministro sustenta: "deixem o consumidor usar tais serviços gratuitos" (de *free-riders*), beneficiando-se de um ambiente de um varejista que provê o referido benefício psicológico e mantém os preços altos, mas compra de um varejista com preços baixos. Tal avaliação estaria embasada em um ponto de vista pragmático, que verifica uma série de problemas de implementação da regra da razão ao caso concreto, que consiga distinguir como se dá o efeito carona (ou *free-rider*):

> "All this is to say that the ultimate question is not whether, but *how much*, .free riding of this sort takes place. And, after reading the briefs, I must answer that question with an uncertain 'sometimes'. See, *e.g.*, Brief for William S. Comanor and Frederic M. Scherer as *Amici Curiae* 6.7 (noting skepticism in the economic literature about how often [free riding] actually occurs.); [...] How easily can courts identify instances in which the benefits are likely to outweigh potential harms? My own answer is, *not very easily*. For one thing, it is often difficult to identify *who*, producer or dealer, is the moving force behind any given resale price maintenance agreement. Suppose, for example, several large multibrand retailers all sell resale-price-maintained products. Suppose further that small producers set retail prices because they fear that, otherwise, the large retailers

will favor (say, by allocating better shelf-space) the goods of other producers who practice resale price maintenance. Who initiated this practice, the retailers hoping for considerable insulation from retail competition, or the producers, who simply seek to deal best with the circumstances they find? For another thing, as I just said, it is difficult to determine just when, and where, the free riding. Problem is serious enough to warrant legal protection. I recognize that scholars have sought to develop check lists and sets of questions that will help courts separate instances where anticompetitive harms are more likely from instances where only benefits are likely to be found. [...] But applying these criteria in court is often easier said than done. The Court's invitation to consider the existence of market power, for example, *ante*, at 18, invites lengthy time consuming argument among competing experts, as they seek to apply abstract, highly technical, criteria to often ill-defined markets. And resale price maintenance cases, unlike a major merger or monopoly case, are likely to prove numerous and involve only private parties. One cannot fairly expect judges and juries in such cases to apply complex economic criteria without making a considerable number of mistakes, which themselves may impose serious costs".

A partir desta reflexão, o Ministro Breyer compreendeu que não deveria escolher naquele momento se a regra *per se* deveria ser abandonada, sendo necessário refletir um pouco mais sobre a questão.

Estados Unidos depois de *Leegin*:

Foi construída uma regra clara ou há a volta de Miles?

Muitos foram os que fizeram objeções à revisão do caso Dr. Miles.

Do ponto de vista de Projetos de Lei, faço referência que, em 30 de julho de 2009, o House Judiciary Committee's Courts and Competition Policy Subcommittee aprovou a HR 3190, podendo, talvez, tornar a prática de FPR, novamente, ilícita *per se* nos Estados Unidos. Aliás, o senador Herb Kohl, de Wisconsin, havia, anteriormente, introduzido a S. 148, Discount Pricing Consumer Protection Act, no mesmo sentido. Tanto a Câmara como Senado recentemente convocaram audiências para discutir especificamente esta matéria. Também o presidente da FTC, Leibowitz e Christine Varney, da divisão antitruste do DoJ, indicados por Obama, aparentemente, manifestaram o seu apoio à tentativa de revisão legislativa de Leegin[13].

---

13 Ver Richard Liebeskind e Joseph R. Tiffany, *Two Years After Leegin, Questions Remain on Lawfulness of Resale Price Maintenance*. Disponível em: <http://www.pillsburylaw.com/siteFiles/Publications/053986E13BCE687E8E0CA54E89372048.pdf>. Acesso em: 19 jan. 2011.

Em 2007, 35 Procuradores-gerais do Estado apoiaram que fosse revisto o mérito do caso Leegin e, em 14 de abril de 2009, Maryland aprovou legislação expressamente ignorando a decisão Leegin no contexto estadual.

Outra avaliação tormentosa ocorreu quando o FTC, no caso *Federal Trade Commission* (FTC) *in the matter of Nine West Group Inc.*, buscou modificar uma decisão consensual no referido caso, adotando o *standard* de Leegin. Houve várias manifestações contrárias à revisão do caso Nine West. Outros casos julgados pelo FTC como PolyGram Holdings; North Texas Specialty Physicians e Realcomp confirmam que a prática de FPR é "inerentemente suspeita" e que o padrão de prova para justificar a conduta deve ser muito robusto[14].

Portanto, não parece completa a ideia de que atualmente, após Leegin, a utilização da regra da razão (sem nenhum tipo de rigidez) seja uma questão totalmente pacificada, conforme sustentado pelos órgãos instrutórios.

FPR na União Europeia

Na União Europeia, o art. 101 (1) do Tratado sobre o Funcionamento da União Europeia, estabelece que

> "1. São incompatíveis com o mercado interno e proibidos todos os acordos entre empresas, todas as decisões de associações de empresas e todas as práticas concertadas que sejam suscetíveis de afetar o comércio entre os Estados-Membros e que tenham por objetivo ou efeito impedir, restringir ou falsear a concorrência no mercado interno, designadamente as que consistam em: a) Fixar, de forma direta ou indireta, os preços de compra ou de venda, ou quaisquer outras condições de transação; b) Limitar ou controlar a produção, a distribuição, o desenvolvimento técnico ou os investimentos; c) Repartir os mercados ou as fontes de abastecimento; d) Aplicar, relativamente a par-

---

14 Ver *"Bye Bye Bargains?* Retail Price Fixing, the Leegin Decision, and Its Impact on Consumer Prices", Subcommittee on Courts and Competition Policy Committee on the Judiciary, House of Representatives (29 abr. 2009); ver também *"The Discount Pricing Consumer Protection Act:* Do We Need to Restore the Ban on Vertical Price Fixing?", Subcommittee on Antitrust, Competition Policy and Consumer Rights, Senate Judiciary Committee (19 mai. 2009). Ver *Executive Nominations*, Senate Judiciary Committee (10 mar. 2009) (*confirmation hearing for* Christine Varney), disponível em: <http://judiciary.senate.gov/hearings/hearing.cfm?id=3700>. Ver carta do State Attorneys General para o Senador Patrick Leahy, Spector, Kohl, *et al.*, *Re: Support for the Discount Pricing Consumer Protection Act (S. 2261)* (14 mai. 2008). Alan M. Barr, *"State Challenges to Vertical Price Fixing in the Post Leegin World"*, FTC Hearings on Resale Price Maintenance, Federal Trade Commission (21 mai. 2009) *at* 3, Disponível em: <http://www.ftc.gov/opp/workshops/rpm/may09/docs/abarr.pdf>. Md. Code Ann., Com. Law. § 11-204 (2009). Ver *New York v. Herman Miller, Inc.*, 08-CV-02977 (S.D.N.Y. 25 mar. 2008).

ceiros comerciais, condições desiguais no caso de prestações equivalentes colocando-os, por esse fato, em desvantagem na concorrência; e) Subordinar a celebração de contratos à aceitação, por parte dos outros contraentes, de prestações suplementares que, pela sua natureza ou de acordo com os usos comerciais, não têm ligação com o objeto desses contratos".

Ocorre que, conforme o art. 101 (3), sempre é facultado às partes a apresentação de estudos que demonstrem que a prática em questão contribui para melhoria da produção ou da distribuição dos produtos ou para promover o progresso técnico ou econômico, de forma a seguir parâmetros de equidade e de preservação da concorrência. Ou seja, mesmo em casos de cartéis, há a possibilidade de se utilizar a referida defesa. (ver também os Guidelines de Restrições Verticais, de 2000 e de 2010)

Além desta abordagem de efeitos, há tanto a regra *de minimis*, que estabelece que práticas verticais levadas a cabo por empresas com *market share* baixo não serão condenadas no âmbito antitruste, como a técnica chamada exceção em bloco, prevista no Regulamento 2790/1999 da Comissão Europeia [*Block Exemption Regulation*, ou simplesmente BER], que cria um porto seguro (*safe harbour*) em relação a práticas verticais nas quais as empresas possuam menos de 30% de participação de mercado cumulativamente no *downstream* e no *upstream*. Trata-se de uma espécie de presunção de licitude. Todavia, as restrições verticais "*hardcore*" são apresentadas em uma espécie de "lista negra", no art. 4º do BER, e não podem ser incluídas neste tipo de exceção de bloco, tendo, também, uma avaliação diferenciada a respeito da regra *de minimis*.

Considerando tal sistemática, a FPR é o exemplo mais citado de prática vertical *hardcore*. Talvez, por isto, alguns autores consideram que a União Europeia utiliza-se da regra *PER SE* para o julgamento de FPR, sendo expresso este entendimento tanto pelo antigo *Green Paper on Vertical Restraints*[15] como pelo Secretariado da OCDE na mesa redonda que tratou deste tema em 2008[16].

---

15 Ver Green Paper: "*absolute territorial protection and Resale Price Maintenance (RPM) which may affect trade between Member States will not only continue to fall* per se *within Article 85(1) but are unlikely to be exempted*".

16 Ver OCDE – Policy Roundtable – 2008 – sobre Resale Price Maintenance – p. 48, em que o Secretariado da OCDE alegou que, na Europa, "*Setting minimum resale prices, however, is a practice that remains prohibited regardless of market share. In effect, RPM is treated as a* per se *infringement, at least with respect to minimum prices*". Já o representante da Holanda, neste mesmo evento, afirmou que não conseguia concluir com segurança se há ou não ilegalidade *per se* na União Europeia no que diz respeito a RPM.

Não obstante este ponto, o Secretariado esclareceu, conforme já mencionado anteriormente, que, do ponto de vista técnico, sempre é possível pleitear a defesa de eficiências em qualquer tipo de conduta na Europa. Todavia, na prática, no que diz respeito à conduta de FPR, as Cortes Europeias são extremamente receosas em relação a tais defesas (foi citado KNEEPKENS, Mart, "Resale Price Maintenance: Economics Call for a More Balanced Approach", 28 *European Competition Law Review* 656, n. 3 e 4, 2007). Com efeito, a jurisprudência europeia reconhece os efeitos perversos na fixação de preços de revenda (ver decisão da Corte Europeia em 1971: *Deutsche Grammophonv v. Metro* (Caso 78/70), em 1986, in *SA Binon & Cie v. SA Agence et Messagerie de la presse*, Caso 243/83; também Caso *Pronuptia* - OJ No L 13, 15/01/1987, p. 39; Caso COMP.F.1/36.516 *Nathan-Bricolux*, 05/07/2000 – OJ L54/01; 23/02/2001; COMP/37.975 *PO/Yamaha*, 16/07/2003; *CEPSA Estaciones de Servicio SA v. LV Tobar e Hijos SL*, caso C-279/06). Aliás, para a Comissão Europeia, é improvável que, individualmente, se configure a exceção prevista no art. 101 (3) para FPR.

Mais do que isto, a União Europeia posicionou-se no sentido de que as defesas relativas à FPR, com questões atinentes à melhoria das condições de entrada ou de *free-riding*, não são justificáveis no longo prazo ou, de forma mais ampla, em mercados já existentes e com marcas bem estabelecidas. Ao invés de prevenir a competição entre distribuidores, poder-se-ia, assim, pensar em formas diferenciadas de pagamento no que diz respeito à revenda, ou mesmo uma diferenciação de preços feita pelo fabricante aos revendedores mais eficientes e que investem mais.

Não bastasse este rigoroso ponto de vista, deve-se avaliar que as legislações nacionais aparentam ter tratamento diferenciado nesta matéria. Assim, há quem sustente que na França (desde o Regulamento de 30 de junho de 1945, alterado pela lei de 18 de junho de 1952)[17], na Romênia (art. 5(1) da Lei de Concorrência) e na Espanha[18] a prática de FPR é ilícita *PER SE*. Também, na República Checa (por meio da decisão da Corte Regional em Brno No. 62 Ca 14/2006-34 de 31/01/2007 – *Jizerské pekárny* e No. 31 ca 71/2004-129 de 22/11/2005 – *Oskar Mobil)*, considera-se irrefutável a presunção de que FPR é prejudicial à concorrência. Por outro lado, em outros países, como na Itália (art. 2º e 4º da Lei de Defesa da Concorrência Italiana – Lei 287 de 10 de ou-

17 Ver *Green Paper on vertical restraints in EC Competition Policy*.

18 Ver COMISSÃO EUROPEIA. "XXVI Relatório sobre política de concorrência", 1996, *Green Paper on vertical restraints in EC Competition Policy*.

tubro de 1990) , a referida conduta é analisada pela regra da razão[19]. No Reino Unido, após março de 2000, quando entrou em vigor o Competition Act de 1998, revogando o *Resale Price Act* de 1976, a princípio, também se passa a admitir uma abordagem semelhante à da União Europeia como um todo, ou seja, mais tendente a analisar os efeitos da conduta.

No âmbito da Alemanha, de acordo com Priscila Brólio, "o art. 14 da GWB proíbe os contratos que limitam a liberdade da parte de fixar preços e outras condições comerciais, tratando as cláusulas de fixação de preços mínimos e máximos de revenda como ilícitas *per se*"[20]. Todavia, não parece ser esta a postura alemã. Com efeito, tanto o Bundeskartellamt, da Alemanha, e o OFT, do Reino Unido, alegam que a União Europeia está trilhando a interpretação mais aceitável em considerar a prática de FPR por intermédio de uma presunção de **ilicitude** *iuris tantum* (ou seja, pelo objeto), não se devendo aplicar uma presunção de **licitude** *iuris tantum* norte-americana (ou seja, pelo efeito), conforme se verifica nos trechos abaixo:

> *POSIÇÃO DO BUNDESKARTELLAMT* – "In the wake of the Leegin judgment, there are calls in Europe to stop regarding RPM as generally anticompetitive and introducing a rebuttable presumption in favour of its legality. *The Bundeskartellamt is of the opinion that this would be a step in the wrong direction*. The abovementioned arguments in favour of and against RPM show that RPM may generate efficiencies but also make it very clear that these efficiencies are often not sufficient to outweigh the severe restrictions in price competition which it causes. Consequently, jurisdictions have to weigh the risks and benefits and find solutions that are practical and manageable for competition agencies. In this respect it needs to be stressed that the approach towards RPM under the European and German rules differs considerably from the US per se approach that applied to RPM before the Leegin judgment. Under European law, it is presumed that RPM is anticompetitive. However, if companies come forward with evidence that a vertical agreement generates efficiencies that may fulfil the conditions of Article 81 (3) EC or § 2 ARC, the competition agency would have to make its case that the agreement is indeed anticompetitive. In view of the negative effects of RPM mentioned above, it does not seem justified to change this order of presenting evidence. More specifically, in the light of these effects, a (rebuttable) presumption in favour of RPM's legality would impose too heavy a burden on a competition agency or a plaintiff to establish that a specific RPM system has anticompetitive effects. Furthermore, given the limited resources available, cases of RPM that may

19 Ver *Green Paper on vertical restraints in EC Competition Policy*.

20 GONÇALVEZ, Priscila Brólio. *Fixação e Sugestão de Preços de Revenda em Contratos de Distribuição*. São Paulo: Singular, 2002. p. 261.

merit being taken up under competition law would probably not be investigated. Moreover, a change does not seem justified since the alleged pro-competitive effects of RPM often do not materialise in the real world. What is more, such effects can mostly be achieved by measures that are less restrictive of competition. Consequently, the negative effects resulting from eliminating intra-brand competition are normally not outweighed by alleged pro-competitive effects. The Bundeskartellamt is therefore of the opinion that the current rules under EC law (which are mirrored by German law) address the RPM issue in an appropriate manner. To successfully invoke an efficiency defence, the thresholds of Article 81(3) EC have to be met"[21].

POSIÇÃO DO OFT – "It is not yet precisely clear how the rule of reason approach will be applied in practice in the US. In particular it is not clear whether there will effectively be a rebuttable presumption of illegality (similar to EC 'object' cases) or whether there will be a full rule of reason assessment (more similar to EC 'effect' cases). It is also important to note that there is extensive private competition litigation in the US, with the DoJ and FTC bringing only a small fraction of the total number of cases taken. This is in sharp contrast to the EC and UK where the administrative system means that, at present, the vast majority of cases are taken by DG COMP or the national competition authorities. (...) *In the UK, as under EC law, RPM is presumed to be anti-competitive 'by object' with no requirement for an anti-competitive effect to be demonstrated.* There is little evidence from a UK casework perspective that would militate in favour of relaxing this presumption of anti-competitive effect:

While the economics literature on RPM highlights some efficiency benefits of RPM, our experience from UK book publishing has been that these efficiency benefits can be over-stated. As discussed above, this was one of the last sectors in the UK where RPM was legal. When RPM was removed, there were significant concerns about whether the efficiency benefits associated with RPM would be lost. In practice, we have instead seen an increase in book sales, in number of titles, in diversity of shopping experience, and we expect future increases in productivity.

At the same time, whilst accepting the argument that RPM need not always have anti-competitive effects, the facts of the OFT's cases against RPM on Replica Football Kits and Toys were clearly consistent with RPM having anti-competitive effects. There was a clear horizontal story of harm in both cases, and indeed in both cases the horizontal concerted practice was set out as a specific element of the case alongside the vertical RPM. [...] There may be occasions when RPM, viewed in the economic context, is not necessarily harmful or is indispensable for the efficient correction of incentive misalignment between vertically diffe-

---

21 Ver OCDE – Policy Roundtable – 2008 – sobre Resale Price Maintenance – p. 146.

rentiated firms. The fact that RPM can be harmful in some circumstances, and beneficial in others, implies that interventions can potentially give rise to Type I errors (whereby pro-competitive and efficient activity is prohibited) and Type II errors (whereby there is too little enforcement and anti-competitive activity is insufficiently deterred). Both types of error can have serious and long-lasting effects both on markets directly affected, and on wider markets via the deterrent effect of interventions. It is important to think about these errors when choosing whether and where to intervene, and the OFT takes minimisation of Type I and Type II errors seriously. One way in which it does this is by applying a set of principles for prioritising its work. These focus on the impact and strategic significance of cases, and weigh this against the associated resource cost and risks. Carrying out this assessment intrinsically requires the OFT to establish a plausible theory of harm before taking forward any case, including RPM cases"[22].

A Suíça[23], por seu turno, apresenta uma espécie de regra da razão estruturada e rígida sobre a matéria, conforme o gráfico abaixo:

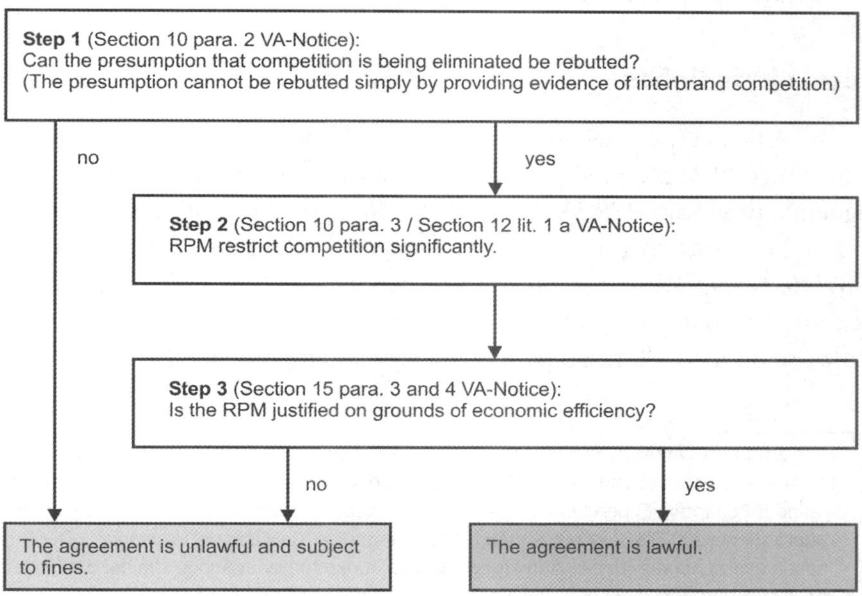

Assim, na Suíça, três passos são observados para investigar se a FPR é lícita ou não.

22 Ver OCDE – Policy Roundtable – 2008 – sobre Resale Price Maintenance – p. 204.

23 Ver OCDE – Policy Roundtable – 2008 – sobre *Resale Price Maintenance* – p. 190.

Passo 1 – Inicialmente, há uma presunção de que acordos de FPR eliminam a concorrência efetiva, conforme art. 5 par. 4 LCart. Por outro lado, para afastar tal presunção, não basta alegar concorrência intermarcas (conforme Seção 10 par. 2 VA-Notice). É necessário que os preços não sejam transparentes, que não existam mecanismos de pressão, que seja uma lista de preços não vinculativa, dentre outras circunstâncias concretas, como por exemplo, justificativas sobre qualidade do serviço[24]; não sendo possível afastar a presunção de ilicitude da FPR, a prática é considera ilícita.

Passo 2 – Por outro lado, se for possível afastar esta presunção, mesmo assim, entende-se que esta espécie de acordo é prejudicial independentemente do *market share* (Seção 10 par. 3 e Seção 12 lit. a VA-Notice). Não é possível, portanto, aplicar a regra *de minimis* para FPR sob as leis Suíças.

Passo 3 – Apenas, então, analisam-se os efeitos econômicos da conduta, com propósito de avaliar se há eficiências na distribuição que compensam os prejuízos da prática. Por exemplo, avalia-se se há proteção contra *free-riders* ou resolução de problemas de dupla margem.

Outras jurisdições

A China (por meio do art. 18 do Fair Trade Act) e a Coreia do Sul (por meio do art. 29 do Monopoly Regulation and Fair Trade Act of Korea – MRFTA) seguem a proibição *PER SE* contra a fixação de preços mínimos de revenda.

Já o México (por meio do Recurso de Revisão da Suprema Corte 2589/96, *Grupo Warner Lambert México S.A de C.V. v. Federal Competition Commission*, que interpretou o art. 10 da Lei de Concorrência Mexicana) utiliza-se da regra da razão para qualquer conduta unilateral.

---

[24] Ver artigo de Walter A. Stoffel, 2008, – "Vertikalabsprachen und Marktabschottung" – Zur neuen Bekanntmachung der Wettbewerbskommission, – apresentado em Geneva Conference – Economic Experts in Competition Law. Disponível em: <http://www.weko.admin.ch/publikationen/00276/VertBek_Redetxt_3.pdf?lang=de>. (*Die Liste der Umstände* – Der Grundsatz ist verbunden mit einer Auflistung von fünf konkreten Umständen, die bei der Einzelfallbeurteilung in der Regel eine Rolle spielen. Die fünf Umstände haben sich in der bisherigen Praxis des Sekretariates als problematisch erwiesen, vor allem wenn sie in der einen oder anderen Kombination vorkommen. Die Liste beginnt mit drei Umständen, die durch die Hersteller und Lieferanten beeinflusst werden können, und fügt diesen am Schluss zwei Marktcharakteristika an, welche auf eine wettbewerbsbeschränkende Wirkung der Preisempfehlung hindeuten • eine nicht transparente Mitteilung der Empfehlung (1.), • die Verwendung von Druck und Anreizen zur Durchsetzung (2.), • und die fehlende Aussage über die Unverbindlichkeit der Empfehlung (3.); sowie alsdann • ein signifikant höheres schweizerischen Preisniveaus (4.), • und die tatsächlichen Befolgung der Empfehlung durch die Wiederverkäufer (5.).

Sabe-se que este debate internacional é muito grande e recente em uma série de outras jurisdições.

Sinalização à sociedade brasileira

Entende-se relevante sinalizar se a prática de FPR é tolerável ou não à sociedade brasileira e, caso seja, em que medida há tolerância. Esta questão se torna mais interessante levando em conta que o Conselheiro Cesar Mattos parece ter uma postura mais ousada que a experiência internacional, porque considera inexistir racionalidade econômica na conduta, *in verbis*:

> "Suponha um monopolista no mercado *upstream* com vários revendedores (ou clientes de insumos no mercado *downstream*). Qual o possível interesse anticoncorrencial desse monopolista em forçar os seus revendedores em vender o produto por um preço mínimo? *A resposta é nenhum*. Isso porque o vendedor no mercado *upstream* que possua poder de mercado em relação a seus revendedores sempre preferirá exercer o seu preço de monopólio. E, para isso, não há qualquer necessidade de fazer um FPR [ou RMP] com preço mínimo. Na verdade, ao forçar um FPR de preço mínimo, o seu lucro cairá, enquanto o de seus revendedores aumentará. [...] [A] única forma de a FPR de preço mínimo ter propósitos anticoncorrenciais é se o mesmo estiver associado a uma prática cartelizada. [...] os revendedores no mercado *downstream* pressionariam o monopolista no mercado *upstream* para servir de "maestro" do cartel. O único problema desse raciocínio, no entanto, é a falta de interesse do monopolista no mercado *upstream* de viabilizar um cartel no mercado *downstream*, dado que o seu lucro cairá"[25].

Ou seja, há aqui quase que um argumento circular, em que só é possível FPR configurar um ilícito se houver facilitação de cartel na revenda com força suficiente para se impor contra o monopolista do *upstream*. Todavia, na referida hipótese, se os revendedores têm tanto poder para fazer tal imposição, isto significa que os mesmos já estão cartelizados e não necessitam da FPR como instrumento de facilitação do cartel. Além disto, trata-se de uma infração teoricamente impossível, já que o monopolista não terá incentivos em ver seu lucro diminuir. Deste modo, quase que se retira do mundo jurídico a ilicitude da FPR.

Ora, com tão rico e grande debate internacional sobre esta conduta, alguns considerando como prática inerentemente suspeita e outros como prática ilícita *per se*, talvez seja precipitado iniciar uma nova corrente que considera

---

25 MATTOS, Cesar. "Fixação de Preços de Revenda (Resale-Price Maintenance – FPR): Elementos para um Roteiro de Investigação". *Revista do Ibrac*, v. 8, nº 4, 2001, p. 27-66.

esta conduta como lícita, independentemente de qualquer circunstância. Aliás, a conduta de FPR pode ocorrer mesmo na ausência de um monopolista no *upstream* e pode, por exemplo, facilitar um cartel no próprio *upstream*.

Assim, antes de categorizar a conduta, talvez seja interessante, em um contexto democrático, promover uma discussão ampla, transparente. No seio deste debate, poderá ser discutido como as diversas estratégias de verticalização podem ser tratadas pela autoridade de defesa da concorrência, a saber: contratos de franquia, contratos de exclusividade, FPR, dentre outras.

No caso concreto, a prática de FPR está devidamente comprovada. Por enquanto, salvo melhor juízo, a postura europeia, que versa sobre uma ilicitude pelo objeto parece ser mais adequada. Isto se dá porque a postura europeia é mais cautelosa e conservadora, já que, ao mesmo tempo que reconhece a possibilidade de existir eficiência associada a esta conduta vertical, também não representa uma mudança tão abrupta sobre a matéria, sem que se reflita, minimamente, com a sociedade a respeito deste tema. Aliás, os Estados Unidos são criticados pelo resultado que suas grandes mudanças de interpretação acarretaram no âmbito das estruturas verticalizadas.

Além disto, considerando o aspecto da regulação dos riscos anticompetitivos, entendo que – ao se inverter o ônus da prova – o representado terá que se preocupar, de forma muito mais aguerrida, em justificar a existência de concorrência intermarcas e de eficiências associadas. Ao CADE ou à sociedade em geral talvez possa ser difícil realizar este tipo de prova, já que é uma questão complexa, que demanda uma expertise setorial. Se a empresa realizou este tipo de prática tida como suspeita, muito provavelmente, ela tem muito mais condições técnicas para demonstrar o seu ponto de vista. O efeito imediato deste tipo de orientação é desincentivar aventuras de FPR sem uma justificativa muito firme e convincente e alegações frívolas no CADE. Serão aceitas como lícitas as FPR apenas excepcional e marginalmente.

Assim, mesmo admitindo que exista alguma espécie de justificativa atrelada, considero que caberia à SKF o ônus probatório da inexistência de risco anticompetitivo da aludida prática. Sobre este aspecto, irei discorrer na próxima parte do meu voto.

2.3. Análise do risco anticompetitivo

2.3.1. Definição de mercado relevante

As práticas verticais, geralmente, possuem mercado relevante alvo e origem da conduta.

Não obstante esta observação, não parece ter ocorrido uma definição precisa destes mercados até o momento.

A princípio, alguém poderia argumentar que, quanto à dimensão produto, os mercados afetados com a prática seriam os de produção (origem) e de revenda (alvo) de (i) rolamentos, (ii) retentores, (iii) ferramentas para manutenção e (iv) equipamentos de monitoramento. Todavia, no AC nº 08012.002669/2002-89 (j. 14/05/2003), entre NKS Ltd. e Timken, o então Relator Miguel Barrionuevo adotou o parecer da SEAE, definindo o mercado relevante como de rolamentos antifricção, subdivididos em rolamentos de esferas, cônicos e cilíndricos.

A SKF sustenta que o mercado relevante de rolamentos deve ser subdividido em (i) rolamentos para a indústria automotiva; e (ii) rolamentos para outras aplicações industriais, visto que tal interpretação foi adotada pela Comissão Europeia em uma série de casos (tais como INA/FAG, Timken/Torrington e a NTN/SNR).

Ou seja, não parece haver uma delimitação do mercado, na dimensão produto, de forma consistente. Aliás, rolamentos podem ser segmentados das mais variadas formas, por exemplo: rolamentos de esferas ("*Ball bearings*")[26]; rolamentos de autoalinhamento ("*self-aligning roller bearings*"); rolamentos cônicos ("*tapered roller bearings*"); rolamentos cilíndricos ("*cylindrical roller bearings*"); rolamentos de agulha ("*needle roller bearings*"); dentre outros possíveis.

Embora exista esta grande diversidade de formas de segmentação do mercado, não houve um estudo aprofundado sobre a matéria, sendo ônus da requerente demonstrar sua participação de mercado, já que a tese defensiva é centrada neste conceito.

Veja que há uma série de problemas na forma como o mercado foi agregado. Por exemplo: no âmbito dos rolamentos esféricos de sulcos profundos (DGBB), as partes alegaram que se trata de uma "quase commodity". Todavia, ao verificar a tabela de preços imposta pela SKF, no dia 13 de junho de 2001, é possível verificar que na família DGBB há rolamentos que, sob o ICMS de 18%, como o 6004-Z, custavam R$ 8,00 (oito Reais) e outros, como o 618/630-MA, custavam R$ 38.287,60 (trinta e oito mil, duzentos e oitenta e sete Reais e sessenta centavos). Ambos pertencem aos rolamentos industriais. Aliás, o 23022 CC-C3/W33, da família SRB, tinha preço tabelado de R$ 968,30 (novecentos

---

26 Ver também rolamentos de sulcos profundos (*deep groove ball bearings*); rolamentos de três e quatro pontos (*three-point/ four point contact ball bearings*) e rolamentos de pressão (*thust ball bearings*)

e sessenta e oito Reais e trinta centavos). Por outro lado, o 23288-CAK-C3/W33, sob as mesmas condições, também da família SRB, estava tabelado com o preço de R$ 134.253,12 (cento e trinta e quatro mil, duzentos e cinquenta e três Reais e doze centavos). Todas estas peças estão dispostas nas mesmas tabelas de preços. Verifica-se, desta forma, que tais tabelas se referem a bens extremamente heterogêneos. Aliás, mesmo quando comparados dentro da mesma "família" e dentro de peças industriais, é possível encontrar uma grande disparidade de preços. Tal disparidade na precificação também se verifica quando se comparam os rolamentos automotivos.

Para comprovar este argumento, abaixo foi possível elencar uma pequena amostra da longa tabela de preços:

Parte da tabela com validade de 25/06/2001 – Peças Industriais

DESIGNAÇÃO	18% ICMS	17% ICMS	12% ICMS	7% ICMS	CURVA ABC	FAMÍLIA
09074/Q	47,28	46,71	44,06	41,68	S	TRB
1008593 A	280,82	277,44	261,67	247,61	X	Mancais, acessórios
1009030 A	294,18	290,64	274,13	259,39	X	Mancais, acessórios
1077589	1.658,13	1.638,15	1.545,09	1.462,03	X	Kits, Ferramentas...
1077589/2	3.744,18	3.699,07	3.488,89	3.301,33	X	Kits, Ferramentas...
1077600	109,34	108,02	101,90	96,41	X	Mancais, acessórios
1077600-1	38,83	38,36	36,18	34,24	X	Mancais, acessórios
1077600-1A	32,60	32,21	30,37	28,73	X	Mancais, acessórios
1077601	71,03	70,17	66,19	62,62	X	Mancais, acessórios
108 TN9	48,25	47,67	44,95	42,53	S	SABB
11204 ETN9	89,92	88,84	83,79	79,29	S	SABB
11205 TN9	106,89	105,60	99,60	94,25	S	SABB
11206 TN9	115,56	114,17	107,69	101,91	S	SABB
11207 TN9	150,25	148,44	140,01	132,48	S	SABB
11209 TN9	204,03	201,57	190,12	179,89	S	SABB
11212 TN9	346,75	342,57	323,10	305,73	S	SABB
11590/11520/Q	29,65	29,29	27,63	26,15	A	TRB
11X30206 A DB	88,14	87,08	82,14	77,72	S	TRB
1200 ETN9	38,85	38,38	36,20	34,25	B	SABB
1201 ETN9	38,83	38,36	36,18	34,24	B	SABB
1202	38,83	38,36	36,18	34,24	S	SABB
1202 ETN9	35,21	34,79	32,81	31,04	B	SABB
1203	38,85	38,38	36,20	34,25	S	SABB
1203 ETN9	38,85	38,38	36,20	34,25	B	SABB
1204 ETN9	48,58	47,99	45,27	42,83	A	SABB
1205 EKTN9	48,60	48,01	45,29	42,85	S	SABB
1205 EKTN9/C3	48,60	48,01	45,29	42,85	S	SABB
1205 ETN9	48,60	48,01	45,29	42,85	A	SABB
1205 ETN9/C3	48,60	48,01	45,29	42,85	S	SABB
1206 EKTN9	58,28	57,58	54,31	51,39	A	SABB
1206 EKTN9/C3	58,28	57,58	54,31	51,39	B	SABB
1206 EM	245,61	242,65	228,86	216,57	S	SABB
1206 ETN9	58,28	57,58	54,31	51,39	A	SABB
1206 ETN9/C3	58,28	57,58	54,31	51,39	B	SABB
1207 EKTN9	68,06	67,24	63,42	60,01	A	SABB
1207 EKTN9/C3	68,06	67,24	63,42	60,01	A	SABB
1207 ETN9	68,06	67,24	63,42	60,01	B	SABB
1208 EKTN9	80,66	79,69	75,16	71,12	A	SABB
1208 EKTN9/C3	80,66	79,69	75,16	71,12	A	SABB
1208 ETN9	80,66	79,69	75,16	71,12	B	SABB
1209 EKTN9	91,98	90,87	85,71	81,10	A	SABB
1209 EKTN9/C3	91,98	90,87	85,71	81,10	A	SABB
1209 ETN9	91,98	90,87	85,71	81,10	B	SABB
1210 EKTN9	108,86	107,55	101,44	95,98	A	SABB
1210 EKTN9/C3	108,86	107,55	101,44	95,98	A	SABB

DESIGNAÇÃO	18% ICMS	17% ICMS	12% ICMS	7% ICMS	CURVA ABC	FAMÍLIA
22356 CCK/W33	34.578,97	34.162,36	32.221,37	30.488,98	S	SRB
225147 M	206,45	203,96	192,35	182,02	S	TBB
226400	3.545,99	3.503,27	3.304,22	3.126,58	X	Kits, Ferramentas...
227957 A	1.706,33	1.685,77	1.590,00	1.504,50	X	Kits, Ferramentas...
227958 A	1.678,85	1.658,62	1.564,40	1.480,28	X	Kits, Ferramentas...
230/500 CA/C08W509	44.786,43	44.246,83	41.732,89	39.489,10	S	SRB
230/500 CA/C3W33	41.078,00	40.583,08	38.277,30	36.219,28	S	SRB
230/500 CA/W33	41.078,00	40.583,08	38.277,30	36.219,28	S	SRB
230/500 CAK/C3W33	41.078,00	40.583,08	38.277,30	36.219,28	S	SRB
230/500 CAK/W33	41.078,00	40.583,08	38.277,30	36.219,28	S	SRB
230/530 CAK/W33	52.796,17	52.160,07	49.196,54	46.551,45	S	SRB
230/560 CA/C08W509	64.145,74	63.372,90	59.772,29	56.558,58	S	SRB
230/560 CAK/W33	62.571,73	61.817,85	58.305,58	55.170,75	S	SRB
230/600 CA/C08W509	48.139,53	47.559,54	44.857,30	42.445,61	S	SRB
230/630 CAK/W33	58.837,21	58.128,33	54.825,59	51.877,96	S	SRB
230/670 CAK/W33	116.748,58	115.341,97	108.788,66	102.939,56	S	SRB
2301	97,21	96,04	90,58	85,71	S	SABB
2302	90,00	88,92	83,87	79,36	S	SABB
2302 E-2RS1TN9	97,21	96,04	90,58	85,71	S	SABB
23022 CC/C3W33	968,30	956,63	902,28	853,77	S	SRB
23022 CC/C4W33	1.300,25	1.284,58	1.211,60	1.146,46	S	SRB
23022 CC/W33	944,60	933,22	880,20	832,88	B	SRB
23022 CCK/C3W33	944,62	933,24	880,22	832,89	S	SRB
23024 CC/C3W33	1.046,13	1.033,53	974,81	922,39	B	SRB
23024 CC/C4W33	1.076,91	1.063,94	1.003,50	949,53	S	SRB
23024 CC/W33	1.046,13	1.033,53	974,81	922,39	B	SRB
23024 CCK/C3W33	1.079,03	1.066,03	1.005,48	951,41	S	SRB
23024 CCK/W33	1.079,03	1.066,03	1.005,48	951,41	S	SRB
23026 CC/C3W33	1.302,10	1.286,41	1.213,32	1.148,10	B	SRB
23026 CC/C4W33	1.356,25	1.339,91	1.263,78	1.195,83	S	SRB
23026 CC/W33	1.358,28	1.341,92	1.265,66	1.197,62	B	SRB
23026 CCK/C3W33	1.400,78	1.383,90	1.305,29	1.235,10	S	SRB
23026 CCK/W33	1.400,78	1.383,90	1.305,29	1.235,10	S	SRB
23028 CC/C3W33	1.489,93	1.471,98	1.388,34	1.313,71	S	SRB
23028 CC/W33	1.444,85	1.427,44	1.346,35	1.273,95	S	SRB
23028 CCK/C3W33	1.442,71	1.425,33	1.344,34	1.272,06	S	SRB
23028 CCK/C4W33	1.567,93	1.549,04	1.461,02	1.382,47	S	SRB
23028 CCK/W33	1.442,71	1.425,33	1.344,34	1.272,06	S	SRB
2303	87,45	86,40	81,49	77,11	S	SABB
2303 E-2RS1TN9	130,47	128,90	121,58	115,04	S	SABB
23030 CC/C2W33	1.842,02	1.819,83	1.716,43	1.624,16	S	SRB
23030 CC/C3W33	1.844,82	1.822,59	1.719,04	1.626,61	B	SRB
23030 CC/C4W33	1.842,03	1.819,84	1.716,44	1.624,17	S	SRB
23030 CC/W33	1.844,82	1.822,59	1.719,04	1.626,61	B	SRB
23030 CCK/C3W33	1.902,55	1.879,63	1.772,83	1.677,53	S	SRB

(continua)

(cont).

DESIGNAÇÃO	18% ICMS	17% ICMS	12% ICMS	7% ICMS	CURVA ABC	FAMÍLIA
23238 CC/C3W33	6.810,35	6.728,30	6.346,02	6.004,83	S	SRB
23238 CC/W33	6.810,35	6.728,30	6.346,02	6.004,83	S	SRB
23238 CCK/C3W33	6.810,35	6.728,30	6.346,02	6.004,83	S	SRB
23238 CCK/W33	6.810,35	6.728,30	6.346,02	6.004,83	S	SRB
23240 CC/C3W33	8.264,66	8.165,09	7.701,17	7.287,12	S	SRB
23240 CC/W33	8.264,66	8.165,09	7.701,17	7.287,12	S	SRB
23240 CCK/C3W33	8.264,66	8.165,09	7.701,17	7.287,12	B	SRB
23240 CCK/W33	8.264,66	8.165,09	7.701,17	7.287,12	S	SRB
23244 CC/C3W33	11.090,16	10.956,54	10.334,04	9.778,42	S	SRB
23244 CC/W33	11.090,16	10.956,54	10.334,04	9.778,42	S	SRB
23244 CCK/C3W33	11.090,16	10.956,54	10.334,04	9.778,42	S	SRB
23244 CCK/W33	11.090,16	10.956,54	10.334,04	9.778,42	S	SRB
23248 CC/C3W33	14.529,55	14.354,50	13.538,92	12.810,99	S	SRB
23248 CCK/C3W33	14.529,55	14.354,50	13.538,92	12.810,99	S	SRB
23248 CCK/W33	14.529,55	14.354,50	13.538,92	12.810,99	S	SRB
23252 CAC/W33	19.135,36	18.904,81	17.830,71	16.872,03	S	SRB
23252 CACK/C3W33	19.135,36	18.904,81	17.830,71	16.872,03	S	SRB
23252 CACK/W33	19.135,36	18.904,81	17.830,71	16.872,03	S	SRB
23256 CAC/C3W33	22.234,86	21.966,97	20.718,89	19.604,92	S	SRB
23256 CAC/W33	22.234,86	21.966,97	20.718,89	19.604,92	S	SRB
23256 CACK/C3W33	22.234,87	21.966,98	20.718,90	19.604,93	S	SRB
23260 CAC/C3W33	28.845,30	28.497,77	26.878,65	25.433,48	S	SRB
23260 CAC/W33	28.845,29	28.497,76	26.878,64	25.433,47	S	SRB
23260 CACK/C3W33	28.845,30	28.497,77	26.878,65	25.433,48	S	SRB
23260 CACK/W33	28.845,30	28.497,77	26.878,65	25.433,48	S	SRB
23264 CAC/C3W33	36.011,44	35.577,57	33.556,18	31.752,01	S	SRB
23264 CACK/C3W33	34.573,40	34.156,85	32.216,18	30.484,06	S	SRB
23264 CACK/W33	34.573,41	34.156,86	32.216,19	30.484,08	S	SRB
23268 CA/W33	44.757,35	44.218,10	41.705,80	39.463,45	S	SRB
23268 CAK/C3W33	44.757,35	44.218,10	41.705,80	39.463,45	S	SRB
23268 CAK/W33	44.757,35	44.218,10	41.705,80	39.463,45	S	SRB
23276 CAK/C3W33	40.116,28	39.632,95	37.381,07	35.371,34	S	SRB
23280 CAK/C3W33	73.465,70	72.580,57	68.456,81	64.776,17	S	SRB
23280 CAK/W33	73.465,70	72.580,57	68.456,81	64.776,17	S	SRB
23288 CAK/C3W33	134.253,12	132.635,61	125.099,73	118.373,67	S	SRB
234408 BM1/SP	1.796,91	1.775,26	1.674,39	1.584,37	S	TBB
234409 BM1/SP	1.892,29	1.869,49	1.763,27	1.668,47	S	TBB
234410 BM1/SP	1.951,11	1.927,60	1.818,08	1.720,34	S	TBB
234413 BM1/SP	2.267,27	2.239,95	2.112,69	1.999,10	S	TBB
234414 TN9/SP	2.587,55	2.556,37	2.411,14	2.281,51	S	TBB
234417 BM1/SP	2.899,88	2.864,94	2.702,18	2.556,88	S	TBB
234418 TN9/SP	3.322,87	3.282,84	3.096,31	2.929,83	S	TBB
234420 BM1/SP	3.593,91	3.550,61	3.348,86	3.168,81	S	TBB
234428 BM1/SP	8.647,81	8.543,62	8.058,21	7.624,95	S	TBB
235013 DC	2.267,99	2.240,66	2.113,37	1.999,72	S	CRB

Certamente que a comparação de preços, por si só, não é suficiente para definir o mercado relevante. Não obstante tal fato, em ambientes com elevada disparidade de preços, é muito provável que não exista substitutibilidade da demanda a ponto de justificar um mercado relevante único, independentemente da aplicação de testes mais sofisticados, para cada tipo de peça. Em outras palavras, ou há um prêmio de qualidade ao consumidor tão grande que justifique tamanha disparidade de preços (que por si só dificulta a utilização do teste do monopolista hipotético) ou, simplesmente, são equipamentos diferenciados não intercambiáveis pelo consumidor (o que é mais provável).

Também, quanto à substitutibilidade pelo lado da oferta, há indícios de que o mercado possa ser segmentado de forma bem estrita, o que poderia acarretar um redimensionamento da força da SKF no âmbito de rolamentos ou de peças específicas. Por exemplo, a Comissão Europeia, no Ato de Concentração envolvendo as empresas INA, AIG e NSFA, definiu o mercado relevante como sendo de rolamentos esféricos angulares para máquinas-ferramenta na Europa Ocidental. Além disso, no referido caso, entendeu-se que não haveria substitutibilidade pelo lado da oferta suficiente para aprovar a referida fusão, conforme Comunicação de Objeções apresentada pela Comissão. Ou seja, outros órgãos de defesa da concorrência tiveram grandes suspeitas ao agregar o mercado relevante analisado apenas pela ótica da oferta.

Ao ser indagada a este respeito, a empresa não apresentou qualquer estudo que pudesse ratificar o seu ponto de vista ou mesmo apresentar como se daria a substitutibilidade de oferta para seus tão diversificados produtos. Assim, qualquer menção ao argumento de que a empresa não possui "participação de mercado" elevada deve ser lida com extrema cautela, visto que tal afirmação se baseia em uma definição de mercado apriorística e não muito trabalhada, que pode tornar homogêneas mercadorias que não são substituíveis entre si, tanto pela oferta como pela demanda. Assim, deixa-se em aberto a definição precisa do mercado relevante produto. Por outro lado, serão utilizadas, a título informativo, como simples *Proxy*, as informações constantes nos autos de *market share*, sem que exista um comprometimento do Conselho a este respeito.

Quanto à definição geográfica dos mercados, o CADE em duas vezes o definiu como internacional (AC entre SKF e Timken - 08012.000294/2001-31 e AC 08012.002669/2002-89 entre NSK e Timken), visto que as importações de rolamentos atingiam aproximadamente 43% do total comercializado no mercado brasileiro. Para o Conselheiro Relator Cesar Mattos, todavia, tais importações não são independentes, mas, sim, feitas pelas próprias empresas já estabelecidas no mercado nacional, o que justificaria restringir a abrangência do mercado relevante ao âmbito nacional.

Sobre este aspecto, novamente, talvez fosse interessante explorar um pouco mais a definição geográfica do mercado, visto que a inexistência de custos ou de barreiras à importação pode, quiçá, justificar uma análise do mercado como mundial, mesmo na ausência de importações independentes, ou seja, dando uma dimensão mais ampla no que tange ao mercado de origem.

Todavia, considerando questões relativas ao ônus da prova, entendo que (i) a representada acatou a definição geográfica nacional e (ii) caso houvesse qualquer divergência sobre este aspecto, ainda assim, as conclusões deste processo não seriam modificadas, conforme será verificado a seguir.

2.3.2. Poder unilateral

Os fundamentos do voto do Conselheiro e dos pareceres da SDE, da Procuradoria do CADE e do MPF, no que tange à possibilidade da conduta, estão direcionados para os seguintes pontos nevrálgicos, quais sejam:

(i) A SKF não possui *market share* suficiente para lhe conferir poder de mercado unilateral suficiente para criar risco anticompetitivo; e

(ii) É impossível haver poder de mercado coordenado, considerando a elevada rivalidade do mercado.

Assim, considerou-se tratar-se a FPR como crime (ou seja, infração) impossível. Tal conclusão baseia-se no art. 17 do Código Penal, que considera não ser punível "a tentativa quando, por ineficácia absoluta do meio ou por absoluta impropriedade do objeto, é impossível consumar-se o crime".

Aplicando tal conceito ao Direito Concorrencial, o crime ou infração concorrencial ocorre sempre que os efeitos do art. 20 da Lei 8.884/94 puderem ocorrer, ou seja, em última análise se está aqui falando se é ou se não é possível que uma conduta (seja ela horizontal ou vertical) consiga aumentar os preços dos produtos. A respeito de impossibilidade de aumento de preços, é possível pensar no modelo teórico hipotético de concorrência perfeita, no qual toda e qualquer prática horizontal ou vertical é – por concepção – impossível, em razão de uma série de fatores que acontecem de forma simultânea. Veja que no âmbito da concorrência perfeita, há uma infinidade de consumidores e de produtores, que transacionam um bem homogêneo, não havendo nenhum agente com poder de mercado. Posto de outra forma, tem-se, neste cenário, uma elasticidade da demanda infinita, na qual o menor aumento de preços é respondido com a total perda da quantidade vendida. Mais do que isto, não há dificuldades de entrada no mercado, sendo que também não há qualquer custo afundado. Portanto, é extremamente fácil a entrada e a saída do mercado. Mais do que isto, as partes, tanto produtores como consumidores, no modelo teórico de concorrência perfeita, têm conhecimento perfeito, absoluto, de tudo o que acontece no âmbito das preferências pessoais e dos termos de troca. É nesta sociedade, hipotética, de seres racionais e oniscientes, em que cartel é impossível por concepção, seja porque (i) a estrutura de oferta é extremamente dispersa/fragmentada, havendo grandes custos de unificá-la sob uma estrutura horizontal e, (ii) mesmo que formado o referido acordo ilícito, que eleve minimamente os preços, este será prontamente detectado e haverá, seguramente, alguma espécie de entrada fácil, provável, tempestiva e suficiente, que inibirá a elevação dos preços dos produtos.

Veja que pensar sobre possibilidade da consecução da infração levando em consideração a estrutura do mercado é diferente de pensar a possibilidade de obtenção de um resultado de um crime olhando-se para questões de natureza física (falta de lesividade de um revólver de brinquedo), química (falta de perigo em substância que não é tóxica, mas a pessoa erroneamente pensa administrar veneno) ou até mesmo biológica (se a vítima está ou não morta). Todas estas são questões empíricas facilmente verificáveis.

Pensemos em um homicídio por arma de fogo. O revólver (e o tiro proferido pelo mesmo), certamente, é o meio pelo qual se obtém o resultado criminoso. Um revólver sem balas ou de brinquedo, portanto, diz respeito a um meio ineficaz para matar uma pessoa, não havendo qualquer possibilidade de existir tentativa de homicídio, se o próprio homicídio não poderia ser levado a cabo, mesmo em teoria, por este meio. Já, por outra perspectiva, o objeto é relevante, já que para que o homicídio aconteça é necessário que a pessoa esteja viva. Atirar em pessoas que estão mortas pode, talvez, representar outra figura criminosa (como vilipêndio a cadáver), mas para o propósito de homicídio, certamente, verifica-se uma absoluta impropriedade do objeto.

Se a diferença é clara entre o meio utilizado para o crime e o objeto que pode ser afetado em um homicídio (no caso, uma pessoa viva), a mesma coisa não ocorre em uma conduta anticompetitiva. Se pensarmos em um ambiente de concorrência perfeita, na tentativa cartelizante há, ao mesmo tempo, ineficácia absolta do meio utilizado (já que, como pressuposto do modelo, um agente isolado ou mesmo alguns agentes não têm poder de mercado para elevar o preço do produto, em razão da elevada elasticidade da demanda) e absoluta impropriedade do objeto (visto que a estrutura de oferta, em si, e por concepção, contesta, via participação de agentes externos do mercado, a subida dos preços, mesmo na eventualidade de uma improvável coordenação dos agentes internos do mercado). Em outras palavras, agente e objeto se confundem.

Claro que para fins antitruste talvez fosse o caso de se questionar se a definição de mercado relevante está correta, visto que pelo teste do monopolista hipotético se espera que em um mercado seja possível que um monopolista consiga – de forma bem-sucedida – alcançar um aumento de preço não transitório e significativo, o que não é possível alcançar sem relaxar as hipóteses do modelo de concorrência perfeita, em especial, a que diz respeito à contestabilidade do mercado.

Ou seja, como bem explicitado, este é um modelo hipotético que não consegue utilizar a terminologia antitruste de mercado relevante. Portanto, qualquer consideração sobre *market share* neste modelo é totalmente descabida e sem sentido prático.

A questão importante que cabe levantar é: e, no mundo real, um *market share* elevado é condição necessária ou mesmo suficiente para elevar preços? Esta consideração decorre da constatação de que uma prática apenas ganha relevância pública se o agente que a realiza tem força o suficiente para modificar preços. Para Cesar Mattos: "se dois motoristas de táxi do ponto mais próximo ao CADE resolverem combinar não dar descontos aos clientes, dificilmente poderia ser considerado um ilícito anticoncorrencial, dada a total falta de capacidade de impor preços, coordenadamente, desses agentes ao mercado" (voto Processo Administrativo 08012.004484/2005-51)[27].

Por outro lado, se homens de negócio (no exemplo, taxistas) combinam preço entre si, muito provavelmente, há uma justificativa para tanto, visto que são agentes supostamente racionais que maximizam seu bem-estar. Talvez, por isto, este tipo de prática seja considerada ilícita *PER SE*, ao menos em alguns países. Além disto, se estes taxistas, mesmo com baixo poder de mercado, conseguirem convencer outros agentes a realizar divisões territoriais ou mesmo a formar o referido cartel de preços, ainda assim, este seria um crime impossível? É crime impossível, por impropriedade absoluta do objeto, que agentes com pouco *market share* busquem colusão em um ambiente mercadológico específico, independentemente das características do mercado? E mesmo que tais características sejam dadas, e se saiba de antemão que a tentativa de colusão se deu em um ambiente mercadológico contestável, tal contestabilidade pode ser modificada a depender das expectativas dos agentes econômicos e/ou de outras variáveis que podem ser controladas e modificadas pelas ações dos mesmos? Como ponderar os riscos associados a estas práticas, sabendo que a autoridade concorrencial também pode

---

27 No mesmo sentido, é interessante avaliar o seguinte trecho escrito por HOVENKAMP: "The widespread application of the *per se* rule to agreements among competitors has often blinded courts to some of these economies. For example, it is not generally a defense to a price fixing charge that the cartel members did not hold enough market power to reduce output profitably. If an urban market contains fifty similar grocers and three of them jointly run a newspaper advertisement quoting retail prices, the arrangement would reduce advertising costs for each of the three. Furthermore, three grocers out of fifty could not plausibly fix prices – customers would respond to their price increase by buying from the other 47. In such a case the inference that the arrangement creates efficiency is very strong, while the inference of price fixing is very weak. Nevertheless, a court might hold that the *per se* rule prevents it from considering both the argument that the defendants had no market power and that their agreement produced cost reductions that would benefit consumers" (HOVENKAMP, Herbert. *Economics and Federal Antitrust Law*, West Publishing Co., St. Paul, Minn., 1985, p. 110-111).

cometer erros tanto em sub como em supervalorizar o que é possível e impossível no âmbito mercadológico?

Estas não parecem ser questões triviais, já que o mercado é interpretado, sempre, pela lente de um viés teórico econômico. Além disto, ele é parte de uma criação social. Do ponto de vista ontológico, utilizando os ensinamentos de Pierre Bourdieu, temos que, por meio de um processo de reflexividade, estruturas sociais são, ao mesmo tempo, estruturadas e estruturantes. De todo modo, temos que a estrutura de mercado não é decorrente de um dado empírico (físico, químico ou biológico), o que dificulta a analogia com a maioria dos exemplos penais de crime impossível, mas, pelo contrário, é decorrente de um processo reflexivo em que o agente interfere na natureza do objeto, podendo modificá-la, tornando o que a princípio era uma estrutura de elevada concorrência, na qual a prática anticompetitiva era – inicialmente – improvável, em uma estrutura diferente que passa a ser potencial alvo de ilícitos competitivos como ilícitos possíveis, pela modificação de estruturas sociais. Daí que é difícil saber o que significa, *a priori*, impropriedade absoluta do objeto ou ineficácia absoluta do meio em um tipo de infração concorrencial, que diz respeito a relações humanas e estruturas de ofertas que se modificam e que possuem uma certa plasticidade peculiar. Daí a pertinência de a Lei 8.884 ter mencionado como condutas anticompetitivas não só as de abuso de poder econômico, como também as tendentes à dominação de mercado.

Deste modo, agentes com baixa participação de mercado, às vezes, podem infligir dano concorrencial, sim. Não parece ser impossível – do ponto de vista teórico – que agentes menores criem barreiras de entrada artificiais, via óbices formais e materiais ao desenvolvimento de concorrentes com elevada participação de mercado, pelas mais diversificadas estratégias de elevação de custos dos rivais. Também, foros que favorecem trocas de informações, criados por agentes pequenos podem, talvez, em determinados cenários, propiciar a colusão tácita entre todos os participantes do mercado. Assim como agentes com baixa participação de mercado podem realizar um convite à cartelização de todos os outros entes empresariais, o que poderia modificar o caráter improvável da conduta.

Soma-se a este já complexo cenário a seguinte questão: O novo guia de atos de concentração norte-americano reconhece que mesmo concentrações entre empresas com baixo *market share* podem gerar aumento de preço ao consumidor final, já que este conceito pode não refletir o ambiente competitivo[28]: "Market shares may not fully reflect the competitive significance of firms in the market

---

28 (e serem mais danosas que outras concentrações com participação de mercado superior, mas de menor elasticidade cruzada)

or the impact of a merger. They are used in conjunction with other evidence of competitive effects"[29].

Tal questão é muito saliente no que diz respeito a fusões entre os agentes mais eficientes do mercado, que teriam maior capacidade a adquirir *market share* futuro (em especial em leilões), ou mesmo quando se tem uma análise de bens diferenciados[30]. Eis o que se depreende da leitura de Joseph Farrell and Carl Shapiro (2010), "Antitrust Evaluation of Horizontal Mergers: An Economic Alternative to Market Definition" (*The B. E. Journal of Theoretical Economics*: Vol. 10: Iss. 1 (Policies perspectives), Article 9. p. 4):

> "The DOJ and the FTC have perhaps the world's largest concentrations of Ph.D. industrial organization economists, and *they do not mechanically rely on concentration and market shares*, but seek flexibly to understand the economics of the industry. Economic analysis of unilateral effects, in particular, has advanced greatly in recent decades, but the Guidelines begin by describing an approach to defining relevant markets, and stress market concentration as a primary signal of competitive effects. This approach does not always work well in the large class of mergers in which the merging firms sell differentiated products and the agencies must weigh concerns about unilateral effects. Product differentiation can make defining the relevant market problematic, notably because products must be ruled "in" or "out", creating a risk that the outcome of a merger investigation or case may turn on an inevitably artificial line-drawing exercise."

Para ilustrar estes problemas, digamos que a fusão entre duas empresas hipotéticas, que vendem produtos de luxo, eleve o preço destes produtos diferen-

---

29 Horizontal Merger Guidelines, DoJ and FTC, 19 de agosto de 2010. § 5.3.

30 Sobre a análise de efeitos unilaterais em produtos diferenciados, o Guia de 2010 afirma que "In differentiated product industries, some products can be very close substitutes and compete strongly with each other, while other products are more distant substitutes and compete less strongly. [...] Adverse unilateral price effects can arise when the merger gives the merged entity an incentive to raise the price of a product previously sold by one merging firm and thereby divert sales to products previously sold by the other merging firm, boosting the profits on the latter products. Taking as given other prices and product offerings, that boost to profits is equal to the value to the merged firm of the sales diverted to those products. The value of sales diverted to a product is equal to the number of units diverted to that product multiplied by the margin between price and incremental cost on that product. In some cases, where sufficient information is available, the Agencies assess the value of diverted sales, which can serve as an indicator of the upward pricing pressure on the first product resulting from the merger. *Diagnosing unilateral price effects based on the value of diverted sales need not rely on market definition or the calculation of market shares and concentration.* The Agencies rely much more on the value of diverted sales than on the level of the HHI for diagnosing unilateral price effects in markets with differentiated products. If the value of diverted sales is proportionately small, significant unilateral price effects are unlikely".

ciados a 4%. Assim, com este resultado, a linha *premium* não representa, por si só, um mercado relevante pelo teste do monopolista hipotético (já que geralmente exige-se um aumento superior a 5% para definir um mercado antitruste). Então, é razoável que nesta hipótese se incluam no mercado todos os produtos populares (que possuem menos elasticidade cruzada com os de luxo), o que pode diluir (e muito) a participação das empresas de luxo. Todavia, dizer que uma concentração que gera 4% de aumento de preços é irrelevante, porque os *market shares* dos produtos no agregado mascara ou esconde a grande elasticidade cruzada verificada é, certamente, uma visão míope da concorrência. Aliás, é em razão deste tipo de questão que os métodos de simulação de efeitos de fusão deixam de lado uma avaliação exclusivamente das estruturas da oferta em termos de participação de mercado percentuais (e acrescentam outras variáveis importantes à análise). E se isto é correto para fusões, também se pode fazer a mesma afirmação no que diz respeito a condutas, podendo haver um papel extremamente relativizado do *market share* no âmbito de infrações concorrenciais, para determinar o que é ou não uma "ineficácia absoluta do meio" ou mesmo "impropriedade absoluta do objeto", caso estes conceitos consigam ser utilizados no antitruste.

Soma-se a todos estes problemas teóricos o fato de a Autoridade de Concorrência Suíça, por exemplo, considerar que *market share* não é sequer relevante para configurar a ilicitude de FPR, dado o caráter nocivo desta conduta. No mesmo sentido, nos termos dos *Guidelines* preparados pelo *Office of Fair Trading*, quando a soma das quotas de mercado dos intervenientes num acordo não exceda 25% do mercado relevante, considera-se que tal acordo não terá, *em princípio*, "*an appreciable effect on competition*" – mas entre as exceções está a fixação de FPR: "The Director General appears to regard such agreements as having an appreciable effect whatever their market share"[31].

Enfim, parece ser equivocado considerar poder de mercado como sinônimo de *market share*.

Mesmo assim, e fazendo todos estes descontos às análises anteriores, segundo levantamento da SDE, a SKF teria: (i) 2% de participação no mercado de retentores; (ii) 15% de participação no mercado de peças para manutenção; (iii) 20% do mercado nacional de equipamentos de monitoramento; e (iv) 28% participação no mercado de rolamentos. Portanto, no âmbito do mercado de rolamento, de acordo com Cesar Mattos, a SKF teria um *market share* próximo a 30%, superior aos 20% da presunção legal do nosso ordenamento jurídico, "mas sem indícios adicionais de poder de mercado".

---

[31] CALVETE, Victor J. *Op. cit.*

Neste sentido, Mattos compreendeu que a SKF é uma das quatro maiores empresas do setor, extremamente competitivas, e que garantem rivalidade ao mercado:

- SKF
- NSK
- INA/FAG
- TIMKEN

Deste modo, para o Relator, seria impossível que a fixação de preços de revenda, de forma unilateral, fosse uma prática que trouxesse algum prejuízo ao mercado. Sobre este respeito, discordo que (i) seja impossível realizar prática anticompetitiva em razão de baixo *market share* e (ii) que não existem indícios de poder de mercado, seja unilateral ou coordenado, suficiente para condenar a representada.

Inicialmente, verifico que não há mensuração separada do mercado alvo em relação ao mercado origem da prática. Sobre o mercado alvo, a SKF alegou existir tanto distribuidores exclusivos como multimarcas. De todo modo, quanto ao poder de mercado unilateral, novamente, lembro que na Suíça as condenações por FPR ocorrem de forma independente do *market share* das empresas envolvidas. Também na União Europeia esta conduta não estaria protegida pela exceção em bloco, dado o caráter *hardcore* da mesma, nem pela regra *de minimis*, que considera haver uma presunção de licitude a condutas verticais quando os representados possuem menos de 10% ou 15% de participação em um mercado relevante. Em outras palavras, o *market share* não serviria de escudo protetor à representada na Europa.

Olhando-se apenas para "participação de mercado" e utilizando-se a analogia com outras condutas verticais verificadas nos Estados Unidos, não há, também, um porto seguro para se determinar o *quantum* de *market share* é suficiente para causar dano em uma prática vertical[32]. Pode-se citar o caso

---

[32] De acordo com GONÇALVES, Priscila Brólio, *A obrigatoriedade de contratar no Direito Antitruste*. São Paulo: Singular, 2010. p. 117 – "Segundo a ABA SECTION OF ANTITRUST LAW, o percentual de 20% de fechamento de mercado abaixo do qual um contrato de exclusividade de compra estaria resguardado (*safe harbour*), existe desde o início dos anos 1970. Porém, com a decisão Jefferson Parish, tal percentual passou a ser de 30%. Abaixo desse patamar, as cortes tenderão a desde logo descartar a ilicitude da prática, sem maior aprofundamento da análise (*Antitrust law developments*, cit., p. 217)". Por outro lado, esta questão já foi tratada no voto do ex-Conselheiro Rigato no caso do P.A. 53500.000502/2001. Embora Rigato tenha sido vencido, pelo voto de qualidade da Presidente Elizabeth Farina – que questionou a definição do mercado relevante de distribuição de celulares –, seu posicionamento foi aceito no que diz respeito ao fundamento que afastou esta presunção da ABA mencionada por Priscila Brólio Gonçalves. Seu voto está escrito da seguinte forma:

"Muito embora a representada tenha reconhecido que o direito norte-americano faz uma análise qualitativa das cláusulas de exclusividade, afirmou-se, também que: 'Em caso de fechamento de mercado de até 40%, a Jurisprudência, rotineiramente, sustenta a legalidade do

Twin City Sportservice, Inc. v. Charles O. Finley & Co., 676 F. 2d 1291, 1301-02 (9º Circuito), de 1984, em que se entendeu que o fechamento de 24% do

---

contrato de exclusividade' (fl. 1512). Para justificar a existência da referida zona de segurança, a representada citou diversos casos norte americanos, dentre eles o caso Jefferson Parish. De acordo com a CRT, o caso Jefferson Parish Hospital . District n.2 vs. Hyde foi um marco para a Suprema Corte Norte-Americana, pois, a partir de então, passou-se a 'considerar lícitas as cláusulas de exclusividade que não provocassem fechamento de 'parcela substancial do mercado', fixada em torno de 30% a 40% do mercado'. (HOVENKAMP, Federal Antitrust Policy, p. 437, 1989. Cf. fl. 1414 dos autos). Todavia, cumpre esclarecer que o caso Jefferson Parish Hospital District n.2 v. Hyde versava sobre a venda casada de serviços hospitalares e de anestesia. No referido caso, entendeu-se que, como o Hospital representado possuía apenas 30% de market share, não seria possível aplicar a regra que considerava a venda casada como um ilícito PER SE (o que não significa que seja ou não seja um ilícito sob a regra da razão). Além disto, entendeu-se no referido caso que os pacientes não conseguiam diferenciar os serviços ofertados por anestesiologistas, o que dificultava caracterizar qualquer espécie de coação na venda conjunta dos serviços médicos e de anestesia. Assim, a conclusão do caso Jefferson Parish não é uma autorização tácita para qualquer contrato de exclusividade que afete até 30% do mercado relevante, como alegou a representada. Além disto, não há uma regra – expressa – permitindo um ou outro valor. Por exemplo, os Estados Unidos já entenderam, no caso Standard Oil Company of California (Standard Stations) v. United States, que o fechamento de 6,7% do mercado poderia, em mercados com elevadas barreiras à entrada, significar uma prática ilícita. Por outro lado, a representada alega que esta regra foi revista no caso Tampa Eletric Co. v. Nashville Coal Co (1961) e, principalmente, no caso Jefferson Parish (1984), sendo que – após 1984, as cláusulas fixadas até o limite de 40% seriam, naturalmente, consideradas lícitas. De fato, há uma série de casos que aceitaram o limite de até 20% de fechamento de mercado como razoável, tais como: Caso Satellite Television & Associated Resources, (com fechamento de 8%); caso American Motor Inns v. Holiday Inns (com fechamento de 14,7%); Cornwell Quality Tools Co. v. C.T.S. Co, (fechamento de 10%-15%); Kidd v. Bass Hotels & Resorts, Inc. (venda exclusiva de móveis para hotel que representa menos de 9% dos quartos de hotéis dos Estados Unidos); TAM, Inc. v. Gulf Oil Corp. (com fechamento de 7% das vendas e 5%); Bepco, Inc. v. Allied-Signal, Inc. (fechamento de mercado entre 18,5% e 21,5%, estando um pouco abaixo do que é substancial); Caso Beltone Elecs. Corp., (fechamento de 7% a 8% dos pontos de venda e 16% das vendas líquidas). Contudo, não é correto afirmar que a jurisprudência norte-americana tenha definido um valor fixo para restrições verticais como LÍCITO PER SE, independente das variáveis de mercado ou das barreiras à entrada. Para demonstrar este argumento, pode-se citar o caso Twin City Sportservice, Inc. v. Charles O. Finley & Co., 676 F. 2d 1291, 1301-02 (9º Circuito), de 1984, em que se entendeu que o fechamento de 24% do mercado relevante era considerado uma prática ilícita. Também, no caso Minnesota Mining & Mfg. Co. v. Appleton Papers, Inc. 35 F. Supp. 2d 1138 (D. Minn), julgado em 1999, considerou-se que o fechamento de 30% a 40% significava o "fechamento do mercado" ilícito. Assim, ao contrário do que a representada alega, em geral, a jurisprudência norte-americana tem considerado que as cláusulas de exclusividade acima de 40% não estão em conformidade com as regras concorrenciais. Também, o fechamento de mercado acima de 50% tem sido considerado – em regra – como conduta ilícita [ver Kohler Co. v. Briggs & Stratton Corp. (envolvendo o fechamento de 62% do mercado); United States v. Dairymen, Inc. (considerando como ilícito o contrato de exclusividade em que o réu possuía 59,5% do mercado e os contratos afetavam 50% do mercado); Oltz v. St. Peter's Cmty. Hosp. (em que 84% de participação do mercado)]. Não se desconhece que existam exceções e que o direito norte-americano prefere uma análise casuística. Porém, com certeza, não existe uma zona de segurança antitruste pacífica no direito norte-americano abaixo de 40% do mercado, como argumenta a representada". Após, também foram feitas considerações interessantes sobre o caso europeu Oscar Bronner/Mediaprint.

mercado relevante de revenda deveria ser considerado uma prática ilícita. Também, no caso *Minnesota Mining & Mfg. Co. v. Appleton Papers*, Inc. 35 F. Supp. 2d 1138 (D.Minn), julgado em 1999, considerou-se que o fechamento de cerca de 30% da revenda significava fechamento ilícito do mercado. Em todos estes casos as partes tinham participações unilaterais próximas a 30% (de forma semelhante à SKF) e entendeu-se não só que a infração era possível, como se condenou a prática.

De todo modo, parece-me que fazer um juízo do *quantum* de participação de mercado é suficiente (ou não) à condenação de uma prática vertical pode significar, na realidade, um reducionismo da análise antitruste ao instrumental de participação de mercado (em especial no ambiente específico deste caso, em que há extrema heterogeneidade de produtos e razoáveis dúvidas sobre a validade da definição de mercado traçada pela requerente). Sobre este assunto, eu recordo meu Despacho 03/2010, no qual entendi ser relevante avaliar outras variáveis, como as elasticidades (própria e cruzadas); a margem de lucro unitária (que permite o cálculo do índice de *Lerner*) e o contexto econômico inerente, com o propósito de avaliar o que, de fato, significa poder de mercado. Todas estas questões fáticas fazem parte do ônus probatório de quem realiza uma conduta arriscada como FPR, sendo que a SKF não conseguiu trazer aos autos provas robustas de sua falta de poder de mercado.

Lembro, também, que a presente prática de FPR é diversa das demais práticas verticais, sendo atualmente considerada como inerentemente suspeita, conforme o recente caso *Realcomp*[33] do FTC. Em razão disto, conforme explicita Meyer, a ilicitude de FPR, ao menos nos Estados Unidos, se daria de forma independente do *market share* das partes envolvidas[34] e apenas em casos extremos se admitiria a possibilidade da licitude da mesma.

De todo modo, mesmo admitindo, por motivos eminentemente retóricos, que, sob o ponto de vista unilateral, a representada não tivesse poder de mercado suficiente para causar risco anticompetitivo, compreendo, ao contrário do Conselheiro Relator, que existem, sim, diversos elementos palpáveis, neste caso, que possibilitam afirmar a existência de elevado "poder coordenado"

---

33 *Realcomp II Ltd.*, FTC Docket No. 9320, op. (Oct. 30, 2009). Disponível em: <http://www.ftc.gov/os/adjpro/d9320/091102realcompopinion.pdf>.

34 David Meyer, em seu artigo "The FTC's New 'Rule of Reason': *Realcomp* and the Expanding Scope of 'Inherently Suspect' Analysis". In: *Antitrust*. Primavera, 2010. Disponível em: <http://www.americanbar.org/content/dam/aba/publishing/antitrust_source/meyer_Anti_Spring2010_9.authcheckdam.pdf>.

entre as empresas de rolamentos, o que gera impactos, inclusive, na própria racionalidade da conduta.

2.3.3. Poder coordenado

Não se busca aqui avaliar se existe ou não cartel entre empresas, como uma prática ilícita, repudiada pelo ordenamento pátrio, visto que, para tanto, seria necessário que se percorresse um rito próprio, com investigação específica. Todavia, outra questão diz respeito às características estruturais da indústria. Em outras palavras, busca-se verificar se há condições objetivas para que empresas se coordenem ou tenham uma colusão tácita, como estratégia racional, no *upstream*, em razão da FPR. A avaliação da possibilidade de colusão na indústria, mesmo que tácita, é relevante para saber se e em que medida uma FPR é prejudicial no mercado afetado, visto que, como já largamente argumentado, quando não há concorrência intermarcas, mesmo que por questões estruturais, tal prática vertical tende a causar prejuízos sociais, mantendo a estabilidade do acordo tácito.

Há três espécies de provas que serão estudadas, atinentes às condições objetivas relativas à colusão tácita, a saber: (i) evidências societárias, (ii) evidências econômicas e (iii) evidências históricas da indústria.

Evidências societárias

A primeira questão que salta aos olhos do analista é que há uma série de relações societárias entre estas empresas tidas como concorrentes. Digo isto, porque, no caso analisado pelo ex-Conselheiro Afonso Arinos de Mello Franco Neto (AC nº 08012.000294/2001-31 (j. 06/03/2002), as empresas SKF do Brasil e Timken do Brasil Ltda. constituíram uma *joint-venture*, por meio da empresa International Component Supply Ltda., para produzir anéis usinados sem tratamento térmico (*machine Green rings*), matéria-prima para produção de rolamentos. Como justificativa desta *joint-venture* as partes alegaram à época que pretendiam combinar ativos existentes e apropriados em um prédio existente da SKF localizado em Cajamar para organizar e instalar a International Component Supply Ltda. com a finalidade de obter economias de escala. As requerentes visavam custos menores na produção de anéis de alta qualidade sem tratamento térmico e outros componentes a partir da matéria-prima fornecida pelas partes e por terceiros, conforme previsto no Contrato Principal datado de 22 de dezembro de 2000. Alegou-se, também, que a SKF já possuía uma relação vertical com a Timken e fornecia anéis à mesma. Esclareceram, também, que a maioria das empresas que produzem anéis forjados, cônicos e usinados para fabricação de rolamentos cônicos ("anéis" ou "produto relevante") não os comercializam, uma vez que, em tal mercado, a integração vertical é uma característica dessa indústria.

Já no AC nº 08012.002669/2002-89 (j. 14/05/2003), o então Relator Miguel Barrionuevo analisou uma *joint-venture* entre NSK e TIMKEN para a construção de uma planta industrial próxima à cidade de Shangai, na República Popular da China (a "Fábrica de Suzhou"), que deveria produzir determinados rolamentos antifricção ("*anti-friction bearings*"), especificamente rolamentos cônicos ("*tapered roller bearings*"). A NSK e a TIMKEN deveriam controlar, cada uma, 50% do capital social da *joint-venture* denominada Timken-NSK Bearings (Suzhou) Co. Ltd. As empresas solicitaram permissão para transacionar, no Brasil, os produtos desta *joint-venture.*

Ou seja, Timken tem relação com a SKF para produzir o insumo de rolamentos e, ao mesmo tempo, possui uma *joint-venture* com a NSK para produzir rolamentos conjuntamente. Tais empresas (SKF, Timken e NSK) possuíam, conjuntamente, à época da conduta, 57% do mercado de rolamentos.

Não obstante esta evidente constatação, a representada foi chamada a se pronunciar, em instrução complementar feita em meu gabinete, a respeito do mencionado vínculo societário e se este vínculo não teria como diminuir a rivalidade no setor. A resposta que obtive foi a seguinte:

> "as *joint-ventures* acima mencionadas, cuja constituição foi notificada ao CADE em 2001 e 2002 (Atos de Concentração 08012.000294/01-31 e 08012.002669/2002-89), não tinham suas atividades atreladas à fabricação de rolamentos, e sim eram voltadas à fabricação de produtos periféricos tais quais componentes que podem ser fornecidos por qualquer fabricante atuante neste segmento. Desta forma, estas *joint-ventures* não seriam instrumentos hábeis a facilitar o exercício de poder coordenado no mercado de rolamentos".

Todavia, não se concorda com o referido argumento (i) porque, ao contrário do que foi argumentado pelas requerentes, as *joint-ventures* são, sim, específicas para produção de rolamentos e de seus insumos ou (ii) porque os insumos de rolamentos mencionados no caso SKF/TIMKEN não podem ser fornecidos por qualquer fabricante, já que a referida produção de anéis usinados, como afirmado acima, é em grande parte verticalizada.

Aliás, será aberto um auto de infração específico para avaliar se a referida resposta pode ou não estar sujeita à multa de enganosidade. De todo modo, independentemente do mérito da referida apuração, do ponto de vista objetivo, é possível alegar, sim, que existem *joint-ventures* no setor de rolamentos que tendem a diminuir a rivalidade entre os principais concorrentes do mercado brasileiro.

Evidências econômicas

Não bastassem as relações societárias sólidas entre os supostos concorrentes, o mercado de rolamentos também possui algumas características que me levam a duvidar de que exista uma rivalidade intensa que impeça a colusão, ainda que tácita, entre os referidos membros.

A primeira variável, obviamente, é o interesse societário conjunto. A Timken lucra tanto com os rolamentos da SKF vendidos no Brasil como com os rolamentos vendidos pela NSK, o que tende a diminuir a rivalidade do mercado.

Existem vários fatores que demonstram haver pouca rivalidade no mercado. Considero que as condições para colusão tácita são, em sua grande maioria, excelentes ou muito próximas de excelentes, conforme tabela a seguir.

Tabela – Condições de rivalidade nos aplicativos empresariais

Motivação	Atributo	Condições			Mercado Relevante analisado
		Excelente: Coalizão tácita	Possível: Cartel	Difícil: Alta Rivalidade	
Custo da Negociação	Número de empresas	Muito poucas	Diversas	Muitas	Muito poucas
	Tipo do produto	Padronizado	Comparável	Diferenciado	Comparável
	Mudanças tecnológicas	Nenhuma	Média	Intensa	Média
	Concentração	Alta	Média	Baixa	Alta
Possibilidade de retaliação	Frequência de vendas	Alta	Média	Pequena	Alta
	Transparência do mercado	Grande	Média	Ausente	Grande
Ganhos de não cooperação	Crescimento do mercado	Baixo	Médio	Intenso	Baixo
	Elasticidade da Demanda	Baixa	Média	Alta	Baixa

Fonte: Elaboração própria, com base na metodologia de análise de rivalidade em outros setores. Para maior detalhamento sobre cada variável, ver AZEVEDO, P.F., DIAZ, M.D.M., GREMAUD, A.P., TONETO JÚNIOR, R. *Introdução à Economia*. São Paulo: Editora Atlas, 2007, cap.10.

Olhando-se apenas para o mercado nacional, também, nos últimos anos, é possível verificar não apenas que houve simetria nos *market shares* das empresas supostamente rivais (o que aumenta o incentivo ao conluio tácito), mas também se verifica uma grande estabilidade nas referidas participações de mercado.

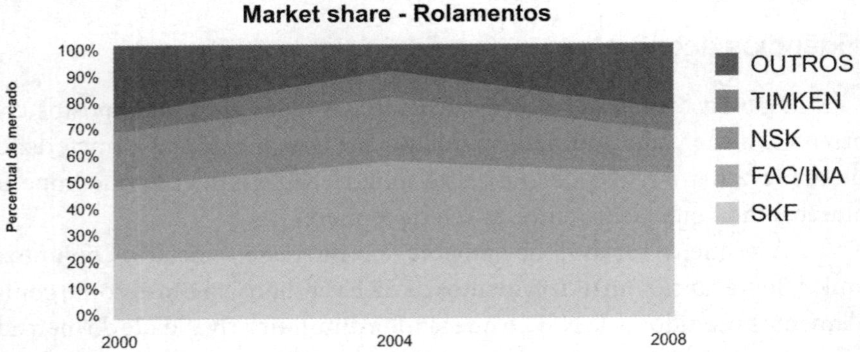

A referida estabilidade de *market shares* verifica-se tanto no âmbito de rolamentos industriais como no de rolamentos automotivos, conforme gráficos abaixo transcritos:

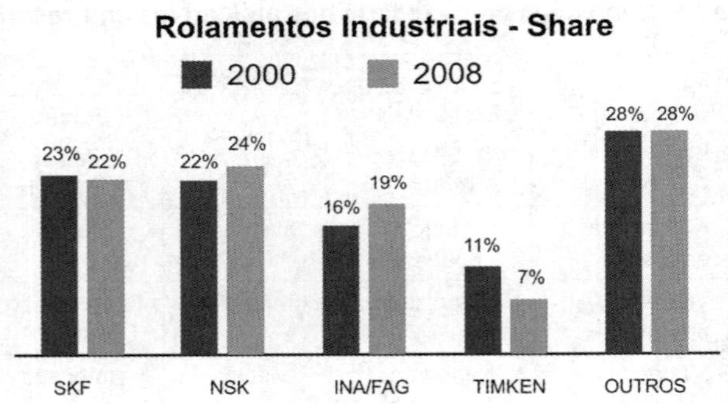

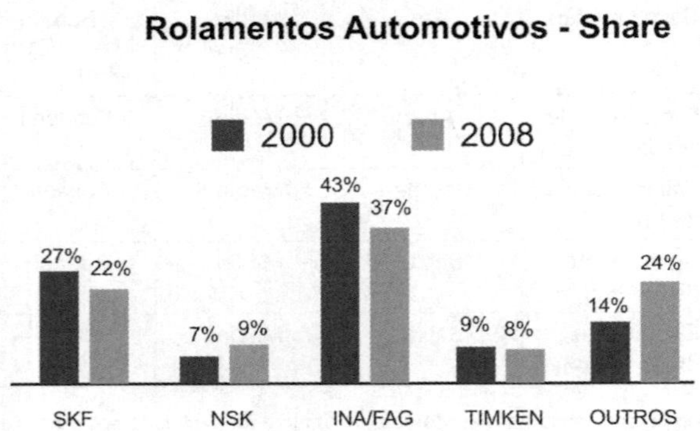

Outro dado extremamente ilustrativo a respeito da possível falta de rivalidade no mercado diz respeito ao comportamento da participação dos preços e das quantidades ofertadas. [CONFIDENCIAL].

Levando em consideração o *market share* da SKF em rolamentos, é possível inferir que houve retração do mercado durante o período de 2004 a 2008, conforme tabela abaixo.

Diminuição do Mercado em Termos Absolutos

	2004 (*)	2008
Volume de peças automotivas		
Volume de peças industriais		
Total da SKF		
Participação % da SKF (agregado)		
Total do mercado		

[CONFIDENCIAL]

Ao ser questionada sobre qual seria o motivo pelo qual o preço dos produtos aumentou enquanto que o total vendido diminuiu, a SKF alegou que "o aumento do preço atribuído aos rolamentos, sejam eles de aplicação industrial ou automotiva, tem por justificativa econômica principal o aumento do preço dos materiais utilizados na fabricação de seus componentes". Alegou-se que o preço do aço longo aumentou 178% e 235% entre janeiro de 2000 e dezembro de 2004. Na categoria de aços planos este aumento foi de 151% a 279%. Além disto, em meados de 2004, o preço do aço passou a sofrer aumentos sucessivos, impulsionados pelo aumento do preço de suas principais matérias-primas, quais sejam o minério de ferro e o carvão. O que é intrigante é que o impacto nos preços dos rolamentos automotivos [CONFIDENCIAL] foi mais acentuado que no setor de rolamentos industriais [CONFIDENCIAL], sendo que ambos utilizam o mesmo insumo, aço. Assim, certamente que os insumos impactaram no preço, mas deve haver outra justificativa em relação a este aumento, que não seja controlada por insumos comuns.

Quanto à diminuição da demanda, a SKF atribui à crise que ocorreu em 2008. Todavia, ainda assim, parece esta ser uma resposta apenas parcial destes dados.

Claro que estas informações isoladas não querem dizer muita coisa, mas demonstram que ao mesmo tempo em que os preços de rolamentos automotivos aumentaram, o mercado de rolamentos, como um todo, diminuiu bruscamente, o que representa uma evidência econômica contrária à existência de elevada concorrência intermarcas.

Assim, após verificar estas avaliações numéricas do mercado brasileiro, não consigo encontrar quaisquer evidências que apontem para a suposta rivalidade mencionada pelo Conselheiro Relator (guerra de preços, instabilidade de *market shares*, elevado crescimento da demanda, grande elasticidade preço da demanda, dentre outros). Pelo contrário, todos estes fatores indicam não existir rivalidade elevada intermarcas.

Ocorre que, ao contrário de um cálculo matemático, estritamente delimitado, que consiga avaliar como se dá a rivalidade no mercado, tal conclusão é, necessariamente, de ordem subjetiva, sendo necessário verificar, também, o histórico das relações entre empresas.

Evidências históricas em outras jurisdições

O histórico do relacionamento interempresarial (incluindo movimentos em outras jurisdições) é relevante para considerar a rivalidade na indústria. Tal questão ganha ainda contornos maiores, tendo em vista que os votos dos Atos de Concentração 08012.000294/01-31 e 08012.002669/2002-89 consideraram que o mercado relevante de rolamentos possui escopo internacional.

Considerando que um mercado relevante é um todo homogêneo, o que acontece em uma parte do mercado relevante tende a se propagar para as outras partes com a mesma intensidade. Assim como em vasos comunicantes, um líquido em equilíbrio apresenta, na mesma altura, pressão semelhante, uma conduta, dentro de um mercado relevante internacional, também tende a apresentar efeitos similares, mesmo em países diferentes.

Sabendo disto, as empresas que estão no Brasil (e vendem rolamentos) tidas como fortes rivais, entraram em acordos ilícitos, na França, para cartelizar o seu sistema de distribuição. Caso o mercado de rolamentos seja definido como internacional, é muito improvável que este acordo horizontal tenha racionalidade apenas e exclusivamente na França.

As partes apresentaram defesa, contra-argumentando que:

> "não existe possibilidade de exercício de poder coordenado entre os principais fabricantes de rolamentos, visto tratar-se de um mercado altamente fragmentado, com empresas que se dedicam a este ramo de atividade detentoras de vultosas fatias do mercado. Existem centenas de empresas atuantes no

mercado mundial de rolamentos, algumas delas especializadas em apenas um tipo, outras em uma ampla gama de espécies de rolamentos. Aproximadamente dez empresas são vistas de forma geral como fornecedoras internacionais de todos os tipos de rolamentos, concorrendo em escala global e, em conjunto, sendo responsáveis por suprir aproximadamente 75% da demanda mundial de rolamentos. Além disso, uma grande quantidade de fabricantes de rolamentos chineses tem recentemente entrado no mercado mundial de rolamentos o que tem intensificado a concorrência neste setor. Outro fato que impede o exercício de poder coordenado é o grande poder de barganha dos consumidores, que também impede qualquer exercício unilateral e coordenado de poder de mercado por parte dos fornecedores. Em relação ao cartel internacional condenado pelas autoridades antitruste francesas, deve-se ter em mente que o efeito da sentença se estendeu somente ao território nacional e não gerou qualquer impacto sobre as subsidiárias da SKF fora da França. Desta forma, esta prática não gerou qualquer efeito internacional".

Inicialmente, é equivocado alegar que há muitas empresas com poder de mercado no âmbito de rolamento ou que as estruturas de mercado no mundo, no Brasil e na França são extremamente diferentes. Pelo contrário, as grandes empresas brasileiras são *as mesmas grandes empresas mundiais e as mesmas cartelizadas francesas.*

Market share **rolamentos (Agregado)**

	Mundo (99)	Brasil (00-01)	França (99)
SKF	20,6%	28%	25%
NSK	19,4%	23%	10%
NTN	13,3%	3%	–
TIMKEN	10,0%	9%	8%
FAG-INA	9,4%	18%	22%
SNR	–	–	24%
OUTROS	27,3%	19%	11%

Além disto, não se está aqui julgando o referido cartel que ocorreu na França entre estas empresas. A grande questão é saber se existe a possibilidade de as empresas que estão no Brasil entrarem em conluio, ainda que tácito, que lhes permita alguma espécie de poder coordenado e, assim, torne racional a hipótese de que a FPR gere risco à concorrência. Quando se fala em risco, não se está aqui falando necessariamente em dano à concorrência, mas apenas na probabilidade abstrata, objetivamente quantificável, de que um estado de coisas viabilize um maior dano à coletividade, decorrente da diminuição dos incentivos concorrenciais.

Sabendo que as empresas que fizeram o referido cartel na França são dos mesmos grupos transnacionais que as empresas brasileiras, questiona-se: É possível que grupos societários combinem preços em um país mas sejam rivais ferrenhos em outro país? Certamente que tal hipótese é possível, mas, à primeira vista, parece improvável que os efeitos de combinações transnacionais e empresariais não consigam transbordar para outras fronteiras. Não é demais repetir: Aqui não se está julgando a prática específica do cartel que ocorreu na França, mas, simplesmente, avaliando uma variável histórica, comportamental, dos mesmos grupos empresariais que atuam no Brasil, no mesmo setor, sobre a mesma conduta, e próximo do período de tempo analisado da FPR brasileira.

É com este propósito que o CADE deve voltar sua atenção à França.

Na Décision nº 02-D-57, de 19 setembro de 2002, "*relative à des pratiques dans le secteur des roulements à billes et assimiles*", o *Conseil de la Concurrence*, a Autoridade Antitruste da França, investigou e puniu uma prática relativa a alguns acordos de distribuição que grandes empresas fabricantes de rolamentos possuíam à época.

O quadro abaixo explicita quais eram as empresas que pertenciam ao mercado de rolamentos francês, a saber:

Mercado de rolamentos – França – 1999 (Agregado)

Empresa	*Market share*
SKF (empresa sueca)	25%
SNR (empresa francesa)	24%
INA (empresa alemã)	17%
NSK-RHP, NTN, Koyo (empresas japonesas)	10%
TIMKEN (empresa americana)	8%
FAG (empresa alemã)	5%
Nadella (empresa franco-americana)	4%
Outras	7%

A maioria delas possuía fábricas na França, exceto as montadoras japonesas e alemãs da FAG. A SKF France controlava a empresa de rolamentos Brie, a RKS empresa e a Companhia de rolamento Vendée, estando presente em rolamentos de esferas (25%); rolamentos de rolos cilíndricos (15% a 20%); Rolamentos de rolo afilado (10%); rolamentos autocompensadores de rolos (15%); e várias peças e acessórios (20% a 25%).

Compreendeu-se que o mercado poderia ser analisado de forma diferenciada, dependendo da destinação do rolamento ou do porte do cliente atendido. Verificou-se existir, na França, cerca de 250 distribuidores de rolamentos. Durante a última década, verificou-se uma redução do seu número e da formação de grupos nacionais. Também, foi possível observar o surgimento de grupos varejistas, como Doucet, Loudet, Martin Belaysoud e Binnetruy, Orefi, Trumel e Efrapo; dentre outros.

Especificamente quanto ao processo, compreendeu-se que haveria, de forma combinada entre as referidas empresas, a fixação de preços, descontos e bônus no âmbito dos distribuidores. Isto ocorria da seguinte forma: cada fabricante publicava um catálogo de produtos com um preço unitário, que variava dependendo da quantidade encomendada.

Estes catálogos eram identificados de diferentes formas, dependendo da empresa:

- FAG-France: liste de prix nets distribution au 08 juin 1998,
- NTN: tarif 951,
- INA: tarif 95/01 G),
- SKF: barème d'achats des distributeurs agréés industrie,
- SNR: liste de prix LP794.

Tais listas possuíam uma sistemática de como se daria a precificação por parte da distribuição das referidas empresas. Além disto, houve aumentos de preços de referência de fabricantes aplicados em 1993/1994, 1995 e 1998. Os documentos juntados no referido processo revelam quatro ondas de um aumento paralelo das taxas definidas pelos fabricantes para a atenção dos distribuidores: 3% no último trimestre de 1993, 4,5% no segundo trimestre de 1994, 4,5% no primeiro semestre de 1995, 3,5% em 1998.

"• Pour INA:

L'agence Sonotec, distributeur à Dijon, a communiqué un courrier du 07/12/93 émanant de La société INA Roulements faisant état d'une hausse de 3% applicable à partir du 17/01/94 (cote 28).

CRD, distributeur à Grenoble, a communiqué une lettre de la société INA, en date du 23/06/94, l'informant d'une hausse de 4,50% à compter du 01/07/94 (cote 40). Par courrier du 27/02/95, INA informe Sonotec d'une hausse de 4,50% de son tarif distribution GL 94 pour toute commande à compter du 03/04/95 (cote 49). INA fait état dans une note interne du 23/12/97 d'une hausse de 3% prévue pour mars 1998 (cote 63).

• *Pour SNR:*

SNR a annoncé à l'agence Sonotec, par courrier du 4 novembre 1993, une hausse moyenne pondérée de 3%, à compter du 03/01/94 (cote 27). Par courrier du 17/06/94, elle informe la société IMA d'une hausse de 4,5% à compter du 11 juillet 1994 (cote 35). Le 01/02/95, elle annonce par courrier circulaire une hausse de 4,50% à compter du 1er mars 1995 cote 52). Un document saisi dans le bureau de M. Pinchon, directeur marketing SNR, daté du 29/09/97, fait état des dates d'annonce et d'effet d'une hausse de 3,5% des tarifs des principaux concurrents de la société SNR, et, pour cette société, indique que cette hausse sera annoncée le 15/12/97, avec effet au 01/02/98 (cote 76).

• *Pour FAG:*

Deux circulaires de FAG, datées du 11/10/93, indiquent 'nous avons entrepris depuis deux ans, une harmonisation européenne de nos prix et la dernière étape nous amène à appliquer, à compter du 2 novembre 1993, une hausse moyenne pondérée de': concluant pour l'une, à une hausse de 3%, et pour l'autre, à une hausse de 4,5% (cotes 25 et 26). FAG a adressé à l'ensemble de ses distributeurs un courrier daté du 08/06/94 annonçant une hausse des tarifs de 4,50% à partir du 1er juillet 1994 (cote 41). Le 31/01/95, elle a adressé un courrier type à ses distributeurs les informant d'une hausse tarifaire de 4,50% sur toutes les livraisons à partir du 20 février 1995 (cote 50). Par courrier du 27/09/95, FAG annonce une hausse linéaire de 5% sur toutes ses livraisons à compter du 06/11/95 (cote 54). Une lettre circulaire de FAG aux distributeurs annonce le 20/10/97 une hausse linéaire de 3,5% à compter des livraisons au 20/1/98 (cote 60).

• *Pour SKF:*

Par courrier du 20/10/95, SKF a récapitulé les hausses de tarifs distributeurs qu'elles a annoncées au cours de la période: une hausse de 3,2% le 01/01/93, une hausse de 3% le 15/11/93, une hausse de 4,5% le 20/06/94 et une hausse de 4,5% le 06/02/95 (cote 56). Une lettre du 07/10/97 annonce cette dernière hausse (cote 44). La hausse du 20/06/94 est mentionnée dans un courrier du 31/05/95 (cote 34). Une lettre circulaire de SKF aux distributeurs annonce le 1/10/97 une hausse linéaire de 3,5% linéaire à compter des livraisons au 01/01/98 (cote 57).

• *Pour NTN:*

NTN a annoncé, le 20 juin 1994, le relèvement de son tarif 932 'distributeur' de 4,50%, hausse entrant en vigueur au 11/07/94 (cote 31). Une lettre circulaire de NTN aux distributeurs annonce le 17/12/97 une hausse linéaire de 3,5% linéaire à compter des livraisons au 16/02/98 (cote 62)."

Aumentos dos preços de revenda na França

Tarif	Date d'annonce	Date d'effet	Hausse notifiée
FAG	11/10/93	02/11/93	3,0%
SNR LP 194	04/11/93	03/01/94	3,0%
SKF		15/11/93	3,0%
INA 94/01G	07/12/93	17/01/94	3,0%
FAG	08/06/94	01/07/94	4,5%
SNR	17/06/94	11/07/94	4,5%
SKF	31/05/94	20/06/94	4,5%
INA	23/06/94	01/07/94	4,5%
NTN	20/06/94	11/07/94	4,5%
FAG	31/01/95	20/02/95	4,5%
SNR	01/02/95	01/03/95	4,5%
SKF	07/10/94	06/02/95	4,5%
INA	27/02/95	03/04/95	4,5%
FAG	27/09/95	06/11/95	5,0%
SKF	01/10/97	01/01/98	3,5%

continua

Continuação

Tarif	Date d'annonce	Date d'effet	Hausse notifiée
FAG	20/10/97	20/01/98	3,5%
SNR	15/12/97	01/02/98	3,5%
INA	23/12/97	03/02/98	3%
NTN	17/12/97	16/02/98	3,5%

Diversas declarações e documentos obtidos pela Autoridade Francesa indicavam a vontade de harmonizar as tarifas entre concessionários de diferentes fabricantes. Tal prática ocorria com a disponibilidade de troca de informação prévia para anúncios de aumentos dos diferentes distribuidores.

Para comprovar este tipo de afirmação, a Autoridade Francesa juntou as declarações feitas em 05 de janeiro de 1999, pelo Sr. Le Dosseur, CEO de rolamentos INA, no sentido de que compreendia correto haver uma normalização das taxas para fabricantes de rolamentos. Também foi citado um documento manuscrito, datado de 09/06/1993, preparado por MP Kempf, diretor da empresa SNR França, apreendido nas instalações da SNR em 26 de marco de 1998. Tal documento, marcado como "Confidencial", estava escrito da seguinte forma:

"Tarif 94

K France (lire SKF FRANCE) a reçu des instructions de Suède :

- hausse au 1.10.93 de + 3 % minimum

[...]

Décision K. France

- application au 1.11.93
- réserves sur le niveau de 3 % eu égard à la faible inflation en France
- établissement des documents suivants:

1. 1 tarif confidentiel pour ses distributeurs [...]

2. 1 tarif publié à diffusion restreinte [...]

3. 1 barème d'achat à l'usage des distributeurs (8000 références) avec prix nets calculés avec des remises de 56 % si Q mini faible ou non respectée

ou 60 % remise générale

ou 64 % pour les prof

En fait, la 'fameuse' remise de 65,6 % devient remise 60 % et les + 10 % accordés aux 'prof' ->64 %

- Au 1.1.94, avec la suppression des aides, K fera bénéficier ses distributeurs 1 amélioration de 10% sur ses superstandard ce qui mettra les prof à 67,6 % et les autres à 64 %

Décision FAG FRANCE
- suit la méthode K en souhaitant
- un rendement net de 3 % mini [...]
- une harmonisation commune des superstandard

Ce que nous demandent K et FAG être les premiers à sortir 1 tarif au 1/11/93 (surtout FAG) en prenant comme référence le tarif allemand et en appliquant les mêmes remise qu'eux cad
60 % sur remise générale
64 % sur les prof..."

É possível verificar que havia uma comunicação explícita entre as referidas empresas para estabelecer taxas/tarifas de distribuição semelhantes. Também, Paulo Bordeaux, diretor comercial da SNR e Paulo Kempf, já referido, declararam, em relatório datado de 02 de dezembro de 1998, que fizeram reuniões em cafés parisienses para discutir este tipo de questão, tendo participação específica da SKF:

"Les fabricants de roulements NSK, Koyo, FAG, SKF et nous-mêmes se sont rencontrés le 17 décembre 1993. Cette réunion a eu lieu dans un café de la région parisienne dont on ne se rappelle plus l'adresse... lors de cette réunion, SKF a remis à l'ensemble des participants présents des grilles de remises maximums qu'il aimerait bien voir appliquer par les participants... le représentant FAG a remis une grille de remises établie par sa maison-mère en Allemagne, suggérant aux participants de s'en inspirer".

Foram citadas uma série de outras provas e documentos, como uma nota manuscrita do Sr. Pinchin, diretor de marketing da SNR, confirmando encontros neste sentido. O Depoimento de Rey, Diretor de uma agência de rolamentos e da FAG e SKF no seguinte sentido: "No início de 1998, houve aumentos similares de nossos fornecedores FAG e SKF. Tenho certeza que houve um acordo entre duas empresas para definir um preço equivalente no mercado. Para uma referência dada, há o mesmo preço da FAG e SKF". Um ex-gerente de compras em Pechiney, Sr. Verstraete disse:

"Um aumento de 9% sobre os produtos, de cunho padrão, tem sido cumprido em Julho de 2000 para os distribuidores e os departamentos de compras da Pechiney. Os principais autores deste aumento são FAG, SKF e SNR. Esta combinação aumenta, juntamente com resultados a longo desde 1994, sendo demasiado evidente para ser considerado aleatório ou inocente".

Verificou-se, também, no mencionado processo, que as empresas SKF, FAG, e SNR tinham regras muito bem estabelecidas entre as empresas produtoras de rolamentos e seus respectivos distribuidores.

Sobre a SNR, há diversos relatos a respeito da criação de zonas de influência destes distribuidores, a saber: De acordo com declarações recolhidas, não havia contrato escrito que formalizasse a relação comercial entre SNR e seus distribuidores. Mr. Thi, gerente de compras dos Estabelecimentos Guiffray disse: "... não há acordo de distribuição formal entre nós e SNR...". Da mesma forma, Guy Rivas, da sociedade CMTPI, confirmou que: "... não existe contrato escrito entre SNR e nós...". Todavia, os distribuidores da SNR se beneficiavam de uma exclusividade de venda sobre um território. Vários relatos confirmavam a natureza absoluta da referida exclusividade, sendo que os fabricantes retiravam do distribuidor todo suporte técnico e/ou comercial quando este ousasse realizar uma venda fora de sua área de influência.

O Sr. Michel Bricotte, CEO da SONOTEC, disse em um relatório datado de 19 de outubro de 1995: "... nós temos uma área geográfica que respeitamos. Para SNR, temos o território da *Côte d'Or*... evitamos sair porque, em caso de problemas técnicos, o fabricante não irá prestar assistência técnica...". Mr. Thi, citado acima, também afirmou o seguinte: "... Somos um distribuidor autorizado da SNR... nossa área fica a leste do Isère e algumas cidades vizinhas de Loire, Rhône e Drôme. Se um cliente fora da zona decide abrir uma conta ... para comprar da SNR, nós sempre indicamos um distribuidor SNR local. A exclusividade territorial é reforçada pelo fato de a SNR retirar a sua assistência técnica para um cliente fora da área..." (c. 160).

Todas as demais empresas também tinham uma certa divisão do território de suas próprias redes de distribuição. No caso específico da SKF, os seus distribuidores formalizaram um contrato chamado "*Passeport pour l'avenir*". O referido contrato previa explicitamente a exclusividade de venda sobre um território, sendo esta prática adotada por todas as empresas do setor.

A SKF foi punida em 7.900.000 euros pela Autoridade Francesa por ter feito a referida combinação de taxas de preço na distribuição de rolamentos.

Rivalidade intermarcas

Sabendo que há fortes vínculos societários entre as referidas empresas, que todas as variáveis econômicas demonstram condições excelentes para o estabelecimento de colusão tácita no setor, tendo conhecimento que as mesmas empresas que atuam no Brasil já realizaram acordos restritivos à concorrência em outros países (envolvendo FPR), tem-se aqui uma dificuldade muito grande em aceitar o argumento de que o risco à concorrência é nulo pelo estabelecimento de preços de revenda, seja porque (i) há poder coordenado entre as empresas e (ii) há racionalidade na facilitação de possível cartel na produção de rolamentos.

Se tal prática é considerada *per se* ilícita ou se a mesma deve ser analisada por uma regra da razão rígida, em ambas hipóteses, independentemente da memorável discussão teórica, tal conduta certamente está à margem da legalidade. Aqui não há condições objetivas para afirmar, com razoável grau de certeza, que a concorrência intermarcas consegue, por si só, afastar o risco concorrencial que foi assumido pela representada.

2.3.4. Da prática específica

Não bastasse todo o debate já travado, de acordo com Mattos, a prática de FPR não foi seguida pelos revendedores. É verdade que alguns países exigem a observância específica por parte da revenda destes preços, a exemplo do teste francês da "*application significative*" em que há necessidade de se ter algum impacto nos preços ou mesmo nos níveis de dispersão da revenda (antes e após a prática de FPR)[35]. No presente caso, não houve uma mensuração dos níveis de dispersão de preços de revenda.

Todavia, no Brasil, à parte a discussão já travada sobre crime impossível, havendo risco anticoncorrencial, o art. 20 da Lei 8.884 é explícito ao dispor que a *efetiva obtenção* do efeito anticompetitivo de uma possível conduta é irrelevante para caracterização da infração. Neste âmbito, cabe questionar, apenas,

---

35 Sobre este aspecto, a França exige, para considerar FPR ilícita, que os preços sejam conhecidos pela revenda (*évocation des prix*), que exista uma política de preços específica com possíveis sanções aos desviantes (*police des prix*) e que exista uma observância significativa dos preços de revenda (*application significative*) (ver 06-D-04). Ocorre que, quando não há uma observância significativa, busca-se avaliar se o nível de dispersão de preços de revenda antes da prática é diferente do nível de dispersão de preços após a prática.

se havia, à época da conduta, ou não, o risco do que aconteceu na França ser replicado no Brasil, tendo consequências indesejáveis.

Sobre este aspecto, entendo que o risco não só era grande como era proibitivo. Ora, a SKF conhecia as variáveis do mercado, tinha participado de esquemas semelhantes que restringiram a concorrência em outros países, no âmbito da distribuição e, mesmo assim, concordou em fixar *mark-ups* na distribuição de rolamentos no mercado nacional. Tal conclusão é independente da aplicação efetiva dos preços tabelados pelos revendedores.

Outrossim, no que diz respeito à defesa da conduta com base em argumentos de eficiência, não creio que se deva concordar com a mesma por dois motivos simples:

- Primeiro: Se eficiências existiam, não haveria sentido da prática de FPR ter durado tão pouco tempo, como alegado pela SKF. Ora, após sete meses de conduta o atendimento pré-venda deixou de ser essencial? A representada alega que o monitoramento da prática foi custoso demais. Por outro lado, isto por si só demonstra que a FPR não era "essencial" como único meio para garantir a diferenciação do atendimento na revenda. Se houve uma limitação da concorrência em troca de uma eficiência que poderia ter sido obtida por outro meio, então, é muito provável que as eficiências não sejam uma defesa correta a ser apresentada à autoridade concorrencial.
- Segundo: De todo modo, assumindo o *standard* europeu, da ilicitude pelo objeto, compreendo que a SKF não se desincumbiu do ônus de demonstrar as eficiências de sua conduta.

Assim, ouso discordar dos órgãos instrutórios e do Conselheiro Relator e entendo que a empresa deva ser punida pela referida prática de fixação de preços de revenda.

3. INDIVIDUALIZAÇÃO DA PENA

Uma vez verificada a existência de ilícito concorrencial, passa-se a analisar e individualizar a pena.

Da dosimetria da pena

Como não houve quantificação da vantagem auferida pela representada, em consonância com o art. 23, I, da Lei 8.884/94, a pena em abstrato deve ser a de "multa de um a trinta por cento do valor do faturamento bruto no seu último exercício, excluídos os impostos".

Quanto aos incisos do art. 27, da Lei 8.884/94, deve-se levar em consideração que a infração é de elevada gravidade (conforme art. 27, I, da Lei 8.884/94). Estamos julgando uma prática unilateral, assim, por não se tratar de uma *societa sceleris*, cartel, cuja reprovabilidade tende a ser maior, tal fator deve ser levado em consideração.

Não se tem notícia de qualquer vantagem auferida ilicitamente, conforme dispõe o art. 27, III, da Lei Concorrencial. A infração foi consumada, mesmo que tenha tido alguma dificuldade em sua implementação (art. 27, IV, da Lei Concorrencial). Houve um risco de lesão concorrencial, objetivamente determinado conforme exposto ao longo do voto (art. 27, V, da Lei Concorrencial), por outro lado, não é possível alegar que tenham ocorrido, necessariamente, efeitos econômicos negativos no mercado (art. 27, VI, da Lei 8.884/94). Sabe-se que o infrator é empresa já estabelecida no mercado e de porte razoável (art. 27, VII, da Lei 8.884/94). Como fator atenuante adicional, não se verificou nenhum tipo de reincidência.

Assim, compreendo que a representada deva ser multada em [CONFIDENCIAL] do seu faturamento do ano anterior à abertura deste processo administrativo. A SKF esclareceu que a AB SKF é a empresa controladora do Grupo SKF e uma empresa *holding* e, dessa forma, não está envolvida de qualquer forma com as atividades da SKF do Brasil Ltda. ou com quaisquer outras subsidiarias do Grupo SKF localizadas na Suécia ou em outras jurisdições. Em 2000, a SKF do Brasil registrou um faturamento bruto de [CONFIDENCIAL]. Para efeito de cálculo da multa, nos termos do art. 11 da Lei 9.021/95 será considerado o faturamento do estabelecimento no exercício anterior ao da instauração do processo administrativo, corrigido segundo os critérios de atualização dos tributos federais pagos em atraso, até a data do recolhimento da respectiva multa. (ver http://www.receita.fazenda.gov.br/Pagamentos/jrselic.htm). [CONFIDENCIAL] Portanto, o valor da multa de [CONFIDENCIAL] deste faturamento atualizado corresponde a R$ 2.726.748,00 (Dois milhões, setecentos e vinte e seis mil e setecentos e quarenta e oito Reais).

4. DA CONCLUSÃO

Por todo o exposto, considero a Representada como incursa dos art. 20 e 21, IV e V, ambos da Lei 8.884/94, e determino:

1. O pagamento de multa, nos termos do art. 23, inciso I, da Lei 8.884/94, no valor acima mencionado, qual seja, R$ 2.726.748,00 (Dois milhões, setecentos e vinte e seis mil e setecentos e quarenta e oito Reais).

2. A Representada deverá comprovar o cumprimento da decisão no prazo de 30 (trinta) dias a contar da publicação desta decisão.

É como voto.

Brasília, 18 de janeiro de 2010.

Vinicius Marques de Carvalho
Conselheiro do CADE

PARTE III

Setores Regulados, Política Industrial e Defesa da Concorrência

SISTEMA DE MONITORAMENTO DE CONDUTAS COMO REMÉDIO A PROBLEMAS ESTRUTURAIS VERTICAIS: ESTUDO DE CASO DA OPERAÇÃO BRASIL TELECOM/OI[1]

Vinicius Marques de Carvalho
Ricardo Medeiros de Castro

INTRODUÇÃO

A cooperação dos indivíduos pode resultar em efeitos positivos e negativos à sociedade. Do ponto de vista positivo, os homens podem se juntar, por exemplo, para construir mecanismos institucionais que agreguem valores dignos à sociedade. O próprio Direito, visto tanto como Ciência ou como um elemento histórico, diz respeito a um movimento humano em prol da cooperação e do bem comum. As pessoas jurídicas (limitadas, sociedades anônimas, cooperativas, dentre outras) são exemplos de conformação de desígnios em prol do progresso de alguma coletividade.

Todavia, é possível que, da união e da cooperação de forças produtivas, possam ser gerados custos sociais, principalmente decorrentes da excessiva

---

1 Publicado originalmente em: CARVALHO, Vinícius Marques de; CASTRO, Ricardo Medeiros. "Sistema de Monitoramento de condutas como remédio a problemas estruturais verticais: estudo de caso da operação Brasil Telecom/Oi". In: *Revista de Direito das Comunicações (RDCOM)*. São Paulo: Editora RT, ano 2 n. 3, jan.-jun. 2011, p. 11-49.

concentração de poder econômico. Assim, com o propósito precípuo de evitar o exercício abusivo do poder de mercado, é que são pensadas, elaboradas e executadas Políticas de Defesa da Concorrência ao redor do mundo. No Brasil, em particular, consta, sob a égide do Título V e VI da Lei 12.529/11[2], o que se compreende como *controle de condutas* ilícitas anticompetitivas, enquanto que o Título VII da mesma lei[3] está disciplinado o *controle de estruturas* concorrenciais.

Ocorre que esta aparente dicotomia, tão bem estabelecida entre controle estrutural e controle de condutas, pode esconder um debate mais profundo, relativo à avaliação do grau de intersecção destas abordagens sobre os dilemas concorrenciais. Por exemplo, uma concentração do poder de mercado que diminua o bem-estar dos consumidores pode ocorrer de forma muita clara e transparente, sendo informada às autoridades competentes, por meios formais (o que demanda, portanto, uma abordagem preventiva). Por outro lado, esta mesma concentração de poder também pode ocorrer de forma sorrateira, silenciosa e, algumas vezes, dolosamente infracional (devendo-se ter, assim, uma abordagem eminentemente repressiva).

Neste passo, deixando de lado formalismos procedimentais, em ambas as hipóteses acima aventadas, tem-se – exatamente – o mesmo fenômeno econômico, certamente que visto sob duas óticas ou dois prismas jurídicos diferenciados. Tal avaliação ainda ganha contornos mais interessantes quando a Autoridade Regulatória busca resolver os problemas concorrenciais atuando *ex ante*, de forma a desenhar os incentivos que inibam o abuso do poder econômico. Daí justifica-se esta interligação verificada em alguns casos, entre o controle repressivo, o controle preventivo e o controle regulatório. Tal intersecção tornou-se evidente (e talvez o ponto central) na análise do Ato de Concentração envolvendo as empresas Brasil Telecom e Oi.

Em razão disto, no presente artigo, busca-se realizar um estudo do caso da operação Brasil Telecom/Oi (Atos de Concentração nº 08012.005789/2008-23 e 53500.012477/2008) para avaliar como foi possível estruturar um aparato analítico complexo, complementar à regulação existente no setor, para – dentro de uma lógica de controle estrutural – dar conta de um possível incremento que ambas empresas poderiam ter em seus incentivos a realizar condutas de discriminação de empresas rivais não integradas.

Do ponto de vista metodológico, será explicitado, inicialmente, o histórico do setor de telecomunicações e do caso em si, para, em um segundo mo-

2 Antigos Títulos V e VI da Lei 8.884/94.

3 Antigo Título VII da Lei 8.884/94.

mento, debater como a regulação setorial ainda apresenta diversas questões a serem aperfeiçoadas. Finalmente, será demonstrada como a postura do CADE, neste caso específico, foi inovadora e pró-ativa ao auxiliar a regulação setorial no que diz respeito ao trato de alguns problemas concorrenciais. Ainda, serão realizados breves comentários à Consulta Pública 50 de 20/12/2010 da Anatel, referente à Proposta de Revisão do Regulamento de Exploração Industrial de Linha Dedicada, aprovada pela Resolução nº 402, de 27 de abril de 2005, que poderá, talvez, reforçar ainda mais o controle de práticas verticais no setor.

1. CASO BRASIL TELECOM E CONCENTRAÇÕES VERIFICADAS

Com o objetivo de contextualizar a operação entre Oi e Brasil Telecom, serão feitas algumas breves considerações de cunho histórico, iniciando esta avaliação pelo desenho do sistema Telebrás. Segundo César Bolaño e Fernanda Massae[4],

> "o sistema estava fundado na existência de uma empresa pública em cada estado da federação, ligadas à *holding* Telebrás, com um grau de centralização muito grande, forte hierarquização, de acordo com o modelo militarista então implantado, que dava a maior relevância ao elemento técnico na tomada de decisões. A Embratel, *carrier* de longa distância vinculada ao sistema, também estava implantada em todos os estados. [...] A reforma do sistema sob o Governo Fernando Henrique Cardoso caracteriza-se [...] pela fragmentação da Telebrás e pela rearticulação regional das teles, aliadas à privatização e à abertura do mercado à concorrência".

Tal reforma foi iniciada a partir da promulgação da Emenda Constitucional 8/1995. Em 16 de fevereiro de 1995, o Governo FHC encaminhou a Proposta de Emenda Constitucional - PEC nº 03, mediante a Mensagem nº 191/95, ao Congresso Nacional, propondo a quebra do monopólio da Telebrás. A PEC foi aprovada com facilidade e resultou na Emenda Constitucional - EC nº 8, de 15 de agosto de 1995. O art. 21 da Constituição pátria passou a ter a seguinte redação:

4 BOLAÑO, César; MASSAE, Fernanda. *A situação das telecomunicações no Brasil ao final do processo de privatização*. Disponível em: <http://revcom.portcom.intercom.org.br/index.php/rbcc/article/viewFile/793/576>. Acesso em: set. 2010.

> "Art. 21. Compete à União: [...] XI – explorar, diretamente ou mediante autorização, concessão ou permissão, os serviços de telecomunicações, nos termos da lei, que disporá sobre a organização dos serviços, a criação de um órgão regulador e outros aspectos institucionais; XII – explorar, diretamente ou mediante autorização, concessão ou permissão: os serviços de radiodifusão sonora e de sons e imagens".

No ano seguinte, aprovou-se a Lei Mínima das Telecomunicações, Lei 9.295, de 19 de julho de 1996, que estabeleceu os critérios para concessões de serviços de telecomunicações, incluindo o serviço móvel. A referida lei teve um caráter emergencial para permitir o estabelecimento de critérios para concessões de serviços, tais como o "serviço móvel celular", os "serviços limitados" (*trunking*), os "serviços via satélite" e os "serviços de valor adicionado"; permitindo-se, também, a licitação das concessões para exploração da Banda B de telefonia celular.

Pouco tempo após, em 1997, estabeleceu-se o marco regulatório do setor. Assim, em consonância com o art. 8º da Lei Geral de Telecomunicações (LGT) 9.472/97, foi criada a Anatel: "entidade integrante da Administração Pública Federal indireta, submetida a regime autárquico especial e vinculada ao Ministério das Comunicações, com a função de órgão regulador das telecomunicações, com sede no Distrito Federal, podendo estabelecer unidades regionais". No que tange à estrutura, a referida Lei disciplina que a Anatel possui "como órgão máximo o Conselho Diretor, devendo contar, também, com um Conselho Consultivo, uma Procuradoria, uma Corregedoria, uma Biblioteca e uma Ouvidoria, além das unidades especializadas incumbidas de diferentes funções".

O modelo de telecomunicações adotado no Brasil, nas palavras de Luiz Sobreira (2005, p.63),

> "permite a adoção de um mesmo aparato regulatório e oferece uma escala de operação potencialmente atraente para investidores estratégicos de alta qualidade e com diferentes objetivos. Neste contexto, um órgão regulador dotado de competência técnica e de independência decisória inspira confiança dos investidores na estabilidade das regras para o mercado".

Em seguida à criação da Agência de Regulação setorial, procedeu-se à:

(i) definição do Plano Geral de Outorgas – PGO, já previsto no art. 84 da LGT e aprovado pelo Decreto n. 2.534, de 2 de abril de 1998, que fixou parâmetros gerais para estabelecimento da concorrência no setor, definindo as áreas de atuação das empresas prestadoras de serviços de telefonia fixa e estipulando as regras básicas para abertura do mercado e autorizações futuras para exploração dos serviços, dividindo o território nacional em três áreas nas quais atuariam as empresas vencedoras dos leilões de privatização da telefonia fixa;

(ii) fixação do Plano Geral de Metas de Universalização do Serviço de Telecomunicações - PGMU (previsão legal art. 18, III, da LGT; instituído pelo Decreto n. 2.592, de 15 de maio de 1998), estabelecendo metas a serem seguidas pelas empresas de telefonia fixa atuantes sob regime público, no que tange ao acesso universal de telefonia (em zonas urbanas de baixa renda, áreas rurais e distantes) e a disponibilidade de telefones públicos. Assim, estas metas envolveram, entre outros itens, o número de telefones instalados, a quantidade de telefones públicos a serem disponibilizados, os prazos para atender aos clientes que solicitam linhas fixas, o provimento de serviços de emergência e priorização do atendimento a escolas e instituições de saúde e deficientes;

(iii) definição do Plano Geral de Metas de Qualidade - PGMQ e dos Contratos de Concessão, instituídos pela Resolução Anatel 30, de 29/06/98. O PGMQ determinou os padrões de desempenho para as empresas, como a oferta de serviços com graus progressivos de qualidade relacionados com o tráfego telefônico local e de longa distância.

Juntamente com este desenvolvimento das regras do setor, foi, enfim, realizada uma

> "ampla reestruturação do Sistema Telebrás, estatal que foi desmembrada em três grandes *holdings* de concessionárias de serviços locais de telefonia fixa para atender a distintas regiões geográficas definidas pelo PGO (a Telesp, a Tele Norte-Leste e a Tele Centro-Sul), sendo mantida a Embratel em sua configuração tradicional. Além disso, criaram-se oito concessionárias de telefonia celular de Banda A para operar os serviços oferecidos até então pelas subsidiárias da Telebrás; e a licitação de termos de autorização para a operação de empresas-espelho nas mesmas áreas de atuação das concessionárias de telefonia fixa oriundas do Sistema Telebrás, em razão da determinação legal do caráter de não exclusividade dessas concessões. A reestruturação do Sistema Telebrás foi baseada em três razões: a) criar

empresas com porte significativo, considerando o contexto internacional, que lhes permitisse ter capacidade de gerar recursos próprios e efetuar investimentos em todas as regiões do país; b) viabilizar, no mercado interno, diversas alianças com *players* globais, possibilidade que seria reduzida a uma só parceria se fosse mantida uma única empresa (hipótese defendida por alguns especialistas); e c) aumentar a eficiência da ação regulatória, ao permitir o recurso de comparação entre as operadoras atuantes no mercado e ao diminuir a assimetria de informação pró-firma dominante, situações que não ocorreriam se houvesse um monopólio"[5].

De forma resumida, a ideia inicial era que houvesse três regiões distintas, relativas às ligações locais, com uma incumbente estabelecida e uma empresa espelho que, aos poucos, oferecesse algum grau de concorrência na referida região. Todavia, este modelo não vingou. E, se no início o que se buscava era uma desconcentração das incumbentes, a partir do Ato de Concentração envolvendo as empresas Brasil Telecom e Oi, o que se verificou foi uma espécie de retorno, ou seja, uma reconcentração destas empresas incumbentes de telecomunicação em grande parte do território brasileiro.

Todavia, o mercado atual de telecomunicações é muito diverso daquele alvo inicial da reforma regulatória. As tecnologias avançaram muito, havendo, atualmente, uma disputa muito intensa entre as várias espécies de plataformas de rede, que ganharam robustez do ponto de vista tecnológico. Aliás, quando se utiliza o termo "reconcentração" deve-se ter presente que a operação entre Brasil Telecom e Oi não gerou nenhuma concentração horizontal significativa, devendo este termo ser entendido, apenas e exclusivamente, como a volta da possibilidade de se ter uma empresa com uma grande rede de fio de cobre no território nacional.

As requerentes, inclusive, alegaram que este movimento de união das empresas proprietárias da rede de fio de cobre foi verificado em outras partes do mundo. Na Europa, por exemplo, as quinze incumbentes de telefonia consolidaram-se em apenas quatro grandes grupos: Telefônica, France Telecom, Deutsche Telecom e TeliaSonera.

---

5 PIRES, José. C. L. *A reestruturação do setor de telecomunicações no Brasil*. Disponível em: <http://www.bndespar.gov.br/SiteBNDES/export/sites/default/bndes_pt/Galerias/Arquivos/conhecimento/revista/rev1109.pdf>. Acesso em: 10 set. 2010.

Empresas de telecomunicação na União Europeia

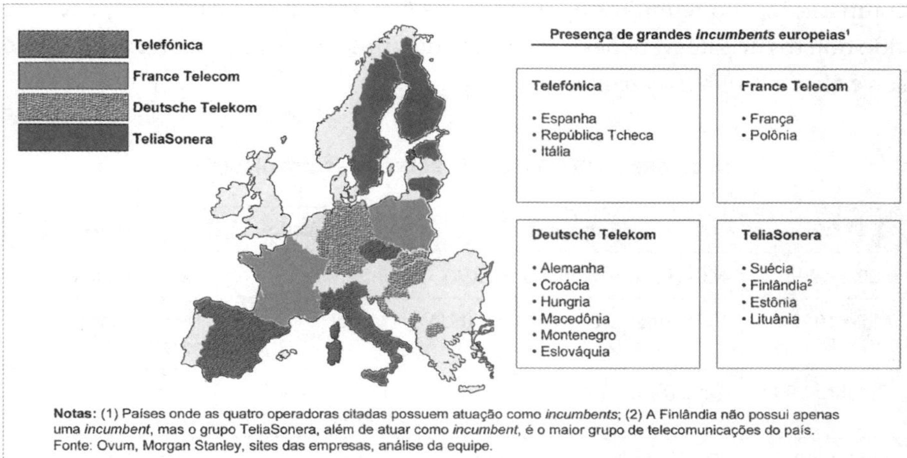

Fonte: Brasil Telecom e Oi.

Já nos Estados Unidos, das sete operadoras fixas locais originárias do sistema Bell em 1996, remanesceram apenas três em 2006, conforme gráfico abaixo.

Empresas de telecomunicação nos Estados Unidos

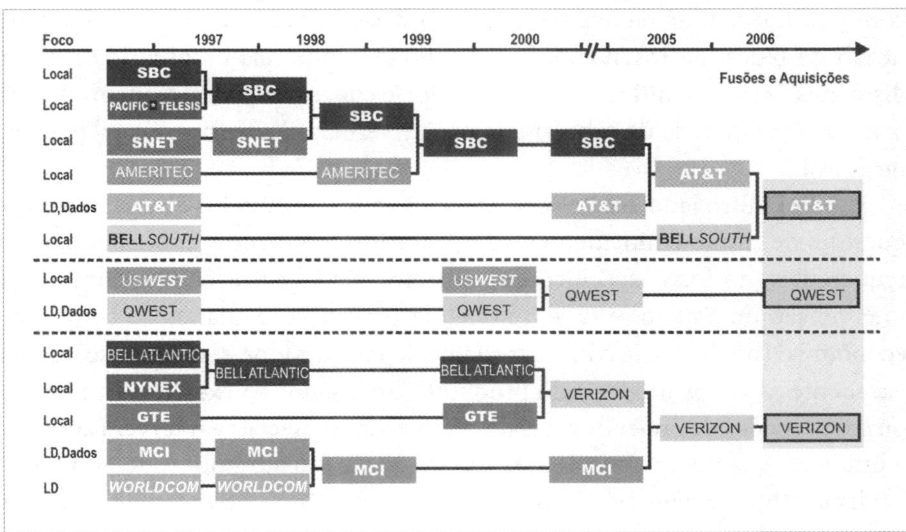

Fonte: Brasil Telecom e Oi.

As impugnantes do Ato de Concentração não concordaram com esta comparação, já que muitas operações nos Estados Unidos e na Europa teriam sido objetos de intervenções e restrições do ponto de vista concorrencial, como se verifica no quadro abaixo:

Decisões dos EUA e da UE sobre telecomunicações

Ano	Empresas	Mercado	Decisão
Julho 1998	MCI (EUA) – Worldcom (EUA)	Internet	Com restrições
Maio 1999	Vodafone (UK) – Airtouch (EUA)	Móvel	Desagregação de redes
Outubro 1999	Telia (SE) – Telenor (NO)	Fixo, Internet, móvel	Com restrições
Abril 2000	Vodafone (UK) – Mannesmann (DE)	Móvel	Com restrições
Fevereiro 2000	MCI (EUA) – Sprint (EUA)	Internet	Reprovação
Janeiro 2006	Telefônica (ES) – O2 (UK)	Fixo, móvel, *roaming*	Com restrições

Fonte: Elaboração própria com base no estudo da Telcomp. p.1043 – AC 08012.005789/2008-23.

Ademais, as impugnantes sustentaram que, tanto nos Estados Unidos como na Europa, há efetiva regulação da desagregação de redes, da interconexão de redes, da revenda, da portabilidade numérica e das EILDs. Além disto, nos Estados Unidos há ainda uma forte concorrência entre incumbentes e operadoras de rede de cabo, o que não se verificaria, de forma capilarizada, no Brasil.

Por outro lado, muitos dos aspectos acima levantados dizem respeito a questões de cunho eminentemente regulatório. Conforme argumentado pelas requerentes, no caso específico do controle de concentrações econômicas, a intervenção do Estado se dá em nome da prevenção de danos ao bem-estar econômico (medido seja como excedente do consumidor, seja como soma dos excedentes do consumidor e do produtor), associados ao exercício (unilateral ou coordenado) de poder de mercado. O juízo que antecede à intervenção, logo, é um juízo quanto ao risco de que um determinado ato notificado ao CADE venha a reduzir o bem-estar econômico em decorrência do exercício de poder de mercado por seus participantes. Idealmente, esse é um juízo probabilístico. O que se procura determinar é se o ato notificado "aumenta a probabilidade de exercício de poder de mercado", sendo, por essa via de produção do dano social, apenas em nome do qual está o CADE autorizado a intervir preventivamente. Neste contexto, de um ponto de vista conceitual, o que se designa por "nexo de causalidade" é uma diferença entre probabilidades, i.e., a diferença entre, de um lado, a probabilidade de exercício de poder de mercado verificada após a realização do ato e, de outro lado, a probabilidade de exercício de poder de mercado verificada antes da realização do ato.

Deste modo, dever-se-ia limitar a ação do CADE apenas ao que fosse estritamente necessário a impedir os potenciais efeitos danosos verificados nas seguintes concentrações:

Participações de Mercado por Região do Plano Geral de Outorgas (PGO)– Oi e BrT (%)

Mercados	Região I			Região II			Região III		
	Oi	BrT	Oi+BrT	Oi	BrT	Oi+BrT	Oi	BrT	Oi+BrT
STFC Local (% linhas em serviço, set/07)[a]	88	*	88	*	86	86	*	*	*
LDN Intrarregional (% tráfego – minutos, jun/07)[c]	79	*	79	*	86	86	*	*	*
LDN Inter-Regional (% tráfego – minutos, jun/07)[c]	57	1	58	*	64	64	*	*	*
LDI (% tráfego – minutos, jun/07)[c]	39	1	40	*	37	37	*	*	*
Móvel** (% assinantes, dez/07)[a]	29	0	29	0	13	13	0	0	0
Dados Corporativos (% receitas, dez/05)[b]	37,3	2,4	39,7	3,6	42,5	46,1	10,4	1,8	12,2
ISP Discado (% tráfego – minutos, set/07)[c]	42	36	78	*	65	65	*	n.d.	n.d.
ISP Banda Larga (% clientes, set/07)[a c]	52	7	59	*	75	75	*	n.d.	n.d.

Notas: *%indica valor pouco representativo (<1%) e n.d. indica valor não disponível.
**leva em consideração a aquisição da Amazônia Celular pela Oi.

Fontes: FGV, a) Anatel. b) IDC (2006a), c) Oi, Brasil Telecom Participações S.A. (2007), Teleco (2008a).

Conforme bem argumentado pelas requerentes, do ponto de vista horizontal, o aumento do grau de concentração na telefonia fixa decorrente da operação Oi/BrT nos mercados geográficos relevantes foi muito reduzido, com exceção dos provedores de Internet (ISPs) banda larga e, especialmente, de Internet com acesso discado na região I. Todavia, mesmo nestes mercados, do ponto de vista horizontal, considerou-se que existiam uma série de atenuantes a tais concentrações, já que, por exemplo, o quadro acima refere-se apenas à tecnologia de provimento de acesso ADSL, sem considerar tecnologias concorrentes como cabo, rádio ou satélite.

Inclusive as Requerentes consideraram que o papel do ISP é muito reduzido, apenas provendo a autenticação do usuário no momento de sua conexão com a Internet e não agregando qualquer valor ao consumidor. Alegaram, também, que participação no caso do ISP banda larga via tecnologia xDSL é somente uma imposição regulatória às empresas concessionárias de telecomunicações quando proveem Internet, tendo em vista que o usuário que se conecta à Internet pela Net ou pela GVT ou ainda via tecnologia 3G, por exemplo, não precisa se conectar a um provedor de acesso, com a própria operadora realizando a autenticação.

Entendeu-se, assim, relevante questionar o seguinte: Há ou não há um mercado de provedores de acesso ou de autenticação em xDSL? Trata-se de meros atravessadores como alegado pelas requerentes? Todavia, se os serviços que fazem os provedores de Internet não custam nada, tratando-se de meros intermediários, por que razão a concessionária de STFC cobra por este serviço ou por outros serviços de valor adicionado? Se, de fato, estas indagações não foram bem respondidas pelas requerentes, há que se avaliar, por outro lado, que as mesmas possuem razão ao questionar por que outras tecnologias podem fazer a venda casada do serviço de autenticação do acesso à Internet. Há eficiências neste tipo de venda casada? Trata-se de uma política consciente de separar, ou seja, de diferenciar os serviços de provimento de acesso via STFC (seja discado ou de xDSL) das demais tecnologias no que tange à autenticação?

Todas estas questões são de cunho regulatório, mas que têm profundo impacto na análise concorrencial, em especial considerando que a maior concentração horizontal verificada ocorreu no mercado de provimento à Internet. De todo modo, reconheceu-se que sob o ponto de vista mercadológico, seria necessário considerar que as demais tecnologias rivalizariam entre si, o que poderia deslocar as preocupações com os provedores do aspecto horizontal para a análise vertical (ou seja, considerando os diferentes elos da cadeia produtiva).

Olhando-se para o aspecto vertical, o CADE reconheceu que o presente caso poderia gerar um nexo de causalidade que lhe permitisse impor algum tipo de remédio à operação. Dentre os diversos aspectos que foram analisados, vale ressaltar que o CADE aceitou o argumento do *Big Footprint*, (ou seja, da "grande pegada" ou "grande estrutura" em português). De acordo com esta teoria, utilizada pelos Professores Michael Katz e Steven Salop no caso norte-americano SBC/Ameritech, é possível haver efeitos deletérios à concorrência quando uma incumbente aumenta o tamanho de sua estrutura, se fusionando ou se integrando com outra incumbente, em outro mercado relevante. De forma prática, a aplicação desta teoria no presente caso se deu em razão das seguintes considerações. *Antes da operação, se a Oi quisesse discriminar a Brasil Telecom ou a GVT em ligações provenientes da Região II, ela apenas teria lucros na Região I. Após a operação, a Oi passa a ter incentivos e mecanismos de capturar os clientes da GVT, em telefonia fixa, lucrando tanto na Região I como na Região II em razão da referida restrição vertical.*

Assim, após a operação, compreendeu-se que haveria um aumento de incentivos a práticas anticompetitivas, havendo maior interesse econômico do ente único formado de interferir nas ligações de longa distância da GVT, a partir de sabotagens e de discriminação de preço ou de qualidade.

Entendeu-se, também, que a referida discriminação poderia se dar, especialmente, no que diz respeito ao mercado de atacado, em que a grande empresa incumbente presta serviço e fornece insumos a outras empresas entrantes, no âmbito das telecomunicações. O mercado de atacado é importante neste ramo, porque nenhuma empresa de telecomunicações do mundo possui rede em todos os pontos de origem e destino possíveis para ligações entre pessoas. Eis o porquê de uma determinada empresa que queira prover serviço de telecomunicação entre usuários ser – praticamente – obrigada a (i) se valer de recursos alheios – de outra empresa de telecomunicações – para aumento do tamanho da sua própria rede, sendo este fenômeno chamado de *exploração industrial*; ou (ii) se interconectar, diretamente, à rede de outra empresa, compatível, sem a necessidade de construção e de duplicação da infraestrutura ali instalada, sendo esta cooperação entre redes simplesmente chamada de *interconexão*[6]. O controle de grande parte destes insumos essenciais por parte da incumbente garante a possibilidade de discriminação aos rivais não integrados.

6 Do ponto de vista conceitual, exploração industrial refere-se à situação na qual uma prestadora de serviços de telecomunicações de interesse coletivo contrata a utilização de recursos integrantes da rede de outra prestadora de serviços de telecomunicações para constituição de sua rede de serviço (conforme art. 61 da Resolução 73/1998 da Anatel). Por outro lado,

Neste sentido, sabendo que a incumbente formada possui incentivos à discriminação e instrumentos para tanto, compreendeu-se necessário verificar se a regulação setorial impediria que práticas anticompetitivas fossem levadas a cabo ou se seria necessária uma intervenção do CADE neste aspecto.

2. PROBLEMAS CONCORRENCIAIS, REGULAÇÃO E INCENTIVOS À DISCRIMINAÇÃO

Diversas vezes, ao longo destes autos, as requerentes e a ANATEL alegaram que a regulação impedia qualquer prática anticompetitiva de discriminação, não havendo razão para o CADE intervir na presente operação. De forma muito ampla, de fato, a Lei Geral de Telecomunicações (Lei 9.472 de 1997) já teria estabelecido o princípio da não discriminação dentre os direitos básicos dos usuários destes serviços: "Art. 3° O usuário de serviços de telecomunicações tem direito: [...] III – de não ser discriminado quanto às condições de acesso e fruição do serviço".

Exploração industrial

Sobre exploração industrial, a LGT dispõe, no art. 73, também, que

> "as prestadoras de serviços de telecomunicações de interesse coletivo terão direito à utilização de postes, dutos, condutos e servidões pertencentes ou controlados por prestadora de serviços de telecomunicações ou de outros serviços de interesse público, de forma não discriminatória e a preços e condições justos e razoáveis", sendo que o parágrafo único do referido artigo explicita que "caberá ao órgão regulador do cessionário dos meios a ser utilizados definir as condições para adequado atendimento do disposto no *caput*".

Alguns destes princípios estão expressos também na Resolução 73/1998, que contém, em seu anexo, o regulamento dos serviços de telecomunicação.

---

interconexão representa a ligação de redes de telecomunicações funcionalmente compatíveis, de modo que os usuários de serviços de uma das redes possam se comunicar com os usuários de serviços de outra ou acessar serviços nela disponíveis (art. 146, parágrafo único da Lei Geral de Telecomunicações).

No âmbito de exploração industrial, o único ponto que foi regulado de forma mais explícita diz respeito à Exploração Industrial de Linhas Dedicadas, podendo, todavia, em teoria, haver outros elementos de rede hábeis a serem contratados de terceiros para criação de uma rede própria. Entende-se por Exploração Industrial de Linha Dedicada (EILD) a modalidade de Exploração Industrial em que uma Prestadora de Serviços de Telecomunicações fornece a outra Prestadora de Serviços de Telecomunicações, mediante remuneração preestabelecida, Linha Dedicada com características técnicas definidas para constituição da rede de serviços desta última. Linha Dedicada, por outro lado, refere-se à "oferta de capacidade de transmissão de sinais analógicos, telegráficos ou digitais entre dois pontos fixos, em âmbito nacional e internacional, utilizando quaisquer meios dentro de uma área de prestação de serviço".

De todo modo, mesmo restringindo a análise apenas às EILDs, de acordo com a Anatel, foi por intermédio de "suas competências legais de maneira preventiva" e "com o objetivo de prevenir possíveis condutas anticoncorrenciais, principalmente práticas restritivas verticais por empresas integradas", que a Anatel teria editado "o Regulamento de Exploração Industrial de Linha Dedicada (REILD), aprovado pela Resolução nº 402, de 27 de abril de 2005, como instrumento de salvaguarda regulatória".

Antes, todavia, desta regulação, a Norma 30, de 20 de dezembro de 1996, aprovada pela Portaria 2.506 do Ministério das Comunicações, já objetivava estabelecer critérios, procedimentos e valores de remuneração para o provimento de EILD entre as entidades exploradoras (fornecedores e solicitantes) dos serviços de telecomunicações. Tal regulamento estabelecia valores máximos mensais para os serviços, em função das características técnicas e da distância geodésica contratadas, estabelecia a faculdade da política de descontos, desde que fossem aplicados de forma não discriminatória, vedando-se a redução subjetiva de tarifas. As impugnantes do ato de concentração argumentaram que após a privatização, em 1998, e com o novo desenho mercadológico, a Norma 30 ficou defasada e a rotina dos novos entrantes passou a ser a luta pela sua revisão a partir de 2000.

Reconhece-se que há algumas limitações básicas neste tipo de regulação. A primeira refere-se à diferença entre EILDs especiais e EILDs padrão.

A EILD padrão diz respeito à Exploração Industrial de Linha Dedicada ofertada obrigatoriamente pelas Entidades Fornecedoras pertencentes a Grupo detentor de Poder de Mercado Significativo (PMS) na oferta de EILD, nas condições do REILD. Veja-se que a Anatel entende que PMS é a posição que possibilita influenciar de forma significativa as condições do mercado relevante, assim considerada pela Anatel. Trata-se, claramente, de um conceito antitruste aplicado à regulação de um setor. É interessante, também, ressaltar que a Resolução 437, de 8 de junho de 2006, determinou quais seriam os Grupos detentores de PMS na oferta de EILD padrão.

O art. 19 do REILD está assim transcrito "a Entidade Fornecedora pertencente a Grupo detentor de PMS na oferta de EILD deve oferecer EILD Padrão: I – quando a Entidade Fornecedora já ofertar comercialmente ou em regime de exploração industrial linhas dedicadas na localidade; ou II – quando no Grupo da Entidade Fornecedora houver concessionária de STFC na modalidade local com acessos individuais na localidade". Por outro lado, o art. 20 da REILD alega que, "caso seja comprovada a impossibilidade de oferta de EILD Padrão, a Entidade Fornecedora pertencente a Grupo detentor de PMS na oferta de EILD deve elaborar proposta técnica e comercial de EILD Especial em até 30 (trinta) dias corridos contados da data de recebimento da solicitação".

Para a impugnante Telcomp, sempre que existir entidade Fornecedora que já oferta comercialmente ou em regime de exploração industrial linhas dedicadas na localidade, ou quando no Grupo da Entidade Fornecedora houver concessionária de STFC na modalidade local com acessos individuais na localidade, há obrigação de SEMPRE prover EILD padrão, nos moldes da regulação da Anatel.

Todavia, as concessionárias de STFC interpretam estes dispositivos de forma um tanto quanto diversa. Para as concessionárias de STFC, a EILD padrão é ofertada quando há capacidade ociosa na rede, sendo que as EILDs especiais dizem respeito a projetos novos, quando a rede não dispõe mais de capacidade. Tais projetos não seriam, portanto, regulados pela Anatel.

Este conflito interpretativo, conforme a Procuradoria da Anatel e do CADE apontaram, ainda está sendo analisado pelos órgãos reguladores (ver *litígio administrativo entre a Embratel e a Telemar, relativo à Reclamação Administrativa no 53500.011963/2008*).

Não obstante o mérito desta discussão, é possível alegar que para EILD padrão há um mínimo de regulação dos preços e das condições de entrega dos serviços. Por outro lado, no âmbito das EILDs especiais não há regulação sobre o tema. Em termos abstratos, para escapar da regulação (e utilizando a definição de EILD das concessionárias de STFC) bastaria, de forma hipotética, que uma empresa fornecesse apenas EILDs especiais, sob a alegação de que não tem capacidade ociosa, com o propósito específico de escapar da regulação setorial. Há aqui, já desde o início da análise, uma avaliação em que os conhecimentos técnicos da rede e os incentivos de atuação anticompetitiva se mesclam, em especial do ponto de vista dinâmico. Será que a hipótese acima referida é correta ou factível? Será que existem incentivos para que as empresas de STFC invistam em suas próprias redes, se, ao investirem, deparam-se com maiores restrições regulatórias? Além deste questionamento estratégico, a existência ou não de capacidade ociosa em uma rede é uma questão fática e os demandantes de EILD não têm acesso a esta informação. Portanto, sem a responsabilização pessoal de um técnico que diga se há ou não capacidade ociosa, é possível haver incentivos de se distorcerem dados sobre capacidade ociosa, propondo projetos de EILDs especiais, para que os incumbentes não se submetam à regulação.

Independentemente da divergência conceitual que está sob análise, a Anatel buscou, via este ato de concentração, diminuir o número de EILDs especiais não reguladas (ou seja, buscou diminuir o espaço para potenciais incentivos de abuso do poder de mercado). Assim, estabeleceu-se, no Ato de Anuência Prévia nº 7.828 de 2008, para a presente operação o seguinte condicionamento para as Requerentes:

> "11.2. A Telemar se obriga a manter ou reduzir o percentual de atendimento por meio de Exploração Industrial de Linha Dedicada (EILD) Especial em relação ao total de solicitações de EILD na Região II, apresentado pela Brasil Telecom SA., anteriormente à realização da presente operação. 11.3. A Telemar se obriga a adotar ofertas comerciais de EILD, na Região I, de modo a atingir, no prazo de doze meses contados da publicação da presente Anuência Prévia, o percentual de atendimento por meio de EILD Especial igual ou inferior ao apresentado pela Brasil Telecom S.A na Região II anteriormente à realização da presente operação".

Sem entrar no mérito se esta obrigação regulatória foi ou não cumprida, vamos supor, do ponto de vista hipotético, que esta questão sobre EILDs especiais não esteja presente e que a única modalidade que exista seja a EILD padrão. Cabe questionar: a regulação atual de EILD padrão dá conta de evitar todas as condutas anticompetitivas e discriminatórias possíveis de serem realizadas pelas empresas que solicitam este tipo de serviço?

Sobre este aspecto, é interessante notar que a Anatel não regula diretamente preços tetos de EILD padrão, embora determine "preços de referência" para auxiliar no arbitramento do valor caso haja alguma espécie de divergência. A Regulação determina que estes preços devem ser isonômicos, sendo que o art. 18 do REILD proíbe quaisquer descontos em função do volume contratado, prazo de contratação e valor total do contrato, por receio de práticas discriminatórias, conforme justificativa abaixo:

> INFORME 112 DA ANATEL (folha 99-100): "Inclusive, o art. 18 do Regulamento de Exploração Industrial de Linha Dedicada, que proíbe quaisquer

descontos em função do volume contratado, prazo de contratação e valor total do contrato, foi concebido com o objetivo de proteger a competição de condutas discriminatórias de Grupos Econômicos verticalmente integrados que controlam infraestrutura essencial para prestação de comunicação de dados. O desconto por prazo de contratação baseia-se no fato de que, quanto maior o período contratado, maior é o período disponível para a recuperação dos investimentos necessários para o fornecimento do circuito privado. Dessa forma, em troca da previsibilidade em relação ao período em que o ativo será utilizado e gerará retorno para a empresa, oferece-se uma redução no preço de tabela. Contratos por prazo indeterminado, contudo, permitem o desligamento dos circuitos demandados a qualquer momento, de forma que há incerteza em relação à amortização dos investimentos. Entretanto, observa-se que grande parte das empresas que demandam linhas dedicadas opta por contratos de prazo indeterminado ou prazos curtos, mesmo havendo descontos elevados sobre o preço de tabela para prazos mais longos. O motivo dessa escolha é o dinamismo do mercado, ou seja, a velocidade com que se modifica a necessidade do cliente final dessas empresas: linhas dedicadas em determinadas localidades podem deixar de ser necessárias em prazos relativamente curtos. Poucos são os clientes que podem garantir a continuidade da demanda e, assim, contratos de prazos mais longos. O desconto por volume é geralmente justificado com base no ganho de escala possível quando há contratação de elevados volumes. Dessa forma, há o compartilhamento dos mesmos custos fixos por diversas linhas dedicadas, o que possibilita uma economia que é, assim, repassada ao preço. Porém, o fator importante a ser considerado é que quase a totalidade das empresas que demandam EILD não consegue garantir a contratação de volume grande o suficiente para atingir as maiores faixas de descontos, sobretudo em linhas de alta capacidade. Portanto, como em geral as contratantes não podem garantir prazos longos e volumes elevados, esse desconto pode ser discriminatório, na medida que somente as subsidiárias dos Grupos detentores de PMS, autorizadas a prestar SCM, podem se beneficiar dos descontos por prazo de contratação e volume contratado. Ou seja, somente teria condições de se comprometer em uma contratação com prazos longos e elevados volumes, empresas pertencentes aos Grupos detentores de PMS, que é o caso das Requerentes. Tal prática restringiria a concorrência, pois poderia ser considerada uma forma de discriminação de preços, onde esse desconto fica restrito a empresas pertencentes aos Grupos detentores de PMS, que, por sua vez, podem se beneficiar do mesmo e ofertar serviços mais baratos a seus clientes finais, com o objetivo de eliminar a concorrência e, posteriormente, praticar preços elevados de monopólio. Em situações em que uma empresa tem controle parcial ou total sobre uma rede ou infraes-

> trutura essencial, que é o caso das Requerentes, no fornecimento de EILD, a discriminação de preços pode servir para elevar o custo do concorrente, com efeitos nocivos à livre concorrência. Tal conduta teria como objetivo a elevação dos preços de insumos (EILD) adquiridos pelos seus rivais no mercado alvo (SCM), provocando, consequentemente, a elevação artificial dos custos dos seus concorrentes no serviço de comunicação de dados, prejudicando, assim, a livre concorrência. Assim, com o art. 18 do REILD, que proíbe quaisquer descontos em função do volume contratado, prazo de contratação e valor total do contrato, tais potenciais riscos concorrenciais foram eliminados."

Frise-se que o CADE, por outro lado, chegou a se posicionar, no passado, no sentido de que alguns descontos poderiam ser eficientes, desde que feitos sob bases objetivas e isonômicas. De todo modo, como a regulação posterior da Anatel foi mais abrangente no que diz respeito à proibição de descontos e mais protetiva do ponto de vista concorrencial, o CADE compreendeu não haver conflito de decisões.

Ocorre que há relatos nos autos de que "apesar da regulamentação existente ser relativamente recente e conter elementos positivos, ela ainda demanda algumas modificações, em razão das lacunas que são objeto de escusas para prover o acesso e das práticas predatória adotadas por parte das concessionárias do STFC local" (ver. fl. 1343 dos autos-cópia do AC 53500.012477/2008).

A primeira questão sobre a insuficiência da regulação refere-se à inexistência do regime que a própria Regulação se propôs a criar em curto espaço de tempo. Com efeito, ao instituir o Regulamento de Exploração Industrial de Linha Dedicada, aprovado pela Resolução nº 402 de 2005, a ANATEL previu um Modelo de Custos Incrementais de Longo Prazo (LRIC: *Long Run Incremental Costs*). O LRIC, segundo esse Regulamento, seria utilizado para calcular valores de referência para EILD Padrão[7] que seriam impostos pela Agência quando surgisse conflito entre Prestadoras de Serviços de Telecomunicações onde a detentora da rede fosse classificada pela Agência como tendo Poder de Mercado Significativo (PMS), *in verbis*:

> "Art. 15. A partir da data estabelecida em Resolução da Anatel, os valores de referência de EILD Padrão a serem utilizados pelas Entidades Fornecedoras

---

7 Segundo o Regulamento da EILD, a EILD Padrão é aquela ofertada obrigatoriamente pelas Entidades Fornecedoras pertencentes a Grupo detentor de PMS na oferta de EILD, nas condições do referido Regulamento. Ainda segundo o Regulamento, existe o EILD Especial, que é a Exploração Industrial de Linha Dedicada nas situações em que não se aplicam as condições estabelecidas para EILD Padrão.

> pertencentes a Grupo detentor de PMS na oferta de EILD serão estabelecidos com base no modelo LRIC e considerando: I – os custos correntes incorridos por uma prestadora hipotética eficiente, apurados por modelo desenvolvido pela Anatel; e II – os custos correntes informados pelas prestadoras e aceitos pela Anatel, nos termos da regulamentação. Parágrafo único. Os valores mencionados no caput serão utilizados como referência pela Anatel nos processos de resolução de conflitos entre Prestadoras de Serviços de Telecomunicações."

O LRIC, segundo o Regulamento de Remuneração pelo uso de Redes de Prestadoras do STFC, aprovado pela Resolução no. 458 de 2007, seria utilizado – ainda – para calcular o preço teto da Tarifa de Uso de Rede Local (TU-RL)[8], *in verbis*:

> "Art. 14. A partir de data estabelecida em Resolução, a Anatel deve fixar, com base no modelo LRIC, os valores máximos das Tarifas de Uso de Rede de Concessionária e de Prestadora de STFC pertencente a Grupo detentor de PMS na oferta de interconexão em rede fixa do STFC, considerando: I – Os custos correntes incorridos por uma prestadora hipotética eficiente, consideradas eventuais obrigações de universalização, apurados por modelo desenvolvido pela Anatel; II – Os custos correntes informados pelas prestadoras e aceitos pela Anatel, nos termos da regulamentação."

Assim, o preço de referência e o preço teto de TU-RL fixado a partir do LRIC seriam importantes instrumentos para assegurar que detentoras de rede fossem remuneradas de forma justa por suas clientes, inibindo as práticas de preços abusivos no atacado e dificultando as práticas exclusionárias de concorrentes no *downstream*.

Porém, observa-se que a ANATEL ainda não estabeleceu resolução própria para o LRIC de forma a colocá-lo em prática, apesar de essa medida estar prevista no Plano Geral de Atualização da Regulamentação (PGR) de Outubro de 2008 na seção de ações de curto prazo[9] a serem adotadas pela Agência.

Observa-se também que, ainda que o LRIC fosse implementado, ele seria utilizado somente para definir valores de referência de EILD Padrão em transmissões de até 2 Megabits por segundo (Mbps), conforme regulamentação do Ato da Anatel nº. 50.065 de 2005. Daí surge uma questão: por que se

---

8 A TU-RL é o valor cobrado por uma operadora pelo uso de sua rede local, quando o cliente que pagará a chamada não é seu.

9 Em até dois anos a contar da publicação do PGR em 12/11/08 no *Diário Oficial da União*.

estabeleceu a necessidade de regulamentar apenas velocidades até 2Mbps? Por que não se regulamentar velocidades superiores?

Os pronunciamentos da Anatel, no informe 112 deste caso, sinalizam para o fato de que velocidades inferiores a 2 Mbps diriam respeito a infraestruturas atreladas a facilidades essenciais. Sobre este aspecto, acredita-se que este debate deva ser retomado quando do julgamento dos primeiros casos em que o CADE analisou a necessidade de regulamentar os descontos das EILDS.

Cita-se, aqui, de forma exemplificativa, o Pedido de Medida Preventiva nº 08700.003174/2002-19 no Processo Administrativo nº 53500.005770/2002, que versava sobre denúncia contra a Telecomunicações de São Paulo S/A (Protocolo nº 200290126986), por prática discriminatória de preço de acesso à Embratel no provimento de serviço de acesso local – exploração industrial de linhas dedicadas (EILD) em âmbito local (linha dedicada local).

No âmbito do referido processo, o Conselheiro Cleveland Prates Teixeira considerou que:

> "analisando o mercado de origem, é importante destacar que a tecnologia empregada tem características que determinam a natureza do acesso, em termos de capacidade e velocidade de transmissão, além de custo. Essa diferenciação é explicada por Dodd (2000) da seguinte maneira: 'As duas mídias mais predominantes dentro das organizações são cabeamento de fibra óptica e par trançado não blindado (cobre). A mais rápida e mais cara das duas escolhas é a fibra óptica. A fibra óptica fornece velocidade mais alta e capacidade maior que o par trançado não blindado. [...] Outra mídia é a sem fio, que tem vantagens na mobilidade inerente que fornece. [...] Entretanto, instalar mídia sem fio é mais caro do que instalar mídia de par trançado não blindado para cada dispositivo'. Com base na argumentação das próprias empresas envolvidas, percebe-se que o mercado de acesso local pode ser dividido entre o segmento de baixa velocidade (abaixo de 2 Mbps), onde predomina a utilização de pares metálicos, e o segmento de alta velocidade (acima de 2 Mbps), em que são mais empregadas as tecnologias de fibra óptica e rádio enlace. Essa segmentação por características do acesso foi ressaltada pela Representada, na pessoa de seu consultor econômico, em audiência pública realizada no dia 25 de novembro de 2002 no CADE, '[...] alguém poderia colocar muito legitimamente: mas será que nós podemos definir, se nós estamos falando num mercado de transmissão de dados, no mercado de serviço de acesso, será que nós temos que definir [o mercado relevante] por faixa de velocidade ou não? Porque em determinadas faixas de velocidade as tecnologias têm substituição do lado da demanda e do lado da oferta e em outras faixas de velocidade

não, então, a própria delimitação do mercado relevante está, ao contrário do que afirma a representação, que é problema menor, um tema menor, é fundamental, porque, afinal de contas, eu quero saber se de fato há ou não substitutibilidade na demanda e na oferta e por faixas de velocidade'. (fls. 400-401) Seguindo esse mesmo raciocínio, a Representada apresentou um gráfico, presente à fl. 651 dos autos, que justifica essa distinção entre os segmentos de baixa e alta velocidade.

Quadro 5: Possibilidades de substituição das tecnologias no mercado de serviço de acesso

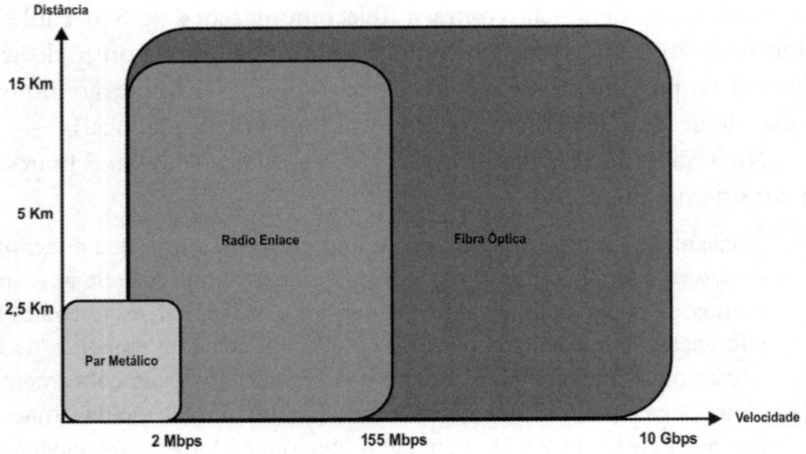

Fonte: Telefônica Empresas.

Conforme pode ser observado, o par metálico não dispõe de substitutos economicamente viáveis a velocidades abaixo de, pelo menos, 1 Mbps (a escala do gráfico não permite definir com precisão o limite em que a fibra óptica e o rádio enlace apresentam-se como opções). E a partir de 2 Mbps predomina a utilização de fibra óptica e rádio enlace. Pelo lado da oferta, essa segmentação do mercado *upstream* em baixa velocidade (par metálico) e alta velocidade (tecnologias alternativas) também se justifica, dados os elevados custos colocados às firmas quando estas consideram a possibilidade de duplicar a rede local de pares metálicos. Note-se que essa dificuldade confere à concessionária de serviços de telecomunicação já estabelecida em uma dada região uma posição no mínimo privilegiada no provimento de acesso a baixas velocidades, fato este que não ocorre na transmissão de alta velocidade (onde existem outras tecnologias alternativas). Ao contrário, quando existem clientes que demandam o transporte de um grande volume de dados, a altas velocidades (principalmente em regiões que englobam um número elevado de grandes empresas e instituições públicas), muitas vezes a construção de um acesso direto, por meio de fibra óptica ou outra tecnologia similar, é economicamente viável. Laffont & Tirole (2000), identificam essa possibilidade, tomando como exemplo o caso das chamadas de longa distância: '*Large long-distance customers often can establish a radio link or lay a cable in order to connect directly with the incumbent's long-distance competitors. Such bypass may be socially efficient*'. Novamente valendo-se da experiência internacional, pode-se perceber que essa informação é bastante relevante e tem sido levada em consideração na investigação de casos relativos a condutas no setor de telecomunicações. Como exemplo, pode ser citado o caso em que a Comissão Europeia analisa a Deutsche Telekom por possíveis práticas anticoncorrenciais. [...] Diante dessas características (i) técnicas, envolvendo diferentes capacidades e velocidades; (ii) de custo, em que a duplicação da rede de pares metálicos é praticamente inviável economicamente, ao contrário dos acessos por fibra óptica, rádio enlace e outros; e (iii) da inexistência de potenciais concorrentes para baixa velocidade, sendo que o mesmo não acontece no acesso por alta velocidade, considero necessário segmentar o mercado de origem em dois mercados relevantes de produtos distintos. De um lado tem-se o acesso a baixa velocidade (abaixo de 2 Mbps), que se utiliza praticamente de pares metálicos e atende usuários de pequeno porte (residencial), ou maiores (corporativo) que se encontram geograficamente esparsos em uma dada região (a chamada demanda difusa). Nesse mercado não há opções viáveis à rede da concessionária do serviço local. Por outro lado, situa-se o acesso a alta velocidade (acima de 2 Mbps), em que existem tecnologias alternativas (fibra óptica, rádio enlace, satélites etc.) e visam atender a usuários que desejam alta capacidade para lidar com um elevado tráfego de informações, e que em geral estão concentrados espacialmente (o chamado mercado corporativo concentrado). Sob essa segunda circunstância, a duplicação é possível e existem concorrentes potenciais no provimento do acesso."

De acordo com o gráfico acima, citado pelo ex-Conselheiro Cleveland Prates, verifica-se que para velocidades superiores a 2 Mbps o par de cobre não seria considerado sequer substituto. Em que pese a referida afirmação, Paul GRAY e Anthony BETZ atestam a possibilidade do par trançado de cobre chegar a grandes velocidades, de 10 Mbps (Ethernet); de 100 Mbps (Fast Ethernet) e de 1000 Mbps (Gigabit Ethernet)[10].

10 Ver GRAY, Paul; BETZ, Anthony. *Performance Evaluation of Copper-based Gigabit Ethernet Interfaces*. Disponível em: <http://rtlin1.dl.ac.uk/gridmon/docs/Performance%20

Também, em consonância com o site da Oi, a empresa oferece Internet banda larga, *via cabos do telefone fixo*, que chegam a 20 Mbps. Portanto, é equivocado pensar que um cabo de cobre suporta apenas 2 Mbps, não podendo – nem mesmo em teoria – ser considerado um substituto de outras tecnologias – conforme a jurisprudência do CADE e a Regulação da Anatel vêm considerando.

Velocidade de banda larga ADSL da Oi

VELOCIDADE	2 Mega	4 Mega	10 Mega	15 Mega	20 Mega
Promoção	Oi Velox com fale ilimitado: você tem uma franquia de 1.000 minutos pra ligar pra qualquer telefone fixo e após a franquia você fala o quanto quiser nas ligações locais de Oi Fixo pra Oi Fixo				-

Fonte: http://oivelox.oi.com.br/portal/site/OiVelox/menuitem ebeac1048536fb0248de9f76f26d02a0/?vgnextoid=c0456b009fcf2110VgnVCM10000090cb200aRCRD

Trata-se de uma questão que pode evoluir com o tempo, não se devendo ter uma jurisprudência estanque sobre o que é ou não substituto do ponto de vista de mercados relevantes. Frise-se, também, que de acordo com os dados da Anatel, embora existam informações conflitantes, a Brasil Telecom e Telemar, também, seriam grandes agentes no âmbito do mercado de fibras óticas em geral:

Evaluation%20of%20Copper-based%20Gigabit%20Ethernet%20Interfaces.pdf>. Acesso em: 16 out. 2010. O referido artigo cita outros estudos, também, que fazem referência ao uso do cobre neste tipo de tecnologia, como: CIACCIO, G.; EHLERT, M.; SCHNOR, B. "Exploiting gigabit Ethernet capacity for cluster applications." In: *High-Speed Local Networks*, nov. 2002, Tampa, FL, Jun. 2002; GRAY, Paul; BETZ, Anthony. *Gigabit over copper evaluation*. Technical Report TR040202-CS, University of Northern Iowa, Department of Computer Science, Cedar Falls, IA, abr. 2002. Ver também afirmação feita no site Wikipedia: <http://pt.wikipedia.org/wiki/Cabo_de_par_tran%C3%A7ado>. Acesso em: 16 out. 2010.

Fibras Óticas existentes no Brasil

GRUPO / FIBRA					
	Oi	BRT	EBT	TELEFÔNICA	TOTAL
Cabo-Fibra Ótica Km					
Cabo Próprio	69.061	23.876	50.240	36.085	179.262
Cabo Terceiros	3.367	1.415	1.250	-	6.032
Total	72.428	25.291	51.490	36.085	185.294
Fibra Ótica Km					
Fibra Própria	1.530.244	1.592.374	1.399.261	660.341	5.182.220
Fibra Terceiros	4.634	970	-	-	5.604
Total	1.534.878	1.593.344	1.399.261	660.341	5.187.824

Fonte: Anatel.

Questiona-se: é economicamente viável a duplicação desta estrutura de fibra ótica interligada à estrutura capilarizada de fio de cobre? A fibra ótica também não pode ser uma estrutura essencial digna de ser regulada? Será que há condições econômicas para se duplicar uma rede com velocidades superiores a 2 Mbps em todas as cidades do Brasil?

Veja-se que o fio de cobre é a única tecnologia disponível em algumas cidades como última milha. Assim, independentemente da fibra ótica ser ou não uma estrutura essencial, deve-se observar que (i) há Internet de alta velocidade oferecida por fio de cobre e (ii) a fibra ótica não alcança muitos dos municípios brasileiros, conforme se consegue verificar nos quadros abaixo:

Fibras na Região IV – Brasil

EBT – REGIÃO IV – FIBRA					
Categoria	**MUNICÍPIOS COM FIBRA**	**MUNICÍPIOS S/ FIBRA**	**% MUNICÍPIOS SEM FIBRA**	**POP MUNICÍPIOS C/ FIBRA**	**POP MUNICÍPIOS SEM FIBRA**
< 25 mil	54	4241	98,74%	793.147	39.286.608
25 - 50 mil	42	649	93,92%	1.547.150	22.115.379
50 - 75 mil	22	180	89,11%	1.356.960	11.014.212
75 - 100 mil	15	94	86,24%	1.286.981	8.137.164
> 100 mil	87	180	67,42%	59.499.616	41.733.345
Total	220	5344	96,05%	64.483.854	122.286.708

Fibras na Região III – Brasil

TELEFÔNICA – REGIÃO III – FIBRA					
Categoria	**MUNICÍPIOS COM FIBRA**	**MUNICÍPIOS S/ FIBRA**	**% MUNICÍPIOS SEM FIBRA**	**POP MUNICÍPIOS C/ FIBRA**	**POP MUNICÍPIOS SEM FIBRA**
< 25 mil	120	312	72,22%	1.292.180	2.466.281
25 - 50 mil	45	45	50,00%	1.538.315	1.694.469
50 - 75 mil	19	9	32,14%	1.188.536	531.944
75 - 100 mil	16	7	30,43%	1.343.077	617.713
> 100 mil	63	9	12,50%	28.904.071	1.479.148
Total	263	382	59,22%	34.266.179	6.789.555

Fibras na Região II – Brasil

BRASIL TELECOM – REGIÃO II – POP					
Categoria	MUNICÍPIOS COM FIBRA	MUNICÍPIOS S/ FIBRA	% MUNICÍPIOS SEM FIBRA	POP MUNICÍPIOS C/ FIBRA	POP MUNICÍPIOS SEM FIBRA
< 25 mil	195	1369	87,53%	1.965.047	10.088.436
25 - 50 mil	42	117	73,58%	1.439.631	4.001.278
50 - 75 mil	11	36	76,60%	694.242	2.207.277
75 - 100 mil	9	19	67,86%	802.101	1.660.963
> 100 mil	33	36	52,17%	12.736.114	8.564.801
Total	290	1577	84,47%	17.637.135	26.522.755

Fibras na Região I – Brasil

OI – REGIÃO I – FIBRA					
Categoria	MUNICÍPIOS COM FIBRA	MUNICÍPIOS S/ FIBRA	% MUNICÍPIOS SEM FIBRA	POP MUNICÍPIOS C/ FIBRA	POP MUNICÍPIOS SEM FIBRA
< 25 mil	185	2114	91,95%	2.602.052	21.665.759
25 - 50 mil	111	331	74,89%	3.857.514	11.131.322
50 - 75 mil	43	84	66,14%	2.630.112	5.119.061
75 - 100 mil	19	39	67,24%	1.628.772	3.371.519
> 100 mil	62	64	50,79%	21.794.807	27.754.020
Total	420	2632	86,24%	32.513.257	69.041681

Será que todos estes municípios podem contratar apenas Internet de 2 Mbps? Ou eles podem contratar Internet mais rápida, via a estrutura essencial de fio de cobre?

Se a resposta à primeira pergunta for afirmativa, é muito provável que as empresas que possuem fio de cobre estejam à margem da regulação de suas estruturas essenciais. Veja-se, também, que a evolução da tecnologia móvel pode modificar as ponderações sobre o que significa facilidade essencial, mas, atualmente, parece não se dar esta substituição de forma tão acentuada.

Talvez em razão destas questões a Dra. Emília Maria Silva Curi tenha sugerido não só o estabelecimento de "preços-teto" de EILD, em vez de valores de referência, mas também a efetiva regulação, a partir da exigência de oferta pública e não discriminatória de serviços com velocidades superiores a 2 Mbps. Saber se há ou não uma facilidade essencial neste tipo de EILD com velocidades superiores ou inferiores a 2 Mbps parece ser uma questão fática, que deve ser empiricamente testada, considerando os avanços tecnológicos, e não uma verdade absoluta e perene.

De todo modo, mesmo superando todo este debate sobre quais velocidades devem ser reguladas, sobre EILD Padrão/Especial e sobre LRIC, ainda assim, há denúncias da Telcomp no sentido de que "a regulamentação, por um lado acabou por demorar e deixar algumas lacunas, e por outro lado, as medidas administrativas fiscalizatórias, de medição e punição, desacompanhadas de um sistema de monitoramento, não têm sido eficientes para reprimir o abuso de poder de mercado por parte das concessionárias de STFC Local". Dentre as denúncias (fls. 1348-1353 dos autos), a Telcomp enumerou sete formas de discriminação no mercado de atacado, que, segundo o seu ponto de vista, mesmo com a regulação atual, continuam a ser feitas pelas empresas. As sete formas de discriminação mencionadas foram as seguintes:

1 – Recusa em prover acesso – De acordo com a Telcomp, as incumbentes recusam prover acesso às linhas dedicadas de atacado, sob a falsa alegação de não haver equipamentos disponíveis ou infraestrutura local ou na central disponíveis. Também se alegou que algumas concessionárias locais não oferecem o serviço de EILD por períodos curtos e indeterminados, exigindo que a operadora competitiva contrate o serviço por um período mínimo de um ano ou contrate a linha dedicada no mercado de varejo.

2 – Requerimentos indevidos – A Telcomp sustenta que as operadoras de STFC local no mercado de atacado exigem das operadoras competitivas um determinado comportamento que é desnecessário para provisão dos serviços de atacado. Alega-se que as operadoras de STFC estipulam elevadas multas impostas pela rescisão de contrato de linhas dedicadas no nível de atacado, muito maiores que as multas impostas por rescisão do contrato de linhas dedicadas oferecidas para os "mesmos" clientes no mercado de varejo, forçando as empresas a saírem do atacado e irem ao varejo. Também haveria uma classificação indevida dos pedidos de EILDs como projeto especial, exigindo das operadoras competitivas o ressarcimento por investimentos não realizados. Alega-se que as operadoras de STFC cobram preços excessivos para pedidos de EILDs classificados como projeto especial e que os índices de reajustes não são razoáveis para os contratos de EILDs nas situações em que a concessionária local é a única provedora.

3 – Táticas de atraso no provimento do acesso – De acordo com a Telcomp, as operadoras de STFC local no mercado de atacado atrasam propositalmente o acesso ao insumo básico para as operadoras competitivas no mercado de varejo. Assim, as táticas de atraso podem aparecer de diversas formas, como por exemplo, longas negociações, falsos problemas técnicos etc. Assim, segundo esta denúncia, as operadoras competitivas algumas vezes acabam aceitando os termos e as condições abusivas não porque concordam com tais condições, mas apenas para acelerar a negociação. Também, a Telecomp alega não se observar o prazo de entrega para o provimento de linhas dedicadas de atacado. Por meio desta denúncia, alega-se que as concessionárias apenas informam uma data estimada para prestar os serviços, mas não se verifica qualquer penalidade em casos de longos atrasos. Também há, segundo a denunciante, constantes atrasos na elaboração de propostas, ativação e entrega das linhas dedicadas de atacado. Ademais, é possível verificar, segundo a Telcomp, que a classificação indevida do pedido como projeto especial pode atrasar, injustificadamente, a prestação do serviço.

4 – Abuso de preços – De acordo com a Telcomp (conforme folhas 1367 a 1369 dos autos-cópia do AC 53500.012477/2008, os preços praticados de EILD estão em diversos casos *300% acima do preço de referência da Anatel.* Ou seja, se estes dados estiverem corretos, é questionável a utilidade deste tipo de regulação, ainda que a mesma regule apenas velocidades até 2 Mbps e não interfira nos casos de EILDs especiais. Além disto, para a Telcomp, há discriminação de preços comprovada quando uma concessionária verticalmente integrada, que domina o mercado de atacado, cobra pelo acesso a seus insumos essenciais um preço maior que aquele cobrado de sua unidade/subsidiária de varejo da concessionária local aos seus clientes finais. Este tipo de prática, se for comprovada, impede a competição – de maneira isonômica – no varejo. Também se denunciou não existir transparência nos termos e condições que são oferecidos a diferentes operadoras de telecomunicações. Denunciou-se, também, a existência de subsídio cruzado entre os serviços de linha dedicada de atacado e serviços oferecidos no mercado adjacente de varejo, "onde um preço acima dos custos é cobrado no mercado de atacado e um preço abaixo dos custos (predatório) é cobrado do cliente final de varejo". Segundo a Telcomp, "a prática de preços predatórios, dentro de uma estratégia de alavancagem vertical, ocorre quando uma concessionária do STFC local no mercado de atacado vende o serviço no mercado de varejo adjacente a um preço abaixo de custos, por um período de tempo sustentado, com intenção de retirar os concorrentes do mercado de varejo e, futuramente, aumentar seus lucros".

5 – *Discriminação de qualidade* – Para a Telcomp, há "diversas táticas de discriminação de qualidade" que "ocorrem para colocar os concorrentes no mercado de varejo em desvantagem competitiva. Os efeitos são o aumento dos custos dos rivais, quando novos esforços/investimentos são necessários para compensar a desvantagem na qualidade do insumo, ou a restrição das vendas dos concorrentes, quando a desvantagem na qualidade provoca uma redução sobre a demanda do serviço competitivo no mercado de varejo". Dentre as estratégias de discriminação da qualidade, a denunciante afirma existir "(i) priorização do próprio tráfego nos gargalos de rede ou, em caso de falhas na rede, priorização dos próprios clientes; (ii) recusa em configurar o 'modem' de acordo com a especificação requerida pela operadora competitiva de varejo. Tal prática faz com que a operadora competitiva tenha que adicionar um roteador extra ao circuito da 'incumbente' causando aumento dos custos dos rivais; (iii) oferta discriminatória de acordos; (iv) oferta discriminatória de acordos de nível de serviços que implica discriminação de qualidade entre provisão interna e externa de linhas dedicadas de atacado. Algumas vezes, a unidade/subsidiária de varejo da concessionária oferece a seus clientes finais um acordo de nível de serviços que a concessionária não oferece no nível de atacado para as operadoras competitivas; (v) oferta discriminatória de prazos de entrega. O prazo de entrega oferecido para as operadoras competitivas (quando especificado) é maior que o prazo especificado pela unidade/subsidiária de varejo da concessionária para o cliente final. (vi) Não cumprimento do acordo de nível de serviços contratado pelas operadoras competitivas".

6 – *Abuso de informação* – Segundo a Telcomp, as concessionárias de STFC local no mercado de atacado obtêm informações sobre os clientes das operadoras de varejo e, baseadas nestas informações, abordam os clientes das operadoras rivais com ofertas "customizadas" seletivamente de serviços, inibindo, assim, a entrada de empresas rivais. Também no que diz respeito a informações, a Telcomp denuncia que as operadoras de STFC se recusam a informar sobre a possibilidade de atender ou não o pedido de EILD para um determinado endereço específico; se recusam a informar o preço de instalação de novas linhas dedicadas (que pode ser diferente do preço de referência) até que os serviços sejam efetivamente contratados; se recusam em prover informação atualizada sobre a topologia de rede, pontos abordados e soluções de projetos técnicos especiais para atendimento específico; se recusam em informar o prazo de entrega para linhas dedicadas contratadas no atacado.

7 – *Venda conjunta de produtos/serviços* – Para a denunciante, algumas vezes a operadora com PMS no mercado de atacado condiciona a venda de um insumo essencial com a venda de outro produto/serviço que não é necessário e, desta forma, aumenta os custos de seus rivais no mercado de varejo. Como exemplo de venda casada, citou-se a possibilidade de condicionar o fornecimento de EILD (insumo essencial) à obrigatoriedade de adquirir também outro "modem" de tecnologia diversa.

Sobre estas práticas, sugeriu-se que a Anatel e a SDE avaliassem as provas e as alegações juntadas nos autos (ver anexos 1378 a 1524 dos autos cópia do AC 53500.012477/2008) para verificar se há ou não práticas discriminatórias no âmbito do mercado de atacado.

Neste sentido, concluiu-se que, frente a tantas denúncias de falta/dificuldade de fiscalização e lacunas técnicas, seria no mínimo imprudente afirmar que a regulação conseguia dar conta de toda problemática do setor simplesmente porque a Resolução da Anatel proíbe discriminação.

Interconexão

Se todas estas deficiências regulatórias existem no âmbito da Exploração Industrial, é possível mencionar também que, no âmbito da interconexão, há evidências de que a regulação não é suficiente para lidar com as questões concorrenciais pertinentes.

Sobre interconexão, o art. 146 da Lei Geral de Telecomunicações dispõe que as redes de telecomunicações "serão organizadas como vias integradas de livre circulação, nos termos seguintes: I – é obrigatória a interconexão entre as redes, na forma da regulamentação; II – deverá ser assegurada a operação integrada das redes, em âmbito nacional e internacional; III – o direito de propriedade sobre as redes é condicionado pelo dever de cumprimento de sua função social". Também, o art. 152 da LGT, dispõe que "o provimento da interconexão será realizado em termos não discriminatórios, sob condições técnicas adequadas, garantindo preços isonômicos e justos, atendendo ao estritamente necessário à prestação do serviço".

Inicialmente, teve-se o Regulamento Geral de Interconexão (RGI), Resolução 40, de 23 de julho de 1998. A nova Regulamentação da Interconexão (Resolução 410 de 2005) prevê, no seu art. 11, o princípio da não discriminação. O art. 12, também, afirma que "as prestadoras de Serviços de Telecomunicações de interesse coletivo são obrigadas a tornar suas redes disponíveis para Interconexão quando solicitado por qualquer outra prestadora de Serviço de Telecomunicações de interesse coletivo".

Em que pesem estas regras de não discriminação do RGI, a Resolução estabeleceu que "as condições para a Interconexão de redes são objeto de livre negociação entre interessados, mediante acordo que deve ser formalizado por contrato, cuja eficácia depende de homologação pela Anatel". Daí questiona-se: as condições para interconexão podem, do ponto de vista teórico, permitir práticas anticoncorrenciais, como a imposição de requerimentos indevidos, vendas casadas, dentre várias outras já mencionadas para exploração industrial? Ou a regulação impede que existam requerimentos indevidos? Mesmo com a existência de ofertas públicas de interconexão, será que pequenas empresas de telecomunicação conseguem atender todas exigências das operadoras de STFC para conseguir a interconexão? Exige-se uma escala mínima para obter interconexão satisfatória?

Todas as empresas de telecomunicação, incluindo as que prestam SCM, teoricamente, também poderiam se valer da interconexão, tendo, para si, critérios de qualidade, explicitamente assegurados pelo art. 17 do RGI. Por outro lado, é necessário investigar se, de fato, não há questões técnicas, negociadas de forma privada, que interferem nestes contratos que envolvem diversos interesses públicos.

De toda forma, há nos autos denúncias de que a regulação não dá conta, mesmo sob critérios mais claros, de impedir que exista discriminação de preços no âmbito da interconexão.

De acordo com as informações que constam nos autos desse processo, a Telcomp denunciou que é impossível uma empresa oferecer produtos similares aos das concorrentes, com base apenas nos atuais custos de interconexão.

Deu-se o exemplo do Oi Conta Total 4, no qual a Oi oferece 10 mil minutos em ligações locais fixo-fixo e outros mil minutos para que os seus clientes gastem com ligações fixo-móvel local e fixo-móvel LDN, podendo usufruir de Internet banda larga de 1 Mbps ou de 2 Mbps, pelo valor de R$ 419,00. Ocorre que, de acordo com a Telcomp, se uma empresa quisesse oferecer no varejo este mesmo produto, pagaria, apenas com taxas de interconexão, o valor de R$ 900,00, conforme a simulação abaixo demonstra:

Simulação proposta pela Telcomp

CUSTO DA INTERCONEXÃO	VALOR
Custo TU-RL 10.000 min. Fixo-fixo local	R$ 270,00
Custo VU-M 500 min. Fixo-móvel local	R$ 205,00
Custo VC-2 500 min. Fixo-móvel LDN	R$ 385,00
Custo Internet banda larga	R$ 40,00
Custo total	R$ 900,00

Se estes dados estiverem corretos, há aqui uma avaliação um tanto contrafatual em relação a alguns pareceres apresentados pelas requerentes. Por exemplo, em seu Parecer intitulado "Integração Vertical em Telecomunicações e Fechamento Através de Preços de Acesso", Cesar Mattos discutiu a questão de possível discriminação vertical, considerando o interesse do incumbente monopolista verticalmente integrado decidindo preços de acesso cobrados ao rival entrante no segmento de longa distância. Assim, Mattos apresenta dois modelos referentes à ideia de fechamento vertical em telecomunicações através dos preços de acesso no contexto de um oligopólio de Cournot e Bertrand com demanda e funções custo lineares. Para Mattos "ambos modelos indicam o mesmo resultado: Utilizando uma definição apropriada do que significa fechamento vertical através de preços de acesso, esse fenômeno não ocorre nestes modelos". O autor compreende que

> "este se constitui em um resultado surpreendente tendo em vista o apelo intuitivo da ideia mais geral de fechamento vertical, o qual confirma a intuição da escola de Chicago da década de 1970 relacionada a esta ideia. O ponto relevante é que o incumbente verticalmente integrado pondera os impactos do fechamento sobre o seu negócio de longa distância tanto quanto em seu negócio de acesso. Em determinadas circunstâncias, será preferível fazer lucros pela provisão de acesso a operar ele próprio o serviço de longa distância".

Assim, por esta visão, não haveria um viés sistemático do incumbente verticalmente integrado contra o entrante, comparado ao monopolista provedor de acesso. Tal conclusão foi obtida a partir da avaliação teórica sobre preços ótimos nos mercados *downstream* e *upstream*, concluindo-se que não haveria sentido se discriminar entrantes mais eficientes, ratificando, assim, a lógica de Chicago.

Por outro lado, se os dados que constam na tabela acima estiverem corretos e/ou se as demais denúncias que constam nos autos forem verídicas, o que se admite apenas sob o prisma teórico, já que tais questões devem ser investigadas de forma mais aprofundada, tem-se o seguinte dilema: ou o argumento da Escola de Chicago está equivocado/mal aplicado no que diz respeito aos incentivos à discriminação no âmbito da interconexão ou as concessionárias seriam empresas irracionais por discriminarem empresas no atacado-*upstream* que poderiam ser mais eficientes no varejo-*downstream*.

Certamente, estas distorções já existiam, em grande parte, mesmo antes da operação Brasil Telecom-Oi. Todavia, tanto no âmbito da exploração industrial como em questões relativas à interconexão, a atual regulação não resolve todo e qualquer problema atinente à discriminação de rivais não integrados.

Aliás, em face do atual tratamento do mercado do atacado, é possível verificar que o Brasil encontra-se atrasado não apenas no que diz respeito à regulação, mas também temos uma distorção na política de preços das telecomunicações, em especial no que tange à banda larga.

3. SOBRE O ATRASO BRASILEIRO

De acordo a dissertação de mestrado de José Roberto de Souza PINTO (2009, p.108), intitulada *Modelos de Competição no Setor de Telecomunicações para Serviços de Banda Larga*[11], a capacidade média de velocidade no Brasil é uma das menores do mundo e, por outro lado, o preço da Internet é o mais caro.

11 PINTO, José Roberto de Souza. *Modelos de Competição no Setor de Telecomunicações para Serviços de Banda Larga*. Rio de Janeiro: UCAM, 2009.

Comparativo – preço, penetração e capacidade de Internet banda larga – 2009

	US$/Mbps	Penetração/100 hab	Capacidade Média (acessos em Mbps)
Brasil	25,00 [i]	7,70 [ii]	Menor que 1 [iii]
Japão	0,27	64,00	60,0
Suécia	0,63	69,00	18,0
França	1,64	70,00	17,6
Estados Unidos	3,33	80,00	4,8
Coreia do Sul	5,96 [iv]	97,00	46,0
Finlândia	13,46 [iv]	80,00	22,0
Itália	4,61 [iv]	50,00	–
Suíça	8,71 [iv]	90,00	–

Notas:

i – Preço restrito aos grandes centros como Porto Alegre. Em Manaus, o preço de 1 Mbps é de US$ 147,00.

ii – Penetração do serviço considerando acessos fixo é de 5,8. Adicionando 4 milhões de acessos móveis que não constam da fonte de dados citada, a penetração atinge 7,7 acessos por cem habitantes.

iii – 51 % dos acessos na capacidade até 512 Kbps, 20% entre 512 Kbps a 1,9 Mbps e 16% acima de 2 Mbps.

iv – Por falta de dados atualizados de preços de 1 Mbps para estes países indicados, utilizou-se a referência anteriormente apresentada, admitindo que é improvável que os preços tenham subido. Na realidade, o mais correto seria considerar uma queda nestes preços.

Fonte: PINTO, 2009, p. 108.

Além disso, a penetração da Internet é uma das menores, conforme gráfico abaixo:

Comparativo – preço e penetração de Internet banda larga – 2007 e 2008

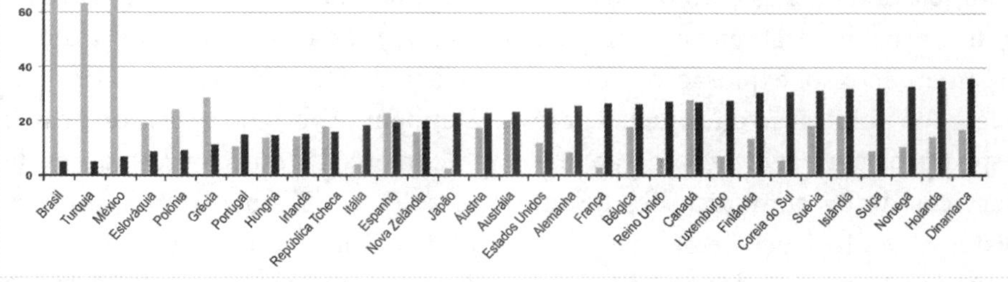

Fonte: PINTO, 2009, p. 106.

Alega-se que o elevado preço da Internet no Brasil é explicado justamente pela falta de regulação apropriada no atacado e pelos problemas mencionados no âmbito do relacionamento vertical entre varejo e atacado.

Feitos estes comentários, o CADE considerou que a assinatura de um Termo de Compromisso de Desempenho (TCD), sob determinadas condições, seria o remédio adequado para amenizar estas preocupações relativas à discriminação no mercado de atacado e seria proporcional sua aplicação. Assim, foi afastado o pleito da impugnante que solicitava que o CADE regulamentasse a desagregação da rede de fio de cobre. Não se verificou razoável impor – via controle de estruturas – uma medida que suscita uma série de controvérsias, em especial relacionadas à engenharia de redes (isto sem mencionar a discussão sobre a adequação da medida, ou seja, se de fato o grau de rivalidade das entradas feitas via construção de rede própria é superior ou inferior à rivalidade de entrada via desagregação de redes). Certamente, esta é uma discussão que deve ser feita em profundidade. Todavia, compreendeu-se que a arena adequada para o debate não deveria ser um ato de concentração, cujo nexo de causalidade era, ao menos em parte, pré-existente à operação, e que não envolve todas as empresas do setor (podendo, portanto, gerar uma regulação assimétrica no setor).

4. TERMO DE COMPROMISSO DE DESEMPENHO PROPOSTO

Para lidar com este incremento no incentivo de discriminação vertical, o CADE buscou aperfeiçoar um mecanismo existente na Anuência Prévia da Anatel.

Com efeito, a Anuência Prévia da Anatel buscou, no item 11, adotar remédios que se referem às questões competitivas deste ato de concentração e ao relacionamento com outras operadoras. Por exemplo, a Telemar se obrigou a criar uma gerência comercial responsável exclusivamente pela oferta de interconexão, exploração industrial e oferta de atacado, no prazo de três meses da publicação da Anuência Prévia. Também se obrigou a criar processos específicos para agilização do atendimento comercial a outros prestadores de serviços de telecomunicações de interesse coletivo. Também foi criado um sistema de divulgação e publicidade das ofertas de atacado. Dentre as ofertas, deveriam constar dados sobre EILD, *backhaul*, uso de recursos de redes locais e de longa distância nacional para construção de redes, transporte, comutação e trânsito, fornecimento de cadastro, cofaturamento e uso de Plataforma de Pré-pagamento. Tal sistema deveria apresentar, para cada tipo de oferta, os preços, prazos e demais condições comerciais relacionadas. Tentou-se também criar um sistema de controle de fila e sequenciamento de pedidos, permitindo identificar as solicitações internas e de outras áreas da prestadora ofertante, os dados do item solicitado, as quantidades, a data da solicitação e a data do atendimento.

De todo modo, o CADE, ciente das denúncias de que este sistema poderia conter alguns problemas de operacionalização, buscou uma solução negociada, por meio de um Termo de Compromisso de Desempenho (TCD), criando regras de procedimentalização destes mecanismos acima mencionados, aprimorando-os.

Assim, o referido acordo tende a dar conta de uma série de preocupações que foram expostas anteriormente, no âmbito vertical. Com efeito, o TCD busca criar um mecanismo de monitoramento pelo CADE de condutas da empresa em relação ao mercado de atacado. Esta autarquia terá à sua disposição as características dos pedidos, os preços e prazos médios de atendimentos de vários serviços de atacado, conseguindo identificar se há ou não discriminação no atendimento de demandas semelhantes. Ademais, a negativa por parte das requerentes de atender uma demanda específica (argumentando, por exemplo, não haver capacidade ociosa disponível na rede) deverá ser fundamentada, devendo-se ter a responsabilização pessoal do técnico que fará esta afirmação. Esta obrigação tende a diminuir o incentivo das requerentes de negarem atendimento, de forma injustificada, aos clientes no *upstream* (que concorrem no). Trata-se, sem sombra de dúvida, de um avanço significativo, em que as partes técnicas passam a prestar contas de suas decisões aos órgãos de defesa da concorrência.

Frise-se, também, que o TCD procedimentaliza o acompanhamento das demandas de atacado. Assim, as requerentes deverão dar um *feedback* diário aos seus clientes sobre prazos de atendimento e sobre possibilidades técnicas de prestação destes serviços. Os clientes também serão informados, periodicamente, se os seus pedidos estão acima ou abaixo da média de atendimento. Ainda sobre o sistema de fila de atendimento, as partes que fizerem pedidos de atacado receberão um protocolo de atendimento. Assim, o CADE poderá analisar se a lista que as requerentes enviam periodicamente a esta autarquia confere com a ordem dos pedidos feitos, dando-se mais objetividade à forma de atendimento de pedidos.

Certamente, a fila não corresponde a uma regra de *first in/first out* (em que os primeiros que chegam são os primeiros a serem atendidos, independentemente de qualquer outra variável), já que há demandas que são mais complexas do que outras. Por outro lado, havendo este sistema de fila – juntamente com o controle de outras variáveis relevantes –, o CADE poderá avaliar se demandas semelhantes estão sendo tratadas de forma semelhante ou não.

Não bastassem todos estes pontos já mencionados, estes dados poderão ser repassados à Anatel, que poderá avaliar também onde há necessidade de investimentos específicos, impedindo que as empresas deixem de investir na rede, de forma estratégica, para prejudicar os seus concorrentes no *downstream*.

No que diz respeito à interpretação deste TCD, caso a Anatel venha a adotar alguma espécie de regulação do setor de atacado que seja mais restritiva, ou seja, que acabe impondo normas mais protetivas no âmbito concorrencial, que consigam inibir de forma mais eficaz a possibilidade de discriminação no setor, desde já compreende-se não existir qualquer espécie de conflito entre tal futuro regramento e o presente TCD.

O CADE também ressaltou que "o acesso ao *backhaul* das requerentes, juntamente com a implantação de pontos de troca de tráfego (PTT) deve facilitar a interconexão por parte dos Provedores de Acesso. De acordo com a revista TeleSíntese, está em elaboração um Plano Geral de Metas de Competição (PGMC) que deve contemplar os PTTs (pontos de troca de tráfego) como uma infraestrutura de telecomunicações que deve ser construída pelas empresas. Ao se ter mais PTTs, os problemas de verticalização mencionados acima tendem a diminuir, já que os custos dos provedores menores diminuem. Também, o investimento em pontos de troca de tráfego, nas sedes municipais, aumentará a oferta do atacado. Atualmente, já existem empresas com obrigações de ofertar parte do seu *Backhaul* para terceiros, sendo que esta oferta pode ser multiplicada várias vezes se, além do *Backhaul*, também for disponibilizado este tipo de equipamento. A qualidade das chamadas igualmente tenderá a aumentar com a instalação de PTTs nas sedes municipais, tornando menos hierarquizada a Internet no Brasil. De acordo com Daniel Cavalcanti[12], a im-

---

12 Conforme artigo intitulado "The Role of Internet Exchange Points in Broadband Policy and Regulation", apresentado no 4º ACORN-REDECOM, em Brasília, nos dias 14 e 15 de maio de 2010: "The structure of the IXP provides the added benefits of enhanced routing efficiency and fault-tolerance, reduced latency and bandwidth requirements. Traffic directly exchanged via peering at an IXP typically is not billed, unlike upstream transit traffic. The utility of an IXP is directly related to the number of networks that are present at that particular exchange point. However, the large backbone network providers typically tend to interconnect at a very small number of IXPs. Given the clear benefits of IXPs, this appears to indicate that there is room for

plementação dos PTTs (ou, em inglês IXP), além de trazer claros benefícios em termos de eficiência, auxilia a combater os efeitos de discriminação vertical acima mencionados. Entendeu-se, desta forma, que estes investimentos são essenciais. Todavia, como já argumentado, é possível que as empresas com

regulatory action to stimulate the implementation of IXPs. [...] In early 2010 Brazil had a total of twenty public IXPs (also known as PTTs – *Pontos de Troca de Tráfego*) located in twelve cities. Eight of these IXPs were in the city of São Paulo alone. The number of participants in each IXP varies greatly, from four participants in the smallest IXP to 94 in the largest. As a measure of comparison, according to the European Internet Exchange Association (Euro-IX, 2009), in October 2009 Europe had 389 IXP sites distributed in 115 cities across 33 countries. [...] The use of IXPs as part of a strategy to stimulate broadband penetration, reduce costs and provide a level playing field for IP interconnection, has been a focus of a number of projects over the last decade. In the current wave of migration to an NGN environment, and in the absence of specific regulation, the vertically integrated incumbent network operators have incentives to discriminate against those that are not vertically integrated. They will tend to establish a reduced number of IP interconnection points, and will not be interested in reaching neutral interconnection points. In this scenario, the incumbent backbone network operators will not allow these small operators that provide last mile access to be visible in the transport level IP routing. Given these constraints, an effective horizontal regulatory measure in the area of IP interconnection would be to increase the number and ensure a wider geographic distribution of IXPs, so as offer to small and medium-sized service providers and network operators the competitive advantages of locally exchanging peering traffic and buying Internet transit capacity. Besides the economic benefits of stimulating competition in the wholesale IP transport market and ensuring a level playing field, the deployment of IXPs carries the positive externalities of improvement in topology and routing efficiency, increased connectivity and reduction in network latency. Since the utility of an IXP is directly related to the number of networks that are present at that point, clearly this justifies a regulatory requirement of neutral and open interconnection points. It is essential, however, that incumbent backbone network operators are among those present at these IXPs. As noted by Kende (2000), Internet backbone providers face conflicting incentives: an incentive to cooperate with one another in order to provide their customers with access to the full range of Internet users and content, but on the other hand, these same backbones have an incentive to compete with one another for both retail and wholesale customers. Regulation in the IP interconnection market, particularly the mandatory deployment of neutral IXPs, is all the more relevant since Internet fiber optic backbone networks in Brazil tend to converge on very few locations – mainly in Rio de Janeiro, São Paulo and Fortaleza – where they interconnect with submarine cable networks that provide international Internet transport capacity. Access to this bottleneck resource is a key factor in the price structure of the wholesale IP transit market in the country. Due to the SMP position of incumbent backbone network operators, it is essential that smaller network operators can also access interconnection facilities either directly at these locations, or indirectly through a nationally distributed mesh of interconnected IXPs. Nonetheless, in order to enjoy the benefits of participating in a more level playing field in the IP market, a substantial number of ISPs and local access network operators has yet to upgrade to the category of autonomous system (AS). This is an essential condition to interconnect at an IXP, although a fairly straightforward step, once regulation ensures the offer of neutral and open exchange points."

maiores *backbones* tenham interesse em não investir neste tipo de tecnologia, para aumentar os seus lucros.

5. CONSULTA 50 DA ANATEL

A recente Consulta 50 da Anatel, publicizada após o julgamento do caso Brasil Telecom-Oi é um bom sinal e uma movimentação louvável por parte da agência em diversos pontos, já que busca oxigenar certas questões relativas ao tratamento das EILDs.

Serão citados apenas alguns destes pontos, a seguir, de como a Regulação tende a melhorar caso o texto da referida consulta entre em vigor. Cita-se, aqui, o seu art. 11, que estabelece que "A Anatel pode indicar a existência de PMS na oferta de EILD em faixas de velocidade específicas". Deste modo, é possível haver uma reconsideração sobre quais são as velocidades que devem ser reguladas, considerando as especificidades da demanda e da oferta. Também, os art. 19 e 20 esclarecem o que significa EILD padrão e EILD especial. O art. 19 dispõe que:

> "Art. 19. A Entidade Fornecedora pertencente a Grupo detentor de PMS na oferta de EILD deve oferecer EILD Padrão nos seguintes casos:
>
> I – Quando houver disponibilidade das redes e equipamentos necessários;
>
> II – Quando os endereços de origem e destino da Entidade Solicitante estiverem a, no máximo, 2 (dois) quilômetros do centro de fios mais próximo, nos casos em que o fornecimento ocorrer por tecnologias que utilizem par metálico;
>
> III – Quando os endereços de origem e destino da Entidade Solicitante estiverem no bairro central do município;
>
> IV – Quando o fornecimento ocorrer por meios óticos em redes preexistentes, independente da distância entre os endereços de origem e destino da Entidade Solicitante e o centro de fios mais próximo;
>
> V – Quando os endereços de origem e destino da Entidade Solicitante forem atendidos por Linha Dedicada;
>
> VI – Quando os endereços de origem e destino da Entidade Solicitante se enquadrarem nos incisos I a V acima alternadamente;
>
> VII – Entre centros de fios;

VIII – Quando o total de investimentos necessários para efetuar o fornecimento corresponder a 30% (trinta por cento) do valor total do contrato;

IX – Quando o fornecimento envolver unicamente a implantação de equipamentos compartilháveis com a Entidade Fornecedora ou com terceiros; ou

X – Quando o Valor Presente Líquido (VPL) do contrato for não negativo.

Parágrafo único. A Entidade Solicitante pode contratar o acesso local e a transmissão de forma independente, devendo a Entidade Fornecedora permitir a instalação de equipamentos da Entidade Solicitante em seus centros de fios sem ônus adicionais."

Já o art. 20 menciona que:

"Art. 20. A Entidade Fornecedora pertencente a Grupo detentor de PMS na oferta de EILD somente poderá oferecer EILD Especial nos casos não previstos no art. 19 e caso comprove a necessidade de investimentos na implantação da rede para fornecer comercialmente a EILD solicitada, cujo custo não possa ser recuperado durante o prazo contratual considerando a EILD como Padrão".

Todavia, o § 1º do art. 20 afirma que,

"nos casos previstos no caput, a Entidade Fornecedora deve elaborar proposta técnica e comercial de EILD Especial, contendo declaração de profissional habilitado responsável pela avaliação do projeto de investimentos, elaborada nos termos deste Regulamento, acompanhada da respectiva Anotação de Responsabilidade Técnica (ART), em até 30 (trinta) dias corridos contados da data de recebimento da solicitação".

Além disto, o § 2º do mesmo artigo estabelece que

"o descumprimento do prazo contido no parágrafo anterior obriga a Entidade Fornecedora a efetuar o fornecimento de EILD Padrão para a solicitação requerida pela Entidade Solicitante".

Trata-se de uma evolução da Regulação setorial, que retira incentivos à discriminação no atacado, racionalizando a oferta de EILD. Tem-se, assim, não só uma trajetória evolutiva sobre mecanismos que permitem conferir qual é a capacidade disponível da rede (com auxílio de engenheiros), mas também há punições regulatórias no caso de atraso nos atendimentos no atacado! Caso aprovada a referida resolução, haverá, sem sombra de dúvidas, um aprendizado institucional e uma melhoria tanto da Anuência Prévia como do TCD que está em vigor.

6. CONCLUSÃO

São várias as intersecções existentes entre controle preventivo, controle de condutas e controle regulatório, em especial no âmbito do setor de telecomunicações e em áreas como o serviço de atacado. Tal interdependência, às vezes, dificulta a real compreensão da extensão dos problemas concorrenciais.

Por outro lado, deve-se reconhecer que as considerações feitas no julgamento do Caso Brasil Telecom-Oi, bem como a postura da Anatel na Consulta Pública 50 representam uma tentativa de reação em prol da construção de mecanismos que dificultem a utilização estratégica de práticas discriminatórias.

BIBLIOGRAFIA

BOLAÑO, César; MASSAE, Fernanda. "A situação das telecomunicações no Brasil ao final do processo de privatização." Disponível em: <http://revcom.portcom.intercom.org.br/index.php/rbcc/article/viewFile/793/576>. Acesso em: set. 2010.

CAVALCANTI, Daniel. "The Role of Internet Exchange Points in Broadband Policy and Regulation". 4º ACORN-REDECOM, 14 e 15 mai. 2010, Brasília.

GRAY, Paul; BETZ, Anthony. "Performance Evaluation of Copper-based Gigabit Ethernet Interfaces". Disponível em: <http://rtlin1.dl.ac.uk/gridmon/docs/Performance%20Evaluation%20of%20Copper-based%20Gigabit%20Ethernet%20Interfaces.pdf>. Acesso em: 16 out. 2010.

PINTO, José Roberto de Souza. *Modelos de Competição no Setor de Telecomunicações para Serviços de Banda Larga.* Rio de Janeiro: UCAM, 2009.

PIRES, José. C. L. "A reestruturação do setor de telecomunicações no Brasil." Disponível em: <http://www.bndespar.gov.br/SiteBNDES/export/sites/default/bndes_pt/Galerias/Arquivos/conhecimento/revista/rev1109.pdf>. Acesso em: 10 set. 2010.

SOBREIRA, Luiz Marden Gomes. *Análise da Política de Regulação do setor de telefonia fixa no Brasil.* Dissertação apresentada como parte das exigências para obtenção do título Magister Scientiae. Programa de Pós-Graduação em Economia da Universidade da Amazônia. Belém, 2005.

POLÍTICAS PÚBLICAS REGULATÓRIAS E DE DEFESA DA CONCORRÊNCIA: QUAL ESPAÇO DE COOPERAÇÃO?[1]

Vinicius Marques de Carvalho
Ricardo Medeiros de Castro

INTRODUÇÃO

A relação entre concorrência e regulação não é exatamente um tema novo, o que não significa que tenha perdido importância ou atualidade. Aliás, sua presença nos debates econômicos e jurídicos se, por um lado, é um indício de que ainda há muito por se desvendar sobre os fundamentos e a conveniência de se introduzir concorrência em atividades doravante voltadas à prestação sob regime de exclusividade, por outro, revela um amadurecimento institucional ainda inacabado.

E isso se deve, talvez, a uma tentativa de imaginar a evolução das instituições e das políticas públicas como uma sucessão de etapas idealmente definidas. Ocorre que raramente se verifica no mundo real a transmutação de um modelo de Estado em outro com a velocidade que se quer acreditar.

Na década de 1990 vivenciamos no Brasil um processo de reestruturação patrimonial do Estado brasileiro que, nos setores de infraestrutura,

---

1 Publicado originalmente em: CARVALHO, Vinícius Marques de; CASTRO, Ricardo Medeiros. Políticas públicas regulatórias e de defesa da concorrência: qual espaço de cooperação?". *Revista de Direito Público da Economia (RDPE)*. Belo Horizonte: Editora Fórum, n. 28, out.-dez. 2009, p. 145-175.

alterou a dinâmica de intervenção do Estado, introduzindo novos mecanismos de regulação. Entre eles podemos citar a inserção de uma abordagem concorrencial, por meio de uma disciplina de incentivos e de controle. Onde antes havia uma política pública formulada em âmbito ministerial e uma empresa estatal como seu braço regulador/executor, emergiu a separação entre as duas últimas atividades, transferindo a função regulatória para uma autarquia em regime especial e a operação para uma empresa privada, alçada à condição de concessionária de serviço público.

Essa é, em geral, a descrição parcial do que se convencionou chamar Reforma do Estado brasileiro. Findava o modelo nacional-desenvolvimentista e surgia o "Novo Estado Regulador". Exageros à parte, e desbastando o excesso de retórica político-institucional, o que se nota no mundo real é a convivência nem sempre harmônica e coordenada de vários instrumentos de intervenção incidindo na implementação de políticas públicas setoriais. Entre eles destacamos a defesa da concorrência.

O tema concorrência em setores regulados surge em decorrência do processo descrito acima. A conjunção de regulação indireta e introdução de concorrência seria capaz de obter maior bem-estar social do que o modelo anterior de intervenção direta. Pois bem, essa assertiva deve ser ponderada em face de duas dimensões.

Tentaremos demonstrar nesse estudo que a primeira dimensão consiste na capacidade de os atores estatais circunscreverem-se a um mesmo espaço regulatório em que prevaleça algum tipo de coordenação institucional. Além disso, deve ser possível aferir a criação do ambiente competitivo e seu impacto na capacidade regulatória, ou seja, torna-se necessário a criação de instrumentos de monitoramento da concorrência no setor com o intuito de avaliar sua interação com os objetivos da política pública.

A segunda dimensão pode ser traduzida em uma questão. Tendo em vista que o direito da concorrência, no âmbito do direito econômico, é estruturado para ser o direito da intervenção mínima, voltado para atuações circunstanciais e para o controle apenas do abuso do poder econômico, e não da sua existência em si, como transformá-lo num instrumento regulatório? Não é uma tarefa trivial, ainda mais se considerarmos que a competição não é algo "natural" nas atividades de infraestrutura. As falhas de mercado não deixaram de existir nos setores de energia, telecomunicações, transportes etc., muito menos as obrigações de universalização desses serviços que, em alguns casos, justificam subsídios cruzados. Sendo assim, a criação de um ambiente competitivo apenas se justifica se for factível e se funcionar como um instrumento para os objetivos da política pública setorial.

Trata-se, desse modo, de pensar a disciplina antitruste em setores regulados com base nesses pressupostos, identificando, em primeiro lugar, as possibilidades institucionais de interlocução entre os órgãos responsáveis pelas políticas de defesa da concorrência e regulatória e, depois, aferindo as possibilidades alternativas de criação de um ambiente competitivo que não dependa dos mecanismos de mercado para seu surgimento.

As dimensões citadas acima serão trabalhadas nesse estudo a partir de uma perspectiva indutiva. Ou seja, com base na análise de um caso concreto, um ato de concentração recentemente julgado pelo Conselho Administrativo de Defesa Econômica (CADE), tentaremos explorar ao final alguns desafios para a disciplina da concorrência em setores regulados.

1. CONCORRÊNCIA E REGULAÇÃO: DIMENSÃO INSTITUCIONAL

Nosso estudo visa posicionar-se no debate entre políticas regulatórias e defesa da concorrência, articulando e tentando responder algumas das seguintes questões: como delimitar a competência dos órgãos responsáveis pela implementação das políticas? As competências devem variar conforme as características de cada setor regulado? Quais funções são mais bem conduzidas por cada tipo de autoridade? Quais variáveis concorrenciais devem estar abrangidas pela política regulatória para implicar um afastamento do controle concorrencial? Os órgãos de defesa da concorrência devem atuar na formatação da regulação concorrencial *ex ante*? Como o órgão antitruste pode atuar em setores que envolvem questões como: obrigações de universalização, direitos exclusivos ou especiais e instalações essenciais?

Em 2004, um estudo realizado pela International Competition Network (ICN), ao avaliar a experiência de diversos países sobre as inter-relações entre as autoridades regulatórias e concorrenciais, constatou a impossibilidade de se verificar um modelo superior para enquadramento dessas relações. A melhor medida de convergência decorre da estrutura legal e institucional de cada país mas, em essência, a integração depende da vontade pública de estabelecer uma regulação pró-competitiva. E isso somente se configura se há um consenso sobre os princípios competitivos adotados e sua adequação com os objetivos regulatórios. Segundo o estudo, o objetivo central comungado seria o desenvolvimento econômico.

No Brasil, as leis que instituem as políticas regulatórias nos setores de infraestrutura assumem a concorrência como um princípio e responsabilizam as agências reguladoras pela sua concretização, lançando mão, para tanto, da colaboração dos órgãos de defesa da concorrência[2]. Já a lei que desenhou a política de defesa da concorrência não estabeleceu nenhuma isenção à aplicação dos princípios concorrenciais em benefício de setores econômicos específicos.

Desse modo, em linhas gerais, o sistema de alocação de competências setoriais entre o SBDC e as agências é um sistema que abre espaço para se organizar em bases complementares. Supomos essa alternativa superior à de competências concorrentes porque ela permite uma melhor alocação de recursos públicos, impede conflitos entre os órgãos que exigiriam uma arbitragem e, por fim, é um modelo, além de legalmente previsto, factível. É possível a sua implementação a partir de critérios razoavelmente claros, que podem ser sintetizados na seguinte sentença: com base no ambiente competitivo estruturado pela política pública e monitorado pela agência setorial, ao SBDC cabe ser ouvido na estruturação desse ambiente, compartilhando informações,

---

2 Apenas em caráter exemplificativo, a Lei Geral de Telecomunicações (Lei 9.472/97) dispõe: "Art. 7° As normas gerais de proteção à ordem econômica são aplicáveis ao setor de telecomunicações, quando não conflitarem com o disposto nesta Lei. § 1º Os atos envolvendo prestadora de serviço de telecomunicações, no regime público ou privado, que visem a qualquer forma de concentração econômica, inclusive mediante fusão ou incorporação de empresas, constituição de sociedade para exercer o controle de empresas ou qualquer forma de agrupamento societário, ficam submetidos aos controles, procedimentos e condicionamentos previstos nas normas gerais de proteção à ordem econômica. § 2º Os atos de que trata o parágrafo anterior serão submetidos à apreciação do Conselho Administrativo de Defesa Econômica – CADE, por meio do órgão regulador. § 3º Praticará infração da ordem econômica a prestadora de serviço de telecomunicações que, na celebração de contratos de fornecimento de bens e serviços, adotar práticas que possam limitar, falsear ou, de qualquer forma, prejudicar a livre concorrência ou a livre-iniciativa." Já a lei que instituiu a Agência Nacional de Energia Elétrica, embora menos específica na divisão de tarefas, também prevê a necessidade de cooperação, afirmando, em seu art. 3º, incisos VIII e IX, que compete à ANEEL: "estabelecer, com vistas a propiciar concorrência efetiva entre os agentes e a impedir a concentração econômica nos serviços e atividades de energia elétrica, restrições, limites ou condições para empresas, grupos empresariais e acionistas, quanto à obtenção e transferência de concessões, permissões e autorizações, à concentração societária e à realização de negócios entre si" e "zelar pelo cumprimento da legislação de defesa da concorrência, monitorando e acompanhando as práticas de mercado dos agentes do setor de energia elétrica". Além disso, no parágrafo único do mesmo artigo, prevê que no exercício das competências acima, a ANEEL deverá articular-se com a Secretaria de Direito Econômico do Ministério da Justiça.

experiências e oferecendo sugestões; e atuar, com base no princípio da subsidiariedade, no controle de condutas e estruturas, quando a ação regulatória não tiver esgotado ou abarcado todas as possibilidades de concorrência no setor.

Essencialmente, trata-se de separar a política concorrencial em duas partes: *disciplina de incentivos* e *disciplina de controle.*

A primeira é de responsabilidade precípua dos órgãos setoriais. São eles que devem instrumentalizar a concorrência em face dos objetivos das políticas públicas. A tarefa se resume a descobrir se, conhecendo como o setor se estrutura tecnologicamente, seus padrões de inovação e a dimensão industrial de sua organização, há formas de conjugar os objetivos da política pública - universalização, por exemplo - com um ambiente competitivo e como seria possível concebê-lo. Note-se que, no caso de setores não regulados, a disciplina dos incentivos cabe à própria dinâmica competitiva que se entende presente no mercado.

Já a segunda diz respeito ao controle dos atos e contratos realizados pelos agentes do setor e que deve ser exercido pelo SBDC, mas não sem mediação com a política regulatória. No que concerne ao controle de estruturas ou condutas, propomos que o SBDC responda às seguintes questões para decidir sobre a possibilidade de intervir: i) a disciplina de incentivos já esgotou todas as possibilidades de assegurar competição no setor, restando inócua a atuação do SBDC?; (ii) a estrutura ou conduta era inevitável diante das regras regulatórias?; (iii) a conduta ou a formação da estrutura tem como justificativa realizar os objetivos da regulação e essa seria a forma menos custosa de fazê-lo?

Procuramos identificar como essas questões se articulam no cotidiano da atuação dos órgãos de defesa da concorrência.

2. ESTUDO DE CASO: CONCESSIONÁRIA DE RODOVIAS NO ESTADO DE SÃO PAULO (AC Nº 08012.00/2009-08)[3]

Foi submetida ao escrutínio do Sistema Brasileiro de Defesa da Concorrência (SBDC) uma operação que consistia na criação de um consórcio com o fim específico de participar de Concorrência Pública Internacional promovida

3 Reproduzimos nas páginas abaixo parte do voto proferido pelo Conselheiro Vinícius Marques de Carvalho, Relator do Ato de Concentração, posicionamento que foi acompanhado pelo Plenário do CADE.

pela Agência Reguladora de Serviços Públicos Delegados de Transporte do Estado de São Paulo – ARTESP. O objetivo de tal concorrência resumiu-se a *disciplinar a exploração, mediante Concessão Onerosa do Sistema Rodoviário definido por Corredor Marechal Rondon Leste, constituído por trecho da Rodovia SP-3 e acessos, totalizando 417 km, correspondente ao Lote 21 do Programa Estadual de Concessões Rodoviárias, compreendendo sua execução, gestão e fiscalização*.

A Seae e a Procuradoria do CADE concluíram, com base nos argumentos das requerentes, pela inexistência de sobreposição horizontal ou de integração vertical entre as atividades exercidas pelas empresas envolvidas na presente operação, pois no trecho rodoviário em questão não haveria a possibilidade de outro agente econômico prestar serviços semelhantes aos fornecidos pela concessionária, por ser monopólio natural. Ou seja, concluiu-se que a concorrência no setor de transporte é viável unicamente quando a mesma se dá *PELO* acesso ao mercado e não é possível haver concorrência *NO* mercado.

Aqui já surge uma primeira questão a ser explorada e consiste em avaliar até que ponto a estruturação prévia de um ambiente competitivo por uma agência regulatória isenta os agentes do controle do SBDC, principalmente no que concerne à estrutura de mercado, que acaba sendo muito mais um produto da ação estatal do que do exercício normal das atividades empresariais. Enfim, até que ponto a regulação concorrencial *ex ante* exercida pela agência, por meio de uma concorrência pública, suprime o controle concorrencial *ex post*. Embora a Seaee a ProCADE tenham respondido que, no caso em questão, a hipótese da isenção tenha se configurado, não foi essa a decisão do CADE, conforme os argumentos abaixo.

Em primeiro lugar, sobre a concorrência *PELO* acesso ao mercado, há uma série de variáveis que podem moldar as características deste modelo regulatório com potenciais virtudes, capazes de simular o ambiente concorrencial em algumas situações, mas também com problemas inerentes, em especial no que se refere a setores com assimetrias de informação e complexidade na prestação dos serviços.

A elaboração mais conhecida dessa proposta foi concebida por Harold Demsetz. Ele parte de uma crítica à teoria do monopólio natural que teria falhado ao associar – criando uma relação de causalidade – economias de escala e preços de monopólio e ao enxergar uma relação entre o número de firmas de um determinado mercado e o grau de competição. Conclui, partindo dessas falhas na teoria, que não há nenhum motivo para que a existência de economias de escala limite o número de candidatos à oferta do serviço. Esse falso *trade-off* baseava-se numa compreensão equivocada do conceito de competição ou rivalidade que, ao associar concentração econômica e preços de monopólio, não levava em conta a possibilidade de se atingir preços competitivos por meio de um processo competitivo pelo acesso ao mercado (*franchise bidding*). Assim, se o poder público leiloasse o direito exclusivo a ofertar os serviços, haveria muitos ofertantes a despeito das economias de escala, sendo escolhido aquele com a melhor proposta.

O modelo proposto seria capaz de simular uma situação de concorrência, garantindo benefícios para o consumidor sem os custos de um processo de regulação concorrencial *ex post*. Menos informações seriam exigidas e o beneficiado seria incentivado a investir de forma eficiente, já que recolheria a totalidade dos lucros.

Ao transpor sua teoria para o campo dos serviços de infraestrutura, Demsetz se depara com duas situações que, na história da regulação, serviram de fundamento para a intervenção do Estado e para restringir a competição. A primeira diz respeito aos investimentos em infraestrutura, cuja duplicação é muito custosa. Para ele, o problema da duplicação decorre do fato de a área utilizada para a construção da rede de distribuição do serviço ser propriedade pública. Isso limita o estabelecimento de um preço que atribua à construção da rede seu verdadeiro custo de oportunidade. Apesar desse inconveniente, um sistema que concede a uma determinada empresa o monopólio de uma área determinada não é inviabilizado, pois, ao oferecer o serviço a quem se compromete com o menor preço, a autoridade pública reguladora simula a concorrência de mercado e evita a duplicação da infraestrutura. A regulação é, para Demsetz, nada mais do que um instrumento para simular a concorrência no mercado, não exercendo qualquer influência sobre a política tarifária.

A segunda questão abordada se refere ao problema dos ganhos inesperados (*windfall profits*) derivados do fato de os investimentos em infraestrutura exigirem muito tempo para sua maturação. Essa característica faz com que os contratos de delegação também sejam de longo prazo, criando, por sua vez, um ambiente de incertezas e de racionalidade limitada que exige uma regulação constante. A essa configuração, que torna a presença de um órgão regulador quase imprescindível, Demsetz se contrapõe afirmando que, no mercado, os contratos de longo prazo são realizados sem o auxílio de nenhuma agência reguladora, de modo que a questão se resume em apenas selecionar o melhor tipo de contrato.

As observações de Demsetz vinculam-se a alguns pressupostos explícitos que, segundo ele, não eram diversos daqueles requeridos para evitar o preço de monopólio em qualquer mercado. O primeiro era a exigência de que os insumos (*inputs*) necessários para a produção deveriam estar disponíveis para vários potenciais ofertantes e os preços deveriam ser determinados no mercado livremente. Além disso, o custo de colusão entre os ofertantes deveria ser proibitivamente alto. A defesa do modelo de concorrência *ex ante* nos serviços públicos baseia-se no atendimento desses pressupostos.

Não são escassas as críticas à proposta de Demsetz, e seus alvos recaem tanto na utilização do leilão (licitação) como mecanismo de introdução da competição, como no desprezo aos aspectos relacionados aos comportamentos oportunistas, à racionalidade limitada e às incertezas que permeiam esse tipo de relação contratual.

O primeiro problema decorre da exigência de contratos de longa duração para assegurar e estimular os investimentos necessários. Nessa configuração, o contratado dificilmente realiza os investimentos necessários, principalmente se houver qualquer ameaça de que as falhas no seu desempenho acarretarão o cancelamento do contrato. Há, também, sérias dificuldades em excluir o delegatário, devido à demora nos processos litigiosos e aos custos envolvidos. Custos políticos inclusive, decorrentes da inevitável admissão pública do equívoco do poder delegante ao selecionar o prestador do serviço. Outro problema, detectado por Williamson, foi o risco de as empresas manipularem as informações quando da renovação do contrato, o que exige do poder público um aparato regulatório para conduzir a relação contratual. A consequência óbvia dessa constatação é a perda das vantagens do modelo em termos de economia de recursos públicos. A manipulação das informações é facilitada porque, após vencer pela primeira vez o processo de concorrência *ex ante*, a empresa adquire conhecimentos sobre as peculiaridades dos serviços prestados, garantindo grandes vantagens sobre os demais.

Enfim, há grandes dificuldades em substituir o prestador que não desenvolve os serviços adequadamente. As assimetrias de informação permitem à empresa manipular os custos originais, questionar a implementação dos procedimentos de depreciação pré-estabelecidos ou, ainda, não aceitar o valor que o sucessor ofereça pelos equipamentos. Nesse último caso, pode-se estabelecer um processo de barganha muito custoso, ainda mais nos setores em que os investimentos em ativos específicos são relevantes.

Na verdade, a capacidade de assegurar a competição na prestação dos serviços públicos pela via da disputa pelo acesso ao mercado não depende apenas do momento inicial da concessão e da formação do contrato, mas, sobretudo, da gestão da execução contratual. Um ambiente de competição deve ser mantido por meio de mecanismos que mantenham o mercado contestável. Ou seja, a ameaça de potenciais entrantes garantirem os preços em níveis concorrenciais e a qualidade dos serviços. Williamson demonstrou que essas não são tarefas triviais.

Conclui-se, com a excursão teórica realizada acima, que a simples existência de concorrência PELO mercado não é um sinal suficiente de que, de fato, um ambiente competitivo foi criado. No entanto, parece-nos que, se dadas as características de determinado setor, a competição pelo mercado for a única viável, é tarefa do ente regulador aperfeiçoar o processo de concorrência pública. Ou seja, a regulação concorrencial *ex ante* não é tarefa legal do CADE, no máximo ele pode oferecer sugestões de como explorar o potencial concorrencial dos setores regulados.

Neste setor específico de transporte terrestre, como será analisado posteriormente, é possível, sim, existir tanto a concorrência no mercado como pelo mercado. Antes, no entanto, de adentrar na discussão fática a respeito do desenho do modelo em que a concorrência se desenvolve no âmbito das concessões dos setores regulados, é relevante fazer uma menção à discussão sobre a competência, bem como conveniência e oportunidade do CADE avaliar esses setores.

No caso, o setor de transportes terrestres é extremamente regulado, sendo que muitas vezes o preço limite do pedágio é definido previamente à assinatura do contrato de concessão, o que mitiga – em parte – preocupações quanto à utilização abusiva de poder de mercado. Aliás, conforme analisado pelo ex-Conselheiro Cleveland Prates "a discussão a respeito dos limites de atuação dos órgãos de defesa da concorrência em setores regulados é bastante complexa e deriva, em grande medida, do fato de que o Brasil não conhece imunidade antitruste expressa"[4]. Todavia, há teorias norte-americanas que foram desenvolvidas a respeito de imunidades implícitas, tais como a *State Action Doctrine* (que surge da tensão entre a autonomia estadual e a competência antitruste federal) e a *Pervasive Power Doctrine* (advinda do conflito de competências regulamentares entre agências governamentais federais norte-americanas). Pela *State Action*

4 Voto-vista do ex-Conselheiro Cleveland Prates no AC 8012.005516/2001-11.

Doctrine, haveria imunidade antitruste implícita se (i) a regulamentação estatal buscasse inequivocamente uma política de substituição do regime concorrencial pelo regulado e (ii) o Estado supervisionasse ativa e constantemente o cumprimento das obrigações impostas pela regulação. Ausente tais requisitos, abria-se a possibilidade de interferência dos órgãos de defesa da concorrência no mercado regulado.

Para Calixto Salomão Filho, a aplicação desses dois critérios no sistema brasileiro leva à conclusão necessária de que há imunidade antitruste quando o Estado permite a alguém a exploração de serviço público mediante concessão. Outro posicionamento é defendido por Fernando de Oliveira Marques, no AC 8012.005516/2001-11, que, ao analisar o teor das normas constitucionais dos arts. 170, IV e 173, § 4º, que preveem a livre concorrência e a repressão ao abuso do poder econômico, afirmou que "a liberdade do Poder Público em estabelecer a concessão de serviço público *não pode ser tida como absoluta*, devendo ser preservada, sempre que possível, a livre concorrência" (grifo nosso).

Inclinando-se à tese de Calixto Salomão, Cleaveland Prates concluiu que, "ao analisar uma operação que envolve um contrato de concessão de serviço público, a atuação do CADE seria bastante restringida no que tange à apreciação tanto da parte regulamentar como da parte contratual da concessão [...] o CADE não pode determinar a alteração das cláusulas do contrato de concessão, muito menos a organização do serviço, que é de competência estadual. Contudo, entendo que o CADE tem uma função primordial como 'promotor' da concorrência, identificando os possíveis problemas derivados da regulação e sugerindo as alterações para o bom funcionamento do mercado. *É fato que o ideal seria que os órgãos de defesa da concorrência fossem previamente consultados, antes mesmo da elaboração dos editais de licitações, ou no caso específico, da legislação que criou a empresa*" (grifo nosso – Voto-vista no AC 8012.005516/2001-11).

Tal entendimento pode ser ainda alcançado com a leitura do art. 16 da Lei 8.987, de 13 de fevereiro de 1995 (Lei de Concessões), ao dispor que, embora a não exclusividade seja a regra nos processos de concessão, é dado ao poder concedente, nos casos de inviabilidade técnica ou econômica justificadas, o direito de outorgar a prestação do serviço em regime de monopólio legal.

Independentemente do mérito da discussão sobre imunidades implícitas, com efeito, é mais lógico estimular a atuação dos órgãos de defesa da concorrência de forma preventiva, participando do desenho da regulação de setores tão complexos como o de transportes, já que, em alguns casos, (i) é possível introduzir aos poucos a salutar concorrência no mercado e (ii) a atuação dos órgãos de defesa em momento posterior à licitação é, de fato, limitada, posto que impedir que a concessionária adote os seus critérios de concorrência na licitação pode, em algumas situações, representar um equívoco do ponto de vista regulatório.

Neste ponto, e já fazendo uso do viés de promoção da concorrência, diz-se que a introdução de concorrência no mercado é interessante, porque estimula o ambiente competitivo, em especial em concessões com prazo longo e fórmulas fixas de reajuste de preço. Neste aspecto, menciona-se que o envolvimento do setor privado no âmbito do transporte público pode trazer tanto benefícios, com o financiamento dos setores de infraestrutura, acarretando mais eficiência e inovação no âmbito do transporte terrestre (diminuindo-se o custo do serviço), mas, por outro lado, é possível também que existam problemas na estipulação de tarifas, com a concorrência apenas nas licitações – e não entre rodovias alternativas. Os impactos dos preços dos operadores privados foram já avaliados em estudos acadêmicos como os de Edelson[5]; Mills[6]; Mohring[7] e Verhoef[8], sendo que todos os referidos estudos concluem que as tarifas impostas pelos operadores privados não estão próximas do ótimo social. Por este motivo, as variáveis sensíveis do setor, como preço e investimento, são reguladas fortemente.

Todavia, a regulação pode ter algumas dificuldades em lidar com as questões de oferta e demanda, intrinsecamente envolvidas. Neste caso em especial, o prazo de concessão das rodovias de São Paulo é de trinta anos, havendo uma estrutura tarifária de pedágio fixa que, teoricamente, deve dar conta de qualquer problema decorrente do aumento ou da diminuição da demanda a

---

5 EDELSON, N.E. "Congestion tolls under monopoly". In: *American Economic Review,* 61 (5), 1971.

6 MILLS, D.E. "Ownership arrangements and congestion-prone facilities". In: *American Economic Review, Papers and Proceedings,* 71 (3), 1981.

7 MOHRING, H. "Profit maximization, cost minimization, and pricing for congestion-prone facilities". *Logistics and Transportation Review,* nº 21, 1985. MOHRING, H.; HARWITZ, M. *Highway Benefits: An Analytical Framework.* Northwestern University Press, Evanston Il, 1962.

8 VERHOEF, E. T. "Second-best road pricing through highway franchising". *Journal of Urban Economics* 62 (2), 2007; VERHOEF, E. T.; NIJKAMP, P.; RIETVELD, P. "Second-best congestion pricing: the case of an untolled alternative". *Journal of Urban Economics,* 40 (3), 1996; VERHOEF, E. T.; SMALL, K. A. "Product differentiation on roads: second-best congestion pricing with heterogeneity under public and private ownership". *Journal of Transport Economics and Policy,* 38 (1), 2004.

partir de um preço máximo (*price cap*) de pedágio. Ocorre que o longo prazo da concessão e o modelo fixo de preço máximo talvez representem uma forma de amortizar corretamente o investimento a ser realizado, mas, ao mesmo tempo e quando utilizadas como único vetor de concorrência, podem deixar de lado as vantagens sociais que a guerra de preços entre rivais *no mercado* poderia trazer.

No setor de transporte terrestre, quando há uma fusão de rotas alternativas em um mesmo competidor, que as consegue participando do certame licitatório, há duas formas de olhar para a questão: uma seria avaliar se todas as variáveis relevantes já estão definidas na licitação, posto que o modelo regulatório permitiu tal união de rotas alternativas com o concorrente mais eficiente e, geralmente, com menor preço-teto – ao menos no curto prazo; outra seria sugerir alguma modificação para permitir que a concorrência no mercado possa existir, por ser esta uma variável relevante, mesmo que no curto prazo possa haver algum grau de ineficiência.

Esse complicado problema não é de fácil resolução e se reflete, também, nas questões antitruste e nas operações de concentração, já que a avaliação da união de rotas alternativas por meio de lances feitos por um consórcio de empresas requer a consideração por parte da autoridade da seguinte questão: em que medida o agente mais eficiente, no curto prazo e em termos regulatórios, pode substituir a existência de concorrência no mercado. Aliás, a experiência internacional tem demonstrado quão complexa é a avaliação das fusões e das concentrações no mercado de transportes terrestres.

Em Portugal, por exemplo, a operação entre o grupo Brisa e o AutoEstradas do Atlântico permitia que as empresas envolvidas tivessem 100% do mercado da rota Lisboa-Leiria e 75% da rota Lisboa-Porto. Em razão disto, a Autoridade de Defesa da Concorrência do País entendeu que haveria redução das pressões competitivas (i) nos pedágios; (ii) nos serviços prestados ao longo dos itinerários; e (iii) nos serviços de longo prazo de infraestrutura de manutenção e de expansão da via. Assim, tendo em vista que a fusão diminuiria a competição *no mercado*, a autoridade bloqueou a fusão, nos termos da alínea b, n.1, do art. 37 da Lei de Concorrência de Portugal. Todavia, o Ministro da Economia considerou que a autorização da operação se justificava "pelo desenvolvimento do setor em questão, que configura um setor estratégico nacional, como também pelo redimensionamento das empresas em causa, que lhes proporcionará um aumento de capacidade de inovação e uma maior competitividade internacional". Por isto, Manuel Pinho autorizou a operação de concentração, embora a tenha condicionado a algumas medidas complementares. Na Itália, houve também uma discussão similar a respeito da fusão entre duas empresas que possuíam concessões de estradas, como Abertis e Autostrade, sendo que, neste caso, houve intervenção da Comissão Europeia no sentido de permitir a fusão, olhando a perspectiva da existência de concorrência pelo mercado. Ou seja, a prática internacional demonstra como a avaliação das concentrações neste setor pode levar a questionamentos diversos.

De todo modo, do ponto de vista teórico, é possível haver substitutibilidade entre trechos alternativos rodoviários e uma fusão pode – em teoria – acabar com a referida competição no mercado, conforme já explicitado na jurisprudência desta autarquia sobre a matéria:

> "Neste mercado não há como existir concorrência, do ponto de vista da oferta, visto que cada rodovia é explorada por uma concessionária em regime de monopólio. Do ponto de vista do consumidor, cada rodovia é, em geral, considerada um mercado relevante geográfico distinto. *Eventualmente, todavia, é possível que um trecho rodoviário alternativo seja considerado como uma mercadoria substituta pelo consumidor. Por este motivo, a existência de concentração horizontal decorrente das operações no mercado de uso de rodovias deve ser analisada a partir da identificação dos trechos rodoviários por elas explorados, bem como o grau de substituição entre eles.*" (Extrato da Decisão do CADE no Ato de Concentração nº 08012.002195/2006-07, envolvendo a Empresa Concessionária de Rodovias do Sul – ECOSUL, a Ivaí Engenharia de Obras S/A, a SBS Engenharia e Construções Ltda. e a Primav Ecorodovias S/A. – grifo nosso).

Além disto, o fato de existir preço máximo autorizado na regulação (*price cap*), bem como regras de reajuste desse preço máximo, certamente mitiga, mas não retira, por si só, as preocupações de ordem concorrencial[9].

> "no âmbito dos transportes terrestres, é possível, ao menos em teoria, que exista concorrência entre diferentes modais logísticos, assim como é possível que haja concorrência entre diferentes rodovias que possuam o mesmo par de origem/destino. Portanto, a concorrência inter-rodovias pode garantir preços módicos de pedágio e até *abaixo do preço limite* (*price cap*) estipulado pela Agência Reguladora responsável. Destarte, mesmo quando há

---

9 Ver compreensão do CADE no Processo Administrativo nº 53500.001821/2002 – Embratel – Empresa Brasileira de Telecomunicações S.A. e Intelig Telecomunicações Ltda. *v.* Telesp – Telecomunicações de São Paulo S.A.

> estipulação de preço máximo de pedágio, verifica-se um vasto espaço para concorrência intermodais, (1) pela qualidade dos serviços prestados e (2) pela variação de preços abaixo do limite máximo. Portanto, a análise regulatória não é, e não deve ser, excludente da avaliação concorrencial". (Decisão no AC 08012.011991/2008-94, envolvendo Autostrade per L'Italia S.P.A., Sacyr Vallehermoso S/A e Citi Infrastructure Investments LLC)

A preocupação relativa aos aspectos concorrenciais *no mercado* não se esgota apenas na avaliação de rotas paralelas, mas de partes de trechos alternativos. Destarte, é possível que uma empresa tenha várias partes dos trechos alternativos e acabe funcionando como um porteiro (*gatekeeper*) de TODOS os trechos alternativos para as rotas que são concorrencialmente relevantes. No exemplo abaixo, uma empresa possui as concessões "1" e "2", embora não possua nenhum trecho paralelo, considerando que estes são os únicos modais para transporte do local "A" para o "B". Essa empresa terá, desse modo, o controle do tráfego, podendo, nesta hipótese, acabar com a competição *no mercado*, deixando-se a concorrência existir única e exclusivamente no momento da licitação.

Gráfico 1 – Exemplo de fusão de trechos viários

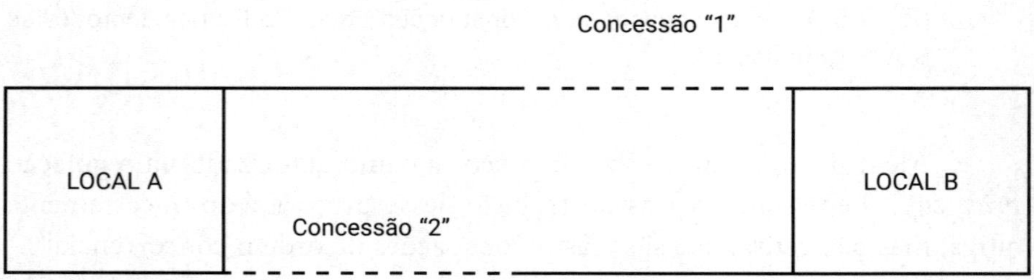

Fonte: Elaboração própria.

O exemplo acima é bem ilustrativo do problema com que se defrontou o CADE no presente caso, bem como da complexidade da matéria. Veja-se que unindo as rotas da Avenida Rondon Leste (empresa objeto da licitação), bem como da Triângulo do Sol (parte do consórcio vencedor) e da empresa Colinas (pertencente ao grupo Equipav, que também é parte do consórcio vencedor), haveria a potencialidade de se juntar, em um mesmo grupo, partes dos trechos supostamente concorrentes pelo tráfego de Leste ao Oeste de São Paulo, conforme mapas abaixo:

Gráfico 2 – Rodovias de São Paulo envolvidas na operação

Fonte: Elaboração com base em informações das requerentes.

Gráfico 3 – Possível concentração de trechos em São Paulo

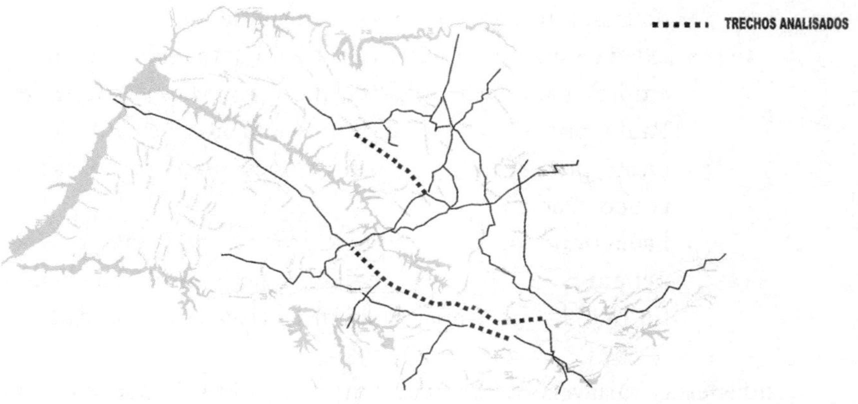

Fonte: Elaboração com base em informações das requerentes.

Ocorre que as preocupações acima mencionadas, neste caso, tenderam a diminuir, em vista de algumas considerações feitas a seguir. De fato, tais rotas *não* são substitutas perfeitas ou próximas, uma vez que:

(i) a Triângulo do Sol liga cidades completamente diferentes das cidades que a Colinas e a Marechal Rondon Leste; e

(ii) a distância entre a cidade de São Carlos (concedido à Triângulo do Sol) e Bauru (concedido à Rondon Leste), que é o ponto mais próximo entre as duas rodovias tidas como potenciais substitutas, é de 145 quilômetros, e leva aproximadamente uma hora e 37 minutos para ser percorrida por um veículo automotor e duas horas e quarenta minutos por um caminhão, sendo que o consumo de combustível para percorrer tal distância seria, em média, de quinze litros de gasolina, dezoito litros de álcool ou 29 litros de diesel.

Ademais, de acordo com as requerentes, as empresas Leão & Leão e a Rodovia Colinas S.A. continuariam a ser independentes, não compartilhando qualquer espécie de ativo. Tal disposição de independência, inclusive, era uma exigência do edital de licitação e estava positivada na cláusula 10 do contrato de concessão.

Além de tais argumentos apresentados pela requerente, salientou-se que:

- a Leão & Leão teria apenas 10% da participação e dos lucros da Rondon Leste (que seria considerada potencial rival);
- existia uma rota alternativa totalmente independente das empresas aqui mencionadas, que ligava o oeste ao leste de São Paulo, por intermédio da rodovia Centrovias e da Rondon Oeste, preservando-se a concorrência no mercado, caso essa concorrência existisse;
- havia outros modais, como hidrovias e ferrovias, que competiam com as rodovias e deveria ser considerada a substitutibilidade na avaliação da concorrência no mercado.

Todas estas variáveis direcionaram-se no sentido de não haver problemas de ordem concorrencial decorrentes de uma possível concentração horizontal no mercado de concessão de rodovias em São Paulo. Ou seja, mesmo ciente do limitado escopo da análise de estruturas *a posteriori* feito pelo CADE e, ainda assim, realizando-se uma análise extremamente rigorosa, não se vislumbram maiores questões atinentes à concentração no setor.

Frise-se, também, que em alguns casos já havia sido identificado um “metamercado do uso de rodovia, de dimensão geográfica possivelmente nacional. Neste [mercado], não é a participação do licitante [o que é essencial do ponto de vista competitivo], mas sua capacidade de submeter lances vencedores" (Ato de Concentração 08012.006124/2006-75). Ou seja, trata-se de um mercado atinente à possibilidade de concorrência em futuras licitações. Assim, não basta a inexistência de concentração de rotas alternativas, devendo-se preservar, também, a concorrência potencial no momento posterior à operação. Sobre este aspecto, já no AC 08012.006124/2006-75, o CADE argumentou pela existência de grande rivalidade nas futuras concorrências entre a Companhia de Concessões Rodoviárias - CCR e a Ecorodovias, por serem empresas de grande porte, de abrangência nacional, que são capazes de participar de forma independente das licitações.

No presente caso, inclusive, as requerentes apresentaram um quadro com informações da Associação Brasileira de Concessões Rodoviárias, demonstrando haver um número razoável de agentes em atuação nas rodovias de São Paulo, consoante se verifica na tabela abaixo:

Tabela 1 – Agentes econômicos nas rodovias de São Paulo

CONCESSIONÁRIA	AGENTE ECONÔMICO
AUTOBAN	CCR
AUTOVIAS	OBRASCON
CENTROVIAS	OBRASCON
ECOVIAS	PRIMAV
FERNÃO DIAS	OBRASCON
INTERVIAS	OBRASCON
NOVA DUTRA	CCR
REGIS BITTENCOURT	OBRASCON
RENOVIAS	ENCALSO S/A e SENPAR
RODOANEL	CCR e ENCALSO
SP VIAS	MULTIVIAS; LATINOAMERICANA; PLANOVA e VIALCO; CCI; N.F.MOTTA; SERV; COVEG
TEBE	TORC; EMPA; E. CONSTRUTORA S/A
TRANSBRASILIANA	SPLICE; COMPORTE; WTORRE
VIANORTE	OHL
VIAOESTE	CCR

3. CONCORRÊNCIA E REGULAÇÃO: DIMENSÃO MATERIAL

O caso analisado acima permite uma série de reflexões sobre a articulação e o papel dos órgãos reguladores e antitruste nas disciplinas de incentivo e controle concorrencial.

Em primeiro lugar, no que tange à disciplina de incentivos, é possível identificar algumas alternativas de estímulo à competição em um mercado regulado que podem se somar à tradicional concorrência *pelo* mercado, da qual o processo de concessão é o instrumento típico, e como observamos acima, não supre todas as preocupações concorrências. São elas:

(i) Concorrência no mercado – doutrina das *essential facilities* e acesso à rede: a concorrência no mercado prevalece quando há possibilidade de o usuário escolher quem lhe ofertará a comodidade. Isso não quer dizer que se observa, nesses casos, o predomínio da livre concorrência e da liberdade de iniciativa[10]. Na realidade, quando se trata de redes de infraestrutura, alcançar um ambiente competitivo por esta via exige uma disciplina rígida do setor, envolvendo regras que podem, inclusive, prever o compartilhamento do acesso à rede. As teorias das *essential facilities* variam sensivelmente segundo os regimes jurídicos e, mais especificamente, de acordo com o tipo de *facility*, o regime de propriedade e as estruturas comerciais. Na jurisprudência norte-americana[11], a sua aplicação se consolidou em torno de quatro elementos ou requisitos: controle da *facility* por um monopolista, impossibilidade de um concorrente duplicar concretamente e de forma razoável a *essential facility*, recusa de

---

10 Como afirma Santiago Muñoz, o primeiro cuidado imprescindível para constituir um mercado no antigo domínio dos monopólios públicos consiste em evitar que não sejam substituídos por monopólios privados. Por isto, os processos de privatização devem propiciar a segregação dos negócios acumulados pelos monopólios públicos ou por monopólios ou oligopólios privados, com a finalidade de criar oportunidades de concorrência novas aos agentes econômicos que agora têm a oportunidade de se incorporar aos setores privatizados (*Servicio Público y Mercado*. Tomo I. Madrid: Civitas, 1998, p. 227).

11 OECD. Organization of Economic Co-operation and Development. *The Essential Facilities Concept*. Paris, 1996, p. 22. Disponível em: <www.olis.oecd.org/olis/1996doc.nsf/LinkTo/OCDE-GD(96)113>. Acesso em: 23 mar. 2002.

colocá-la à disposição do concorrente e, por fim, possibilidade de pô-la à disposição[12].

(ii) Concorrência no mercado – desconcentração vertical. A concentração vertical tem sido alvo das preocupações do direito concorrencial. Ainda que não interfira diretamente no poder de mercado de uma empresa no setor onde atua, ela pode criar barreiras à entrada, na medida em que a cadeia produtiva passa a ser dominada por apenas um grupo[13]. A desconcentração vertical[14] é uma das estratégias mais mencionadas para estimular a

---

12 Calixto Salomão Filho (*Regulação da Atividade Econômica. Princípios e Fundamentos Jurídicos.* São Paulo: Malheiros, 2001, p. 54 e s.) insere o amplo acesso às *essential facilities* como princípio geral da regulação concorrencial. No entanto, não deixa de ressaltar o que considera o ponto fraco da doutrina: a não exigência de que seja fornecido acesso em igualdade de condições para os consumidores ou para a conexão fornecida a empresas ligadas que se queira beneficiar. Essa não exigência se justificaria com base na possibilidade da interconexão causar prejuízo ao dono da *facility*, ou de implicar o aproveitamento, por parte de concorrentes, dos benefícios obtidos através do investimento inicial e dos resultados de pesquisas sem que haja qualquer ônus para esses. Além disso, haveria, ainda, alegações no sentido de impedir o *free-riding*. Apesar dessas ressalvas, Calixto Salomão Filho observa que, como instrumento da regulação, essa teoria deveria ser aplicada sem muitos cotejos ou mitigações, garantindo o amplo e igual acesso à rede. O autor defende ainda que o princípio do amplo acesso tenha outro componente – o amplo acesso dos consumidores. Aqui o objetivo não se dirige a equilibrar as relações entre os concorrentes, ainda que o faça de maneira indireta, quando são impostas obrigações de universalização. A universalização dos serviços, dificilmente garantida por meio apenas da regulação concorrencial, acaba sendo uma obrigação do gestor da rede, que, por obter lucros extraordinários com a exploração da mesma, assume como contrapartida as obrigações de universalização. Por fim, ressalta que a aplicação do princípio do amplo acesso depende de algumas regras implementadas a partir da aplicação específica de um outro princípio – o da função social da propriedade dos meios de acesso ao mercado. Esse princípio, por sua vez, seria efetivado ao se estabelecer a copropriedade dos bens de acesso ao mercado ou ao se obrigar compartilhamento dos bens de acesso.

13 Para uma análise sobre os fundamentos econômicos e jurídicos do controle das concentrações verticais, ver SALOMÃO FILHO, Calixto. *Direito Concorrencial: as Estruturas.* São Paulo: Malheiros, 1998, p. 273-283.

14 Segundo Alexandre dos Santos Aragão, são três os tipos de desconcentração: contábil, jurídica e societária. A desconcentração contábil, embora mantenha as várias etapas da cadeia produtiva exploradas pela mesma empresa, assegura que haja uma contabilidade distinta para cada uma delas. Essa medida tem como principal objetivo coibir as práticas de subsídios cruzados dentro do mesmo setor. Por sua vez, a desconcentração jurídica visa impor que a mesma pessoa jurídica não explore mais de uma etapa do ciclo econômico. Note-se que, neste caso, não se trata de exigir que as empresas não pertençam ao mesmo grupo econômico. Isso se configura com a desconcentração societária. É a forma mais intensiva e, portanto, mais efetiva de desconcentração. Prevê que o mesmo grupo

concorrência nos setores de infraestrutura. Ela se viabiliza principalmente quando se garante a separação entre as camadas da rede que representam bens de uso comum, onde a competição é inadmissível ou inviável, e as camadas onde é possível introduzir competição. Tão maiores serão os ganhos concorrenciais, quanto mais próximas do usuário final se situarem as camadas da rede que admitirem competição. Quando o objetivo primordial é universalizar a cobertura dos serviços, esse tipo de concorrência pode, ainda, implicar uma redução dos investimentos necessários. De fato, nenhuma empresa realizará grandes investimentos, principalmente em ativos específicos que acarretam elevados custos fixos, sem a garantia de ter sua produção vendida. Como aponta Ricardo Toledo Silva, a desvinculação vertical das redes e a busca de reversibilidade tecnológica dos sistemas[15], com vistas à maior economia de escala e de escopo, são os instrumentos de política setorial mais comumente evocados como elementos de competitividade da infraestrutura. A condição para que a desvinculação vertical se viabilizasse seria a total liberdade de escolha para os membros de uma etapa na compra dos serviços da etapa anterior. No entanto, essa liberdade de escolha acaba sendo limitada, na prática, aos grandes consumidores, como no caso dos contratos de abastecimento de água, de energia elétrica ou de gás canalizado, em que os contratos são celebrados diretamente entre fornecedor e o usuário apenas a partir de patamares elevados de demanda dos serviços. Esses limites acabam por caracterizar, num mesmo sistema e para uma mesma natureza de serviço, escopos distintos. De um lado, o serviço se destina a uma demanda cativa, constituída pelo conjunto de pequenos e médios consumidores que devem se submeter ao regime de oferta

---

econômico não possua mais que uma etapa do ciclo econômico de uma atividade ("Serviços Públicos: Regulação para Concorrência". In: GUERRA, Sérgio (org.). *Temas de Direito Regulatório*. Rio de Janeiro: Freitas Bastos, 2004, p. 82-83).

15 A reversibilidade tecnológica é a característica que se contrapõe à especificidade dos ativos, ou seja, trata-se da capacidade de utilização dos ativos para diversas finalidades, gerando, desse modo, economias de escopo. Um exemplo de elevada reversibilidade é o setor de telecomunicações, em que numa mesma rede podem ser oferecidos os serviços de televisão a cabo, telefonia móvel, transmissão de dados, entre outros. Já as redes que compõem o saneamento básico são um exemplo de irreversibilidade e, portanto, de alta especificidade de ativos, como já mencionamos.

da concessionária de distribuição que atua em seu território. De outro, destina-se a um segmento competitivo, constituído por grandes consumidores que têm a chance de comprar capacidades de quem oferecer melhores preços. O grande problema desse paradigma "competitivo" é a tendência do concessionário subsidiar suas operações no segmento competitivo às custas da renda de monopólio auferida no segmento cativo, ou seja, no segmento dos pequenos consumidores[16].

(iii) Concorrência pela via do mercado contestável – a concorrência potencial. A teoria dos mercados contestáveis é o instrumento utilizado para justificar a existência de concorrência em mercados com elevada concentração econômica, ampliando o âmbito das estruturas desejáveis do ponto de vista concorrencial[17]. Um mercado é contestável quando a ausência de barreiras à entrada, a pouca importância de custos de saída e a dificuldade de as empresas se adaptarem a cortes de preços permitirem a criação de um ambiente concorrencial. Nesses casos, mesmo as estruturas de oligopólio e monopólio poderiam ser disciplinadas pela ameaça constante da entrada de novos competidores no mercado. Nessa configuração, seria a concorrência potencial de um novo entrante que impediria a extração de lucros monopolísticos e o aumento de preços para o consumidor. Para os autores que desenvolveram essa teoria, a contestabilidade perfeita depende de algumas condições para se concretizar. Os potenciais entrantes devem poder, sem restrições, atingir a mesma demanda do mercado e usar as mesmas técnicas produtivas que as empresas já presentes naquele setor. Em segundo lugar, embora eles decidam a viabilidade econômica da participação com base no preço cobrado pelas firmas já presentes, a entrada depende da capacidade de garantirem seus lucros vendendo por preços mais baixos, tendo em vista a previsão de queda de preços decorrente do aumento da oferta dos produtos[18]. Essas condições dizem res-

16 *Elementos para Regulação e o Controle da Infraestrutura Regional e Urbana em Cenário de Oferta Privada de Serviços*. Tese de Livre-Docência. – Faculdade de Arquitetura e Urbanismo da Universidade de São Paulo. São Paulo, 1996, p. 2-9.

17 SALOMÃO FILHO, Calixto. *Direito Concorrencial: as Condutas*. São Paulo: Malheiros, 2003, p. 24.

18 BAUMOL, William J.; PANZAR, John C.; WILLIG, Robert D. *Contestable Markets and the Theory of Industry Structure*. Revised Edition. New York: HBJ, 1988, p. 5.

peito à inexistência de barreiras à entrada, que é, sem dúvida, a principal condição para se promover a competição potencial. As barreiras podem ser naturais ou artificiais. As naturais compõem as próprias características da indústria – os aspectos tecnológicos e a estrutura de produção – e têm relação com a natureza dos insumos e os aspectos geográficos. De outro lado, as barreiras artificiais são edificadas pelos próprios atores do mercado[19] ou estimuladas por regulamentações estatais[20].

(iv) Concorrência por substituição entre bens de usos equivalentes. Sobre este aspecto, é relevante notar que a substitutibilidade entre produtos e serviços pode se dar na dimensão do produto, geográfica ou mesmo sazonal, tanto do ponto de vista da oferta como da demanda. Estes são pressupostos para definição do mercado relevante de análise antitruste. Todavia, a substitutibilidade não se dá a partir de um juízo binário e discreto. Portanto, mesmo que o mercado relevante tenha sido definido de forma restrita, é provável que exista uma certa contestabilidade do mercado por agentes que não foram considerados em um primeiro momento. Também é possível, em teoria, que as preferências dos consumidores mudem ao longo do tempo em razão de um possível abuso de posição dominante. Há setores, todavia, em que claramente não é possível existir esta espécie de concorrência, dada a essencialidade dos bens analisados. Por exemplo, a concorrência pela substituição entre bens de usos equivalentes praticamente não existe nos serviços de saneamento básico. Algumas indústrias ou grandes consumidores até podem recorrer a suas próprias estruturas de adução e tratamento da água, mas a população em geral, e notadamente a urbana, não têm essa opção. A ligação ao

---

19 Quando fazem parte das estratégias dos agentes econômicos privados, podem ser utilizadas como critérios não apenas da identificação do poder econômico, como de seu sancionamento. Sobre os critérios de sancionamento das barreiras à entrada pelo sistema antitruste, ver SALOMÃO FILHO, Calixto. *Direito Concorrencial: as Estruturas. Op. cit.*, p. 153-161.

20 A maioria das barreiras à entrada criadas pela regulamentação estatal está associada a atividades em que, por motivos diversos, muitas vezes relacionados ao interesse ou à salubridade pública, o Estado resolve impor condicionamentos ao seu exercício. Nas situações em que estas regulamentações ferirem o princípio da proporcionalidade, impondo restrições desarrazoadas ao exercício da atividade econômica, o poder público pode sofrer sanções. O próprio regime de serviço público é um instrumento de criação de barreiras à entrada, justificado pelo interesse público plasmado nessas atividades.

sistema coletivo de distribuição de água e coleta de esgotos acaba sendo obrigatória, quando eles existem.

(v) Concorrência por comparação (*yardstick competition*). A concorrência por comparação ou *yardstick competition* consiste em tentar atingir níveis de preços concorrenciais comparando as performances de diversos operadores do mesmo setor. Trata-se, assim, de uma ferramenta regulatória por meio da qual o regulador pode criar um ambiente de competição virtual entre as firmas que operam monopólios locais ou regionais. Em um ambiente caracterizado pela presença de enormes assimetrias de informação, a concorrência por comparação seria o instrumento mais adequado para a regulação dos agentes privados, na medida em que criaria externalidades informacionais[21]. A *yardstick competition* foi utilizada na regulação dos serviços de saneamento básico na Grã-Bretanha. A estrutura regional das indústrias de água tornou viável a comparação entre elas. A competição estava associada à estrutura tarifária baseada num modelo de *price cap* original (RPI + K). Na referida fórmula, RPI significa *Retail Price Index*, ou seja, é uma espécie de índice de preços no varejo, enquanto K se refere ao capital a ser investido. Esse modelo permitia às empresas recuperar os investimentos com maior facilidade, já que não havia previsão de um coeficiente de redução dos preços, supostamente alicerçado nos ganhos de produtividade. Dessa forma, a comparação se realizava em torno do processo de estabelecimento do

21 Em 1985, o economista inglês Andrei Shleifer idealizou a competição por comparação como um instrumento apto a regular os serviços de utilidade pública recém-privatizados no Reino Unido. Ele criticava o regime regulatório predominante baseado nas regras tarifárias de taxa de retorno constante, em que o regulador ajustava o preço dos serviços de acordo com a variação dos custos das empresas reguladas. Esse sistema pecava por desincentivar o aumento de produtividade das firmas. Tal estrutura regulatória exigia um acompanhamento constante do regulador sobre a performance das empresas, algo muito dispendioso e de sucesso incerto, tendo em vista as dificuldades de obter as informações precisas. Shleifer argumentava que o regulador deveria analisar a performance da empresa a partir apenas de uma simples referência e não do estudo de todo o histórico da firma. Para tanto, ele propôs a comparação entre as firmas para obter o seu nível provável de custos. Tal comparação se desenvolveu em torno de dois modelos, basicamente: a comparação entre firmas idênticas e entre firmas heterogêneas. No último caso é preciso que o regulador tenha pleno conhecimento das causas da diferenciação e possua parâmetros ideais de comparação. ("A Theory of Yardstick Competition". In: *The RAND Journal of Economics*, v. 16, nº 3, 1985, p. 319-327).

fator K, que levava em conta, para comparar a eficiência entre as empresas, fatores externos, como tamanho da área de distribuição e número de consumidores. Esse processo permitiu posicionar as empresas de água em escalas de eficiência que determinavam o nível de redução dos custos esperados pelo regulador. Na prática, a competição por comparação revelou-se deficiente em alguns aspectos, principalmente por não levar em conta algumas variáveis ligadas às circunstâncias climáticas. As informações completas sobre as estruturas de custos, com vasta base de dados, acabam sendo necessárias; do contrário, a estrutura de incentivos seria subvertida e se transformaria em instrumento de estímulo à colusão entre as empresas. Alguns autores[22] sustentam a importância da informação completa e correta na regulação do setor por meio da competição por comparação, mas desconfiam da sua capacidade de obtê-la sozinha. Por isso, propõe-se a conciliação desse instrumento com a realização de um processo licitatório. As práticas anticoncorrenciais seriam dificultadas se o regulador conseguisse premiar a empresa que transmitisse a informação correta, o que só seria possível com a realização da concessão dos serviços (*franchising bidding*) antes da regulação. Tal prática ajudaria a desestabilizar os possíveis incentivos às práticas colusivas porque as empresas não teriam como se comprometer a dividir o mercado quando são inseridas num processo de competição para acessá-lo. Como elas seriam impulsionadas pela perspectiva de adquirir rendas de monopólio de mais de um mercado, adquiririam a capacidade de operar em todos, o que facilitaria a concorrência por comparação realizada *ex-post*. As estratégias baseadas na concorrência por comparação, como já mencionado, promovem um desligamento entre a regulação e a estrutura de custos das empresas. As empresas são direcionadas por novos mecanismos de política tarifária a reduzir seus custos e a serem mais eficientes do ponto de vista produtivo. No entanto, a redução de custos não é alcançada apenas por meio da busca de eficiência no curto prazo, em que se busca conseguir preços baixos aos serviços atuais. Os órgãos reguladores devem se preocupar com a eficiência também em um período de tempo

---

22 CHONG, Eshien; HUET, Fréddy. "Yardstick Competition, Franchise Bidding and Collusive Incentives". Disponível em: <www.idei.fr/doc/conf/veol/chong_huet.pdf>. Acesso em: 25 abr. 2006.

> maior, diminuindo o risco de haver subinvestimento e atraso no aprimoramento das instalações e na manutenção dos equipamentos, o que pode ocasionar a degradação dos serviços em médio e longo prazo. Tais preocupações são ainda mais acentuadas no caso dos serviços de infraestrutura, onde o déficit de qualidade pode gerar interrupções na prestação, afetando decisivamente a qualidade de vida.

Todas essas alternativas de introdução de concorrência em setores de infraestrutura com notáveis falhas de mercado estão à disposição dos órgãos reguladores, que podem inclusive conciliá-las em um mesmo marco regulatório.

No desenho desse marco de incentivo à competição, o SBDC pode exercer um papel propositivo, sugerindo, com base na sua expertise e nos casos julgados, caminhos para intensificar a regulação concorrencial. Esse é limite de sua atuação no que tange à disciplina de incentivos. Embora lhe caiba identificar, quando do controle de atos de concentração e de condutas, possíveis falhas regulatórias, alertando a agência, não parece razoável redesenhar a estrutura concorrencial montada pelas agências.

Caracterizado o papel do SBDC na disciplina de incentivos, resta-nos identificar sua função na disciplina de controle. Parece-nos que o critério que emerge tanto da análise do caso acima, quanto da classificação sobre as formas de introdução da concorrência nos setores de infraestrutura, é aquele que situa a política de defesa da concorrência no controle da concorrência no mercado. Ou seja, se no ambiente regulatório criado houve a intenção de criar – ou a própria evolução tecnológica do setor permitiu – a competição no mercado, abre-se um grande espaço para a atuação do SBDC.

Note-se que tal circunstância pode se configurar durante a análise antitruste por meio de um novo enquadramento da aplicação dos conceitos utilizados à realidade econômica do setor. A alteração do padrão tecnológico pode alterar, por exemplo, o que convencionalmente se entendia como o mercado relevante na sua dimensão de produto ou geográfica, ou, ainda, alterar a avaliação de barreiras à entrada e os padrões de rivalidade, justificando a intervenção do CADE. Ressaltamos que intervenção não significa alterar a estrutura de mercado ou impor alguma medida comportamental; referimo-nos, aqui, apenas à necessidade de serem submetidos ao SBDC os atos de concentração nesses setores, a partir de um novo enfoque teórico. Veja-se que é sempre possível e desejável revisitar posições extremamente rígidas a respeito dos critérios de notificação obrigatória, já que uma postura muito intervencionista do SBDC neste aspecto, e sem uma reflexão mais aprofundada, pode criar um alto custo privado desnecessário. Também, tal postura pode prejudicar a sinalização, ao setor privado, a respeito do que é obviamente permitido no âmbito antitruste.

Assim, pensando em diminuir os custos públicos de análise/monitoramento e privados de transação, é possível, desde já, propor sinalizações neste sentido. Para exemplificar, podemos mencionar um caso certamente corriqueiro em todo o país: um processo de concorrência pública que selecione um agente para prestar os serviços de abastecimento de água em um município. Considerando que a empresa vencedora tem um faturamento maior que 400 milhões de reais, que o mercado relevante corresponda ao território do município e este serviço represente um monopólio natural, a aquisição desse direito de exploração da atividade econômica deve ser submetida ao CADE?

A nosso ver, a resposta é não, já que (i) não há nenhuma possibilidade de concorrência no mercado, dado o atual estágio tecnológico; (ii) a regulação tem muito mais mecanismos para garantir o bem-estar social, como determinação de preços, qualidades e quantidades esperados, utilizando-os a tal ponto de impedir, comprovadamente, a utilização abusiva do poder de mercado, como se verá a seguir; e (iii) ao se realizar um processo de licitação em serviços de abastecimento de água, escolhe-se o agente mais eficiente, não versando o presente caso de uma concentração propriamente dita.

Aliás, sobre este último ponto, impedir que o agente, por exemplo, com menor tarifa atue no serviço de abastecimento de água seria um grande contrassenso. Tanto é assim que, no Ato de Concentração 08012.004023/2009-11, o Plenário do CADE não conheceu de operação por considerar que não configurava ato de concentração *in abstracto* o fato de uma empresa vencer a licitação por suas próprias forças (sem realização de consórcio). Ocorre que este argumento sozinho pode, em alguns casos, não ser suficiente, devendo ser integrado com os demais, quais sejam, a impossibilidade de concorrência no mercado no longo prazo e a existência de regulação efetiva.

Não bastasse isto, é difícil mensurar o impacto concorrencial a partir dos instrumentos clássicos em um mercado cuja força motriz é a licitação. Sobre este aspecto, para fins analíticos e sem muito rigor técnico, muitas vezes se considerou o monopólio natural do abastecimento de água como um "mercado relevante" antitruste (ver, por exemplo, AC 08012.010131/2007-52 e AC 08012.007261/2008-99). Todavia, do ponto de vista mais restrito, serviços como o de abastecimento de água já apresentam o preço no ponto ótimo de maximização de lucro, possuindo um único prestador. Assim, dificilmente se poderá imaginar um monopolista hipotético aumentando o preço de forma não transitória (que é o teste para definição de mercado relevante), quando, na realidade, já existe um monopolista real, lucrativo e eficiente, que está atuando no nível máximo de preço possível. Assim, este não é um "mercado relevante" tecnicamente definido pela análise de fusões, devendo, teoricamente, ser expandido.

De outro lado, de acordo com a teoria econômica, o monopolista não atua na parte inelástica da curva da demanda. Em que pese tal conclusão teórica, a demanda por água ainda é inelástica[23], justamente (i) por ser um bem essencial e (ii) por existir uma intensa regulação no setor, que efetivamente dá conta das preocupações tarifárias. Em outras palavras, ainda que se expanda o mercado relevante, o exercício de poder de mercado continuará sendo sujeito às mesmas restrições regulatórias que atualmente impedem a elevação do preço e a utilização de poder de mercado. Desta forma, talvez a utilização do ferramental analítico de definição do "mercado relevante" seja extremamente limitada, em especial quando não há substitutos próximos do serviço analisado, no caso proposto, de abastecimento de água.

Neste sentido, utilizando a lógica antitruste, apenas existirá alguma preocupação concorrencial quando a regulação contiver alguma falha e/ou quando se encareça o serviço de abastecimento de água a tal ponto que se comece a buscar alternativas (e se torne lucrativa a oferta destas alternativas), como a utilização de caminhões-pipa de terceiros para suprir a demanda da área de concessão do serviço outorgado.

Por outro lado, antes de se chegar à situação extremada de busca de substitutos na hipótese acima mencionada, o modelo de incentivos concorrenciais configura-se totalmente em torno da competição pelo mercado, no qual o regulador deve atuar fortemente, determinando a forma de obtenção do grau almejado de eficiência. Frise-se, também, que tal hipótese não afasta

23 De acordo com MELO e NETO, "para 27 municípios do Estado do Paraná, numa amostra com 5.417 observações, o valor médio da elasticidade-preço encontrado foi de - 0,6247, de um intervalo que variava de - 0,1652 a - 0,6247. Consta também nesse estudo um quadro com várias estimativas de elasticidade-preço da demanda de água publicadas em periódicos internacionais entre os anos 1957 a 1982, todas situadas no intervalo de - 0,267 a - 0,76. Já o estudo de demanda de água realizado pelo Banco do Nordeste, BNB (1997), contemplando toda a região Nordeste, estimou em - 0,5502 o valor da elasticidade-preço da demanda de água na região" (MELO, José Airton Mendonça de; NETO, Paulo de Melo Jorge. *Bem-estar social, regulação e eficiência no setor de saneamento básico*. Disponível em: <http://www.anpec.org.br/encontro2007/artigos/A07A154.pdf>. Acesso em: 3 out. 2009).

a competência que o CADE possui para avaliar as condutas no setor ou em mercados verticalmente integrados[24].

Feitos estes comentários, seria possível presumir que, dadas as características mencionadas anteriormente, a outorga dos serviços de abastecimento de água não gera preocupações concorrenciais do ponto de vista da estrutura, sendo razoável esta sinalização para o não conhecimento de operações como esta. Note-se que as análises de operações envolvendo o setor de abastecimento de água geralmente são aprovadas sem restrição, justamente pelo motivo de impossibilidade de concorrência no mercado.

Caberia, ainda, questionar se a resposta seria a mesma na hipótese de um consórcio entre empresas ganhar a licitação acima mencionada, de serviços de abastecimento. Nesse caso, a resposta não é tão óbvia, já que, mesmo não havendo concorrência no mercado, a concorrência pelo mercado pode ser afetada em razão do consórcio. De acordo com Erik Menezes de Azevedo, seguindo a teoria dos jogos, há uma série de estratégias a serem calculadas dependendo de como são estruturadas as licitações.

Em algumas licitações abertas, por exemplo, de acordo com Luke Froeb, Steven Tschantz e Philip Crooke, é possível que a formação de um consórcio tenha efeito no preço, em especial se os dois melhores participantes da licitação estiverem se associando, sendo que a frequência da licitação e a magnitude das diferenças de propostas interferem na determinação esperada de preços. Assim, é possível e desejável que existam estudos mais aprofundados a respeito de teoria dos jogos em licitação nas análises concorrenciais. A simples avaliação de índices de concentração, como geralmente é feita pelo CADE, pode ser inútil e, pior, mascarar o real efeito anticompetitivo da licitação.

Além disto, este "metamercado" de licitações pode sofrer ainda mais se a concorrência potencial for eliminada por inteiro. Nesta hipótese, se for aceito um consórcio entre os únicos concorrentes potenciais de uma licitação, muito provavelmente tal conformação afetará substancialmente o preço final do serviço, já que, no referido caso, as pressões competitivas existentes no certame serão nulas, independentemente de existir concorrência no mercado.

Assim, há espaço para realizar uma avaliação concorrencial, desde que esta seja diferenciada. Ocorre que, ao menos atualmente, com o controle posterior das operações de licitação, fica um tanto quanto comprometida esta

---

24 Sobre este aspecto, é relevante recordar que, no PA 08000.001164/97-53, por mais que o CADE não tenha encontrado prova de conluio, foi investigada a existência de *bid rigging* nas licitações relativas aos insumos necessários para tratamento de água (no caso, sulfato de alumínio líquido).

análise. Veja-se que a súmula 1 do CADE dispõe que: "Nos atos de concentração realizados com o propósito específico de participação em determinada licitação pública, o termo inicial do prazo do art. 54, § 4º, da Lei 8.884/94 é a data da celebração do contrato de concessão". Nesta estrutura com controle posterior das concentrações, a administração incorre em diversos custos, tais como: (i) O custo nada trivial de instruir um processo tão complexo aplicando modelos de teoria dos jogos em licitação e mensurando o custo de cada empresa e suas expectativas prováveis à época do leilão, caso houvesse independência de desígnios; (ii) o custo de, caso se configure algum problema concorrencial, repetir o certame; e (iii) o custo de oportunidade de repetir a licitação, em troca de um resultado incerto, ou seja, sem segurança de que de fato todos os concorrentes conseguirão se habilitar e apresentar proposta com valor mais condizente, obtendo-se resultado mais satisfatório.

Aliás, a já tão complicada teoria dos jogos, em diversos casos, aplica cenários de jogos com informação incompleta. Desta forma, a simples aceitação de compartilhamento de informações antes da licitação para posteriormente avaliar o impacto competitivo pode prejudicar bastante a análise, trazendo ao jogo outras variáveis, que a modelagem atual teria dificuldade em avaliar. Por isto, é relevante que as agências reguladoras e os organismos governamentais atuem de forma preventiva nas elaborações dos editais de licitação, fazendo uma análise preliminar de quanto é razoável ou não a aceitação de um consórcio.

Do ponto de vista do controle, especificamente, há diversas soluções para a resolução da questão anteriormente mencionada:

A primeira, e mais simples, seria não conhecer de operações envolvendo consórcio de licitação, deixando toda a análise para as Agências. Como fundamento desta posição, está justamente o fato da Autoridade Reguladora já ter concordado com a "fusão" no caso específico e conhecer melhor o mercado.

Todavia, retirar integralmente a ênfase do controle de estruturas, transferindo-a para o controle de condutas, não resolve todos os problemas, já que: (i) estará sendo criado um ônus grande para as partes que, licitamente, participaram de uma licitação e, em momento posterior, poderão ser acusadas de uma prática ilícita antitruste de abuso de posição dominante ou mesmo de acordo entre concorrentes; (ii) algumas autoridades governamentais podem ter dificuldade em manusear conceitos antitruste complexos, que não se limitam sequer à análise tradicional de Bertrand ou Cournot, aceitando, assim, involuntariamente, aumentos de preços; e (iii) os erros de análise decorrentes da ausência de um órgão central de defesa da concorrência podem fragilizar o sistema competitivo como um todo.

Ocorre que a alternativa a esta opção, como vimos, também, não é, pelo menos ainda, das mais animadoras, visto que se limita a fazer uma análise em momento posterior à data da celebração do contrato de concessão. Novamente, o controle posterior pode trazer custos elevados e gerar incertezas grandes aos administrados. Veja-se que é salutar a busca de outras opções menos custosas e turbulentas. Todavia, dada a atual situação institucional, entende-se razoável existir um controle de consórcios, em especial quando há possibilidade de concorrência no mercado e quando a fusão envolve dois concorrentes muito eficientes.

Em suma, todas estas preocupações já expostas, atinentes à possibilidade de elevação de preços, demonstram que, ainda por enquanto, é necessário o conhecimento desta espécie de consórcio por parte das autoridades de defesa da concorrência, mesmo que tal atuação concorrencial seja limitada e que seja preciso aprofundar mecanismos teóricos alternativos à mera análise baseada em *market share* em si.

4. CONSIDERAÇÕES FINAIS

Ainda há muito a se aprimorar tanto do ponto de vista institucional, como substantivo no que concerne à relação entre políticas regulatórias e concorrenciais. Com o estudo acima esperamos ter contribuído para pelo menos posicionar as questões pertinentes e sugerir algumas possibilidades de divisão de trabalho e colaboração entre essas estruturas.

Não é tarefa trivial conciliar em um mesmo espaço regulatório políticas com racionalidades, ferramentas e objetivos tão diversos. Enquanto nas políticas regulatórias prevalece uma racionalidade substantiva, com regras que impõem o que se deve fazer, com estratégias e ferramentas *top-down* de intervenção que podem incluir até o planejamento, e os fins da atividade econômica são determinados previamente. Nas políticas concorrenciais, a racionalidade é mais reflexiva e procedimental, prevalecem instrumentos de intervenção negativos que restringem comportamentos, de modo que lança mão de ferramentas indutivas, de estilo *bottom-up*, que visam assegurar ao consumidor um nível de informação adequado para melhor fazer suas escolhas e garantir seu bem-estar.

Finalmente, a complexidade aumenta: quanto maior a convivência de políticas e estruturas advindas de sobreposição histórica de padrões de intervenção pública, maior a interdependência entre as políticas desenhadas e, portanto, maior a necessidade de coordenação para alcançar os resultados pretendidos. Enfim, não é possível garantir efetividade a uma estratégia de regulação sem interagir com a política antitruste, com a política industrial, e às vezes até com políticas sociais. Todas elas podem e devem compor um mesmo espaço regulatório.

BIBLIOGRAFIA

ARAGÃO, Alexandre dos Santos. "Serviços Públicos: Regulação para Concorrência". In: GUERRA, Sérgio (org.). *Temas de Direito Regulatório*. Rio de Janeiro: Freitas Bastos, 2004.

BAUMOL, William J.; PANZAR, John C.; WILLIG, Robert D. *Contestable Markets and the Theory of Industry Structure*. Revised Edition. New York: HBJ, 1988, p. 5.

CHONG, Eshien; HUET, Fréddy. *Yardstick Competition, Franchise Bidding and Collusive Incentives*. Disponível em: <www.idei.fr/doc/conf/veol/chong_huet.pdf>. Acesso em: 25 abr. 2006.

DEMSETZ, Harold. "Why Regulate Utilities?" *Journal of Law and Economics*, vol. 11, nº 1, abr. 1968.

EDELSON, N.E. "Congestion tolls under monopoly". *American Economic Review* 61 (5), 1971.

FIANI, Ronaldo. *Tendências da Regulação Econômica no Caso Brasileiro: uma Reflexão a partir do Debate Internacional*. Disponível em: <http://www.desenvolvimento.gov.br/arquivo/sti/publicacoes/futAmaDilOportunidades/rev20010424_06.pdf>. Acesso em: 20 jan. 2007.

JOURAVLEV, Andrei. "Los Servicios de Agua Potable y Saneamiento en el Umbral del Siglo XXI". In: *Serie Recursos Naturales e Infraestructura*, Santiago, nº 74, jul. 2004.

MELO, José Airton Mendonça de; NETO, Paulo de Melo Jorge. *Bem-estar social, regulação e eficiência no setor de saneamento básico*. Disponível em: <http://www.anpec.org.br/encontro2007/artigos/A07A154.pdf>. Acesso em: 03 out. 2009.

MILLS, D. E. "Ownership arrangements and congestion-prone facilities". *American Economic Review, Papers and Proceedings*, 71 (3), 1981.

MOHRING, H. "Profit maximization, cost minimization, and pricing for congestion-prone facilities". *Logistics and Transportation Review*, nº 21, 1985.

MOHRING, H.; HARWITZ, M. *Highway Benefits: An Analytical Framework.* Northwestern University Press, Evanston Il, 1962.

MUÑOZ, Santiago. *Servicio Público y Mercado*. Madrid: Civitas, 1998. Tomo I.

OECD. Organization of Economic Co-operation and Development. *The Essential Facilities Concept*. Paris, 1996, p. 22. Disponível em: <www.olis.oecd.org/olis/1996doc.nsf/LinkTo/OCDE-GD(96)113>. Acesso em: 23 mar. 2002.

ROSA, Antônio Lisboa Teles da. *et al. Estimativa da demanda de água residencial no Estado do Ceará.* Disponível em: <http://www.ipece.ce.gov.br/publicacoes/textos_discussao/TD_6.pdf>. Acesso em: 3 out. 2009.

SALOMÃO FILHO, Calixto. *Direito Concorrencial: as Condutas*. São Paulo: Malheiros, 2003.

_______. *Direito Concorrencial: as Estruturas*. São Paulo: Malheiros, 1998.

_______. *Regulação da Atividade Econômica. Princípios e Fundamentos Jurídicos.* São Paulo: Malheiros, 2001.

SHLEIFER, Andrei. "A Theory of Yardstick Competition". In: *The RAND Journal of Economics*, v. 16, nº 3, 1985.

SILVA, Ricardo Toledo. *Elementos para Regulação e o Controle da Infraestrutura Regional e Urbana em Cenário de Oferta Privada de Serviços.* Tese de Livre-Docência. – Faculdade de Arquitetura e Urbanismo da Universidade de São Paulo. São Paulo, 1996.

TSCHANTZ, Steven. *et al.* "Mergers in Sealed vs. Oral auctions". *International Journal of the Economics of Business*, 7 (2) (July, 2000), p. 201-213.

VERHOEF, E. T. "Second-best road pricing through highway franchising". *Journal of Urban Economics* 62 (2), 2007.

VERHOEF, E. T.; NIJKAMP, P.; RIETVELD, P. "Second-best congestion pricing: the case of an untolled alternative". *Journal of Urban Economics* 40 (3), 1996.

VERHOEF, E. T.; SMALL, K. A. "Product differentiation on roads: second-best congestion pricing with heterogeneity under public and private ownership". *Journal of Transport Economics and Policy* 38 (1), 2004.

WILLIAMSON, Oliver. "Franchise Bidding for Natural Monopoly: in General and with Respect to CATV". *The Economic Institutions of Capitalism.* New York: The Free Press, 1985, p. 73-103.

PROCEDIMENTO ADMINISTRATIVO Nº 08000.009354/1997-82

Representante: SDE *ex officio*

Representados: AgipLiquigás do Brasil S/A (sucedida por Liquigás Distribuidora S/A), Supergasbrás Distribuidora de Gás S/A (sucedida por SHV Gás Brasil Ltda.), Nacional Gás Butano Distribuidora Ltda. e Minasgás S/A Distribuidora de Gás Combustível (sucedida por SHV Gás Brasil Ltda.).

Advogados: Rubens Duffles Martins, Ali Mustafá Atyeh, Wolfrido Augusto Marques, Carlos Eduardo Fontoura dos Santos Jacinto, Ana Helena Fagundes, Bolívar Moura Rocha, Tulio Freitas do Egito Coelho, João Paulo R. Nogueira da Gama, Antonio Garbelini Júnior, Vera Lúcia de Paiva Cicarino, Cristiane Rodrigues Pantoja, Alexandre Lessmann Buttazzi e outros.

Relator: Conselheiro Eduardo Pontual Ribeiro

Voto-Vista: Presidente Vinicius Marques de Carvalho

EMENTA. Processo administrativo. Regulação e concorrência. Infrações tipificadas nos arts. 20, I, II e IV e 21, I, II, III, V, VI e XIII, da Lei 8.884/94. Provas da conduta nos autos – racionalidade econômica do acordo diante da regulação vigente. Voto pela condenação das Representadas, nos termos do voto do Conselheiro Relator.

VOTO

1. REGULAÇÃO E CONCORRÊNCIA: MOTIVAÇÃO DO PEDIDO DE VISTAS

1. Pedi vistas destes autos para avaliar a relação entre atos regulatórios e ambiente concorrencial, de forma a identificar a existência – ou não – de um espaço de competição e, consequentemente, o papel do CADE neste Processo. Antes, porém, de me debruçar sobre o caso concreto, entendo ser importante fazer algumas considerações sobre a intrincada relação entre concorrência e regulação que, creio, serão úteis para desenvolver a análise subsequente.

1.1. Qual o espaço que a norma regulatória dá para a concorrência?

2. A Constituição Federal, ao dispor que a lei reprimirá o abuso do poder econômico que vise a dominação dos mercados, a eliminação da concorrência e o aumento arbitrário dos lucros (art. 173, § 4º), estabelece claramente que o controle das práticas anticompetitivas é um dos meios escolhidos para garantir os princípios constitucionais da ordem econômica arrolados no art. 170. Nesse sentido, a própria Lei 12.529/11 estabelece, em seu art. 1°, que a prevenção e a repressão às infrações contra a ordem econômica se orientam pela liberdade de iniciativa, livre concorrência, função social da propriedade, defesa dos consumidores e repressão ao abuso do poder econômico.

3. Em outras palavras, para a realização de preceitos da ordem econômica constitucional, emerge um direito econômico que, dentre outras coisas, se volta à ação econômica dos agentes na economia de mercado, em especial daqueles detentores de poder econômico capazes de utilizá-lo para extrair renda do consumidor, seja pelo aumento de preços, seja impedindo que parcelas da população tenham acesso aos bens.

4. A leitura dos dispositivos constitucionais que regem a ordem econômica brasileira deixa claro que o controle de poder econômico não é a única atribuição do direito econômico e que garantir a livre concorrência não é um fim em si, mas um meio para se obter resultados benéficos que a ela se associam, e que são fundamentados por princípios constitucionais.

5. Para além disso, também há que se notar que os meios a serem empregados para realizar essas atribuições também são diversos. Assim, a política

econômica, isto é, a ordenação de variáveis macroeconômicas e a formulação e implementação de um conjunto coerente de diretrizes, pode ser desempenhada de diferentes formas, tendo em vista diversos objetivos. A relação entre livre concorrência e intervenção estatal (normativa, reguladora ou intervenção direta) é informada por essa pluralidade de objetivos e de meios para realizá-los, resultando em uma convivência nem sempre isenta de tensões institucionais.

6. No entanto, não há que se pensar que tais tensões explicitem uma incompatibilidade inexorável entre concorrência e regulação. Na realidade, o próprio combate ao abuso do poder econômico pode ser realizado por outras vias que não a ação repressiva ou preventiva desempenhada pelo direito antitruste, tais quais através do estabelecimento da participação do Estado na produção econômica por meio de empresas estatais de modo a compensar ou equilibrar as relações de poder (poder compensatório), ou mesmo através da regulação dos agentes detentores de poder econômico, controlando variáveis como preços, quantidades, entrada e saída do mercado.

7. A complementaridade entre concorrência e regulação pode, inclusive, ser observada no próprio contexto histórico – cujo marco é a década de 1990 – em que ambas as formas de atuação do Estado ganham destaque no Brasil.

8. No país, durante muito tempo, a relação entre Estado e mercado se estruturou de modo que o poder econômico concentrado não significou um limite às políticas macroeconômicas. A engenharia das políticas, quando não ajudou a estruturar esse poder, tomava-o como um dado da realidade sobre o qual a atuação do Estado poderia incidir principalmente na forma de ação econômica direta, via empresas estatais. Era essa a principal política industrial, voltada para a dinâmica setorial das cadeias produtivas, ajudando a eliminar gargalos verticais. Nesse contexto, a intervenção microeconômica não visava, por meio da típica ação antitruste, fortalecer a racionalidade de livre mercado.

9. A virada nesse processo começou a ocorrer na década de 1990, com a reestruturação patrimonial do Estado Brasileiro, identificada com o processo de privatizações e surgimento das agências de regulação. O discurso da retirada do Estado dá espaço para o aprimoramento da defesa da concorrência como fonte de intervenção estatal.

10. *Tal processo de reestruturação patrimonial fez com que vivenciássemos nos setores de infraestrutura uma alteração da dinâmica de intervenção do Estado, introduzindo novos mecanismos de regulação. Entre eles podemos citar a inserção de uma abordagem concorrencial, por meio de uma disciplina de incentivos e de controle.* Onde antes havia uma política pública formulada em âmbito ministerial e uma empresa estatal como seu braço regulador/executor,

emergiu a separação entre as duas últimas atividades, transferindo a função regulatória para uma autarquia em regime especial e a operação, para uma empresa privada, alçada à condição de concessionária de serviço público.

11. Essa é, em geral, a descrição parcial do que se convencionou chamar Reforma do Estado brasileiro. Findava o modelo nacional-desenvolvimentista e surgia o "Novo Estado Regulador". Partia-se, então, do entendimento de que *a conjunção de regulação indireta e introdução de concorrência seria capaz de obter maior bem-estar social do que o modelo anterior de intervenção direta.* O tema concorrência em setores regulados surge em decorrência desse processo.

12. Assim, do ponto de vista organizacional, vislumbra-se a criação de um sistema de competências do SBDC e das agências reguladoras que agregam uma à outra, em que pese a diferenciação dos mecanismos de atuação de cada uma das instituições. O sistema de alocação de competências setoriais entre os órgãos de defesa da concorrência e as agências é, portanto, em linhas gerais, um sistema que abre espaço para se organizar em bases complementares.

13. A implementação desse sistema, por seu turno, deve se realizar da seguinte forma: com base no ambiente competitivo estruturado pela política pública e monitorado pela agência setorial, aos órgãos de defesa da concorrência cabe serem ouvidos na estruturação desse ambiente, compartilhando informações, experiências e oferecendo sugestões; além disso, devem atuar no controle de condutas e estruturas, quando a ação regulatória não tiver esgotado ou abarcado todas as possibilidades de concorrência no setor.

14. Nesse sentido, é imprescindível à efetividade das missões públicas tanto das agências reguladoras, quanto do CADE a aderência da política concorrencial à regulatória e vice-versa.

15. Tal constatação está em linha com um estudo realizado, em 2004, pela International Competition Network (ICN), ao avaliar a experiência de diversos países sobre as inter-relações entre as autoridades regulatórias e concorrenciais. Nele foi constatada a impossibilidade de sustentar a superioridade de um modelo para enquadramento dessas relações. De outro modo, verificou-se que, se a melhor medida de convergência decorre da estrutura legal e institucional de cada país, a integração entre a esfera concorrencial e a regulatória, por sua vez, depende essencialmente da vontade pública de estabelecer uma regulação pró-competitiva. E isso somente se configura se há um consenso sobre os princípios competitivos adotados e sua adequação com os objetivos regulatórios.

16. Por outro lado, exageros à parte e desbastando o excesso de retórica político-institucional, o que se nota no mundo real é a convivência nem sempre

harmônica e coordenada das várias formas de atuação do Estado incidindo na implementação de políticas públicas. No entanto, conforme previamente apontado, isso não pode ser interpretado como evidência de que concorrência e regulação são incompatibilizáveis. Há que se pensar em critérios que permitam conciliar estas duas esferas e não simplesmente optar pela substituição de uma pela outra. Assim, da mesma forma que o CADE, respeitados os critérios de hierarquia normativa, deve se abster de substituir disposições regulatórias, o contrário também é válido, como nota Floriano de Azevedo:

> "[N]o entrechoque da livre concorrência e da intervenção estatal (normativa, reguladora ou intervenção direta), há quem entenda que a primeira sempre deve ceder lugar à segunda. Não há de ser assim. A concorrência pode ser virtuosa, como de resto a ação estatal pode ser viciosa. Nem um nem outro são assim sempre"[1].

17. Ora, se há diferentes meios estabelecidos com vistas a perseguir diferentes fins amparados constitucionalmente, natural que nem sempre a realização desses objetivos possa se consagrar através do processo concorrencial. Isso não significa, porém, que as restrições à concorrência possam se dar de maneira indiscriminada:

> "O fato é que (...) as *restrições à concorrência deveriam limitar-se àquilo que é estritamente necessário para a consecução desses objetivos sociais [que não se consagram através do processo concorrencial]* antes mencionados. É dizer: não se justifica a limitação da competitividade dos mercados para além desses limites. Lamentavelmente, no entanto, a realidade não corresponde a essa diretriz teórica. Muitas limitações concorrenciais veiculadas na regulação pública ou não visam a realização de qualquer interesse social constitucionalmente protegido ou excedem o necessário para a realização destas finalidades relevantes"[2] (grifo nosso).

18. No mesmo sentido argumenta Floriano de Azevedo Marques:

"*A derrogação absoluta da livre concorrência só pode ocorrer em condições excepcionais* e se, apenas se, tal se justificar pelo prisma econômico e jurídico. Não é porque o agente econômico é uma empresa estatal que ele estará livre, só por isso, de se submeter às regras da concorrência. Não é

1 AZEVEDO NETO, Floriano de. "Prefácio". JORDÃO, Eduardo Ferreira. *Restrições regulatórias à concorrência*. Belo Horizonte: Editora Fórum, 2009. p. 14.

2 JORDÃO, Eduardo Ferreira, *op. cit.*

porque compete ao Estado atuar como agente normativo e regulador da economia (CF. art. 174) que qualquer norma ou providência regulatória poderá derrogar a concorrência. Não será por ser uma atividade considerada serviço público que ela estará automaticamente interdita aos particulares, mesmo àqueles não delegatários do poder público. *Não advém da regulação setorial uma autonomia absoluta ao controle do Sistema de Defesa da Concorrência*"[3] (grifo nosso).

19. Dos excertos acima transcritos extrai-se *uma noção fundamental a pautar a relação entre regulação e concorrência: a excepcionalidade com que a primeira pode derrogar a segunda*. Em outras palavras, a não incidência do direito concorrencial sobre um setor da economia ou sobre algumas ações empresariais especificamente reguladas – comumente referidas como "imunidades antitruste" – deve ser interpretada restritivamente. Dessa forma, verificada a inaplicabilidade do direito da concorrência por força de respaldo regulatório, há que se ponderar até que ponto se estende tal imunidade, tendo como orientação uma interpretação estrita.

20. O entendimento de que a imunidade concorrencial em função de regulação é excepcional e merece interpretação restritiva é amplamente consolidado na jurisprudência norte-americana. Nesse sentido, em *United States v. McKesson & Robins, Inc.*, 351 U.S. 305 (1956), ao julgar a legalidade da fixação do preço de revenda de remédios para distribuidores, a Suprema Corte entendeu que esta prática não se enquadrava nas hipóteses de imunidade concorrencial estabelecidas pelo Miller-Tydings Act e pelo McGuire Act. Conforme constatou, as limitações ao direito da concorrência estabelecidas pela legislação deveriam ser interpretadas restritivamente[4].

21. De maneira semelhante, em *United States v. Philadelphia National Bank*, 374 U.S. 321 (1963), a Suprema Corte decidiu que os tribunais devem ser reticentes em considerar que o Congresso pretende substituir as normas concorrenciais. Uma interpretação extensiva das imunidades ao direito antitruste, excedendo os termos literais do colocado na norma, seria

---

3 AZEVEDO NETO, Floriano de. "Prefácio". *Op. cit., loc. cit.*

4 *Congress has marked the limitations beyond which price fixing cannot go. We are not only bound by those limitations, but we are bound to construe them strictly, since resale price maintenance is a privilege restrictive of a free economy.*

incompatível com a conciliação das normas regulatórias com as normas concorrenciais[5].

22. Por fim, pode-se mencionar a decisão da Suprema Corte em *United States v. NASD, Inc.*, 422 U.S. 694 (1975). Nesse caso, após colocar que imunidades antitrustes já haviam sido reconhecidas pela corte em outros casos, ela pondera que, de todo modo, tais imunidades devem receber interpretação restritiva com base na letra da lei, e não serem deduzidas de algo que se considera implícito ao que dispõe expressamente a norma[6].

23. Em face do aqui exposto, considero insustentável o entendimento de que concorrência e regulação seriam inconciliáveis e que, como decorrência disso, a opção por uma implicaria na total substituição ou derrogação da outra. A meu ver, a compatibilidade dessas duas formas de atuação do Estado depende da utilização de critérios que orientem a relação entre elas. Dentre os parâmetros que podem ser adotados para orientar essa relação, destaca-se a noção de que concorrência só pode ser afastada excepcionalmente.

24. Em outras palavras, é possível que uma lei, um ato normativo e até mesmo um *enforcement* regulatório isente empresas de um questionamento do ponto de vista da regulação concorrencial. Contudo, tais situações devem ser sempre analisadas tendo em mente os limites e os efeitos da regulação sobre o ambiente concorrencial – é o que passo a fazer à luz desse caso concreto.

---

5 *1. Neither the language nor legislative history of § 22(d) justifies extending the section's price maintenance mandate beyond its literal terms to encompass transactions by broker-dealers acting as statutory "brokers." Pp. 422 U. S. 711-720. (a) To construe § 22(d) to cover all broker-dealer transactions would displace the antitrust laws by implication and also would impinge on the SEC's more flexible authority under § 22(f). Implied antitrust immunity can be justified only by a convincing showing of clear repugnancy between the antitrust laws and the regulatory system, and here no such showing has been made. Pp. 422 U. S. 719-720. (b) Such an expansion of § 22(d)'s coverage would serve neither this Court's responsibility to reconcile the antitrust and regulatory statutes where feasible nor the Court's obligation to interpret the Investment Company Act in a manner most conducive to the effectuation of its goals. P. 422 U. S. 720.*

6 *The courts have, of course, recognized express exemptions such as these, but the invariable rule has been "that exemptions from antitrust laws are strictly construed," FMC v. Seatrain Lines, Inc., 411 U. S. 726, 411 U. S. 733 (1973), and that exemption will not be implied beyond that given by the letter of the law. In Seatrain, the Maritime Commission was authorized by statute to approve and immunize from antitrust challenge seven categories of agreements between shipping companies, including agreements "controlling, regulating, preventing, or destroying competition." The Court, construing narrowly the category arguably embracing the merger agreement under consideration, held that merger agreements between shipping companies were not subject to approval by the Commission, and consequently were not entitled to exemption under the antitrust laws.*

2. SITUANDO A DISCUSSÃO: OS FATOS

25. Em 1997, os órgãos de defesa da concorrência tiveram o primeiro contato com a denúncia que deu origem a este Processo Administrativo (instaurado efetivamente em 2001). Em síntese, este Processo foi instaurado para apurar possível prática de cartel no mercado de distribuição de GLP nos municípios de Porto Alegre/RS e Canoas/RS – todos os detalhes da instauração deste Processo, bem como o relato dos principais atos instrutórios, foram detidamente descritos pelo Conselheiro Relator em seu relatório e voto.

26. A denúncia que deu origem a este Processo apontava os seguintes fatos:

- as distribuidoras de GLP localizadas nos municípios de Porto Alegre/RS e Canoas/RS teriam criado um "Sistema Integrado de Abastecimento" (SIA) que estipularia um percentual de vendas mensais para cada companhia;
- este "sistema" seria viabilizado por meio de um calendário criado pelas próprias companhias que estabelecia os dias específicos em que cada distribuidora poderia efetuar as suas vendas durante o mês;
- o que, por sua vez, (i) criaria dificuldades para o abastecimento dos postos revendedores, obrigando a população a adquirir o produto no caminhão das distribuidoras, onde o preço seria livre do controle do DNC – à época, o órgão regulador do setor[7] – e estabelecido pelo "sistema"; e (ii) inviabilizaria a abertura de novos postos revendedores, tendo em vista que as distribuidoras não forneceriam o produto para novas empresas.

27. A então Secretaria de Direito Econômico do Ministério da Justiça (SDE/MJ), após um longo período de instrução, entendeu que as representadas teriam se valido do SIA para dividir o mercado, estabelecendo um calendário que regulava a venda do GLP aos revendedores, de forma a manter as suas participações de mercado, gerando prejuízos para a concorrência e para os consumidores. A SDE/MJ recomendou, assim, a condenação das distribuidoras

7 O Departamento Nacional de Combustíveis (DNC) sucedeu o Conselho Nacional de Petróleo (CNP) e, por sua vez, foi sucedido pela Agência Nacional do Petróleo (ANP).

por infração contra a ordem econômica – o Conselheiro Relator acompanhou as conclusões da SDE/MJ e votou pela condenação das representadas.

28. As distribuidoras representadas não negaram a existência desse "sistema". Contudo, defenderam que atuaram em estrita observância a atos (Resoluções e Portarias) e comandos (exarados por funcionário do CNP/DNC) regulatórios, bem como que não haveria qualquer tipo de prejuízo à concorrência decorrente do acordo existente entre elas exatamente porque o arcabouço regulatório do setor à época não deixaria espaço para concorrência entre as empresas – nessa linha foram os pareceres exarados pela Secretaria de Acompanhamento Econômico do Ministério da Fazenda (Seae/MF) e da Procuradoria deste Conselho (ProCADE).

29. Diante de tudo o que foi exposto nos autos, entendo que a análise dos fatos não pode prescindir de uma reflexão sobre *a relação entre regulação e concorrência, mais especificamente sobre os limites e efeitos de práticas regulatórias sobre o ambiente concorrencial* e, por isso, analisarei os fatos em questão especialmente sob essa ótica.

30. A meu ver, o aparente embate entre regulação e concorrência se dá em duas "macrovertentes":

(i) a despeito da regulação existente sobre o setor, há espaços para a atuação livre dos agentes – o que envolve na maioria das vezes um debate sobre possíveis conflitos de competências entre autoridades para a "regulação concorrencial" do setor com foco em uma *divisão formal de competências* ("onde e por que"); e
(ii) a regulação setorial de alguma forma confere uma "isenção" ou "autorização" antitruste – o que nos leva geralmente para uma discussão mais complexa sobre limites e efeitos de práticas regulatórias sobre o ambiente concorrencial com foco em uma *divisão material de competências* ("como e quanto").

31. A jurisprudência deste Conselho tem se debruçado sobre o tema (vide, por exemplo, PAs nº 20/92, 08000.007754/1995-28, 08000.002605/97-52, 08012.006207/98-48, 08012.000677/1999-70, 08012.007443/99-17, 53500.000359/1999, 53500.001821/2002 e seus conexos, 08012.008501/2007-91, 08700.003070/2010-14, dentre outros) – e é importante que se diga que em todos os casos tem se afirmado a competência do CADE para analisar a atuação de agentes, ainda que em mercados regulados.

32. Destaco aqui dois trechos bastante elucidativos de julgados deste Conselho.

33. O primeiro, de 2006, extraído do voto vista do Conselheiro Ricardo Cueva no caso da cobrança pelo serviço de segregação e entrega de contêiner pelos terminais portuários (THC2) no setor portuário, o qual aponta que a existência de regulação setorial não pode afastar – e não afasta – a atuação do CADE:

> "É evidente que *a atividade judicante do CADE – que decorre de expressa determinação constitucional, quando determina que a lei reprimirá o abuso do poder econômico (art. 173, § 4º da CR/88) – não pode ficar condicionada à existência ou não de regulação específica para determinada matéria*. Certo é que ao CADE não é dado o poder de revisão dos dispositivos emanados pelo poder regulador, mormente quando tais dispositivos dizem respeito à regulação técnica e econômica de determinado setor. Não é o CADE um "revisor" de políticas públicas porque, em agindo assim, estaria atentando contra os postulados básicos da legalidade e de toda a doutrina que informa a atividade dos órgãos reguladores. Entretanto, deparando-se com situações que possam configurar infração à ordem econômica, é dever das autoridades antitruste investigar e julgar tais condutas, nos estritos termos da Lei 8.884/94, de resto em perfeita harmonia com o arcabouço jurídico-institucional vigente. Assim é *irrelevante para o aplicador do direito antitruste perquirir se tal ou qual edital de licitação ou se tal ou qual contrato preveem expressa ou implicitamente, certa conduta ou atividade, as quais deverão ser analisadas, neste Conselho, sob o prisma da lei da concorrência*" (grifos nossos – PA nº 08012.007443/99-17).

34. Outro, mais recente, que consta do voto da Conselheira Relatora Ana Frazão no caso da fixação do valor de remuneração do uso da rede móvel (VU-M) no setor de telecomunicações, destaca a necessidade de analisar a natureza regulatória da conduta – principalmente a extensão dos seus efeitos – para avaliar o espaço de liberdade de atuação por ela conferida aos agentes:

> "115. Pressuposto essencial da prática de *price squeeze*, no caso concreto, seria o de que as Representadas teriam liberdade para fixar o preço do insumo que se considera essencial para as Representadas: o acesso às redes móveis no mercado de terminação de chamadas.
>
> 116. Ocorre que, como ficou amplamente comprovado no processo, inclusive com afirmações da própria Anatel, não houve nenhum momento em que as Representadas fixaram o valor do VU-M.
>
> 117. De fato, até junho de 2004, tais valores foram homologados *ex ante* pela Anatel, nos termos da Resolução nº 319/2002. A partir daí, tentou-se instituir

o modelo de livre negociação, cujo insucesso levou às arbitragens e a fixação, pela Anatel, do único reajuste VU-M que ocorreu desde então, no valor de 4,5%.

[...]

120. Todavia, o que restou comprovado nos autos foi o insucesso do modelo de livre negociação e a consequente assunção, por parte da Anatel, da posição de agente arbitrador.

[...]

138. Dessa maneira, a natureza regulatória da questão e a inexistência de fixação, pelas Representadas de qualquer valor do VU-M, seja de forma individual, seja de forma coletiva, afastam por completo a cogitação de prática anticompetitiva.

[...]

152. O que resta claro, portanto, é que *o problema do VU-M, tal como se apresentou neste processo, é de cunho exclusivamente regulatório. Não há que se cogitar da configuração de infração à ordem econômica quando ficou comprovado que as operadoras móveis não possuíram nenhum espectro de liberdade na fixação no valor do VU-M."* (PA nº 08012.008501/2007-91)

35. Identifiquei nos nossos julgados três pontos que geralmente norteiam a análise desse aparente embate entre regulação e concorrência: (i) *a discussão – ainda que superficial – sobre a racionalidade concorrencial das práticas regulatórias*, (ii) *a avaliação dos critérios e parâmetros estabelecidos pela regulação* e (iii) *a análise da margem de atuação dos agentes.*

36. Entendo que a análise a ser feita perpassa exatamente por estes pontos, ainda que, a meu ver, a questão central seja de fato identificar se *os critérios e parâmetros estabelecidos pela regulação conferem alguma margem de atuação aos agentes e possibilitam, assim, algum tipo de exercício de poder de mercado.*

2.1. Delimitando a discussão: a regulação setorial no período investigado

37. As distribuidoras representadas não negaram a existência de um acordo entre elas para organizar a distribuição de GLP aos seus postos revendedores. Segundo elas, o acordo foi feito no âmbito das chamadas "Áreas Operacionais Metropolitanas" (AOMs) e do "Sistema Integrado de Abastecimento" (SIA) – ambos propostos, instituídos e supervisionados pelo Estado, sendo que

a "intervenção estatal no segmento da distribuição de GLP perdurou após o fim da conduta investigada, limitando consideravelmente a liberdade dos agentes econômicos de fixar diversas variáveis do mercado de GLP" (manifestação da Supergasbrás de 10 de março de 2014).

38. É público e notório que o mercado de GLP sempre foi objeto de intenso controle estatal, especialmente por se tratar de um produto cujo manuseio envolve um risco significativo e não desprezível à segurança pública, bem como por se tratar de um produto de elevada relevância social - vide a necessidade de "assegurar o acesso ao gás pelas populações de baixa renda nas áreas de difícil acesso" reafirmada em diversas exposições de motivos de regulamentações do setor.

39. E, nesse sentido, é importante que se delimite precisamente qual o segmento desta cadeia produtiva que está em discussão nestes autos para que se tenha a real dimensão dos fatos - *investiga-se aqui a relação entre distribuidoras e revendedores, especificamente a entrega de GLP pelos distribuidores aos seus postos revendedores*:

Cadeia de Comercialização do GLP (5)

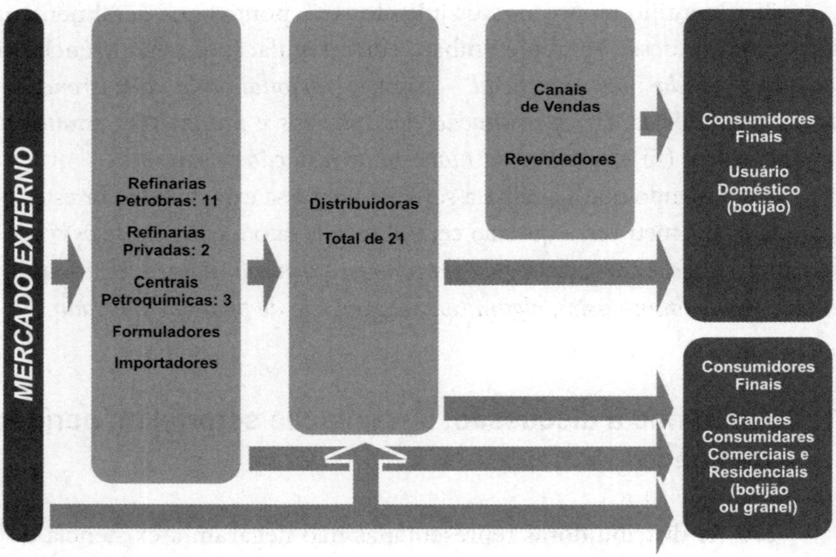

Fonte: Site Liquigás (www.liquigas.com.br).

40. Tendo isso em vista, passo a descrever as normas regulatórias vigentes à época para detalhar a *natureza regulatória* da questão e, diante disso, avaliar o espaço – bem como os limites e os efeitos – da *atuação das representadas.*

41. Elaborei uma linha do tempo, indicando as normas regulatórias levantadas pelas representadas que guardam alguma relação com o objeto deste Processo – relação entre distribuidoras e revendedores – e com os principais fatos constantes dos autos, que segue abaixo:

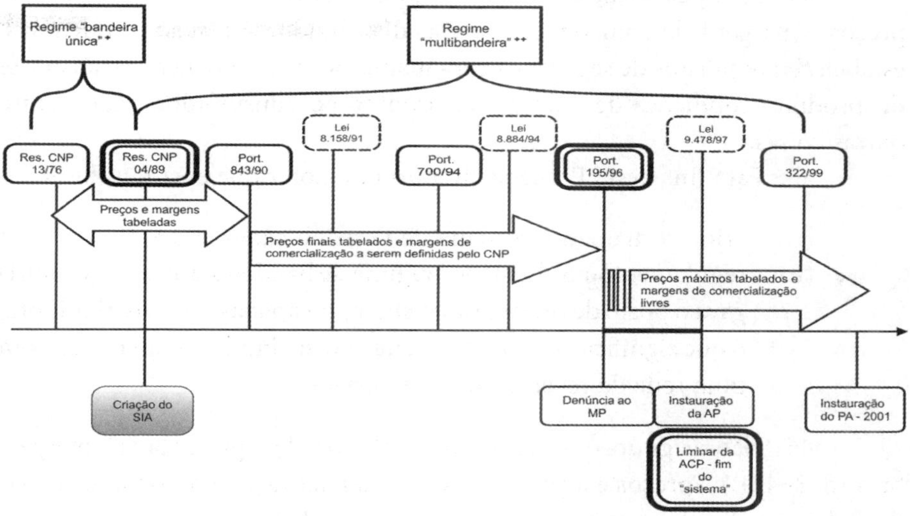

* Regime "bandeira única": os postos revendedores apenas podiam comercializar o GLP de uma única distribuidora.

** Regime "multibandeira": os postos revendedores podem comercializar o GLP de várias distribuidoras.

▬▬: período considerado pelo Conselheiro Relator.

42. Acredito que o quadro acima é bastante expressivo quanto ao claro movimento regulatório de liberalização das margens do setor, principalmente a partir da década de 1990, a despeito do presente tabelamento do preço final do produto. Contudo, passo a detalhar, nas normas em questão, exatamente as disposições que incidem sobre a relação entre distribuidores e revendedores, para identificar se de fato havia espaço para concorrência neste segmento.

Resolução CNP nº 13, de 14 de dezembro de 1976 (dispõe sobre a Distribuição, o Transporte e o Comércio de Gás Liquefeito de Petróleo – GLP, exceto do gás canalizado de rua para a utilização como combustível)

43. Em 14 de dezembro de 1976, o CNP editou a Resolução nº 13, consolidando em um mesmo documento todas as normas vigentes à época sobre o setor de GLP.

44. Essa Resolução definiu a competência do Conselho para controlar preços e margens de comercialização das distribuidoras e dos revendedores, estabeleceu requisitos de segurança para manuseio, armazenagem e transporte do produto, condições de entrega do produto ao consumidor final, dentre outras coisas.

45. Para fins deste Processo, importante notar que essa Resolução:

(i) criou o chamado "Sistema de Distribuição do GLP"[8]; e

(ii) regulamentou o chamado "regime de bandeira única" – que obrigava o posto de revenda a vincular-se a apenas uma distribuidora, o que significava, na prática, que as distribuidoras operavam com uma rede de revendedores exclusivos[9].

46. Não se ignora que, tal como apontado pela representada Supergasbras (fl. 3842), os preços e as margens de comercialização em todas as etapas da cadeia produtiva eram total e amplamente regulados.

47. Contudo, trazendo a discussão para o segmento sobre investigação nestes autos, é importante que se diga, que esta mesma Resolução já dispunha, no seu art. 35, que "[n]enhuma Distribuidora, Representante ou Posto de Revenda terá exclusividade de distribuição ou comercialização de GLP em qualquer área ou localidade". Ora, o que se tem é que, apesar da previsão do "regime de bandeira única", havia um claro comando regu-

---

8 "Art. 1º O Sistema de Distribuição do GLP compreende:
a) o Conselho Nacional do Petróleo como órgão central, competindo-lhe o planejamento, a coordenação e o controle das atividades do Sistema;
b) a Distribuição, o Transporte e o Comércio do GLP, como atividades básicas;
c) as Instalações, os Órgãos e as demais atividades especificados neste Capítulo.
Parágrafo único. A Distribuição inclui o recebimento, o armazenamento, o manuseio e o fornecimento do produto."

9 "Art. 34. A Distribuidora, Representantes e Postos de Revenda operando sob a mesma bandeira só poderão comercializar GLP em recipientes com a marca da mesma Distribuidora."

latório no sentido de assegurar que não fosse garantido qualquer tipo de exclusividade à atuação de uma determinada distribuidora em uma dada localidade.

Resolução CNP nº 04, de 06 de junho de 1989
(dispõe sobre as atividades inerentes ao Abastecimento Nacional de Gás Liquefeito de Petróleo – GLP, e dá outras providências)

48. A Resolução nº 13/76 foi revogada pela Resolução 04, de 06 de junho de 1989, que é a alegada base regulatória para a criação do SIA nos mercados em questão.

49. Aqui também, como bem apontado pelo Conselheiro Relator em seu voto, o modelo de intervenção governamental era bastante abrangente e incluía a fixação pelo CNP de um sistema de quotas nas refinarias para as distribuidoras, do preço do GLP em todo o território nacional e das taxas que seriam acrescidas ao preço do produto a serem cobradas para a entrega domiciliar.

50. Com efeito, a maior inovação trazida por essa Resolução para o setor foi a regulamentação do chamado "regime multibandeira" que substituiu o "regime de bandeira única". O "regime multibandeira" permitiu que os postos de revenda (postos de revenda conjunto - PRC, postos de revenda de terceiros - PRT e postos de revenda de terceiros em conjunto - PRTC[10]) passassem a vender o GLP distribuído por mais de uma distribuidora.

51. Diante disso, *a Resolução traz uma série de definições e disposições que buscam compatibilizar as atividades dos agentes do setor com a nova regra do "regime multibandeira". Nessa linha é que, por exemplo, devem ser entendidas*

---

10 "4) Posto de Revenda de Terceiros – PRT:
Estabelecimento instalado, operado e mantido por terceiro, vinculado e abastecido por uma única Distribuidora, e localizado exclusivamente em área de difícil acesso e/ou população rarefeita e/ou de baixo poder aquisitivo, bem como em pequenas concentrações rurais, não podendo ser localizado em AOM, nem dentro dos limites de entrega domiciliar regular e preferencial, onde existir.
5) "Pontos de Revenda de Terceiros em Conjunto – PRTC:
Estabelecimento localizado em AOM, instalado e mantido por terceiros, operando com recipientes transportáveis de todas as e [sic] Empresas em atividade na Área e controlado por uma delas."

as disposições relativas ao desenvolvimento das atividades no âmbito das "Áreas Operacionais Metropolitanas" (AOM)[11] *que constam nessa Resolução*[12].

52. Segundo as representadas, esse foi o contexto que fundamentou a criação do "Sistema Integrado de Abastecimento" (SIA) nos municípios de Porto Alegre/RS e Canoas/RS – a necessidade de otimizar, com a instituição do "regime multibandeira", a atividade das distribuidoras dentro da AOM que, ressalte-se, conforme a própria definição da norma, constitui-se em "área delimitada localizada em Região Metropolitana definida em lei, ou em centros urbanos de considerável concentração populacional, determinada pelos limites máximos exequíveis da Entrega Domiciliar".

53. Tratarei, mais adiante, em tópico específico, das especificidades do SIA.

---

11 Conforme bem aponta o Conselheiro Relator em seu voto, as AOMs foram criadas pela Resolução CNP nº 9/84, que estabeleceu normas para localização, construção e instalação, operação e funcionamento dos postos de revenda conjuntos – PRCs.

12 "Art. 2º

[...]

IX – NÚCLEO DE CONSUMO

[...]

c) Área Operacional Metropolitana – AOM

- Área delimitada localizada em Região Metropolitana definida em lei, ou em centros urbanos de considerável concentração populacional, determinada pelos limites máximos exequíveis da Entrega Domiciliar.

1) Constituição da AOM

- Conjunto de Municípios, ou parte deles, compreendidos em área contínua e caracterizada por elevada densidade demográfica.

2) *Peculiaridade*

- *Entrega Domiciliar obrigatória, executada pela Distribuidora com seus próprios meios;*

- *Existência obrigatória de PRC e/ou PRTC."*

[...]

"Art. 35. Nas Regiões Metropolitanas definidas em lei, e em centros urbanos de apreciável concentração populacional, a critério do CNP, poderão ser estabelecidas Áreas Operacionais Metropolitanas – AOM para fim de abastecimento de GLP.

§ 1º As áreas a que se refere este artigo serão estabelecidas em atos baixados pelo CNP, observadas as seguintes disposições:

I – existência de no mínimo 2 (duas) Distribuidoras em operação na AOM;

II – *"Entrega Domiciliar" obrigatória, a ser realizada por todas as Distribuidoras em operação na área, e cobrindo toda a AOM;*

III – existência de PRC ou PRTC, em número condizente, a critério do CNP, com as necessidades de atendimento aos locais de difícil acesso e de população de baixo poder aquisitivo.

§ 2º Nas Regiões Metropolitanas onde ainda opera uma única Distribuidora, ao se verificar a entrada de uma segunda Empresa, o CNP constituirá uma AOM." (grifos nossos)

54. Por ora, é importante que se diga que:

(i) não há nesta Resolução qualquer menção ou referência ao SIA – que, ressalte-se, não se confunde com o "Sistema de Distribuição do GLP" previsto na Resolução nº 13/76 e tampouco com o "Sistema Nacional de Abastecimento de GLP"[13] constante dessa última Resolução; e

(ii) tampouco nesta Resolução se identifica qualquer movimento ou comando regulatório no sentido de se dividir ou assegurar exclusividade a uma determinada distribuidora em uma determinada região – pelo contrário, entendo que essa Resolução traz em si dispositivos que estimulam a atuação de mais de uma distribuidora nas AOMs (art. 6º, § 3º, III; art. 34, § 1º, art. 35, § 1º, I, II).

55. Ainda, para que não pairem dúvidas sobre a análise detida desta Resolução, tal como o Conselheiro Relator, identifiquei que no seu art. 41[14] a Resolução faz referência ao estabelecimento de uma espécie de "calendário" para a entrega do GLP ("III - Realizar-se-á porta a porta, em datas pré-fixadas

---

13 "Art. 2º Para efeito dessa Resolução entende-se por:
I – SISTEMA NACIONAL DE ABASTECIMENTO DE GLP
- Conjunto de empresas, bens, atividades, normas e serviços constituído para o fim precípuo de realizar o abastecimento de GLP em todo território nacional;"

14 "41. A Domicílio, o comércio de GLP envasilhado far-se-á mediante:
I – Entrega a domiciliar Normal;
II – Entrega domiciliar Eventual.
§ 1° A entrega Domiciliar Normal:
I – Tem caráter prioritário e preferencial no atendimento ao consumidor;
II – É obrigatória na área operacional metropolitana – AOM, nas demais capitais e nas localidades onde a população urbana seja igual ou superior a 50.000 (cinquenta mil) habitantes.
III – Realizar-se-á porta a porta, em datas pré-fixadas e a intervalos de 22 (vinte e dois) dias, no máximo, exceto no caso das entregas domiciliares alternadas nas AOM, quando os intervalos de cada Distribuidora, individualmente, podem ser superiores a 22 dias.
IV – Tem regularidade assegurada mediante calendário a ser elaborado e distribuído por Distribuidora.
V – Poderá sofrer interrupções ocasionais, desde que plenamente justificáveis,
§ 2° A entrega Domiciliar Eventual:
I – Considera-se atividade acidental, embora obrigatória;
II – Realizar-se-á no prazo de até 24 (vinte e quatro) horas depois do pedido do consumidor;
III – Terá os pedidos registrados na "papeleta de Emergência", a ser conduzida pelo responsável pela distribuição de gás;

e a intervalos de 22 (vinte e dois) dias, no máximo, exceto no caso das entregas domiciliares alternadas nas AOM, quando os intervalos de cada Distribuidora, individualmente, podem ser superiores a 22 dias"). No entanto, trata-se

(i) de disposição evidentemente dirigida à *atuação das distribuidoras na entrega do GLP em domicílio* e não aos seus postos de revenda, objeto da investigação nestes autos; e

(ii) ainda que relevando o fato de que se trata de disposição destinada à entrega do GLP pelas distribuidoras em domicílios, não há qualquer comando no sentido de que as distribuidoras escalonem – ou estabeleçam – *de forma conjunta* a entrega do seu produto.

Portaria nº 843 do Ministério da Infraestrutura, de 31 de outubro de 1990

(autoriza, às pessoas jurídicas, o exercício da atividade de distribuidor de Gás Liquefeito de Petróleo – GLP)

56. Ato contínuo, foi editada a Portaria nº 843/90 que, em suas disposições finais, expressamente revogou a Resolução CNP nº 04/89, a qual, lembre-se, seria a base regulatória para o SIA. As representadas defenderam que a autorização para o seu funcionamento permaneceria dada pelo CNP/DNC, via Sr. Jacy dos Santos Silveira, bem como por força do que dispôs o art. 25 desta Portaria que teria mantido as autorizações já outorgadas pelo extinto CNP. Vejamos.

57. Esta Portaria, em seus "considerandos", trouxe uma série de diretrizes que merecem destaque e ajudam a entender o movimento regulatório que tinha lugar nesse então:

> "CONSIDERANDO que é objetivo do Programa Federal de Desregulamentação *fortalecer a iniciativa privada*, em todos os seus campos de atuação, reduzir a interferência do Estado na vida e nas atividades dos cidadãos, contribuir para

---

IV – Realizar-se-á mediante emprego de viaturas adequadas, que transportarão número de recipientes correspondentes ao registrado na "Papeleta de Emergência", acrescido do percentual de até 50% (cinquenta por cento)

V – Poderá deixar realizar-se, quando, comprovante, os locais a atender estiverem inacessíveis aos veículos de entrega do produto."

> maior eficiência e menor custo dos serviços prestados pela Administração Pública Federal, e atender satisfatoriamente os usuários desses serviços;
>
> CONSIDERANDO que *somente devem ser mantidos os controles e as formalidades imprescindíveis*;
>
> CONSIDERANDO que a excessiva exigência de prova documental constitui um dos entraves à pronta solução dos assuntos que tramitam nos órgãos da Administração Federal;
>
> CONSIDERANDO, finalmente, que *a atividade privada deve ser regida, basicamente, pelas regras de livre mercado*, resolve:"(grifo nosso)

58. Com relação às diretrizes para o setor de GLP, a Portaria flexibilizou uma série de regras para o exercício da atividade de distribuição, inclusive para o registro de distribuidoras junto ao órgão competente (art. 4º – posteriormente revogado pela Portaria ANP nº 203, de 30/12/1999).

59. Mais especificamente, no que importa para a análise deste Processo, o seu art. 22[15] expressamente estabeleceu que o preço do GLP poderia ser fixado "a nível dos produtores, nas bases das distribuidoras e nos postos revendedores" e que "cada distribuidora estabelecerá seu próprio sistema de entrega a domicílio e sua taxa de entrega", podendo o DNC "fixar a taxa de entrega domiciliar sempre que entender necessário". *Aqui claramente se inicia um movimento de liberalização das margens do setor.*

60. Entendo que todo o conteúdo e o endereçamento dos comandos contidos nesta Portaria não fundamentam outra interpretação se não a de que as autorizações a que faz referência o art. 25 são aquelas relativas ao funcionamento das distribuidoras já atuantes no setor – *alargar isso para a instituição e a implementação de SIA é demais, até mesmo porque não há um documento nos autos que comprove a autorização formal do CNP para a instituição do SIA, apenas o depoimento do Sr. Jacy dos Santos Silveira nesse sentido.*

61. Porém, tendo em vista que (i) esta Portaria data de 1990 (antes, portanto, do *enforcement* da política antitruste que se iniciou com a edição

15 "Art. 22. O preço do GLP poderá ser fixado pelo DNC a nível dos produtores, nas bases das distribuidoras e nos postos revendedores.

§ 1º O preço de entrega a domicílio será composto pelo preço na base ou no posto revendedor, acrescido da taxa correspondente ao serviço de entrega e dos tributos incidentes.

§ 2º *Cada distribuidora estabelecerá seu próprio sistema de entrega a domicílio e sua taxa de entrega.*

§ 3º O DNC poderá fixar a taxa de entrega domiciliar sempre que entender necessário" (grifos nossos).

da Lei 8.158/90 e culminou na edição da Lei 8.884/94), bem como que (ii) nessa época a regulação (e aqui claramente me refiro a normas legais e não à instituição do "sistema") ainda era exaustiva e limitadora quanto à liberdade de atuação dos agentes, o acordo estabelecido entre as representadas no âmbito do SIA não tinha como ter por objeto uma restrição à concorrência (dado que as variáveis concorrenciais eram todas reguladas), tampouco as condutas ali perpetradas poderiam, ainda que potencialmente, ter a capacidade de produzir tal restrição como efeito (dado que não havia espaço concorrencial).

Portaria MF nº 700, de 28 de dezembro de 1994

62. Vale dizer que durante esse período foi editada ainda a Portaria MF nº 700/94 que, como já apontado no voto do Conselheiro Relator, alterou a fixação do preço de venda às revendas e ao consumidor de tabelado para preços máximos[16] – sinalizando e dando mais elementos para um processo de "liberalização" do setor.

Portaria MF nº 195, de 31 de julho de 1996 (fixa o preço máximo de venda do GLP ao consumidor e estabelece aos distribuidores e revendedores orientações com relação a notas fiscais e tabela de preços)

63. A Portaria MF nº 195/96, por sua vez, representa a quebra do paradigma regulatório e concorrencial que imperava até então no setor de GLP[17]. Esta Portaria, apesar de manter o teto máximo do preço de venda do

---

16 "Art. 2º Os preços máximos de venda de GLP envasilhado ao revendedor e ao consumidor são os indicados no item II do anexo a esta Portaria, neles não incluídos valores de fretes e de tributos que incidam nas operações de venda do produto."
[...]
- A distribuidora fica obrigada a conceder desconto no preço de venda ao revendedor na base de distribuição, igual ao valor do frete compensado pelo DNC."

17 Nesse sentido, vale notar que também vigorava à época a Portaria MF nº 463, de 06/06/1991, que tratava da política de preços para produtos e serviços e, em seu art. 2º, dispunha que "Os produtos e Serviços serão classificados, quanto aos preços, em controlados, tabelados, monitorados, sujeitos à limitação da margem de comercialização ou liberados, através de Portarias específicas. Parágrafo único. Enquanto forem divulgadas as Portarias de que

GLP, *"libera" os preços de frete, margens de distribuição e revenda*[18]. Não há como negar que o grau de regulação dos preços da cadeia se altera de forma significativa - não há mais controles de preços, pelo Estado, no que toca às margens a serem praticadas pelas distribuidoras e pelos revendedores, o que possibilita o exercício de poder de mercado nestas searas.

64. Assim, a liberalização das margens afetou claramente o espectro de atuação das distribuidoras, o que, além de impactar a relação entre elas e os seus revendedores, *abriu efetivamente espaço para instituição de um ambiente concorrencial neste mercado.*

Demais Portarias

65. As normas que se seguiram à Portaria MF nº 195/1996, tal como a Portaria Interministerial nº 322, de 30 de novembro de 1998, eliminam quaisquer dúvidas quanto à efetiva liberalização do setor, em especial no mercado do Rio Grande do Sul[19].

2.2. Das peculiaridades do SIA

66. Como já ressaltado, não há nas Resoluções e Portarias setoriais analisadas, no período de 1989 (quando alegadamente o SIA foi criado) a 1997 (quando a conduta cessou por força de decisão judicial liminar), qualquer referência a um "sistema integrado de abastecimento" (SIA).

67. Instada a se manifestar sobre a criação do SIA, a Agência Nacional do Petróleo afirmou que esse "sistema" teria como motivação "organizar

---

trata o 'caput' deste artigo, todos os produtos e serviços permanecem sujeitos ao regime de controle de preços estabelecido no art. 1º da Lei 8.178, de 1º de março de 1991".

18 "Art. 2º Os preços máximos de venda ao consumidor do GLP, a granel, e os acondicionados em vasilhames, nos postos revendedores, exclusive tributos, válidos em cada município do Território Nacional, serão divulgados em portaria específica do Departamento Nacional de Combustíveis – DNC, do Ministério de Minas e Energia.
Parágrafo único. Ficam liberados os preços dos fretes, as margens de distribuição e revenda, observados os preços máximos de venda ao consumidor de que trata o caput deste artigo."

19 Nesse sentido, vide o art. 1º da Portaria Interministerial nº 322/98."Art. 1º. *Ficam sujeitos ao regime de preços liberados*, de que trata o art. 4º, inciso III, da Portaria MF nº 463/91, os preços do gás liquefeito de petróleo – GLP, a granel, e os acondicionados em vasilhames, nas unidades de comércio atacadista e varejista dos Estados de São Paulo, Rio de Janeiro, Minas Gerais, Espírito Santo, Paraná, Santa Catarina e Rio Grande do Sul." – grifos nossos.

o processo de entrega domiciliar de GLP envasilhado, mediante a otimização de rotas e do número de caminhões empregados em tal processo", bem como que "centrava-se em acordo entre as companhias distribuidoras, calcado na participação de mercado de cada uma delas", sendo a "programação da entrega domiciliar de GLP envasilhado por companhia distribuidora, aí inclusa a quantidade de botijões, por marca, que o posto revendedor punha à venda, se fazia de forma proporcional à aludida participação" (fl. 250).

68. Contudo, a Agência em momento algum aponta que o órgão regulador do setor teria participado ou fomentado tal "sistema", tampouco que este "sistema" envolveria qualquer tipo de rodízio entre as distribuidoras para a *comercialização do produto junto aos postos revendedores – a ANP não afirma em momento algum que o SIA tenha sido criado por estímulo do órgão regulador à época e ainda aponta que não há documentação no âmbito da Agência referente à autorização do funcionamento do "sistema"*.

69. Ainda, apesar de o Sr. Jacy dos Santos Silveira (funcionário do CNP/DNC) ter afirmado em seu depoimento que criou esse "sistema", não há nos autos nada que comprove de quando a quando o Sr. Jacy dos Santos Silveira atuou como representante do CNP nos mercados em questão, bem como não há qualquer outra declaração ou documento que comprove que este Senhor tenha criado o SIA com base ou a partir de comando regulatório específico de órgão competente para tanto. O próprio Sr. Jacy reconhece, em seu depoimento juntado aos autos, que criou esse sistema para "evitar o desperdício de diesel". *Eu me pergunto: evitar desperdício de diesel era um objetivo regulatório? Ainda, a quem beneficia economizar diesel em um ambiente de preços finais tabelados?*

70. Nesse ponto, o voto do Conselheiro Relator é preciso:

> "Como mencionado, considero provado que o 'Sistema Integrado de Abastecimento' de GLP de Porto Alegre e Canoas foi organizado pela autoridade que representava o órgão regulador do setor no Rio Grande do Sul. [...]. Resta claro também que nunca houve diploma legal de constituição deste 'Sistema', pelo órgão competente, o CNP, pois ele não estava previsto. [...]. O Depoimento do Sr. Jacy mostra a iniciativa do mesmo, com seu poder de agente do órgão regulador em Porto Alegre e Canoas, em fazer a elaboração conjunta da distribuição domiciliar, em reação aos calendários elaborados individualmente pelas representadas, e controlando a atividade dos representantes, justificando *ex-post* regulamentos nacionais para tal. A justificativa foi vaga e sem alcançar a emissão de diploma legal, exatamente por não ser possível de aprovação pelo CNP o 'Sistema' como operou naquela região. Se houve 'autorização do CNP' para o Sistema como operado naquela região, ela foi personalista."

71. Indo mais além, tendo em vista a constante alegação das representadas de que as AOMs e o próprio SIA teriam sido replicados em outros municípios, analisei a Portaria CNP-DIPLAN nº 23, de 6 de fevereiro de 1990[20], que instituiu a AOM para distribuição de GLP no Rio de Janeiro/RJ

---

20 "O Presidente do Conselho Nacional do Petróleo, no uso das atribuições que lhe confere o art. 65, item XX do Regimento Interno aprovado pela Portaria nº 235/MME, de 17 de fevereiro de 1977,

CONSIDERANDO que é do maior interesse o estímulo à entrega domiciliar normal de GLP, evitando-se a proliferação de Postos de Revenda nos centros urbanos das grandes cidades;

CONSIDERANDO que o grande número de Postos de Revenda de GLP, instalado nas áreas das grandes cidades, concorre para a geração de quantidade crescente de botijões de outras marcas (OM) em poder das Distribuidoras;

CONSIDERANDO que as próprias Distribuidoras de GLP, que operam no município do Rio de Janeiro-RJ, que propõem a executar um plano de implantação de Postos de Revenda em Conjunto-PRC e de Postos de Revenda de Terceiros em Conjunto – PRTC, na Região Metropolitana dessa cidade;

CONSIDERANDO que o plano em questão vem ao encontro do preconizado por este Conselho com relação à distribuição de derivados de PETRÓLEO, ou seja:

– melhor atendimento ao consumidor;

– facilidade de operação;

– baixos custos operacionais; e

– facilidades de fiscalização;

CONSIDERANDO que ao consumidor de GLP continua assegurado o direito de optar pela Distribuidora de sua preferência;

CONSIDERANDO que ao consumidor de GLP que não puder valer-se da entrega domiciliar normal, fica assegurado o abastecimento do produto por intermédio dos PRC e PRTC; e

CONSIDERANDO, finalmente, a decisão tomada pelo Plenário na 2.049ª Sessão Ordinária, de 4 de setembro de 1984, e o que consta nos protocolos 27304.250554/89 e 27304.251787/89,

RESOLVE:

Art. 1º Será estabelecida na Região Metropolitana do Rio de Janeiro uma 'Área Operacional Metropolitana' com a finalidade de proporcionar segurança e maiores facilidades ao abastecimento dos consumidores de GLP.

§ 1º No interior da Área em questão, será obrigatória a entrega domiciliar normal pelas Distribuidoras que ali operam, a saber:

– MINASGÁS S.A.;

– NORTE GÁS BUTANO LTDA.;

– SUPERGASBRÁS DISTRIBUIDORA DE GÁS S.A.; e

– COPAGAZ DISTRIBUIDORA DE GÁS LTDA. (em fase final de implantação).

§ 2º Dentro dos limites dessa área, nos locais de difícil acesso e de população de baixo poder aquisitivo, as Distribuidoras de GLP manterão 'Postos de Revenda em Conjunto – PRC e Postos de Revenda de Terceiros em Conjunto – PRTC' para atendimento do consumidor no local.

§ 3º No interior da 'Área Operacional Metropolitana', somente será permitida a existência de PRC e PRTC.

para tentar fazer um paralelo e analisar os limites e os efeitos da implantação de um "sistema" como o objeto destes autos em outra localidade.

72. Com efeito, o que a análise detida dessa Portaria comprova é que:

- a chamada "Área Operacional Metropolitana" (AOM) era uma criação regulatória, com base e lastro normativo oficial, que servia para operacionalizar primordialmente a entrega em domicílio e subsidiariamente assegurar o abastecimento dos consumidores por meio dos postos de revenda criados no "regime multibandeira" e que deveriam ser abastecidos pelas distribuidoras ali presentes;
- os comandos regulatórios relativos ao desenvolvimento das atividades das distribuidoras dentro dessas AOMs eram no sentido de promover o direito de opção do consumidor e assegurar o abastecimento normal do produto pelas distribuidoras *de forma individualizada.*

73. Noto que não há nesta norma qualquer referência a um "Sistema Integrado de Abastecimento", o que comprova que, apesar das alegações das representadas, o SIA não foi de fato replicado em outra localidade, a não ser o mercado ora em questão – Porto Alegre/RS e Canoas/RS.

74. Portanto, a meu ver, a existência do SIA – tal como destacada nos autos – não pode e não caracteriza qualquer tipo de isenção ou autorização antitruste. Não desconsidero a possibilidade de que esse "sistema" tenha sido de fato instaurado a partir de algum tipo de "comando regulatório", contudo; como já pude ressaltar na introdução deste voto, regulação e concorrência não são instrumentos excludentes e, justamente por isso, o que importa em casos como este é analisar a existência ou não de um espaço à concorrência – *o que neste caso resta claro que passa a existir a partir de 1996.*

---

§ 4º Fica estabelecido que, inicialmente, no interior da 'Área Operacional Metropolitana' serão implantados 24 (vinte e quatro) PRTC.

§ 5º Sempre que necessário, a critério do CNP, ficam as Distribuidoras que operam na 'Área Operacional Metropolitana' obrigadas a alterar o número de PRC e/ou PRTC a fim de atender às exigências do abastecimento local.

Art. 2º Os PRC e PRTC a que se refere esta Portaria deverão obedecer às normas de segurança estabelecidas na Resolução nº 09/84, de 11 de setembro de 1984.

Parágrafo único. Os PRC e PRTC deverão comerciar botijões apenas das marcas das Distribuidoras de GLP que operam na 'Área Operacional Metropolitana'.

Art. 3º A presente Portaria entrará em vigor na data de sua publicação, revogadas as disposições em contrário." (grifos nossos) Disponível em: <http://nxt.anp.gov.br/nxt/gateway.dll/leg/folder_portarias/portarias_cnp/1990/pcnp%2023%20-%201990.xml>. Acesso em: 18 jul. 2014.

3. DA RACIONALIDADE ECONÔMICA DO ACORDO DIANTE DA REGULAÇÃO VIGENTE

75. A questão da identificação precisa deste espaço concorrencial é inclusive necessária para avaliar a racionalidade econômica da conduta, na linha do que propôs a Secretaria de Acompanhamento Econômico do Ministério da Fazenda (Seae/MF) no seu Parecer juntado aos autos (no qual, é importante que se diga, opina pelo arquivamento deste feito).

76. A Secretaria assim expõe:

"39. O forte controle exercido pelo governo sobre o setor já era suficiente para restringir a atuação competitiva no mercado. Dessa forma, é importante averiguar qual seria o estímulo que teriam as representadas em promover ações coordenadas para implementação de políticas comerciais uniformes, num ambiente em que o setor era altamente regulado, sendo as margens e os preços tabelados pelo governo.

40. Nos autos do processo, constatou-se que a venda do GLP se processava por meio de quatro modalidades. Portaria (efetuada na base de engarrafamento); Normal (por meio de caminhões e realizada regularmente); Eventual (entrega ao consumidor mediante solicitação telefônica); e por meio de postos de revenda.

41. O preço de venda na portaria e o praticado nos postos de revenda eram tabelados pelo governo. No que diz respeito à venda domiciliar (normal ou eventual), o valor final apresentava a seguinte composição: preço portaria (tabelado) mais uma taxa de entrega (que não era controlada pelo governo).

[...]

43. A primeira assumiria a existência de competição, por meio de descontos, entre as distribuidoras de GLP (uma vez que a tabela fixada pelo governo indicava preços máximos), o que teria deixado de ocorrer após a implementação do Sistema Integrado de Abastecimento, em virtude de suposta cartelização. Já a segunda hipótese diria respeito a uma possível cartelização da taxa de entrega cobrada ao consumidor quando da entrega domiciliar do GLP por parte das distribuidoras, evitando, assim, a livre concorrência, uma vez que, como visto, essa taxa era controlada pelo Governo.

44. Não há nos autos elementos suficientes que permitam uma análise conclusiva sobre a primeira hipótese levantada, i.e., cartelização dos preços de venda das distribuidoras. Sequer existem provas robustas da existência dessa suposta política de descontos. Em resposta a ofício enviado por esta Seae, anexa a este parecer, a ANP informou não dispor de informações sobre a

> prática de uma política de concessão de descontos à época e que a comprovação de eventuais descontos só poderia ser feita com base em notas fiscais.
>
> [...]
>
> 47. Logo, as hipóteses vislumbradas como possíveis razões para a prática de condutas uniformes por parte das representadas não são passíveis de serem comprovadas devido, sobretudo, à ausência de dados do setor (margens, frete e preço) serem tabeladas à época impossibilita a constatação de razoabilidade econômica que viabilizasse a adoção de condutas comerciais uniformes pelas representadas visando prejudicar a concorrência no mercado."

77. *Entendo que a Secretaria ateve-se à análise de uma possível cartelização em elo da cadeia que não se refere ao objeto dessa investigação – não se trata aqui de uma combinação para a fixação de preços, mas, sim, para a divisão de um mercado, que passou a ter a sua racionalidade econômica calcada na variável econômica que não era objeto de uma regulação exaustiva – as margens para distribuição do produto pela distribuidora aos revendedores.*

78. Nesse ponto, reafirmo e acompanho o quanto exposto pelo Conselheiro Relator em seu voto:

> "Para fundamentar seu parecer a favor da condenação das Representadas, a SDE contesta as justificativas arguidas pelas Representadas. Em primeiro lugar, argumenta que a conduta anticoncorrencial deve-se não apenas aos preços praticados pelas distribuidoras do Sistema Integrado de Abastecimento, mas também à forma de atuação baseada no 'rodízio' entre elas. E que mesmo com a fixação de preços máximos do GLP pelo governo, 'poderia haver concorrência pelo consumidor, via descontos nesse preço máximo, fato que não ocorreu devido à divisão de mercado que impedia as distribuidoras de concorrer entre si'." (fls. 3465-3466 – grifos nossos)

79. Resta claro que as distribuidoras eram "livres" para conduzir os seus negócios na distribuição do GLP para os postos de revenda e que essa liberdade era expressa por determinação regulatória a partir de 1996. *Mais uma vez, não se trata de combinação relativa ao preço final de venda do GLP, mas, sim, de conluio no processo de distribuição do produto para os postos de revenda.*

80. Outro ponto relevante para entender a racionalidade desse "sistema" envolve a sua "administração".

81. O sistema era "administrado" pelas distribuidoras e sem qualquer tipo de intervenção "estatal" oficial. Tanto era assim que o calendário era elaborado por e entre apenas as próprias distribuidoras. *Nesse sentido, há que se destacar o depoimento do Sr. Walter Tadeu Nishino, Diretor Comercial da*

Empresa Minigás S.A. Nele, o depoente afirma que "quanto à coordenação do 'pool', todas as empresas contrataram um pessoa [sic] e custeiam a manutenção deste coordenador, para que faça o trabalho de coordenação e comunicação entre as empresas". Resta evidente, portanto, que o 'pool' funcionava de acordo com o que determinavam as empresas nele envolvidas, carecendo de envolvimento do órgão regulador do setor.

82. Essa ausência de regulação estatal no âmbito do SIA é ainda comprovada pela saída de algumas das representadas, Minasgás e Butano, deste "sistema" nos idos de 1996 – *não foi necessária e não houve qualquer autorização da chamada "Coordenadoria da Área Operacional Metropolitana"* (órgão que, pelo que consta dos autos, não integrava qualquer tipo de estrutura governamental) para que tais empresas não mais participassem do rodízio.

83. Ainda, as próprias distribuidoras afirmam que decidiram abandonar o sistema para "conquistar uma maior participação do mercado por meio da criação de uma rede de revendedores independentes (...) e da criação de calendários próprios para a entrega sistemática em domicilio". *Nada mais contundente.*

4. CONCLUSÃO: PRÁTICAS REGULATÓRIAS E DECISÃO ANTITRUSTE

84. A regulação *primordialmente* – e no setor de GLP não foi diferente – evita (e deve evitar) restrições desnecessárias à concorrência. Admitir que a regulação à época dos fatos não estava claramente querendo pautar o comportamento dos agentes em sentido contrário ao quanto estabelecido no SIA – inclusive para a persecução de políticas públicas próprias do setor – é negar a realidade.

85. O descompasso – a partir de 1996, com a edição da Portaria MF nº 195/1996 – entre a variável econômica que permanecia regulada (preço) e o objeto do SIA (atuação na distribuição do produto) evidencia que havia, sim, espaço para a concorrência neste segmento – distribuição de GLP – e afasta qualquer conflito possível entre regulação e concorrência neste mercado, tornando ainda mais necessária – e precisa – a atuação do CADE neste Processo.

86. Pelos fundamentos aqui expostos, acompanho integralmente as razões constantes do voto do Conselheiro Relator e opino pela incursão das Representadas nas infrações previstas nos arts. 20, I, II e IV e 21, I, II, III, V,

VI e XIII, da Lei 8.884/94, posicionando-me no sentido da condenação de todas as Representadas às penas e demais cominações constantes daquele voto.

É o voto.

Brasília, 06 de agosto de 2014.

Vinicius Marques de Carvalho
Presidente do CADE

ÍNDICE

Esta obra foi composta nas fontes Minion Pro, corpo 11 e fonte Roboto, corpo 12, diagramada por Brandão Design e impressa pela gráfica Rettec Artes Gráficas para a Editora Singular em agosto de 2015.